U0839569

中国债券市场 2020

李　扬　王　芳/主编

社会科学文献出版社
SOCIAL SCIENCES ACADEMIC PRESS (CHINA)

目 录

第一篇 背景

第一篇 | 背景

第 1 章　完善跨周期宏观调控，加快构建“双循环”新发展格局*

——2020~2021 年宏观经济形势分析

● 疫情冲击使 2020 年经济全球化进程持续受挫，国际贸易和投资、国际经济均出现负增长。展望 2021 年，如果安全有效的疫苗能够在 2020 年底或 2021 年初投放市场，使疫情得到有效控制，则全球经济有望迎来恢复性增长，形成局部的不平衡复苏。

● 我国疫情防控和复工复产成效显著，疫情之后的经济增长快速恢复，2020 年第四季度经济增长有望恢复至 6% 左右；就业比较充分，就业韧性总体较好；食品价格涨幅持续回落，核心物价走势平稳，CPI 涨幅回落；总需求紧缩导致 PPI 走低；出口增长恢复，国际市场份额阶段性上升，国际收支衰退性顺差扩大，官方储备规模基本平稳；财政收支平衡难度加大，社融货币增长加快，中美利差扩大，金融市场信用分化明显。

● 当前及今后一段时期需要关注的问题主要有：外部环境依然严峻复杂，疫情仍在恶化，疫苗的广泛推广还需时间考验。国际合作抗疫力度明显不足，美国继续升级对华技术封锁，无论美国总统选举结果如何，2021 年美国将继续推行宽松的财政和货币政策，但总统与参众两院权力分置会继续使财政政策陷于激烈的谈判和争执。需求端恢复仍滞后于生产端，国内有效需求依然不足，总需求紧缩导致 PPI 走低，需警惕负反馈通缩机制进一步加大经济下行压力。财政收支平衡压力加大，财政收支逆差扩大，财政收支差额占 GDP 比重上升，地方政府对债务依赖程度提高。财政直达资金使用进度不快，资金使用效率不高。金融领域风险隐患较多，中小银行风险处置过程中的衍生影响犹存，企业债违

---

* 本章作者：汪红驹，中国社会科学院财经战略研究院研究员；李嘉雯，中国社会科学院大学。

约风险暴露，部分银行贷款不良率出现较快上升苗头。

- 预计 2020 年第四季度中国经济增长 6.0% 左右，全年经济增长 2.0% 左右；2021 年中国经济增长 8.5% 左右，其中第一季度受基数影响可能冲高至 19% 左右，随后回落，至第四季度回落至 5% 左右；CPI 全年增长 1.5% 左右，PPI 全年增长 0.5% 左右。

- 针对疫情发展及疫苗研发情况，应坚持常态化精准防控和局部应急处置有机结合，推动经济持续复苏；结合“十四五”规划和“2035 长远发展目标”，应完善宏观调控跨周期设计和调节，实现稳增长和防风险长期均衡。大力推进要素市场化配置，加快构建“双循环”新发展格局。积极的财政政策要提质增效，更加注重可持续性。稳健的货币政策要灵活适度，更加注重前瞻性、精准性和时效性。

1.1　国际经济发展基本走势

疫情冲击使 2020 年经济全球化进程持续受挫，国际贸易和投资、国际经济均出现负增长。展望 2021 年，如果安全有效的疫苗能够在 2020 年底或 2021 年初投放市场，使疫情得到有效控制，则全球经济有望迎来恢复性增长，形成局部的不平衡复苏。

1．全球经济增速降幅收窄

在疫情冲击下，2020 年二季度全球经济陷入历史性深度衰退。三季度国际贸易、全球制造业 PMI、人口出行指数、失业率等指标显示，全球经济增速降幅在收窄。WTO“商品贸易晴雨表”分类指标表明，三季度全球出口订单开始企稳回升；全球制造业 PMI 持续反弹至 50 以上，全球制造业出现了扩张。谷歌大数据有关欧美和新兴经济体的出行指数显示，各国包括疫情相对严重国家的经济活动在逐渐改善。据 OECD 统计，OECD 和 G7 整体失业率均已下降，就业形势出现明显改善。由于三季度全球经济恢复速度快于预期，OECD 已将 2020 年全球 GDP 增速预测从 -6% 上调至 -4.5%。三季度美国、日本和欧盟经济同比分别增长 -2.9%、-5.9%、-4.3%（见图 1），

图 1　2006~2020 年美欧日经济增长率季度同比

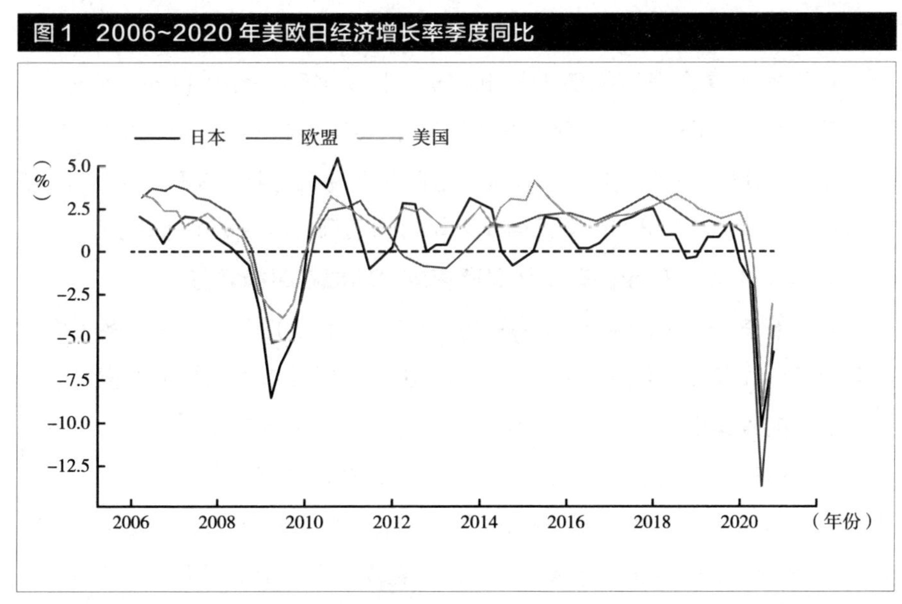

资料来源：CEIC，国家金融与发展实验室。

降幅比二季度分别收窄 6.1 个、4.4 个和 9.6 个百分点。与 2008 年金融危机冲击相比，2020 年疫情冲击对经济增长的负面影响更加严重。2020 年中国和东盟国家经济增长恢复较快，特别是中国和越南三季度正增长 4.9% 和 2.6%（见表 1）。

2．全球 PMI 持续，美国工业生产指数降幅收窄

一方面，全球制造业 PMI 自 2020 年 5 月降至低点以后开始反弹，7 月回升至 50%以上，并持续回升；10 月全球制造业 PMI 达到 53%，显示世界制造业经济活动在疫情冲击之后已基本恢复（见图 2）。另一方面，服务业 PMI 也持续回升，2020 年 10 月回升至 52.9%。美国制造业 PMI 和工业生产指数增速高度相关，2020 年 5 月美国制造业新增订单指数触底反弹，10 月达到 67.9%；工业生产指数降幅持续收窄，9 月美国工业生产指数增幅为 -7.3%，降幅比 4 月的低点收窄 9 个百分点（见图 3）。参考 2008 年金融危机后的走势，美国工业生产指数有望进一步回升。

3．全球贸易增速下滑，降幅收窄

2020 年疫情对全球贸易产生巨大冲击。疫情迫使许多国家采取封锁措施以降低感染风险，经济主体自动保持社交距离，经济活动活跃程度降低，导致贸易需求减少；疫情也激发了贸易保护主义和区域经济安全思维，促使部分产品产业链调整，从而拖累全球贸易增速下行。三季度随着经济增速从底部持续回升，全球贸易量降幅收窄。2020 年 10 月，IMF 预测全年国际商品和服务贸易增速可能负增长 10.4%，比 2019 年回落 11.4 个百分点。以进口（商品和服务）来衡量，发达经济体、新兴市场和发展中国家（扣除中国）分别增长 -11.5%、-9.4%。另据 WTO 10 月的预测，2020 年全球货物贸易量可能下降 9.2%，降幅比 4 月的预测收窄 3.7 个百分点。

4．2021 年全球经济有望从深度衰退中局部不平衡复苏

全球经济正在从深度衰退中复苏。IMF 预计 2020 年世界经济负增长 4.4%，2021 年全球经济将增长 5.2%。由于不同经济体疫情发展情况以及应对疫情的政策反应差异较大，全球经济将面临不平衡的复苏进程。发达经济体将整体复苏。美国新一轮财政刺激计划大概率会在大选之后推出，将对美国经济复苏起到支撑作用。2021 年欧盟将继续放松对成员国的财政预算规则约束，以支持各国经济恢复，预计欧盟将在 2021 年迎来稳定复苏。日本经济也将在放松防控、新任领导人上台以及补办奥运会等利好情况下，出

表 1 部分国家与地区 2008~2009 年和 2019~2020 年经济增长比较

单位：%

	美国	欧盟	日本	中国	印度	俄罗斯	巴西	南非	印尼	马来西亚	菲律宾	新加坡	泰国	越南
2008Q1	1.1	2.4	0.3	11.5	8.8	9.2	3.8	6.2	6.2	7.6	4.2	8.2	3.3	—
2008Q2	1.1	1.4	-0.2	10.9	8.1	7.9	4.7	6.3	6.3	6.6	4.8	3.3	3.5	—
2008Q3	0.0	0.4	-0.9	9.5	6.7	6.4	3.2	7.0	6.3	5.1	5.4	-0.1	2.2	—
2008Q4	-2.8	-2.0	-3.8	7.1	1.5	-1.3	1.1	1.0	5.3	0.3	3.1	-3.4	-2.0	—
2009Q1	-3.3	-5.3	-8.6	6.4	0.2	-9.2	-1.1	-2.4	4.5	-5.8	1.1	-7.7	-4.3	—
2009Q2	-3.9	-5.2	-6.3	8.2	5.0	-11.2	-2.6	-2.2	4.1	-3.7	1.9	-1.2	-3.1	—
2009Q3	-3.0	-4.4	-5.1	10.6	7.0	-8.6	-1.9	-1.2	4.3	-1.1	0.9	2.8	-0.5	—
2009Q4	0.2	-2.2	-1.4	11.9	8.2	-2.6	-0.5	5.3	5.6	4.5	1.8	6.8	5.1	—
2019Q1	2.3	1.8	0.8	6.4	5.7	0.4	0.0	0.6	5.1	4.5	5.7	1.0	2.9	6.8
2019Q2	2.0	1.5	0.9	6.2	5.2	1.1	0.9	1.1	5.1	4.8	5.4	0.2	2.4	6.7
2019Q3	2.1	1.7	1.7	6.0	4.4	1.5	0.1	1.2	5.0	4.4	6.3	0.7	2.6	7.5
2019Q4	2.3	1.2	-0.7	6.0	4.1	2.1	-0.5	1.7	5.0	3.6	6.7	1.0	1.5	7.0
2020Q1	0.3	-2.7	-1.9	-6.8	3.1	1.6	0.1	-0.3	3.0	0.7	-0.7	-0.3	-2.0	3.7
2020Q2	-9.0	-13.9	-10.3	3.2	-23.9	-8.0	-17.1	-11.4	-5.3	-17.1	-16.9	-13.3	-12.1	0.4

资料来源：CEIC。

图 2　全球 PMI 变化

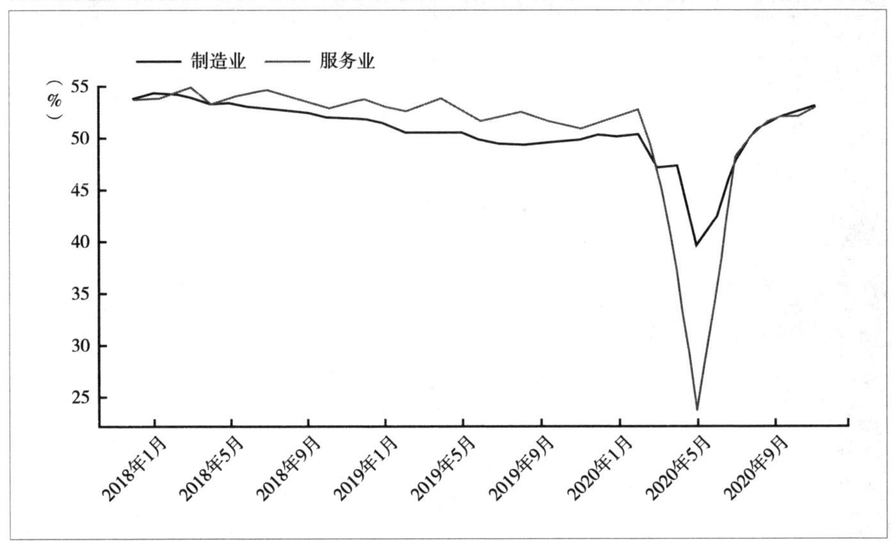

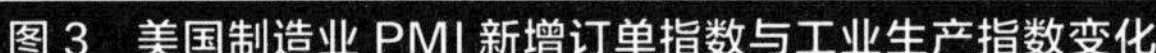
资料来源：CEIC，国家金融与发展实验室。

图 3　美国制造业 PMI 新增订单指数与工业生产指数变化

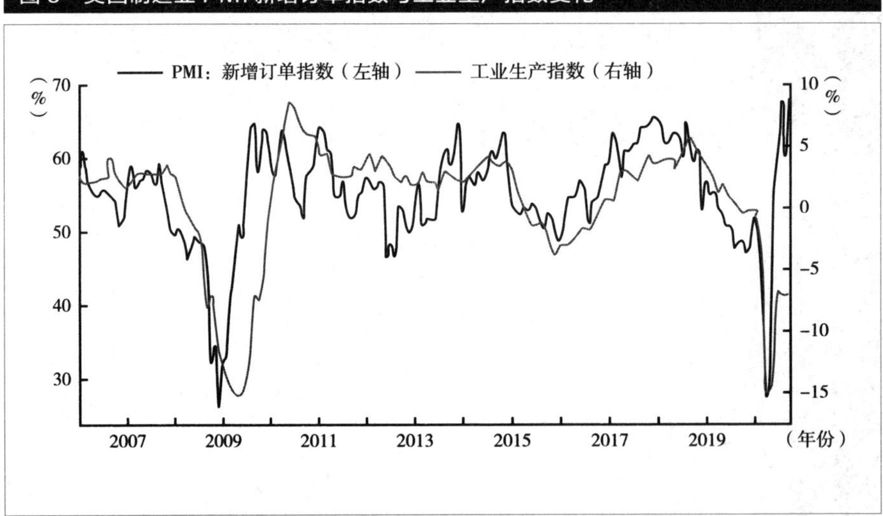

资料来源：CEIC，国家金融与发展实验室。

现恢复性增长。新兴经济体将集体走出衰退困境，但是复苏程度存在显著差异。金砖国家将同步实现恢复性增长，其中印度、俄罗斯恢复相对显著，巴西和南非则相对较弱，尤其是南非，或将成为新兴经济体中 2021 年 GDP 与 2019 年相比缺口最大的经济体。分区域看，亚洲将是复苏最为强劲的地区；欧洲新兴国家和中东石油输出国预计也将走出困境，增速得到较大幅度回升；非洲和南美洲预计将呈现相对弱复苏态势。

1.2 中国宏观经济运行态势与特征

我国疫情防控和复工复产成效显著，疫情之后的经济增长快速恢复，到 2020 年四季度年经济增长率有望恢复至 6% 左右；就业比较充分，就业韧性总体较好；食品价格涨幅持续回落，核心物价走势平稳，CPI 涨幅回落；总需求紧缩导致 PPI 走低；出口增长恢复，国际市场份额阶段性上升，国际收支衰退性顺差扩大，官方储备规模基本平稳；财政收支平衡难度加大，社融货币增长加快，中美利差扩大，金融市场信用分化明显。

1．经济增长从底部持续回升，结构性变化显著

2020 年一季度受疫情防控影响，我国经济负增长 6.8%，随后二季度和三季度分别增长 3.2% 和 4.9%。2006~2020 年我国实际 GDP 和名义 GDP 同比增速见图 4。按照可比价格计算，前三季度我国 GDP 累计增长 0.7%。从供给侧看，工业生产特别是装备制造业和高技术制造业继续稳定回升；服务业生产由降转升，现代服务业恢复较快，生活性服务业恢复较慢，数字经济持续升温。从需求侧看，消费恢复中伴随结构升级，线上消费

图 4　2006~2020 年我国实际 GDP 和名义 GDP 同比增速

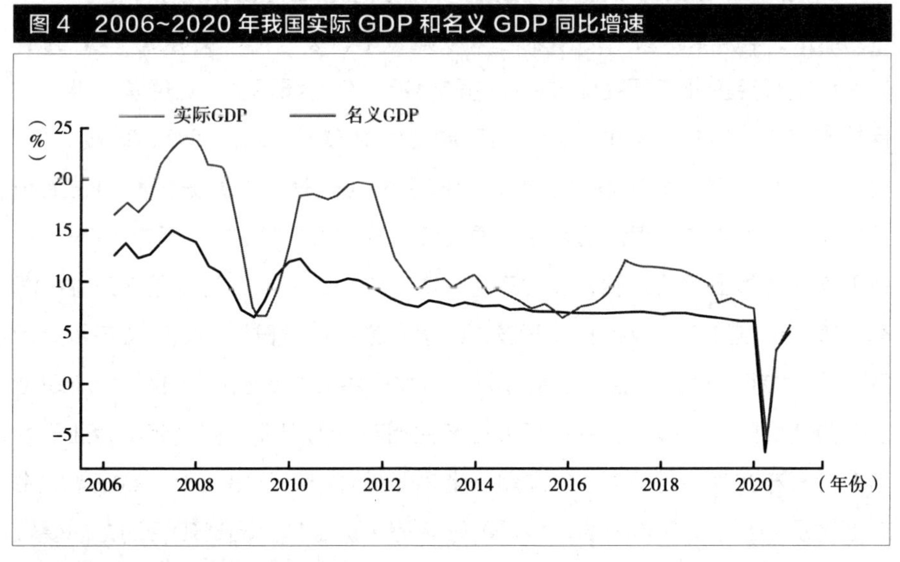

资料来源：CEIC，国家金融与发展实验室。

增长旺盛。汽车销售明显回暖，金银珠宝、化妆品、通信器材、体育娱乐用品和文化用品等代表消费升级方向的商品类别增长较快。投资稳步恢复，固定资产投资（不含农户）累计同比降幅持续收窄，高技术产业投资、民生投资和房地产投资增速较快，制造业投资、民间投资和基础设施投资降幅明显收窄。出口增长持续超预期，贸易顺差加快积累。

2．保护市场主体政策取得预期成效，产业链供应链基本稳定

2020 年我国继续推进减税降费措施，有效降低了企业特别是中小微企业的生产经营负担，保障了市场主体稳定运行。金融部门降低存款准备金率，加大创业担保贷款贴息支持力度，创新授信模式和信贷产品，全力支持重点群体创业就业，着力保持企业资金链和现金流稳定。各级政府采取了激发消费需求、催生新的消费热点、提升消费活力等一系列积极措施，加快旅游、餐饮、健康等行业复工复产，有效释放了被疫情压制的消费需求和内需潜力，稳定了企业发展的市场环境。通过优先保障产业链核心企业恢复生产，带动上下游中小企业发展。强化重点产业链的薄弱环节，在强链控链中推动产业链向高端跃升，产业链协同复工复产进展良好，越来越多的企业不断提升产业链供应链稳定性、竞争力和现代化水平，为高质量发展注入新动能。提高粮食播种面积，稳住粮食生产大盘，完善能源生产和储备体系，粮食和能源安全得到有力保障。

3．稳就业保民生举措成效明显，城镇新增就业达到预期水平

2020 年以来，对劳动需求方采取减、免、缓、补、奖等数十项措施，较大程度减轻企业三项社保缴费和纳税负担，有力纾解了企业经营困难，对保护市场主体发挥了重要作用。对劳动力供给方采取以训代补、直接奖补、提供针对性服务、鼓励创业、扩大院校招生规模等方式，充分利用线上和现场两种渠道，较大程度缓解了一季度疫情对就业的冲击。二季度以来，就业形势在整体上逐月好转，失业率得到明显控制。劳动力需求逐渐升温，汽车及零部件制造、计算机软件开发、电子商务等行业日均新职位发布量接近 2019 年同期水平，仪器仪表制造业、房地产中介及销售等行业日均新职位发布数持续回升。服务业领域新岗位产生相对较为迟缓，如酒店旅游业日均新职位发布数尚不足 2019 年同期一半，但爬升态势开始显现。高校毕业生就业情况不及 2019 年同期，但呈现好转势头。农村外出务工劳动力规模较 2019 年有所减少，但未摘帽贫困县劳务输出好于往年，返乡留乡农民工就地就近就业规模扩大、门路持续拓宽，2020 年以来新增返乡留乡农民工就地就近就业规模明显超出往年同期水平。在疫情冲击下，城镇劳动就业渠道扩面、形式更加多元是 2020 年就业市场的一大特征。

4．一般物价涨幅显著回落，工业品面临结构性通缩压力

随着国内疫情防控形势趋于稳定，一般物价涨幅在 3 月之后明显回落，核心 CPI 同比涨幅保持低位。造成 CPI 涨幅回落的主要原因，一是疫情对生产端和中间环节冲击较快衰减，生产和物流恢复较快，而消费在社会风险规避情绪的作用下恢复较为迟缓，不少产品出现供过于求的局面。其中，外出餐饮、旅游、住宿、交通运输、线下娱乐等服务消费的恢复尤其滞后。二是口罩、消毒液等防疫用品供给增加，需求减少，疫情初期供不应求的状态不复存在，价格回归正常。三是猪肉等食品价格下降。生产领域价格下降的原因包括：一是疫情冲击交通运输服务行业，能源需求下降，一季度国际原油价格大幅下跌；二是需求总体上仍处于疲弱态势，尽管 6~7 月 PPI 环比由降转涨，同比降幅收窄，但 8~10 月环比涨幅收窄，同比降幅依然较大，PPI 缺少持续回升动力，工业领域面临结构性通缩的压力（见图 5）。

图 5　CPI、核心 CPI 与 PPI 同比

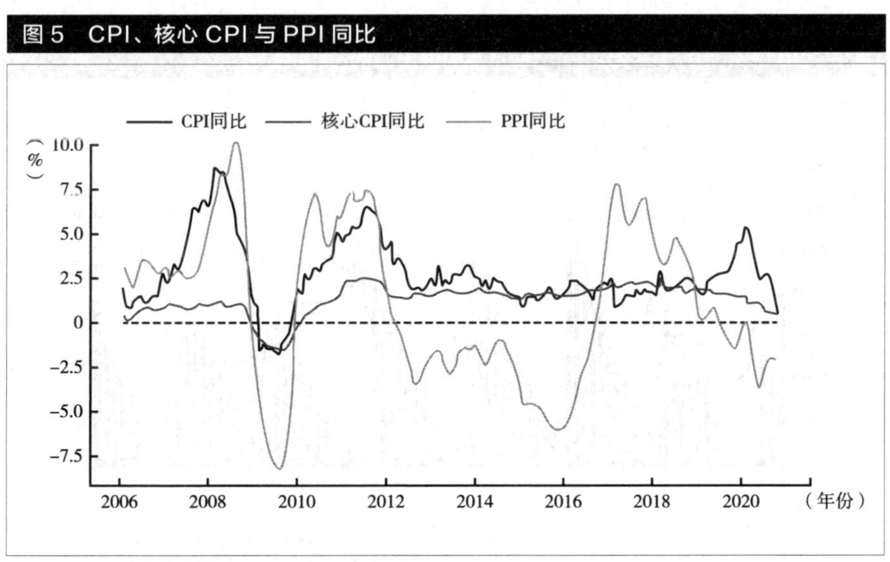

资料来源：国家统计局。

5．国际市场份额阶段性上升，官方储备规模基本平稳

2020 年 1~10 月我国进口增速降幅高于出口增速降幅，国际市场份额阶段性上升，导致衰退型国际收支顺差扩大（见图 6），主要原因包括以下几个方面。一是我国对发达国家一季度的部分出口延迟至二季度交货，发达国家经济加速重启也暂时增加了部分需求。二是我国疫情防控和复工复产成效显著好于国际社会，出口产品生产快速恢复，有助于我国产品在国际市场上替代疫情严重国家停工停产的部分产品。三是疫情期间国外对我国医疗物资和设备的需求上升。2020 年二季度我国与防疫物资相关的塑料制品、纺织品和医疗器械出口同比大幅增长 50% 以上，拉动总出口增长。四是国内疫情防控常态化降低了生产资料和生活资料进口需求。美国加大对我国技术审查和封锁力度，国内高科技产业急需的设备和技术进口出现持续负增长。五是我国对美进出口表现出韧性，2020 年 1~10 月我国从美国进口累计比上年同期增长 3.7%，出口增长 1.7%，对美贸易顺差 2497 亿美元，比上年增加 20.6 亿美元。六是出国旅行减少，服务贸易逆差大幅收窄。根据国家外汇管理局公布的国际收支平衡表数据，2020 年前三季度我国货物贸易顺差下降 2.9%，但服务贸易逆差（包括旅行）大幅度收窄 43.2%（见图 7），导致国际收支经常账户顺差比 2019 年同期增加 67.8%。外汇储备规

图 6　2013 年 10 月 ~2020 年 10 月我国进出口增速和贸易差额

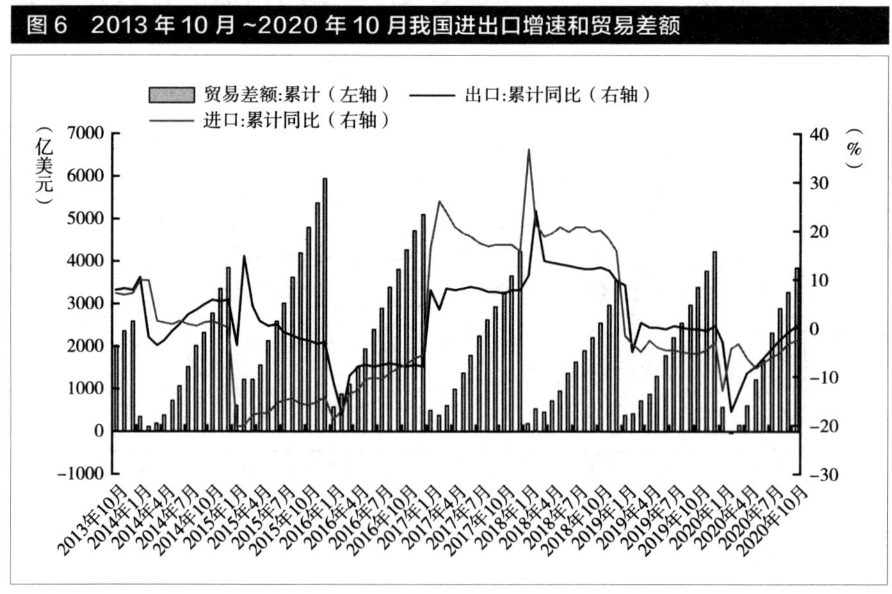

资料来源：中国海关进出口统计数据。

模平稳，黄金储备增加，2020 年 10 月底官方储备 32663 亿美元，规模比 2019 年 12 月上升 433.5 亿美元（见图 8）。

图 7　经常账户出现积极的结构性变化

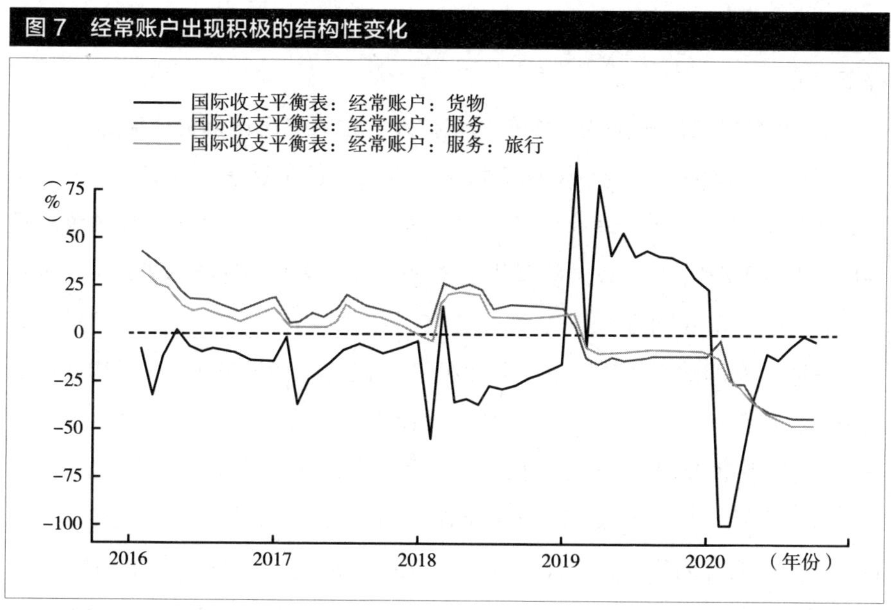

资料来源：国家外汇管理局。

图 8　1999 年 12 月 ~2020 年 10 月我国外汇储备和黄金储备

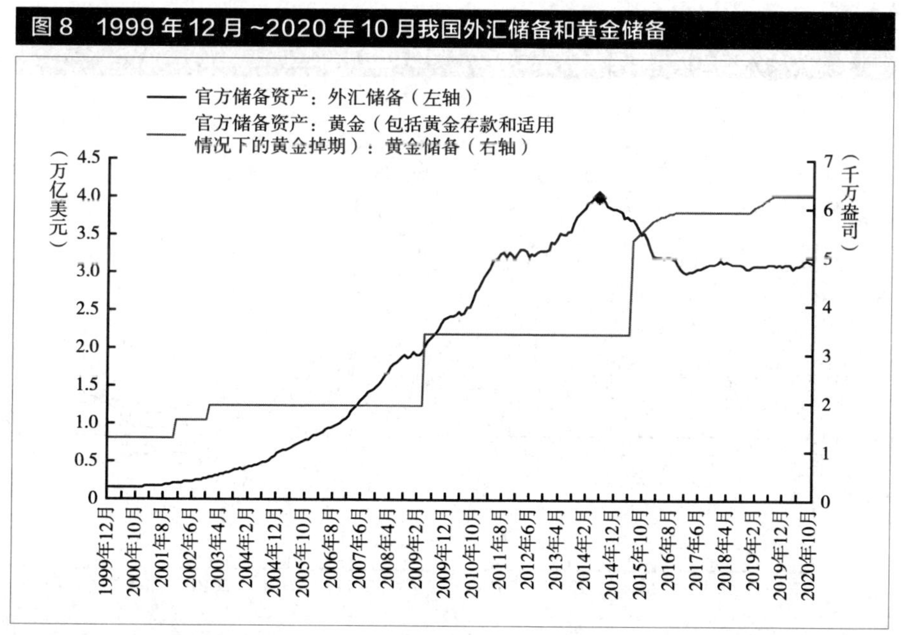

资料来源：中国人民银行。

值得注意的是，2020 年在全球贸易大幅度下降的情况下，10 月我国出口正增长 11.4%，1~10 月累计正增长 0.52%，这一增速与全球主要发达经济体贸易负增长形成鲜明对比，阶段性增加了我国在全球出口市场上的份额，在降低中国对外部世界依赖程度的同时，提高了外部世界对中国的依赖程度。

6．社融货币增长加快，中美利差扩大，金融市场信用分化明显

2020 年以来，社会融资规模和货币供应增速扭转了自 2017 年下半年开始的持续下降态势，同比增速加快。截至 2020 年 10 月末社会融资规模同比增长 13.7%，M2 较上年同期增长 10.5%，M1 同比增长 9.1%，三者分别比 2019 年底回升 3.0 个、1.7 个和 4.7 个百分点。值得注意的是，本外币贷款余额同比增速边际上有所放缓，2020 年 10 月末比 2019 年底增长 0.9 个百分点（见图 9）。疫情发生后，我国市场利率在一季度下行，但二、三季度市场利率持续上行，2020 年 10 月一年期银行间市场国债收益率升至 2.72%（见图 10）。而美国一直保持超低利率，中美利差扩大，促使人民币兑美元汇率破七后回稳，人民币升值，有助于稳定市场预期（见图 11）。金融市场信用分化明显，在政策利率上行、高等级信用债利差下行的同时，中

图 9　2011~2020 年我国社会融资规模、贷款和货币供应同比增速

资料来源：中国人民银行。

小银行和影子银行信用收缩，中低等级信用债利差有所扩大，导致部分企业债违约增多，传统行业和中小民营企业转型升级较为艰难。

图 10　2008~2020 年我国金融市场利率

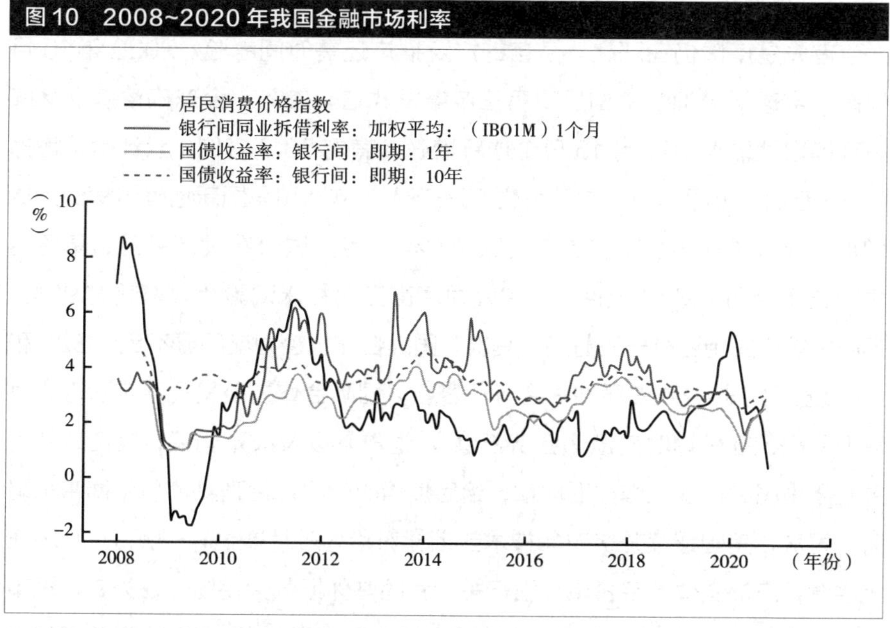

资料来源：国家统计局，中国人民银行。

图 11　2008~2020 年中美利差与人民币兑美元汇率

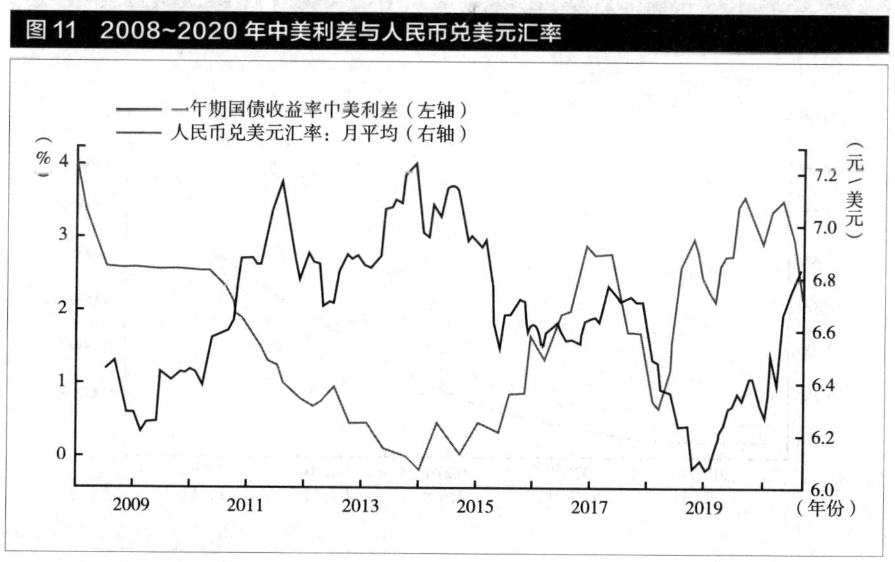

资料来源：中国人民银行。

1.3 当前需要重点关注的突出问题

1. 外部环境依然严峻，形势复杂多变

首先是疫情仍在恶化，疫苗的广泛推广还需时间考验。2020 年 10 月以来，全球新增确诊病例呈现第三波爆发式增长态势，全球确诊病例继续呈现指数型增长。12 月 15 日全球新增确诊病例 53.7 万例，累计确诊病例 6640 万例（见图 12），累计死亡 153 万人。欧洲和美国新增确诊病例大量增加，部分国家再次实施封锁。2020 年 11 月美国公布辉瑞制药、莫德纳生物技术公司（Moderna）两家公司疫苗三期临床试验有效率超过 90%，但距离推广应用还有一段时间。其次，国际合作抗疫力度明显不足，G20 和 G7 成员间分歧导致实质性联合行动寥寥，国际合作抗疫呈现赤字状态。世界卫生组织在关键时刻遭遇会费断供、“退群”以及改革困境，让全球特别是发展中国家抗疫工作雪上加霜，给后疫情时代全球治理秩序再平衡带来阻碍。再次，美国继续升级对华技术封锁，对华为芯片断供，干预 TikTok 在美经营，增加实体清单名单；强行关闭我国驻休斯敦大使馆，在外交、军事等领域向中国施压。最后，无论美国总统选举结果如何，2021 年美国将继

图 12　新冠肺炎全球确诊病例累计值及当日新增值

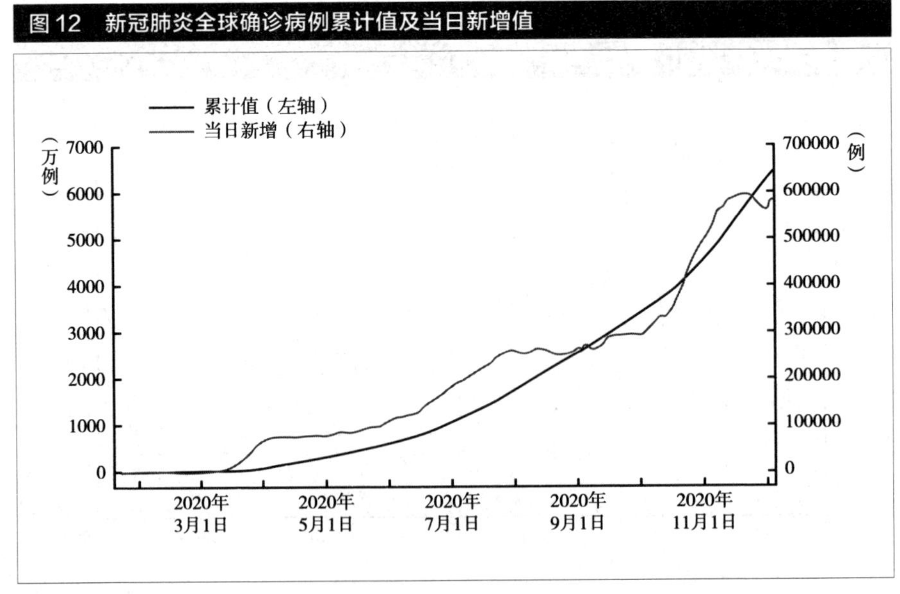

资料来源：Wind。

续推行宽松的财政和货币政策。

2. 需求端恢复仍滞后于生产端，国内有效需求依然不足

疫情防控对消费和投资产生很大冲击，尽管三季度消费和投资都处于稳步恢复之中，但相比于生产端而言仍明显滞后。宏观经济总体上依然处于有效需求不足的状态，产出缺口为负。2020 年 1~10 月社会消费品零售总额累计同比降幅达到 5.9%，尽管 10 月社会消费品零售总额正增长 4.3%，但仍比 2019 年同期低。就业市场不够景气、收入增速放缓以及部分产品价格上涨，从根本上影响着居民的消费能力，疫情和经济环境不确定性则进一步提高了居民的预防性储蓄偏好。景气调查显示，消费者信心指数仍大幅低于疫情之前的平均水平。固定资产投资仍未完全恢复至疫情前水平，2020 年前 10 个月累计同比增速仅为 1.8%；房地产投资增长 6.3%，但制造业投资下降 5.3%（见图 13）。从各投资主体看，国有及国有控股企业、港澳台商投资企业和外商投资企业投资增速高于个体经营和民间投资。2020 年 1~10 月，国有及国有控股企业、港澳台商投资企业、外商投资企业、个体经营和民间投资累计同比增速分别为 4.9%、4.2%、11.2%、-10.8% 和 -0.7%（见图 14）。港澳台商投资企业和外商投资企业投资增速恢复较快，个体经营和民间投资主要受需求不足和融资来源约束。以旅游住宿、长租公寓、健

图 13　2015~2020 年全国固定资产、制造业、基础设施和房地产开发投资累计同比

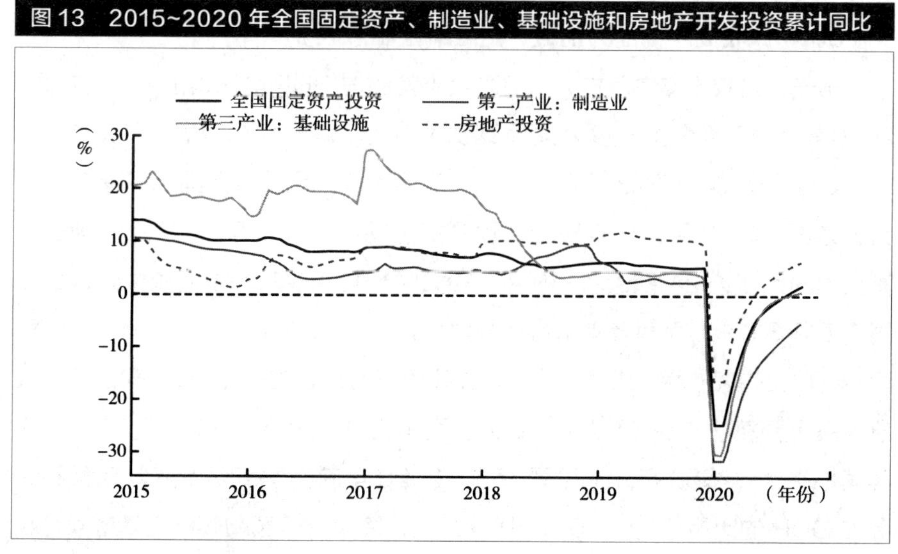

资料来源：CEIC，国家统计局。

图14 2015~2020年各主体固定资产投资累计同比

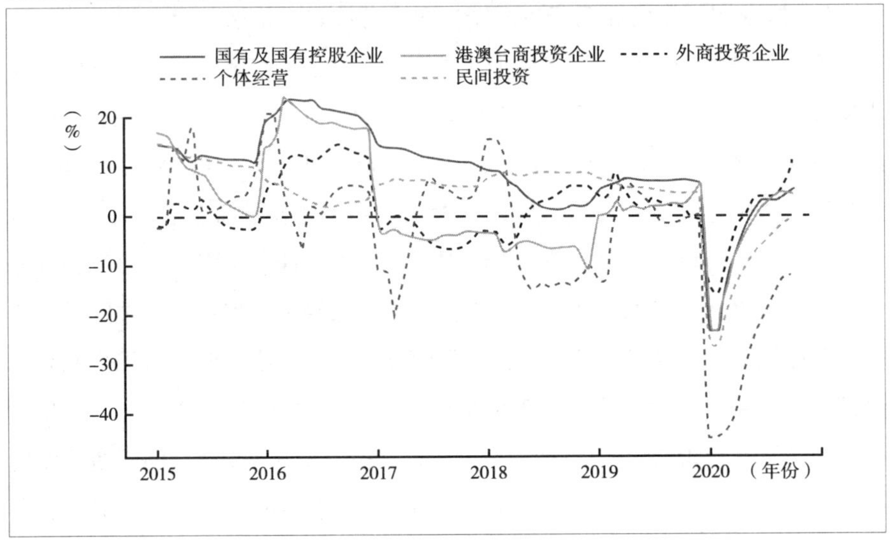

资料来源：CEIC，国家统计局。

身房、室内娱乐经营场所等为代表的市场主体，在日常经营迟迟难以恢复的情况下，现金流困难加剧，部分主体面临停业倒闭风险。如果消费和投资的恢复持续慢于生产端，那么可能反过来抑制生产活动，进而引发国民经济循环被动收缩。总需求紧缩导致PPI走低，需警惕负反馈通缩机制进一步加大经济下行压力。

3．财政收支平衡压力加大，金融风险隐患较多

第一，财政收支逆差扩大，财政收支差额占GDP的比重上升。一方面，2020年1~10月全国一般公共预算收入同比下降5.5%，税收收入同比下降4.6%，非税收入同比下降10.3%；政府性基金预算收入同比下降1.0%。另一方面，1~10月全国一般公共预算支出同比下降0.6%，政府性基金预算支出同比增长24.7%。1~10月一般公共预算和政府性基金预算收入合计同比下降3.0%，而两者支出合计同比增长6.1%，支出增速高于收入增速，两本账收支逆差扩大。1~10月一般公共预算财政收支逆差30906亿元，政府性基金预算收支逆差22974亿元，两者合计逆差53880亿元，比2019年同期扩大22556亿元（见图15）。2020年前三季度两本账收支差额合计占GDP的比重达到-7.9%；一般公共预算收支差额和政府性基金预算收支差额占GDP比重分别为-4.7%和-3.2%（见图16）。

图 15　2015~2020 年一般公共预算财政收支差额和政府性基金收支差额合计：累计

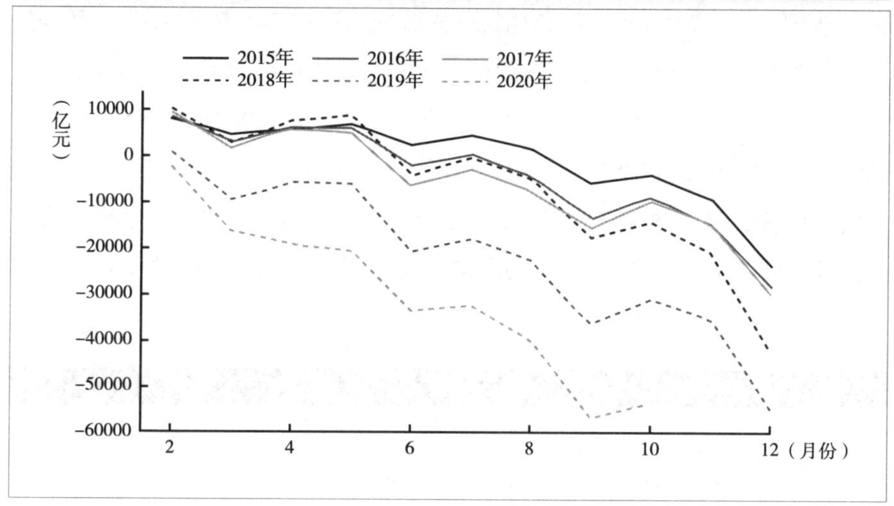

资料来源：CEIC，财政部。

图 16　2013~2020 年两本账收支差额累计占 GDP 比重

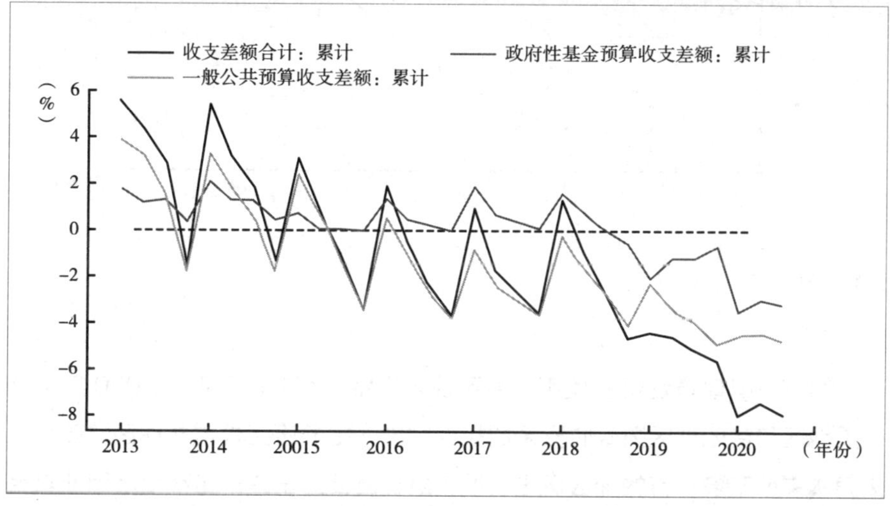

资料来源：CEIC，财政部。

第二，地方政府对债务依赖程度提高。2020 年以来，财政收入增速明显放缓。在财政收入增速放缓的同时，逆周期调控要求保证积极财政政策的力度，地方政府显著加大地方债发行规模（见图 17），导致地方政府支出对地方债依存度再次上扌。2016 年我国进行了大规模地方债重置，当年地方政府债务依存度达到 29.8%，随后三年下降至 15%，但 2020 年再度上升，截至 2020 年 10 月，粗略估算地方政府债务依存度升至 25%。即便如此，财政收支平衡仍有难度。一是部分区县级地方政府公共支出方面出现了困难，需要上级财政调度。二是个别省级政府在财政收支压力之下，向基层转移支付的能力受到制约。三是基础设施投资项目资金来源中来自财政的部分难以得到保障，导致财政资金的“杠杆效应”难以有效发挥，基建投资增速持续在低位徘徊。与此同时，金融与房地产领域风险隐患依然较多。

图 17　地方政府债务累计发行（年初至当月）

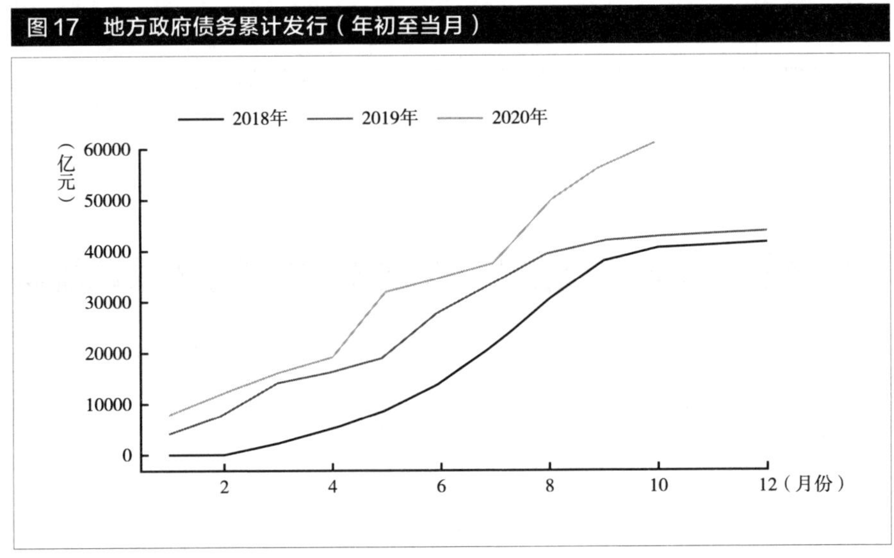

资料来源：CEIC，财政部。

第三，财政直达资金使用进度不快，资金使用效率不高。2020 年疫情较重地区和贫困地区财政收支矛盾较为突出，主要原因是这些地区财政收入来源本来就不多，有的地区历史包袱较重，疫情冲击在一定程度上阻断其经济循环，导致部分财政收入断流或减收，难以满足刚性财政支出。地方政府保基本民生等领域支出明显加大，防灾防疫持续时间长且强度大于往年，不少基层政府还存在大量隐性刚性支出等遗留问题。叠加经济下行、国内外因素共同导致的市场主体经营困难，以及大力度减税降费，税收收入和非税收入双降。部分县市地方财力艰难支撑地方事权，库款保障水平偏低，基层单位人员可支配收入面临收缩压力，个别地方出现教师工资和学生营养补贴支付困难情形。2020 年对新增加的 1 万亿元财政赤字及 1 万亿元抗疫特别国债建立了特殊转移支付机制，资金直达市县基层、直接惠企利民，但部分直达资金分配进展较慢，使用进度不快，项目衔接不畅，部分项目前期工作尚未完成，实际支出进度偏慢。

第四，中小银行风险处置过程中的衍生影响犹存，企业债违约风险暴露。包商银行、锦州银行等事件对其他中小银行及其信用链条下游相关主体的间接影响仍在持续。一是中小银行的负债端能力显著弱化，融资陷入被动。不论是通过同业业务融资，还是在债券市场的融资，难度和成本均明显提高。二是中小银行信用收缩对处于下游的其他信用主体带来了冲击，表现最突出的是低等级信用债发行困难，认购率大幅降低，发行成本上升；其他对中小银行依赖度较高的地方政府城投公司、信托公司、券商资管、基金子公司也均受到不同程度的负面冲击。三是疫情冲击下，部分企业现金流断裂，其企业债违约风险暴露，地方政府无力救助。

第五，部分银行贷款不良率出现较快上升苗头。一是地域性较强的城商行不良率上升幅度较大。二是在中小企业出现普遍性经营困难的情况下，制造业贷款的不良发生率上升。调研发现，中西部个别地区的制造业不良贷款率甚至已高达 8% 以上。三是中小微企业贷款纳入银行监管考核指标之后，实践中出现了向小微企业“抢客户”“垒贷款”的现象。机械化的操作加剧了中小银行的经营风险。调研发现，一些银行基层网点和客户经理已经开始担心小微企业贷款可能在未来出现较为严重的呆坏账问题。

1.4　2021 年主要经济指标预测

受疫情冲击影响，全球经济负增长明显放缓，中国经济增长恢复显著快于世界主要经济体。目前我国的新冠肺炎疫情防控已取得阶段性成效，但从全球范围来看，药物和疫苗研发仍然存在不确定性，药物有效性仍待观察。美国已经升级的经贸摩擦对中美双方及全球经济的负面影响仍将持续。

预计 2020 年四季度中国经济增长 6.0% 左右，全年经济增长 2.0% 左右，主要经济指标预测结果见表 2。

展望 2021 年，受 2020 年经济增长基数较低影响，考虑到宏观调控的跨周期设计与调节，预计 2021 年中国经济增长 8.5% 左右，其中一季度受基数影响可能冲高至 19% 左右，随后回落，至第四季度回落至 5% 左右。CPI 全年增长 1.5% 左右，PPI 全年增长 0.5% 左右。

需要说明的是，上述对 2020 年四季度、2020 年及 2021 年全年的预测，可能因为 2020 年秋冬及 2021 年春季疫情发展态势的超预期变化而存在调整的风险。

表 2 2020~2021 年中国主要宏观经济指标 单位：%

主要经济指标（同比）	2020 年前三季度	2020 年四季度预测值	2020 年全年预测值	2021 年全年预测值
GDP 实际增长率	0.7	6.0	2.0	8.5
工业增加值实际增长率	1.2	7.0	2.8	8.8
全社会固定资产投资名义增长率	0.8	11.2	3.5	9.5
房地产投资名义增长率	5.6	13.6	7.7	8.8
社会消费品零售总额名义增长率	–7.2	5.6	–3.9	13.4
出口总额（美元计）名义增长率	–0.8	11.3	2.3	3.2
进口总额（美元计）名义增长率	–2.6	4.4	–0.8	1.6
居民消费价格（CPI）上涨率	3.3	0.1	2.4	1.5
生产者出厂价格（PPI）上涨率	0.0	–2.7	–0.7	0.5
M2 余额增长率	10.8	10.5	10.7	8.3

资料来源：作者估算。

1.5 政策建议

针对疫情发展及疫苗研发情况，应坚持常态化精准防控和局部应急处置有机结合，推动经济持续复苏；结合“十四五”规划和“2035 长远发展目标”，应完善宏观调控跨周期设计和调节，实现稳增长和防风险长期均衡；大力推进要素市场化配置，加快构建“双循环”新发展格局；积极的财政政策要提质增效，更加注重可持续性；稳健的货币政策要灵活适度，更加注重前瞻性、精准性和时效性。

1．坚持常态化精准防控和局部应急处置有机结合，推动经济持续复苏

一是做好外防输入、内防反弹工作，坚持常态化精准防控和局部应急处置有机结合，提高精准防控能力，不搞一刀切。在常态化疫情防控下确保生产经营、生活消费活动顺利进行。二是加大疫苗和药品科研攻关及国际合作力度，争取在2020年底或2021年初能够通过临床III期试验，做好加快有效疫苗产能提升的前期准备，深化新冠肺炎药物研发国际合作，提升科学防控能力。三是抓紧补短板、堵漏洞、强弱项，加快完善各方面体制机制，提高应对重大突发公共卫生事件的能力和水平。四是构筑强大的公共卫生体系，完善疾病预防控制体系，建设平战结合的重大疫情防控救治体系，强化公共卫生法治保障和科技支撑，提升应急物资储备和保障能力，夯实联防联控、群防群控的基层基础。

2. 完善宏观调控跨周期设计和调节，实现稳增长和防风险长期均衡

根据“十四五”规划和“2035长远发展目标”，兼顾短期与中长期发展，统筹做好跨周期设计和调节。一是根据经济恢复进度，适时适度调整逆周期调控政策力度，增强政策的前瞻性。在需求端恢复滞后的情况下，仍应维持一定力度的积极财政政策；未来根据供需平衡动态变化适时调整财政货币政策力度。二是千方百计做好“六保”。“六保”是疫后经济政策的重要抓手，是底线和生命线。当前，“六保”中挑战最突出的是保市场主体和保基层运转。应在全国范围内加快完善县级财政库款监测机制，加强监测监督，及时发现风险和解决问题。三是注重货币政策的灵活性，主动加强流动性管理。引导和支持银行补充资本金，主动应对不良率上升，防止风险积聚和蔓延。四是加强协调配合，促进财政和货币政策同就业、产业、区域等政策形成集成效应。力求同向发力，避免相互掣肘，防止政策对私人部门经济活动产生挤出效应。五是贯彻系统性经济安全观，确保粮食安全、能源安全和金融安全，维持外汇储备合理规模，保持人民币汇率中长期稳定，控制货币供应、财政赤字和政府债务过快增长，坚持房住不炒，确保房地产市场平稳发展。

3. 大力推进要素市场化配置，加快构建“双循环”新发展格局

加快形成国内国际相互促进的双循环新发展格局，要大力推进改革开放创新，要以扩大开放应对逆全球化，要全面提高对外开放水平，建设更高水平开放型经济新体制，形成国际合作和竞争新优势。一是把完善产权制度和要素市场化配置作为经济体制改革的重点。深化国资国企改革，强化关键技术创新，实现结构性动态调整；支持非公经济发展，优化营商环境，激发创新创业潜能；畅通要素自由流动，推动更多事项“跨省通办”，加快形成全国统一大市场。二是加快土地要素市场化配置，促进都市圈与城市群发展。建立健全城乡统一的建设用地市场，盘活农村存量集体建设用地；建立全国性的建设用地、补充耕地指标跨区域交易机制。三是加快农业转移人口市民化进程，畅通社会流动渠道，提高居民收入。除了常住人口超过 1000 万人的少数超大城市，放开放宽所有城市落户限制，延长外来人口劳动年限；建立城镇教育、就业创业、医疗卫生等基本公共服务与常住人口挂钩机制，推动公共资源按常住人口规模配置；畅通劳动力和人才社会性流动渠道，形成全国城乡统一的劳动力市场。四是加快完善资本要素市场化配置，改革完善股票市场发行、交易、退市等制度，对公司信用类债券实行发行注册管理制。五是加快完善技术要素市场化配置，激发企业和科研人员创新活力。建立健全职务科技成果产权制度；培育发展技术转移机构和技术经理人。六是加快完善数据要素市场化配置。根据数据性质完善产权性质；制定数据隐私保护制度和安全审查制度；推进政府数据共享；提升社会数据资源价值；培育数字经济新产业、新业态和新模式。

4．积极的财政政策要提质增效，更加注重可持续性

2021 年要继续实施积极的财政政策，仍需保持必要的财政支出规模，以支持扩大国内有效需求、调整经济结构，促进高质量发展。一是若疫情能够得到有效控制，建议财政赤字率按照 3% 左右安排，不再继续发行抗疫特别国债。二是积极的财政政策要更加注重提质增效。持续增加基础研究投入，加强对“卡脖子”项目的有效支持。综合运用税收优惠等方式，提升产业链水平，推动制造业高质量发展，引导资本、资源向战略关键领域聚焦。畅通国民经济循环，综合运用税收优惠等方式，鼓励金融机构加大对民营企业和中小企业的支持。三是继续优化财政支出结构，优化投资方向和结构，提高投资效益，防止项目资金过于分散造成资金闲置，重点支持“两新一重”建设。支持扩大教育、文化、体育、养老、医疗等服务供给，支持新能源汽车产业发展，支持扩大农村消费，培育新的消费增长点。四是推动基本公共服务均等化，提高与民生相关的教育、社会保障和就业、城乡社区、医疗卫生、住房保障、节能环保、文化体育与传媒等重点领域支出占总支出的比重，推动完善地方政府专项债券相关领域的支出政策和机制设计，提高保障和改善民生水平。

5．稳健的货币政策要灵活适度，更加注重前瞻性、精准性和时效性

货币政策既要立足国内、以我为主，也要加强国际宏观政策协调。一是随着国内疫情防控形势基本稳定、经济社会发展较快恢复，货币政策应适时逐步退出疫情期间稳健偏宽松的状态，回归稳健中性，实现广义货币量和社会融资规模增长速度与名义 GDP 增速基本同步。二是我国经济在 2021 年一二季度大概率将出现疫后恢复性反弹，与此同时疫情冲击导致的基期翘尾效应还会进一步放大主要经济指标的反弹力度，对此货币政策当局要前瞻性地预判和甄别，既要防止短期内经济过热，也要警惕基期翘尾效应导致的假过热。三是有效发挥结构性货币政策工具的精准滴灌作用，做到流动性有收有放、结构优化。落实好直达货币政策工具，适度增加普惠性再贷款再贴现额度，加大对小微企业和个体工商户的信贷支持力度。四是在 LPR 报价利率和贷款平均利率降低的基础上，增强利率定价弹性，通过价格机制引导信贷资源配置结构走向优化。五是及时研判国际收支变化，警惕资本项目下的资本流出，避免人民币汇率短期内大升大贬。密切关注美、欧等主要发达经济体央行货币政策调整，防止内外利差和流动性松紧差大幅变动对我国经济金融体系造成负向冲击。

第 2 章　宏观金融形势*

● 2020 年下半年以来，全球主要经济体的经济运行企稳，并伴有阶段性复苏的迹象；但持续复苏的基础尚未形成，主要表现为有效疫苗的研发及应用相对迟缓，多数经济体的财政政策面临多重约束，疫情导致的全球产业链断裂、贫富差距进一步恶化、人力资本积累减速等因素，使本已脆弱的全球经济“雪上加霜”。中国成为 2020 年全球主要经济体中唯一实现经济正增长的国家。支撑中国经济快速反弹的需求端因素包括：一是全球“供需错位”支撑了中国出口的快速反弹；二是疫情下的货币宽松和房地产低库存推动了房地产投资的快速反弹，并成为拉动投资的中坚力量。

● 在金融运行方面，货币供给量增速保持持续增长，M1 增速创近年新高，意味着经济反弹背景下企业活跃程度不断提升；货币乘数不断上升，并在 8 月创历史高值。社会融资规模结构更加优化：中长期贷款增长较快，实体经济从债券市场和股票市场获得的直接融资大幅增加，金融体系配合财政持续发力，政府债券融资力度较大；银行加大对实体的信贷投放力度：制造业中长期贷款保持较快增长，小微企业贷款量增、面扩、价降；货币市场的流动性合理充裕；在经济基本面持续修复、资金利率中枢上行和债券供给压力较大的影响下，国债收益率在 5 月以来持续上行；在无风险收益率触底反弹和新股发行加快的影响下，A 股市场在三季度呈现先扬后抑的走势；经济基本面因素支撑人民币兑美元汇率较年初小幅升值。从宏观金融运行的风险来看，有三个方面值得关注：一是外部环境不确定性较大，国际金融市场持续震荡；二是国内各部门杠杆率水平均有所上升，其中非金融企业部门的杠杆率上升最快；三是信用风险逐步凸显，城商行和农商行等中小银行的不良贷款和拨备覆盖率持续恶化。

● 进入 2021 年，主要经济体量宽的货币政策依然会得到延续。中国经济的复苏有两条主线：一是经济的内生增长动能持续恢复：二是改革开放红利将逐步显现。在此背景下，中国宏观调控的总体方向是从逆周期调节中稳步退出，同时为培育经济的内生增长动能和改革开放提供稳定的货币金融环境。在“完善宏观调控跨周期设计和调节”的框架下，宏观调控除了关注短期的增速之外，应更多关注经济、金融偏离各自长期趋势的程度。

---

* 本章作者：费兆奇，国家金融与发展实验室高级研究员，中国社会科学院金融研究所研究员；杨晓龙，中国工商银行现代金融研究院。

2.1　2020 年的宏观经济形势

在新冠肺炎疫情的冲击之下，全球经济运行出现了深度下滑，主要宏观指标均出现了断崖式下跌。根据 IMF 预测，2020 年全球经济增速将跌落至 -4.4%，为近 40 年以来的最低值；全球贸易增速将下探到 -10.4%，大幅低于经济增速；原油价格增速持续处于通缩区间。幸运的是，随着各主要经济体对医疗资源调动能力的增强、组织恢复生产能力的逐步增强，以及辅以各种宽松政策的刺激，主要经济体的经济运行在三季度企稳，并伴有阶段性复苏的迹象。然而，经济持续复苏的基础尚未形成，主要表现在：其一，有效疫苗的研发和应用相对迟缓；其二，多数经济体的财政政策面临越来越多的约束，例如疫情之下税基的大幅下降与财政的大幅增支形成了难以调和的矛盾，又如全球债务水平屡创新高，使得非主权货币国家（特别是新兴经济体）的金融风险正在快速集聚；其三，疫情导致的全球产业链断裂、贫富差距的进一步恶化、人力资本积累的减速等，都将使本已脆弱的全球经济“雪上加霜”。

得益于对疫情的有效控制和逆周期调控政策的有效对冲，中国成为 2020 年全球主要经济体中唯一实现经济正增长的国家。中国经济增速在一季度大幅负增长的背景下，实现了二季度的转正和三季度的持续好转，并有望实现全年超过 2% 的增长，为稳定全球经济发挥了重要作用。与在次贷危机时期依靠“基建扩张”，添补“出口萎缩、消费低迷”的经济运行特征有所不同，中国本轮经济率先企稳的需求端因素主要依靠出口和房地产投资。一方面，全球“供需错位”支撑了中国出口的快速反弹。其一，疫情大幅削弱了全球多数经济体的供给能力，而中国对疫情的快速控制和保障生产的政策聚焦保障了企业的供给能力，从而供应链得以快速修复，在此背景下，国内外供需错位推动了中国出口的逆势上升；其二，主要经济体大规模的财政刺激支撑了当地消费的快速回升，进一步推动了中国的出口增长。另一方面，疫情下的货币宽松和房地产较低的库存等因素推动了房地产投资的快速反弹，并成为拉动投资的中坚力量。

基于高频宏观经济先行指数（见图 1），中国经济在本轮复苏的进程中呈现以下特点。其一，反弹速度快。先行指数的平滑估计值在 2020 年 1 月初落入危机区间（-1 值以下），历经 4 个月有余，便反弹并脱离危机区间，是全球复苏最快的经济体；此外，从与过往危机（例如次贷危机时期和 2015 年）的对比看，本轮经济复苏也是最快的。其二，先行指数在 5 月上旬向上脱离危机区间，经济运行总体上回归常态，在此背景下，逆周期调控政策及时调整，货币政策在 5 月逐步回归常态。其三，先行指数在三季度以来围绕 0 值小幅波动，说明经济运行已回归至长期趋势（或均衡水平）附近，也意味着当前的经济增速已接近潜在增长率。其四，先行指数的反弹趋势在 9 月后有所钝化，意味着经济的持续复苏仍需各项改革措施的持续发力，宏观调控政策不宜过快转向。

图 1　中国高频宏观经济先行指数（滤波估计）

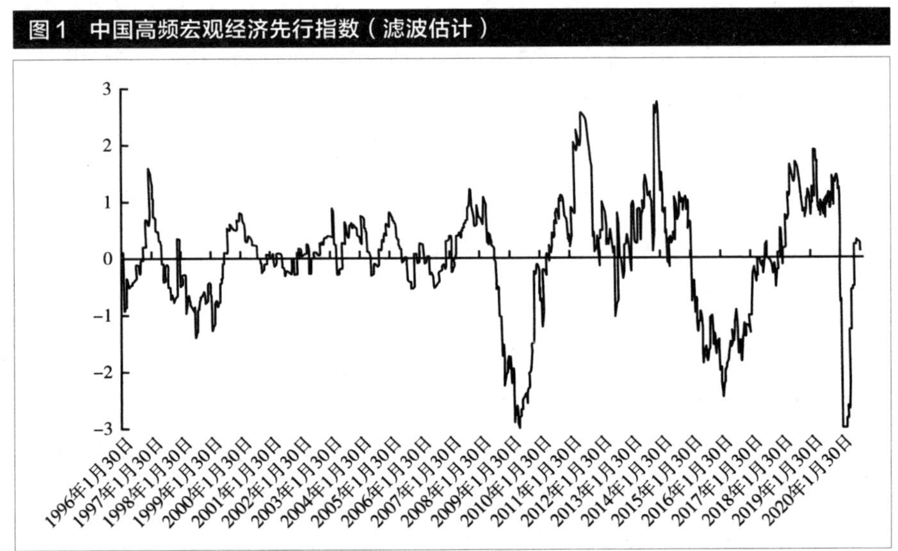

注：构建先行指数的指标包括国债利差、股票指数、货币供应量、消费者预期指数、工业产品产销率、社会货运量、沿海主要港口吞吐量、商品房新开工面积、房地产开发土地面积和固定资产投资新开工数。

资料来源：根据 Bloomberg 资讯、Wind 资讯数据整理。

2.2　2020 年中国货币政策与金融运行态势

2.2-1　货币供给量

1. 货币供给量变化趋势

近 20 年间，货币供给量变化有以下两大特点。一是经历多次上行周期和下行周期，M1、M2 增长率总体上保持同向变化趋势，但也有例外，如 2016 年 9 月 M1 增长率达到近六年的高点值，但 M2 增长率反而处于下降通道。二是总体看 M2 增长率高于 M1，但波动性要明显小于 M1（见图 2）。近 20 年 M1、M2 月度平均同比增长率分别为 13.6% 和 14.9%，M2 增长率高于 M1 增长率 1.3 个百分点，但 M1 的波动较大，这是因为 M1 流动性较高，反映居民和企业资金松紧情况，相对 M2 变化更为频繁。

截至 2020 年 9 月末，M1、M2 余额分别为 60.23 万亿元、216.41 万亿元，分别同比增长 8.1%、10.9%，增速分别较上年同期高 4.7 个、2.5 个百分点。其中，M2 连续 7 个月实现两位数增长，特别是 M2 增速在连续两个月回落后再次回升，体现金融对疫情防控和国民经济恢复发展的支持力度持续增强。财政扩张是带动 M2 回升的主要原因，具体包括以下两方面。一是财政支出加大。三季度是政府债券发行的高峰期，季末同样是财政支出的高峰期，导致 9 月财政存款大幅下降约 8300 亿元，对 M2 起到有效的拉动作用。二是 9 月企业贷款大幅多增，带动当月企业存款大幅增加。总体来看，虽然 9 月末 M2 增速反弹幅度略高于市场预期，但并未改变下半年以来稳中有降的态势，体现了疫情冲击高峰过后，监管层强调“总量适度，坚决不搞大水漫灌”的政策目标。M1 创下 2018 年 3 月以来新高，经济复苏和企业活跃程度提升是 M1 同比上升的主要原因，随着经济增长的恢复，企业持有活期

图 2　2000 年 9 月 ~2020 年 9 月 M1 和 M2 同比增长率变化趋势

资料来源：中国人民银行。

存款的意愿上升，进而带动 M1 同比改善。

2. 基础货币与货币乘数

2011 年以来，基础货币增长率呈明显下降趋势。截至 2020 年 9 月末，基础货币余额为 31.6 万亿元，虽同比增长 3.19%，但较 2011 年 9 月末下降 29.6 个百分点。外汇占款增长持续放缓或下降是基础货币增速降低的主要原因。近年来货币乘数整体呈上升趋势，2020 年以来货币乘数曲线的斜率更加陡峭，特别是 8 月货币乘数达到 7.17，创下有记录以来的最高值（见图 3），说明银行系统的信用派生能力明显增强，货币流通速度显著加快。

图 3 货币乘数

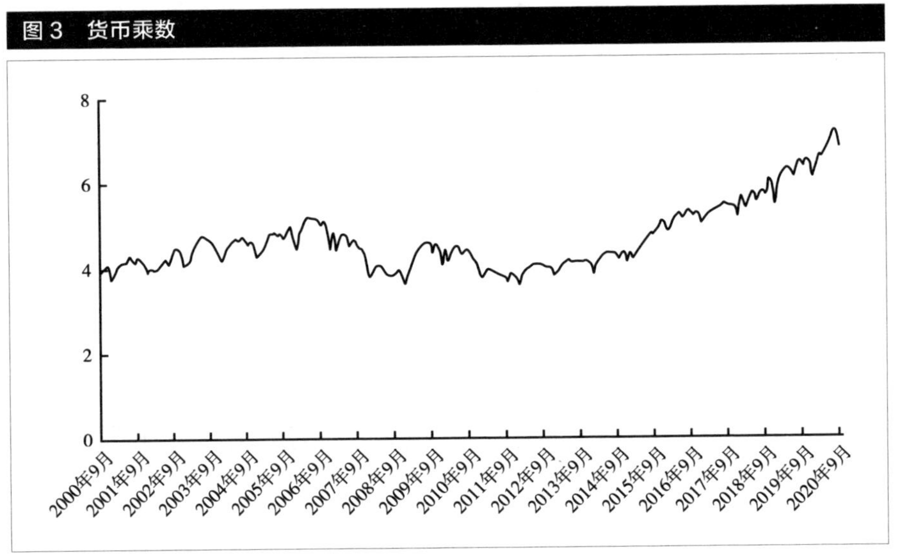

资料来源：中国人民银行。

2.2-2 社会融资规模

2020 年前三季度社会融资规模累计增量为 29.6 万亿元，比上年同期多 9.01 万亿元。这与 2020 年以来的货币政策相互印证，中国人民银行坚持稳健的货币政策更加灵活适度、精准导向，引导资金更多流向实体经济，有效发挥结构性货币政策工具精准滴灌的作用，提高政策的直达性，强化对稳企业、保就业的金融支持。总体看，当前全社会流动性合理充裕，社会融资规模合理增长。

2020 年以来，社会融资规模结构更加优化，具体体现在以下三个方面。一是中长期贷款增长较快。9 月新增中长期贷款 1.07 万亿元，创下历史同期新高，表明金融加大了对实体经济中长期融资需求的支持。二是实体经济从债券市场和股票市场获得的直接融资大幅增加。前三季度，企业债券净融资 4.1 万亿元，比上年同期多 1.65 万亿元。非金融企业境内股票融资 6099 亿元，比上年同期多 3756 亿元。三是金融体系配合财政持续发力，政府的债券融资力度较大，前三季度，政府债券净融资 6.73 万亿元，比上年同期多 2.74 万亿元（见图 4）。

图 4　2020 年前三季度社会融资规模

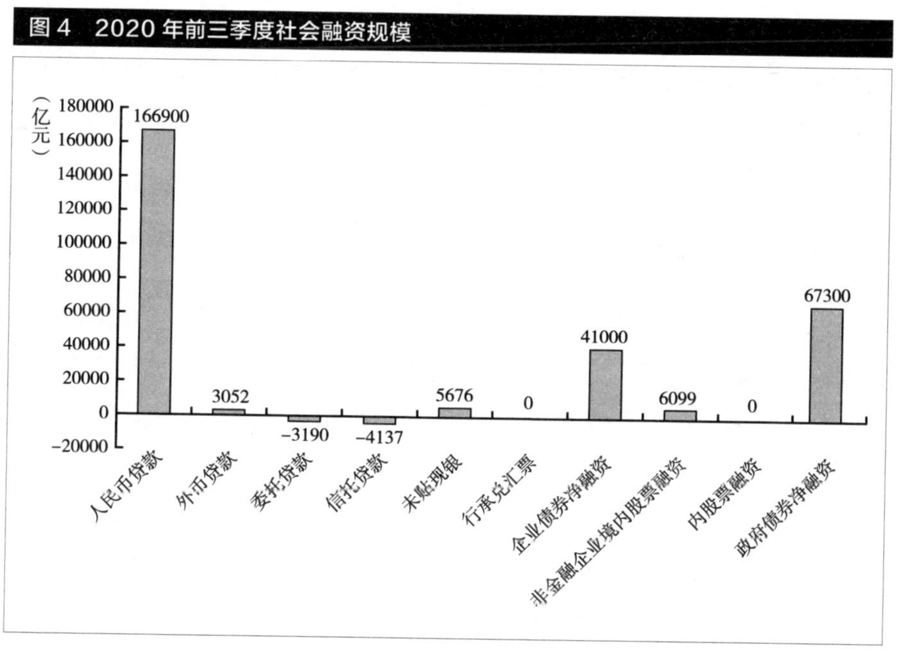

资料来源：中国人民银行。

2.2-3　信贷投放

制造业中长期贷款保持较快增长。前三季度，三次降准释放长期流动性 1.75 万亿元，开展中期借贷便利 MLF 操作，净投放中期流动性 4100 亿元，满足金融机构合理的中长期流动性需求。其中，前三季度制造业新增中长期贷款 9675 亿元，同比多增 6362 亿元，高技术制造业中长期贷款余额增长 45.8%，比上年末提高 4.9 个百分点；基础设施中长期贷款新增 2.4 万亿元，同比多增 8408 亿元。同时，随着金融系统加大金融支持力度，受疫情影响较大行业的中长期贷款也在逐步恢复，9 月末批发和零售业中长期贷款余额同比增长 15.2%，增速比 3 月末高 2.8 个百分点；交通运输、仓储、邮政中长期贷款余额同比增长 13.4%，比 3 月末高 1.7 个百分点。

小微企业贷款量增、面扩、价降。前三季度小微企业融资新增 3 万亿元，同比多增 1.2 万亿元；支持小微经营主体 3128 万户，同比增长 21.8%；9 月新发放的普惠小微企业贷款平均利率是 4.92%，较 2019 年 12 月下降 0.96 个百分点。为对冲疫情冲击，中国人民银行会同相关部委推出企业贷款延期还本付息和普惠小微信用贷款两项直达实体经济的货币政策工具，截至 8 月末，银行业金融机构对 3.7 万亿元贷款本息实施了延期；3 月到 8 月，银行业金融机构累计发放普惠小微信用贷款 1.89 万亿元，比上年同期多发放 6279 亿元。

2.2-4 货币市场

2020 年以来，为应对新冠肺炎疫情冲击和经济下行压力，中国人民银行通过多元化货币政策释放流动性，有效保持银行体系流动性合理充裕。截至 9 月末，隔夜和 1 周 Shibor 分别报 2.36% 和 2.33%，较上年同期分别低 0.27 个和 0.51 个百分点。1 月和 1 年期 Shibor 分别报 2.68% 和 3.02%，较上年同期分别低 0.08 个和 0.03 个百分点。

银行间回购和拆解交易活跃。上半年，银行间市场债券回购累计成交 471.2 万亿元，日均成交 3.9 万亿元，同比增长 18.9%；同业拆解累计成交 78.4 万亿元，日均成交 6843 亿元，同比减少 5.2%。从回购市场和同业拆借市场的融资主体看，主要呈现以下显著特点。第一，货币市场资金融出方依然是中资大型银行，上半年经回购和拆借净融出资金 168.2 万亿元，同比增长 50.4%。第二，其他金融机构及产品净融入资金大幅增加，上半年经回购和拆借净融入资金 131.6 万亿元，同比增长 55.8%。第三，外资银行经回购净融入 3.9 万亿元，但通过拆借净融出 1.2 万亿元（见表 1）。

表1　2020年上半年金融机构回购、同业拆借资金净融入情况　　单位：亿元

类别	回购市场		同业拆借	
	2020年上半年	2019年上半年	2020年上半年	2019年上半年
中资大型银行	-1452030	-963223	-230389	-155482
中资中型银行	-427545	-402336	-42523	-86641
中资小型银行	23779	95271	60861	60513
证券业机构	511590	393100	155881	137803
保险业机构	57105	36578	267	272
外资银行	39158	50268	-12065	-10731
其他金融机构及产品	1247944	790342	67968	54266

资料来源：中国外汇交易中心。

2.2-5　债券市场

5月以来国债收益率持续上行（见图5），主要原因有三点。一是经济基本面持续修复，信用投放加快。二是资金利率中枢上行，银行间质押式回

图5　国债收益率

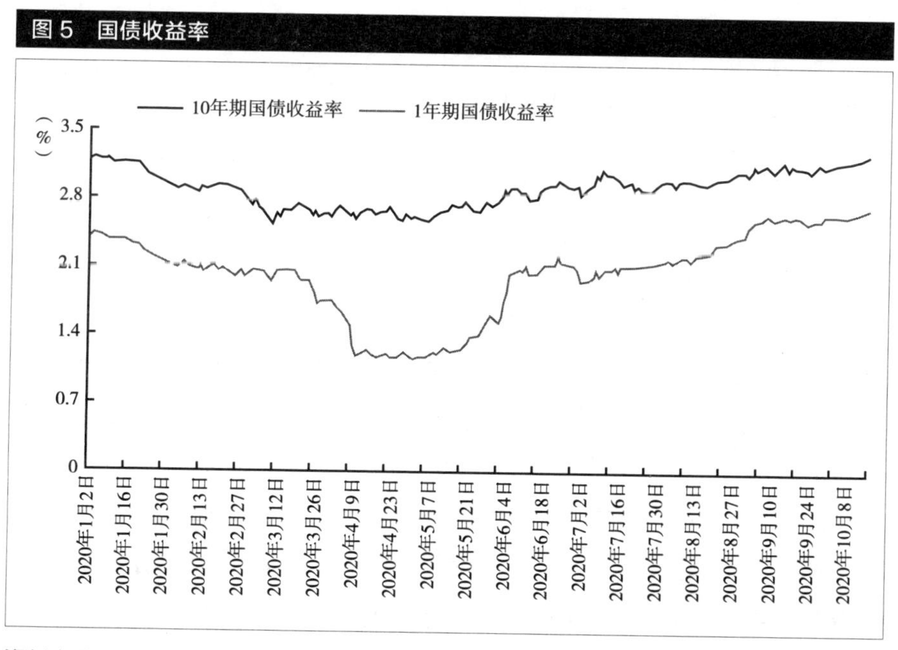

资料来源：Wind。

购隔夜利率中枢从 1% 上行至 2.2% 左右，同业存单利率（1Y）从 1.6% 上行至 2.95%。资金利率抬升带动中短端债券收益率上行，收益率曲线走平。三是债市供需矛盾较为突出，三季度以来债券供给压力较大，需求端银行配置力度较弱，供需缺口推动收益率进一步上行。展望后市，短期内上述影响因素仍然存在，但供需矛盾在四季度或有所缓解，预计债券市场收益率将维持振荡走势。

2.2-6 股票市场

2020 年前三季度，股票市场主要有两个特点。一是国内 A 股市场主要指数均上涨，创业板指数上涨 43.19%，上证综指、上证 50 指数分别上涨 5.51%、5.52%。创业板指数不仅领先国内 A 股市场，也领先全球各国主要股市指数。二是第三季度股市走势呈现先扬后抑的特点。主要原因包括以下两个点。第一，无风险收益率触底反弹。上半年金融市场无风险收益率下降，助推股市上扬。但三季度随着国内疫情好转，经济复苏步伐加快，货币政策边际收紧，无风险收益率触底反弹，10 年期国债收益率开始小幅回升。第二，新股发行加快，对股价产生抑制作用。7 月之后，新股发行速度明显加快，第三季度 IPO 数量高达 167 家，单季度融资额已经接近 2019 年全年水平，对二级市场价格产生一定抑制。

2.2-7 人民币兑美元汇率小幅升值

人民币汇率小幅升值是我国经济面向好的自然反映。截至 2020 年 9 月末，人民币兑美元汇率为 6.7332，较上年末小幅升值 3.48%（见图 6），升值幅度低于欧元等其他国际主要货币。人民币汇率小幅升值符合预期，是我国经济向好的客观反映。首先，我国在全球率先控制新冠肺炎疫情，经济社会加快恢复，前三季度经济增长由负转正。其次，出口势头良好，大量境外长期资金有序流向人民币资产，在市场供求推动之下人民币升值。

在人民币升值背景下，资金流动活跃度上升。2020 年前三季度，外商来华直接投资规模 1033 亿美元，增长 2.5%，其中第三季度增长 18%。境外投资者持有境内债券和股票达到 1321 亿美元，增长 47%。

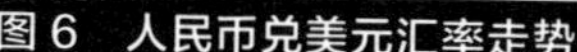

图 6　人民币兑美元汇率走势

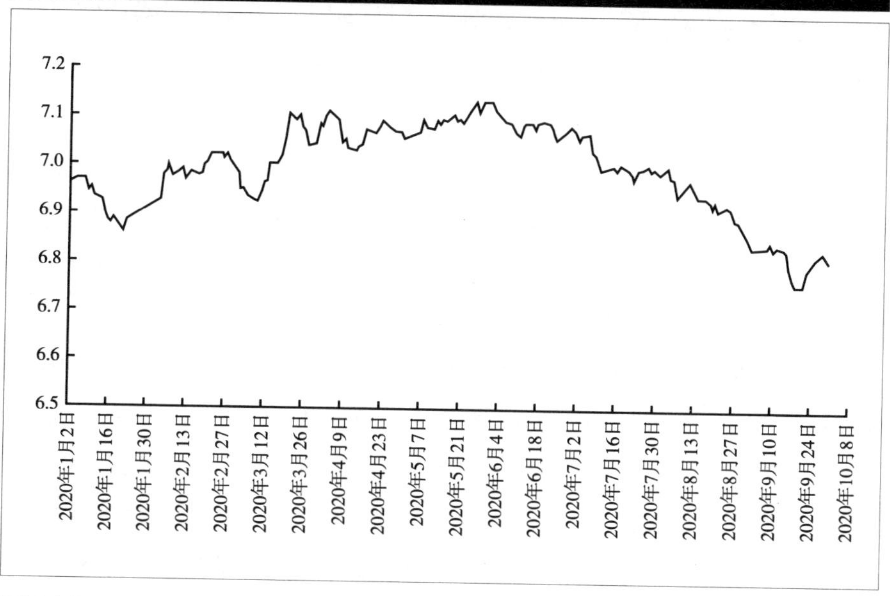

资料来源：Wind。

2.3　宏观金融运行的风险分析

2.3-1　外部环境不确定性较大，国际金融市场持续震荡

国际金融市场持续震荡。一是美股四次熔断，全球股市震荡。一季度，国际金融市场避险情绪升温，资金大幅流出股市，尤其美股 10 天内 4 次触发熔断机制，带动全球股市快速震荡下行。二、三季度，随着亚洲和欧洲疫情逐步得到控制，主要经济体纷纷出台宽松财政货币政策，全球股市普遍反弹。二是大宗商品价格波动。一季度，疫情冲击下部分工业部门停摆，能源需求下降，油价承压走低。二、三季度，亚洲和欧洲主要经济体逐步复工，原油需求预期改善，加上“OPEC+”减产协议达成，推动油价大幅反弹。三是汇率波动加剧。一季度，疫情叠加国际油价下跌触发美股暴跌，全球美元流动性趋紧，美元指数震荡上扬。二、三季度美元指数下行，多国货币呈现震荡上行态势，增加了国际金融市场的不稳定性。

全球疫情持续反弹，可能引发国际金融市场再次震荡。二季度以来，各国逐步减少或解除疫情防控限制，但多国疫情快速反弹。具体来看，美国、印度、巴西疫情迎来高峰期，三季度新增确诊 1385 万例。欧洲疫情卷土重来，三季度新增确诊 267 万例，英国、法国、西班牙等主要国家单日新增确诊病例创出新高，波兰、荷兰等国家疫情同样呈现加速蔓延态势。预计欧美疫情大概率将持续反弹，印度可能成为全球确诊病例最多的国家。

股市大幅震荡，对我国股市产生负面影响，打击投资者信心。大宗商品市场反复震荡，特别是大宗商品价格上涨，传导至国内下游，终端产品生产成本上升，可能削弱出口商品市场竞争力。美国指数震荡，加大人民币汇率波动风险及外汇管理难度。

建议：提升防范化解汇率和大宗商品市场价格波动风险的能力。加快人民币跨境支付结算基础设施建设，推动人民币跨境支付与离岸人民币市场协同发展；继续扩大跨境人民币资金池试点范围，适度放宽企业跨境资金流动规模和用途限制，鼓励企业采用和推广人民币贸易结算方式。建立健全大宗商品价格监测预警发布机制；以健全储备资格、完善调控手段为核心，提升价格调控能力；推动大宗商品现货和期货市场发展，提升国际定价话语权。

2.3-2 宏观杠杆率上升

各部门杠杆率均有所上升。前三季度，我国宏观杠杆率上升 27.7 个百分点至 270.1%，具体来看，有四个特点。一是居民部门杠杆率增幅较大。前三季度，居民部门杠杆率分别上升 1.9 个、2.0 个和 1.7 个百分点，共上升 5.6 个百分点，由上年末的 55.8% 上升到 61.4%。居民部门杠杆率主要由住房贷款和个人经营性贷款拉动。二是非金融企业部门杠杆率大幅上升。前三季度，非金融企业部门杠杆率分别上升 9.8 个、3.3 个和 -0.4 个百分点，共上升12.7个百分点，由上年末的151.3% 上升到164.0%。疫情暴发以来，金融系统加大对企业复工复产的支持力度，企业获取资金的难度和成本大幅下降，推动非金融企业部门杠杆率上升。三是政府杠杆率较快增长。前三季度，政府部门杠杆率分别上升 2.2 个、1.8 个和 2.4 个百分点，共上升 6.4 个百分点，由上年末的 38.3% 上升到 44.7%。政府赤字和债务规模加大是政府杠杆率上升的主要原因。四是金融部门杠杆率保持稳定。前三季度，金融部门杠杆率分别上升 2.9 个、-0.5 个和 -1.6 个百分点，共上升 0.8 个百分点（见图 7）。总体来看，金融部门杠杆率保持相对稳定，说明金融部门去杠杆成效显著。金融监管趋严是保持金融部门杠杆率相对稳定的主要原因。

图 7　各部门杠杆率上升情况

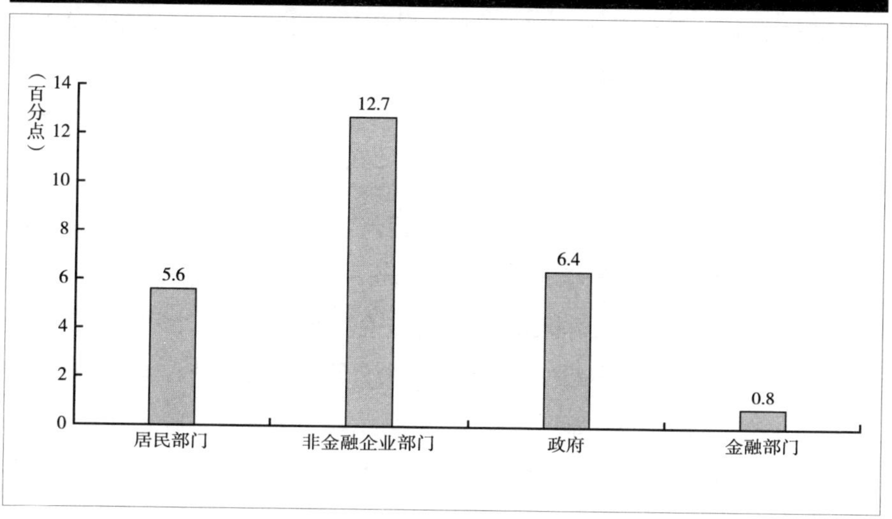

资料来源：国家金融与发展实验室。

建议：一是客观看待宏观杠杆率阶段性上升。杠杆率阶段性上升是为了扩大对实体经济的信用支持，有效地推进复工复产，也是为未来更好地保持合理的宏观杠杆率创造有利的条件。在当前宏观背景下，允许宏观杠杆率阶段性上升具有其合理性。二是坚持“房住不炒”稳定居民杠杆率。从历史经验看，稳定房价是稳定居民杠杆率的关键举措，尽管房地产对于经济恢复具有积极作用，但更应当坚持“房住不炒”，对部分重点城市房价异动现象要做充分关注和应对。三是关注票据融资上升背后的资金空转问题。票据融资规模在二季度出现明显上升，一方面说明金融机构对实体经济的融资支持，另一方面也反映出一定的资金空转问题。具体来看，票据融资利率与存款利率出现倒挂，部分企业以结构性存款作为抵押从银行获得票据融资，贴现后再形成结构性存款，形成实质上的资金空转现象。要严厉打击资金空转套利行为，科学审慎设计结构性存款，避免银行机构盲目提升存款成本。

2.3-3　信用风险凸显

商业银行不良贷款的规模和比率均明显上升。截至 2020 年 6 月末，商业银行不良贷款余额 2.74 万亿元，较上季末增加 1243 亿元；商业银行不良贷款率 1.94%，较上季末增加 0.03 个百分点，升至 2009 年以来新高，其中股份制银行不良率稳中有降，大型银行保持较低水平，城商行和农商行近年来上升幅度较大，二季度末关注类贷款余额和占比下滑。商业银行整体拨备覆盖率为182.4%，较3月末略有下降，大中型银行的抵补能力较为稳健，但城商行和农商行等中小银行拨备覆盖率低于平均水平，并且处于下行趋势。商业银行核心一级资本充足率、一级资本充足率、资本充足率的平均水平分别为10.47%、11.61%、14.21%，已连续两个季度出现下降。

信用风险上升的原因，主要有三个方面。一是宏观经济下行。受新冠肺炎疫情影响，2020年上半年GDP下降1.6%，民营企业，特别是中小企业经营压力增大，信用风险加速暴露。二是海外需求下降。受海外企业停工停产、物流交通停摆、产业链中断等因素影响，海外需求大幅下降；同时，疫情防控引发的贸易限制和禁航禁运直接冲击国际自由贸易体系，放大贸易保护主义，加剧海外货物贸易、服务贸易需求萎缩程度。三是中美贸易摩擦。近年来，全球贸易保护主义和逆全球化思潮抬头，我国进出口贸易受到明显影响。

建议：金融风险暴露存在一定时滞，部分延期还本付息的中小企业，未来可能形成不良贷款，银行不良贷款上升压力较大。作为商业银行，要牢牢守住不发生系统性风险的底线，重点从以下四个方面发力。一是做实资产质量分类。区分“好企业”和“坏企业”，对于受疫情影响出现暂时困难的企业，要加大救助力度；对于本身经营风险较高的企业，要严格按规定确定资产分类，对符合不良标准的必须划为不良。二是全方位补充资本。拓宽银行资本补充渠道，支持银行发行普通股、优先股、永续债、二级资本债等资本工具。对于少数难以通过市场化补充资本的银行，可考虑通过筹措政府性资金加以解决。同时，鼓励机构投资者加大对商业银行资本补充工具的投资支持力度，以帮助提升市场流动性。三是足额提足拨备。严格要求足额计提拨备，增强风险抵御能力。四是加大不良资产处置力度。综合使用清收、批量转让、债转股等手段，加大不良资产处置力度。试点开展不良资产批量处置，总结经验后逐步推广。

2.4 2020年的中国货币政策操作

2020年以来，面对疫情的严峻挑战，中国人民银行实施稳健灵活的货币政策，合理把控调控的力度、节奏和重点，全力支持疫情防控和复工复产，为做好“六稳”“六保”工作营造适宜的货币金融环境。

2.4-1 创设两个直达实体经济的货币政策工具

为鼓励地方法人银行缓解中小微企业贷款的还本付息压力，创设了普惠小微企业贷款延期支持工具，提供 400 亿元再贷款资金，向商业银行提供约为其延期贷款本金 1% 的激励，预计可支持普惠小微企业延期贷款本金约 3.7 万亿元，切实缓解企业延期还本付息压力。为缓解小微企业缺乏抵押担保的痛点，创设了普惠小微信用贷款支持工具，提供 4000 亿元再贷款资金，向商业银行按其实际发放信用贷款本金的 40% 提供优惠资金支持，预计带动新发放普惠小微企业信用贷款约 1 万亿元。

和传统政策工具比较，直达实体的政策工具有三个特点。第一，市场化，中国人民银行提供的 4400 亿元再贷款资金并不直接提供给企业，而是向金融机构提供激励，信用风险仍由商业银行承担，中国人民银行并不承担信用风险。第二，普惠性，只要是符合要求的银行在对普惠小微企业办理贷款延期或者发放信用贷款时均可享受支持。第三，直达性，两项政策工具通过其创设的 SPV 与银行签订利率互换协议及信用贷款支持协议，促进货币政策操作与银行对企业的金融支持直接联系，确保调控的精准性。

2.4-2 公开市场操作

中国人民银行在 2020 年的公开市场操作主要有三个特点。一是灵活开展公开市场操作，保持流动性合理充裕，及时熨平流动性短期波动。二是连续开展央行票据互换（CBS）操作。前三季度，中国人民银行以每月一次的频率稳定开展 CBS 操作，累计开展九次操作 460 亿元，换入的债券既有国有大行、股份制银行发行的永续债，也有城商行、农商行发行的永续债，对于提升银行永续债的二级市场流动性，支持银行特别是中小银行发行永续债补充资本发挥了积极作用。三是常态化在香港发行央行票据。前三季度，中国人民银行在香港成功发行九期 1200 亿元人民币央行票据。在港常态化发行人民币央行票据既丰富了香港市场高信用等级人民币投资产品系列和人民币流动性管理工具，也有利于推动人民币国际化。

2.4-3 中期借贷便利和常备借贷便利操作

适时开展中期借贷便利操作。前三季度，累计开展中期借贷便利操作

27000亿元，期限均为1年。其中，第一、第二、第三季度分别开展操作6000亿元、4000亿元、17000亿元（见图8）。9月末，中期借贷便利余额为41000亿元，较上年末增加4100亿元。4月15日，1年期中期阶段便利操作的中标利率调整为2.95%，较上期下降20个基点，并一直持续至当前。中期借贷便利利率反映商业银行的边际中期资金成本，中期借贷便利利率的下降反映银行中期资金成本的降低，有助于通过LPR下降推动降低企业贷款利率。

图8　前三季度中期借贷便利操作规模

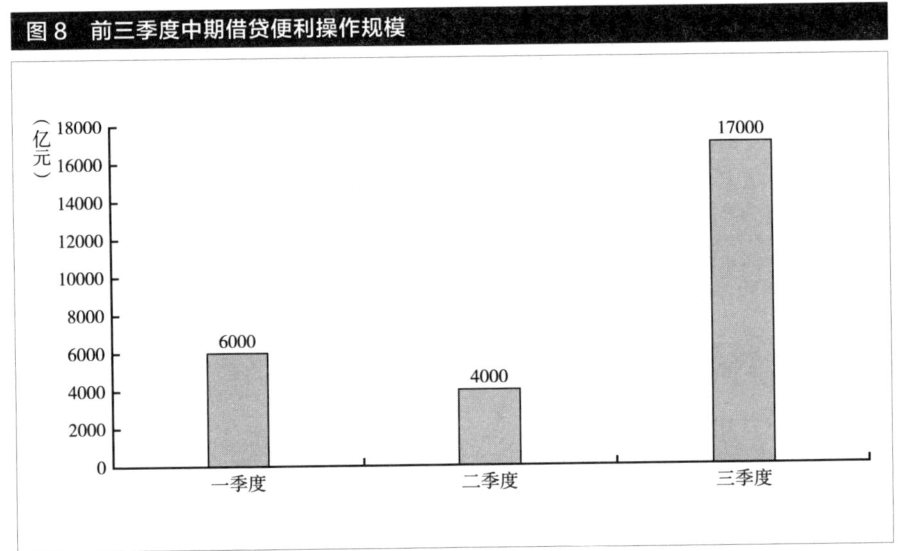

资料来源：中国人民银行。

及时开展常备借贷便利操作。前三季度，累计开展常备借贷便利操作共1574亿元。其中，第一、第二、第三季度分别开展操作1027亿元、487亿元、60亿元。9月末，常备借贷便利余额为24.5亿元。4月10日，下调各期限常备借贷便利利率30个基点。调整后，隔夜、7天、1个月常备借贷便利利率分别为3.05%、3.2%、3.55%。

2.4-4　存款准备金率

主要是两个方面。一是降低中小银行存款准备金率。二季度，中国人民银行宣布下调农村信用社、农村商业银行、农村合作银行、村镇银行和仅在本省级行政区域内经营的城市商业银行存款准备金率 1 个百分点，于 4 月 15 日和 5 月 15 日分两次实施到位，每次下调 0.5 个百分点，共释放长期资金约 4000 亿元。二是降低金融机构超额存款准备金率。6 月末，金融机构超额准备金率下降 0.5 个百分点至 1.6%，引导金融机构加大对中小微企业的信贷投放力度。

2.4-5 利率市场化改革

近年来，利率市场化改革稳步推进，贷款利率和市场利率正在实现“两轨合一轨”。2019 年 8 月，中国人民银行改革完善贷款市场报价利率（LPR）形成机制。2020 年以来，继续推动 LPR 改革，降低企业贷款利率。9 月发布的 1 年期、5 年期以上 LPR 分别为 3.85% 和 4.65%，分别较 3 月下降 20 个和 10 个基点。在 LPR 下行引导下，贷款利率明显降低（见图 9），且降幅大于 LPR 降幅。

利率市场化改革还有待深入推进。一是以国债收益率曲线为基准利率的市场价格体系尚未形成，影响短期利率向中长期利率传导。二是货币和债券市场存在市场分离、监管标准不统一问题，影响货币政策传导效率。三是公司债券主要由银行等金融机构购买，削弱其价格发现功能。四是刚性兑付、隐性担保等问题尚未得到根本性解决，阻碍货币政策的传导效率。对此，一

图 9　金融机构人民币贷款平均利率

资料来源：中国人民银行。

是在价格形成机制方面，继续推动 LPR 市场化改革，加大金融产品创新力度。二是在货币政策传导方面，加快国企和地方政府债务改革，逐渐打破金融市场分割，减少多头监管和重复监管。

2.5 2021 年总体趋势及展望

进入 2021 年，全球经济的复苏进程，依然取决于各经济体对疫情的防控和疫苗研发及其推广应用。在西方主要经济体中，美国经济的修复能力较强，商品消费和暂时性失业均已恢复到疫情之前的水平，企业投资达到较高水平且库存周期处于底部；但非暂时性失业和服务性消费的恢复尚需时日。欧洲经济的复苏进程将会相对曲折，一是二次疫情冲击使得欧洲内部经济呈现分化；二是英国脱欧尚未与欧盟达成最终的贸易协议。在宏观经济政策方面，财政政策的空间相对有限：欧元区受制于各经济体的分化、财政协同等难题，试图对大规模的财政救助方案达成一致“步履维艰”。在此情形下，主要经济体量宽的货币政策依然会得到延续：美联储在当前零下限利率环境下，主要通过资产购买和调整政策框架期望（如将 2% 的通胀目标调整为 2% 的平均通胀目标）实现其政策目标；欧元区和日本的负利率政策、资产购买计划仍将延续。

从国内因素看，中国经济的复苏有两条主线。第一条主线是经济的内生增长动能逐步凸显：一是疫情引致的全球“供需错位”在 2021 年上半年将对中国出口构成支撑；二是虽然房企融资“三道红线”可能加速本轮房地产周期的终结，但在低库存和以稳为主的房地产调控政策背景下，房地产投资增速不会失速，而是缓慢回落，并在短期成为稳定固定资产投资增速的重要支撑力量；三是产能的快速恢复、利润的改善、库存筑底以及制造业中长期融资的持续放量，正在不断夯实制造业复苏的基础。第二条主线是改革和开放的红利将逐步显现：一是在构建“双循环”新发展格局的背景下，各种促进消费、拓展投资空间的长期改革措施和短期政策利好将不断涌现，从而实现需求端的平稳增长；二是由中国参与的《区域全面经济伙伴关系协定》（RCEP）将显著提升中国在全球价值链和国际分工体系中的层级，缓解中美贸易摩擦的负面影响，并拉动外向型制造业的复苏。

在上述背景下，中国宏观调控的总体方向是从逆周期调节中稳步退出，同时为培育经济的内生增长动能和改革开放提供稳定的货币金融环境。其一，从逆周期调节中退出。根据中国高频宏观经济先行指数，中国经济在 5 月上旬脱离危机区间，并于 6 月以来围绕经济运行的长期趋势小幅波动，意味着新冠肺炎疫情引致的经济“负向缺口”已经闭合。继续从需求端进行大规模刺激，只会徒增债务水平。其二，稳步退出逆周期调节。高频经济先行指数的回升趋势在 9 月以来有所钝化，意味着本轮经济复苏有筑顶的迹象。主要原因在于经济内生增长动能仍处于恢复阶段，例如国内的消费需求虽然有所反弹，但尚未恢复到疫情前水平；又如城镇调查失业率虽在 10 月下降到 5.3%，但仍然处于 2019 年的高点处。从经济增长的第二条主线看，改革开放虽然会为中国经济的长期稳定增长带来诸多红利，但这是一个渐进的过程，宏观调控政策应该为经济新旧动能的转换时期提供适度宽松的环境。受宏观调控影响，高频金融形势指数从 6 月初的高点 3.58（极度宽松的金融环境）快速滑落，到 10 月末已接近 -1 的水平（较紧的金融环境）（见图 10），金融形势的持续收紧有利于防控金融风险，但收紧速度过快易对经济的持续复苏带来阻滞。当前宏观调控的重心之一是为制造业和中小企业提供稳定的融资环境和较低的融资成本，一是通过改革和创新（如创设直达实体经济的货币政策工具等）而非“放水”的方式降低实体的融资成本；二是随着资本市场的发展，中小企业在股市、债市等资本市场融资的途径越来越多，为此，维护宏观金融环境的稳定亦是重要环节。其三，为培育经济的内生增长动能和改革开放提供稳定的经济环境和货币金融环境。7 月的中央政治局会议提出“完善宏观调控跨周期设计和调节”，与此前的“逆周期”相比，“跨周期”除了短期问题，将更多关注影响经济长期增长的相关因素。为此，从总量视角出发，关注经济、金融在实际运行过程中偏离长期趋势的幅度，可以作为“跨周期调节”的一个潜在参考指标。以经济运行为例，如果以短期的经济增长目标作为衡量经济运行的参考依据，可以发现自 2015 年以来的中国经济增速相对平稳；然而，如果以偏离长期趋势的思路对经济运行进行测度，可以发现 2008 年次贷危机之后（特别是 2015 年以来）经济波动显著放大（见图 1）。以偏离长期趋势计量的高频金融形势指数，其波动也是在 2008 年以后呈现逐步放大的趋势（见图 10）。在“跨周期设计和调节”的框架下，宏观经济政策应关注经济和金融在实际运行中偏离长期趋势的幅度，并通过多种机制将经济、金融运行的波动幅度控制在一个可接受的范围内，以此为培育经济的内生增长动能和改革开放提供稳定的经济环境和货币金融环境。从调控的具体思路看，基于高频率的经济先行指数和金融形势指数，可以为经济和金融运行设定一个“监测走廊”：当经济、金融运行处于监测走廊之内，则尽量减少相关的行政干预，使其充分发挥市场的力量进行自发调节；但当其超出监测走廊的上限或下限时，行政干预应及时介入。

图 10　中国高频金融形势指数（2016 年 1 月 1 日至 2020 年 10 月 30 日）

注：(1) 构建金融形势指数的指标包括利率、汇率、股价、房价和大宗商品价格。(2) 由于高频金融形势指数波动性较大，为了更清晰地描述金融形势的短期波动和运行趋势，本图只截取了 2016 年 1 月 1 日至 2020 年 10 月 30 日的金融形势指数。

资料来源：根据 Bloomberg 资讯、Wind 资讯数据整理。

第 3 章　国际债券与外汇市场*

● 2020 年，全球未偿债券余额（含国际债券）为 117.44 万亿美元，同比增速升至 3.35%。全球经济复苏受疫情冲击，全球步入“大萧条”以来最严重的衰退，财政金融救助政策纷纷出台，主要发达经济体的国债收益率在降至历史最低水平后，保持小幅震荡。其中，美国国债收益率曲线水平下行 139BP 至 0.33%，曲线斜率摆脱倒挂状态但仍处历史低位；随着经济增速下滑和连续降息政策，新兴经济体的国债收益率水平整体呈现“牛陡”态势，但由于受发达经济体外溢性影响（包括全球金融市场动荡和发达经济体率先复苏等因素），部分新兴经济体开始出现资本回流、货币贬值和通胀高企等不利情形，这又导致相关国家的国债利率出现阶段性反弹。中美国债收益率利差持续走阔，10 年期利差再创历史纪录达到 246BP。全球经济增长仍面临风险，发达经济体利率政策空间压缩殆尽，现有政策工具边际效用减弱。同时，需警惕发达经济体率先复苏对新兴经济体的外溢性影响。

● 近一年来人民币汇率跌宕起伏，2019 年 10 月至 2020 年 11 月人民币对美元升值 5.33%，美元指数走弱，欧元、英镑、日元对美元均有所升值。新兴市场国家（和地区）汇率分化较大，其中土耳其饱受地缘政治与经济双重困扰，贬值幅度最大。新冠肺炎疫情的发展是近一年来影响国际市场汇率的重要力量，全球经济能否在抗击疫情的同时走出衰退将成为未来一段时间的关键变量。政策上，中国人民银行淡出逆周期因子使用，人民币汇率决定机制可能会更加市场化。未来，美元指数预计会有所回升，但基本面、政策以及跨境资金流动等

* 本章作者：胡志浩，中国社会科学院金融研究所研究员，国家金融与发展实验室副主任；李晓花，国家金融与发展实验室研究员；李重阳，国家金融与发展实验室研究员；叶骋，国家金融与发展实验室研究员。

方面对人民币汇率的支撑仍在，人民币中期仍存一定升值空间。另外，需同时关注疫情复发、中美关系、地缘政治等风险事件。

- 由于中国经济从疫情中复苏的速度远高于其他国家，较高的中美利差又吸引了大量海外投资，加之美联储超级宽松政策提升了国际市场的风险偏好，疫情以后的中国权益市场表现优异。与此同时，随着市场的不断开放，中国权益市场与国际市场的联动性也越来越强。从国际资金市场的相关指标来看，当前离岸美元流动性较为充裕，美元货币市场的流动性也处在历史上非常宽松的位置。预计美联储的政策工具箱在今后较长一段时间内会保持开放，当市场有流动性需求时，市场主体可以随时调用这些工具以获得流动性支持。但美国财政部现金存款居高不下，美联储资产负债表扩张速度明显减缓；新兴市场美元信贷紧缩压力依然存在；海外投资者对美国国债需求持续减少等三大因素仍然是影响美元流动性的重要变量。当前美国通胀预期已经恢复到疫情前的水平，超低的利率水平已显著滞后于经济复苏，需密切关注美国收益率水平上升突破阈值给金融体系带来的结构性冲击。

3.1　全球债券市场发展

3.1-1　全球债券市场存量

截至 2020 年第一季度，全球未偿债券余额（含国际债券）为 117.44 万亿美元，同比上升 3.35%，占全球 GDP 比重由上年同期的 120% 升至 134%。中国债券余额自 2018 年底超越日本，继续保持全球第二大债券市场地位。债券市场规模最大的国家依次为美国、中国、日本和英国，其全部债券的未偿余额分别为 42.4、15.0、12.9 和 5.9 万亿美元（见图 1），较上年同期均有所增加，美国约占全球债券市场未偿余额的 36.1%，四国之和约占全球债券市场未偿余额整体规模的 64.9%。美国、中国和日本未偿债券余额占 GDP 比重由上年同期的 205%、100% 和 250% 分别增加至 207%、110% 和 259%，英国未偿债券余额占 GDP 比重则与上年同期保持一致，为 206%。

全球债券市场未偿余额中约有 22% 为国际债券[1]，截至 2020 年第二

图 1　全球主要国家未偿债券余额

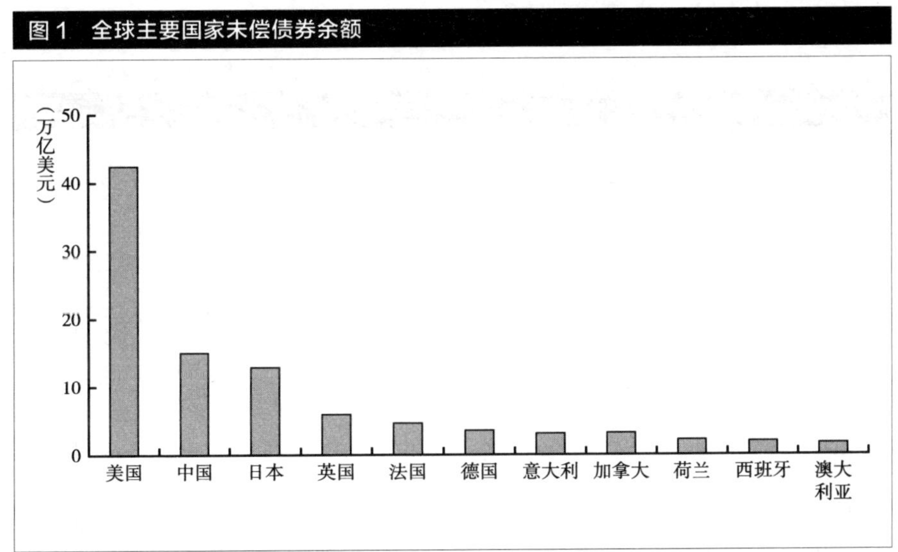

注：未偿债券包括国内和国际债券，各国未偿债券余额为 2020 年一季度末公布数据。
资料来源：BIS。

1　发行人居住地如与证券注册地、发行法规颁布地、挂牌市场所在地三项中的任一项不符，则视为国际债券。

季度，国际债券未偿余额总体规模为 25.8 万亿美元，同比上升 4.98%。其中，发达国家国际债券未偿余额始终占据主导地位，其规模约占国际债券未偿总金额的 69%。随着经济回暖，发达国家国际债券未偿余额自 2017 年开始触底反弹，但 2018 年第二季度以来，随着经济复苏放缓，其增长开始变慢，甚至出现小幅萎缩，其占国际债券未偿总金额的比例也不断缩小，由 2010 年第一季度的 84% 下降为 2020 年第二季度的 69%。发展中国家国际债券未偿余额比例较小，其规模和份额均稳步上升，但 2018 年第二季度以来增速开始变缓（见图 2）。2008 年金融危机以来，由于发展中国家受冲击较小，资产收益率远高于发达国家资产收益率，国际债券发行逐年增加，余额从 2008 年末的 0.89 万亿美元增长到 2020 年第二季度的 2.90 万亿美元，占总规模的比例也从 4.7% 上升到 11.2%。但 2018 年第二季度以来，随着经济复苏放缓，其增速有所变缓。其中，中国国际债券余额从 2008 年的 200 亿美元增长至 2020 年二季度的 2250 亿美元，占发展中国家国际债券余额的比例从 2.2% 上升至 7.8%。

图 2　国际债券未偿余额

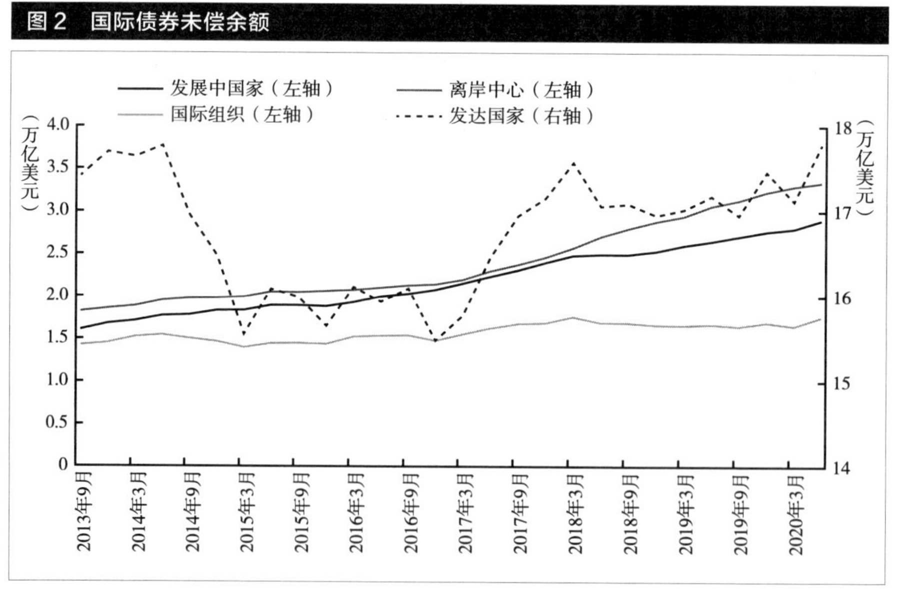

资料来源：BIS。

3.1-2 全球债券市场发行量

2020 年发达国家和发展中国家国际债券净发行相比上年同期均有大幅提升。一方面，为应对疫情，主要国家采取宽松货币政策，同时，美国通过货币互换协议方式为多国央行提供美元流动性，国际市场货币流动性一度宽裕；另一方面，政府采取财政刺激政策，企业为缓解债务压力，各个发行主体融资需求旺盛。2020 年上半年发达国家净发行国际债券 5035 亿美元，与上年同期的 2811 亿美元相比，增加 79.1%；发展中国家国际债券发行量为 1464 亿美元，与上年同期的 1155 亿美元相比，增长 26.8%。尤其是 2020 年第二季度，发达国家和发展中国家国际债券净发行创同期历史新高。其中，2020 年第二季度发达国家国际债券净发行 4524 亿美元，环比增加 784.7%；发展中国家国际债券净发行 907 亿美元，环比增长 62.7%（见图 3）。

图 3 国际债券净发行额

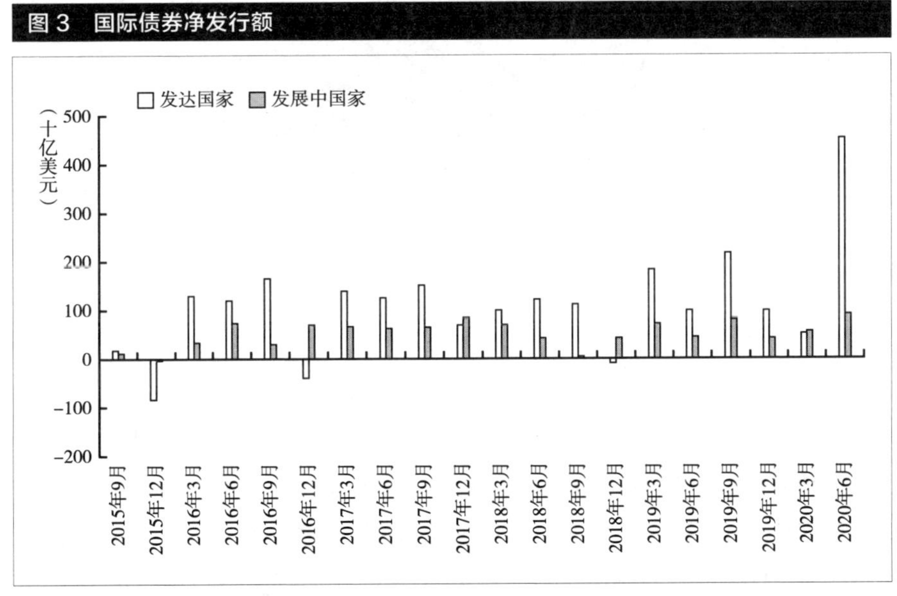

资料来源：BIS。

2020 年前三季度美国债券累计总体发行 8.82 万亿美元，规模较上年同期上升 46.6%。为应对新冠肺炎疫情，美国采取了超宽松货币政策和规模无上限的经济刺激政策，创设多种新型货币工具，救助的对象覆盖市政和州政府、企业和居民，为债券市场发行提供流动性。从结构上看，抵押贷款相关债券和企业债券大幅增长 81.7% 和 70.0%，发行占比仅次于国债（见图 4）；国债、市政债券和联邦机构证券发行也有明显增加，同比增幅分别为 24.9%、23.7% 和 40.2%；资产支持证券同比小幅下降 0.28%。

图 4　2020 年 1~9 月美国债券市场的发行构成

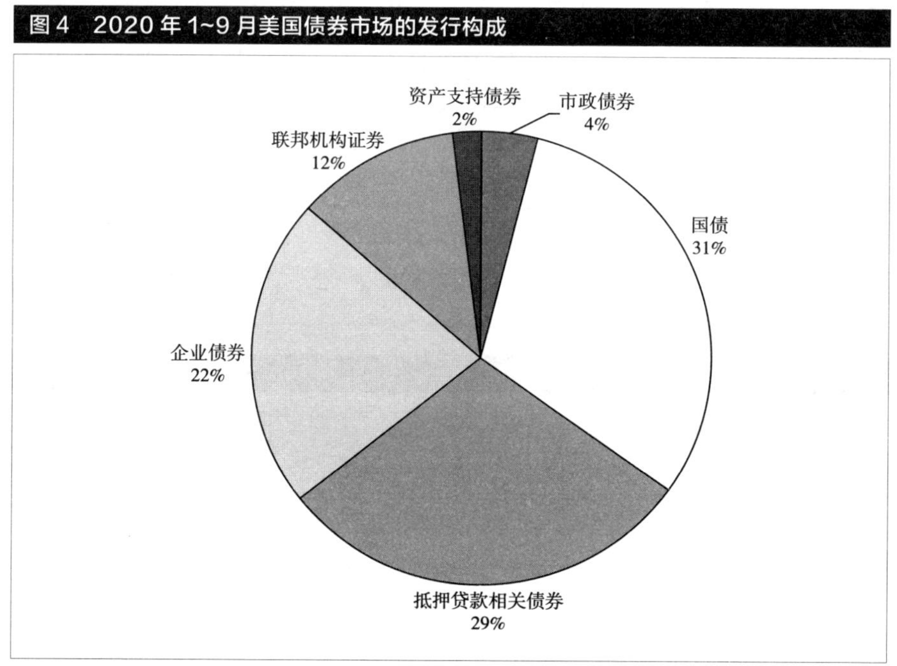

资料来源：Wind。

2020 年欧元区债券净发行同比上升 162.4%，但在二季度迅速增加后逐渐回落。其中，中央政府债券净发行占净发行总额比重为 63.0%。2020 年前 8 个月，欧元区债券净发行额为 13486 亿欧元，同比大幅上升 162.4%。其中，政府类债券净发行额增幅最大，其他一般政府债券同比上升 423.0%，中央政府债券同比上升 378.5%；其次为非金融企业债券，净发行额同比上升 131.8%。由于财政货币政策支持，欧元区债券净发行在第二季度迅速增加，但由于经济尚未因政策支持出现反弹，实体经济融资需求下降，债券净发行额在 7~8 月逐渐回落（见图 5）。

图 5　2020 年 1~8 月欧元区债券发行情况

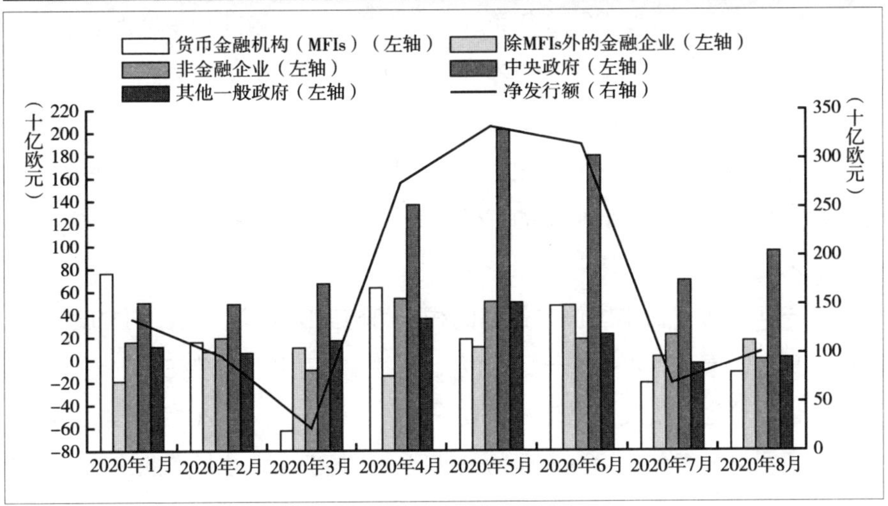

资料来源：Wind。

3.2　全球债券收益率

3.2-1　发达经济体国债收益率情况

长期来看，发达经济体国债收益率曲线水平主要取决于经济增长与通胀水平，短期内也会受货币政策、财政政策和监管政策的影响。2008 年金融危机以来，美、日、欧发达经济体国债收益率水平保持震荡下行态势；2015 年日、欧逐渐步入负利率区间，之后一直保持小幅震荡；美国自 2016 年下半年开始触底反弹，但 2018 年第三季度又开始扭转下行。与此同时，发达国家收益率曲线斜率整体保持震荡下行态势，扁平化趋势明显。

近一年来，美国国债收益率曲线走势大致分为三个阶段：熊陡—牛陡—震荡。第一阶段，2019 年第四季度，随着前期降息预期落地，美国基准利率保持不变；同时，由于中美贸易摩擦缓和，美国经济表现整体好于预期，基本面主导利率水平和斜率上行，其中，曲线水平上行 10BP 至 1.73%。第二阶段，2020 年第一季度，由于疫情冲击，美国累计感染和死亡人数均居全球首位，美国大幅降息 150BP 至零利率下限，同时祭出数万亿美元的经济刺激方案和纾困计划，救助对象为包括家庭、企业和州政府在内的一切主体。在经济增长让位疫情防控、降息纾困政策的背景下，美国国债收益率急速下降，尤其以短端为甚，呈现“牛陡”态势，利率水平大幅下行 132BP 至 0.41%。第三阶段，2020 年第二、第三季度，在政策利率逼近零下限且继续实施量化宽松的背景下，基本面变化成为利率走势的主导因素。二季度美国 GDP 萎缩幅度预期创历史新低，三季度美国经济基本面呈现持续缓慢复苏迹象，但由于政策空间有限，市场更加关注未来增长的不确定性，美联储表示将长时间维持超低利率的宽松政策，曲线水平保持在 0.25%~0.40% 窄幅震荡。

近一年以来，日本国债收益率曲线走势与美国类似，但波动幅度较小。其中，日本国债利率水平处于负区间，斜率持续扁平，保持在零附近。具体而言，也可分为三阶段：熊陡—牛陡—牛市。第一阶段：2019 年第四季度，在中美贸易摩擦缓和、投资者风险偏好回暖的情况下，收益率曲线水平和斜率触底反弹，其中，曲线水平上行 20BP 至 -0.11%。第二阶段：2020 年第一季度，处于缓慢复苏阶段的日本经济，又遭遇新冠肺炎疫情冲击，经济前景暗淡。为应对疫情，日本政府加码宽松政策，国债收益率曲线呈现“牛陡”态势，利率水平下行 14BP 至 -0.25%。第三阶段：2020 年第二、第三季度，疫情对日本的影响逐渐减小，经济表现相对较好，国债利率曲线水平上行 15BP 至 -0.10%，斜率则基本保持不变。

近一年以来，欧元区公债收益率曲线走势也与美国类似，波动幅度较小，处于美国和日本之间。其中，欧元区公债利率水平处于负区间，斜率处于历史低位，逼近零位置。具体而言，也可分为三阶段：熊陡—牛市—震荡。第一阶段：2019 年第四季度，欧元区公债收益率曲线走势跟随美国，呈现“熊陡”态势。其中，曲线水平上行 29BP 至 -0.43%。第二阶段：2020 年第一季度，欧元区主要国家均遭受疫情的严重冲击，促使欧元区公债收益率不断下行至 -0.73%，斜率保持震荡。第三阶段：2020 年第二、第三季度，欧元区在货币财政政策支持下，遏制了经济的进一步下滑，但依然脆弱，失业率继续抬升，通胀跌至负区间。为应对经济持续下滑，7 月 21 日，欧盟通过了 7500 亿欧元的复苏基金，欧元区公债水平保持在 -0.70%~-0.50% 窄幅震荡。

展望未来，在美联储长期保持超低利率的情况下，经济基本面或将成为决定主要经济体利率走势的因素。在疫情影响边际减弱，尤其是疫苗研发上市的情况下，全球经济将逐步复苏。但发达经济体复苏的节奏和力度会不同，美国大概率会率先复苏且强度大于日、欧，在上述条件下，美国国债利率将率先反弹，呈现“熊陡”态势，日、欧国债利率在低位震荡态势或将持续一段时间，随后跟随美国国债利率走势而变动。主要发达经济体国债收益率曲线水平和斜率分别见图 6、图 7。

图 6　主要发达经济体国债收益率曲线水平

资料来源：Wind。

图 7　主要经济体国债收益率曲线斜率

资料来源：Wind。

3.2-2　新兴经济体国债收益率

总体来说，新兴经济体国债收益率除了受本国经济基本面和政策面因素影响外，也深受发达经济体经济和金融市场外溢性影响，尤其是在全球经济和金融市场发生动荡期间。近一年以来，新兴经济体增速下滑明显，普遍采用降息方式应对，整体呈现“牛陡”态势。但在下面两个时期，受发达经济体经济外溢性影响，又出现过利率水平上行的情形。2020 年 3 月，由于疫情冲击，发达经济体金融市场风险资产大跌，美元流动性急剧收缩，新兴经济体国债遭遇抛售，美元回流，以俄罗斯、巴西、土耳其为代表的新兴经济体货币承压，出现较大幅度的贬值，国债利率在经济下滑的情况下扭转上行。2020 年第三季度，美国经济先于新兴经济体（除中国外）复苏，再次导致资本回流美国和新兴经济体货币贬值，从而引发利率上行。新兴经济体国债收益率波动剧烈程度远超发达经济体这一特征值得关注。

近一年以来，印度国债收益率曲线整体呈现“牛陡”态势，但在 2020 年 8 月转为“熊平”。其中，水平下行至 5.27%，与 2019 年 9 月相比下行超过 100BP。印度经济增速持续快速下滑，由 2019 年第一季度的 5.80% 急速降至 2020 年第一季度的 3.10%。由于疫情，2020 年第二季度经济萎缩 23.9%。为应对经济下滑，印度在 2019 年 2 月、4 月、6 月、8 月、10 月以及 2020 年 3 月、5 月连续降息，目前基准利率为 4.00%，国债利率曲线呈现“牛陡”态势，从 2019 年 9 月至 2020 年 7 月，国债利率水平下行 135BP 至 4.95%。2020 年 8~9 月，由于粮食危机以及疫情对供应链的影响，印度通胀水平高涨，连续超过 6% 目标值，国债收益率水平上行。

近一年以来，俄罗斯国债收益率曲线整体呈现“牛陡”态势，但在 2020 年 2 月 ~3 月以及 8 月 ~9 月表现为熊市。在全球经济增速放缓、油价疲软以及经济制裁仍未放松的条件下，俄罗斯经济增速持续下滑，2020 年第二季度，俄罗斯经济萎缩 8%。为应对经济下滑，俄罗斯央行在 2019 年 6 月、7 月、9 月、10 月、12 月以及 2020 年 2 月、4 月、6 月和 7 月连续降息，目前基准利率为 4.25%，国债利率曲线整体呈现“牛陡”态势，从 2019 年 9 月至 2020 年 7 月，国债利率水平下行 168BP 至 5.12%。

2020 年 2~3 月，疫情冲击叠加国际油价暴跌，美元回流，俄罗斯卢布兑美元暴跌约 30%，卢布资产遭抛售，俄罗斯国债收益率扭转上行；2020 年 8~9 月，发达经济体逐步复苏，俄罗斯卢布持续贬值，在国内通胀预期高企的情况下，俄罗斯国债收益率曲线呈现“熊陡”态势，利率水平上行 25BP 至 5.37%。

近一年以来，巴西国债收益率曲线走势与俄罗斯相似，整体呈现“牛陡”态势，但在 2020 年 2~3 月以及 8~9 月呈现“熊陡”。2015 年以来，巴西长期保持低速增长，甚至在 2015 年和 2016 年连续出现负增长，2020 年第二季度经济萎缩 11.4%，创历史新低。近一年来，巴西央行保持降息措施，目前基准利率为 2.25%，国债利率曲线整体呈现“牛陡”态势，从 2019 年 9 月至 2020 年 7 月，国债利率水平下行 141BP 至 4.88%。2020 年 2~3 月，全球美元流动性收紧，美元回流，巴西雷亚尔兑美元暴跌约 25%，巴西国债收益率扭转上行；2020 年 8~9 月，巴西雷亚尔持续贬值，在国内通胀预期高企的情况下，巴西国债收益率曲线呈现“熊陡”态势，利率水平上行 97BP 至 5.85%。

近一年以来，土耳其国债收益率曲线呈现“W”形震荡态势，2019 年第四季度和 2020 年第二季度整体呈现“牛陡”，2020 年第一季度和第三季度，则为“熊陡”和“熊平”。2019 年第四季度，随着通胀下降及币值的稳定，土耳其央行在 10 月和 12 月连续降息，国债利率曲线呈现“牛陡”，利率水平下行 187BP 至 11.54%。因 2019 年第四季度土耳其经济的强劲反弹、持续的通胀以及美元流动性紧缩，2020 年第一季度，土耳其国债收益率曲线呈现“熊陡”态势，利率上行 100BP 至 12.54%。2020 年第二季度，为应对疫情，土耳其也采取降息政策：分别于 4 月 23 日和 5 月 22 日降息 100BP 和 50BP，收益率曲线整体呈现“牛陡”态势，利率下行 210BP 至 10.44%。2020 年第三季度，土耳其卷入一系列地缘政治冲突，叠加疫情对其至关重要的旅游业的影响，土耳其里拉兑美元进一步贬值 12.4%，土耳其央行于 9 月 25 日调升隔夜贷款利率 200BP 至 11.25%。基于通胀高企、汇率贬值以及隔夜利率抬升，土耳其国债收益率曲线呈现“熊平”态势，利率上行 240BP 至 12.84%。

近一年以来，中国国债收益率曲线呈现明显“牛陡”转“熊平”两阶段特征。其中，曲线水平由 2019 年 9 月的 2.94%，降至 2020 年 4 月的

1.87%，又升至 9 月的 3.00%，波动约 113BP；斜率则随之先走陡后又走平。2019 年中国经济增速放缓，年末 LPR 改革及降准引导收益率下行；2020 年初，为应对疫情冲击，中央政府适时采取降低 LPR、定向降准、公开市场操作、专项贷款等一系列措施，保证金融市场流动性合理充裕，国债收益率曲线持续下行，斜率走陡。2020 年二季度以来，中国疫情得到有效控制，在一系列财政货币政策的支持下，经济呈现持续复苏特性。其中，新增信贷和社融稳步增长、制造业 PMI 均处于荣枯线以上、社会消费品零售总额和 PPI 同比降幅均有所收窄，尤其是进出口表现抢眼，远超预期；为打击资金套利空转，货币政策实施价平量缩，流动性边际收紧，国债收益率曲线呈现“熊平”态势。部分新兴经济体国债收益率曲线水平及斜率分别见图 8、图 9。

展望未来，新兴经济体仍深受疫情影响，在政策空间逐渐压缩，新兴经济体国内面临滞涨等风险；若欧美等发达经济体逐渐修复，则容易造成资本外流，货币贬值以及恶性通胀等不利情况。因此，后续需特别关注发达国家率先复苏对新兴经济体的冲击。对于中国而言，在经济持续复苏的条件下，利率或将继续上行，且以长端为主。但同时，通胀继续回落压缩利率上行空间。

图 8　部分新兴经济体国债收益率曲线水平

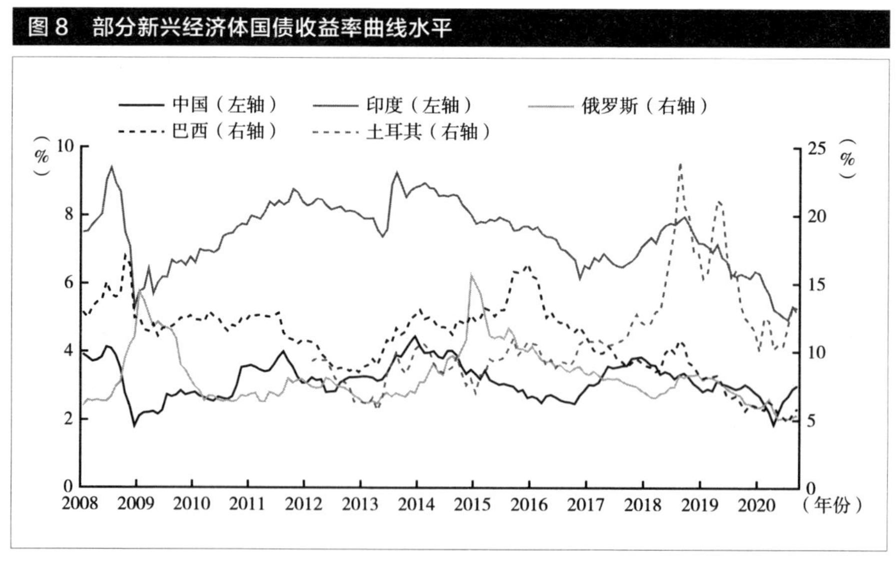

资料来源：Wind。

图 9　部分新兴经济体国债收益率曲线斜率

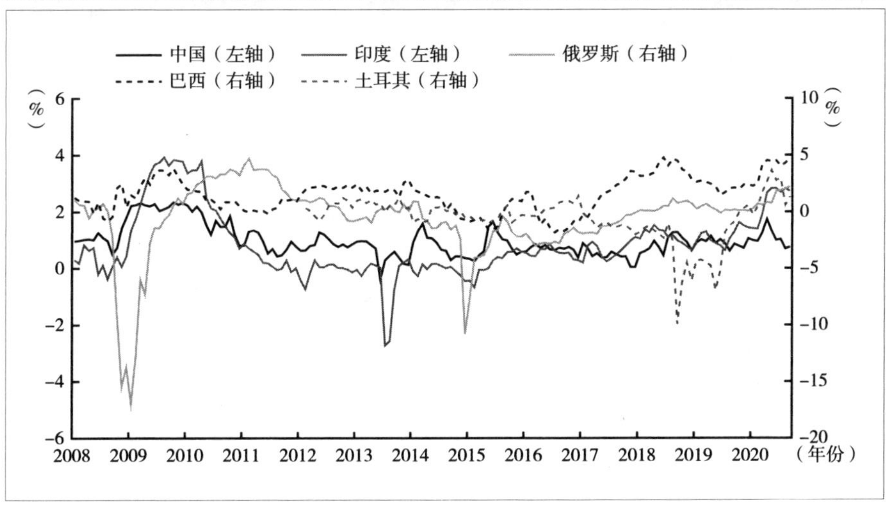

资料来源：Wind。

3.2-3　中美国债收益率利差情况

近一年来，中美国债收益率利差先小幅收缩，之后又迅速大幅走阔。截至 2020 年 9 月，中美 3 月期国债收益率利差逼近 2015 年以来最高点，达到 222BP；中美 10 年期国债收益率利差创 2002 年以来最高纪录，达到 246BP（见图 10）。就收益率曲线短端和长端来看，中美利差走势基本一致。2019 年末，中国的 LRP 改革及降准引导收益率曲线整体下行，中美利差有所收窄；2020 年初，由于新冠肺炎疫情冲击，中美都采取大规模财政金融刺激政策，其中中国政策利率 LPR 降息 15BP（5 年期）和 30BP（1 年期），而美国联邦基准利率大幅降息 150BP，逼近零下限，中美利差迅速走阔；之后，中国疫情得到有效控制，资金面边际收紧打击资金空转套利，中国国债利率逐步上行，而美国则深受疫情影响，国债利率保持低位震荡，中美利差进一步走阔。

展望未来，在疫情边际影响减弱，尤其是疫苗研发上市的情况下，美国经济或将逐步复苏，同时，国债供给仍将保持高位，被长期压抑的国债利率或将持续反弹；中国国债利率在基本恢复疫情前水平的情况下，进一步上行空间有限，中美 10 年期国债利差或将反转收窄。在美国联邦利率保持不变的情况下，美国短端利率上行空间有限，中美 3 月期国债利差或将保持震荡态势。

图 10 中美国债利差情况

注：利差等于中国国债对应期限收益率减去美国国债对应期限收益率。
资料来源：Wind。

3.3 人民币外汇市场

3.3-1 人民币汇率走势

2019 年 10 月至 2020 年第三季度，人民币走势跌宕起伏，经历了升值、贬值、震荡、升值、贬值、震荡贬值、再回调共七个阶段（见图 11）。

（1）2019 年 10 月下半月至 2020 年 1 月 17 日，人民币汇率重新向基本面回归，走出震荡升值格局。其中，2019 年 10 月 12 日中美高级别磋商谈判进展顺利，在农产品购买、关税加征、汇率、知识产权、金融服务等方面取得实质性进展；12 月 13 日，中美双方各自召开新闻发布会，第一阶段经贸协议文本达成一致。在中美贸易缓和的大背景下，人民币汇率在震荡中逐步升值，美元兑人民币即期汇率从 2019 年 10 月 8 日的 7.13 攀升至 2020 年 1 月 17 日的 6.86 左右，升值约 3.9%。

（2）2020 年 1 月 20 日，新冠肺炎疫情暴发，2 月 3 日，美元兑人民币即期汇率一路贬至 7.0257，跌幅超 2.4%。新冠肺炎疫情这一全球金融市场始料未及的黑天鹅事件，是人民币汇率由升值转向贬值的主要原因，亦成为 2020 年全球金融市场中的关键变量。

图 11　美元兑人民币中间价和美元指数

资料来源：Wind。

（3）2 月 4 日至 2 月 20 日，美元兑人民币汇率在 7.0 附近呈震荡态势，中国政府应对疫情较为及时且有效，而日韩则暴露出疫情问题。这一阶段，受避险情绪影响，美元持续升值，美元指数涨幅超过 2.1%。

（4）2 月 21 日至 3 月 9 日，疫情在全球蔓延，恐慌情绪升级，市场风险偏好迅速下行。其间，美股历史性熔断暴跌，美元指数下跌 4.8%。由于这一阶段中国国内疫情已迈过拐点，国内股市亦走出独立行情，人民币汇率逆势升值，最高涨幅 1.4%。

（5）3 月 10 日至 3 月 23 日，随着疫情在国际的进一步蔓延，信用链条断裂风险剧增，风险偏好再次下行。美元流动性迅速衰竭，风险资产甚至传统意义上的避险资产一齐被抛售，反常地出现同步下跌的现象，唯独美元出现“挤兑”，美元指数上涨 7.8%。在这一阶段，人民币贬值超 2%，由于国内疫情得到有效控制，这一幅度在众多非美货币中相对较小。

（6）3 月 23 日至 6 月末，是外汇市场情绪修复的阶段，人民币汇率受事件驱动，呈现震荡贬值态势。疫情方面，各国政府对疫情的管控措施升级；经济方面，多国政府和央行出台了宽松的财政和货币政策，尤其美联储宣布的开放式购买计划、与多国央行的货币互换以及美国的财政刺激计划等，在一定程度上抚平了恐慌情绪，缓解了美元短缺的风险，美元指数见顶。然而5月末，香港国安法推动后，美国公然干涉我国内政，导致了一定的政治摩擦。6月中旬，北京疫情出现反复，给经济恢复带来了一定的不确定性，地缘政治因素和北京疫情复发等事件使得人民币震荡贬值。后续北京防控疫情响应及时，二次疫情很快被控制，每日新增确诊病例归零，最终并未给经济基本面和人民币汇率带来很大冲击，人民币汇率显示出较强韧性。

（7）7月初以来，人民币汇率总体呈现升值态势，2020年三季度更是创造了12年来人民币单季度最大升值幅度。我们认为主要有四方面原因。一是我国经济基本面保持韧性。在全球主要经济体仍遭受疫情影响的背景下，我国疫情防控成效显著，经济复苏快于预期。二是政策层面，金融开放持续深化，尤其是资本进入的条件放松和渠道改善。三是跨境资金流动方面，我国国债被纳入富时罗素全球政府债指数，增加了资金持续流入的动能。四是外部因素上，受美联储持续宽松的货币政策影响，三季度美元指数持续下降，与此同时，中美利差也保持在高位，增加了人民币资产的相对新引力。

总体上，2019年10月末至2020年11月初，人民币对美元升值5.33%，在众多新兴市场国家中表现优异。

3.3-2 影响人民币汇率的基本面和政策面因素

基本面方面，国内受到疫情影响，一季度按不变价计算GDP同比下跌9.03%。但是随着疫情得到有效控制，我国经济呈现较强的韧性，二、三季度均录得正值，呈现良好的复苏态势。美国方面，由于疫情演进的先后不同，美国在二季度GDP出现深度下跌，随后在三季度出现回升，但实际GDP同比仍未录得正值（见图12）。根据最新数据，美国零售销售、PPI、制造业PMI，基本都持平甚至好于市场预期。只是劳动力市场上，9月非农就业不及预期，劳动参与率和名义时薪增速都还没有回到疫情前的水平，而且由于企业关停，一些就业岗位消失，永久性失业人数也有所增加。但是目前总体来说，一是疫情导致美国居民储蓄率上升，形成“储蓄缓冲垫”；二是股市带来的财富效应对消费回暖形成了一定的支撑；三是新一届美国总统上任后可能加大财政刺激力度，美国经济基本面总体复苏有望。

中国工业增加值及采购经理人指数（PMI）反映出的制造业呈现企稳态

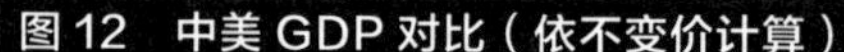
图 12　中美 GDP 对比（依不变价计算）

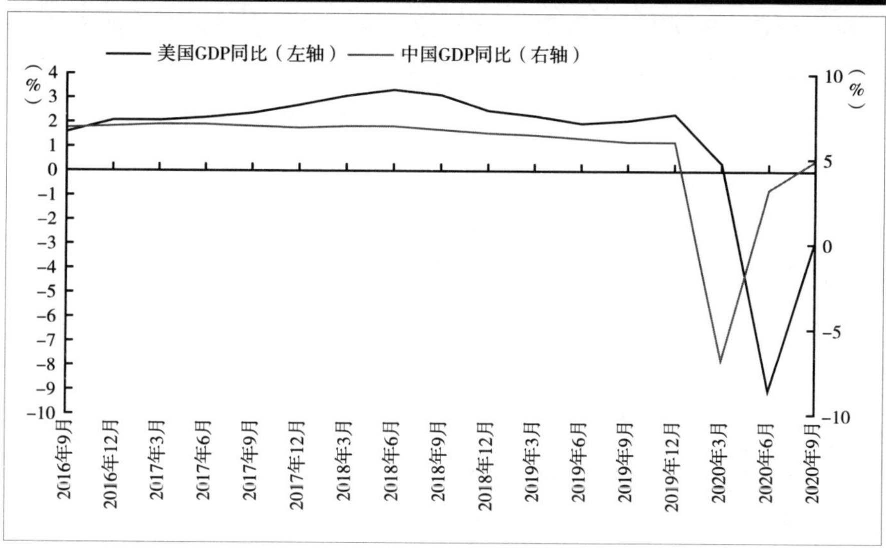

资料来源：Wind。

势。最新数据显示，9 月规模以上工业增加值同比增长 6.9%，为 2020 年以来最高点；9 月 PMI 为 51.5，比上季度增加 0.6，且自 3 月以来已连续 7 个月维持在荣枯分水岭上方（见图 13）。

图 13　中国工业增加值当月同比及采购经理人指数（PMI）

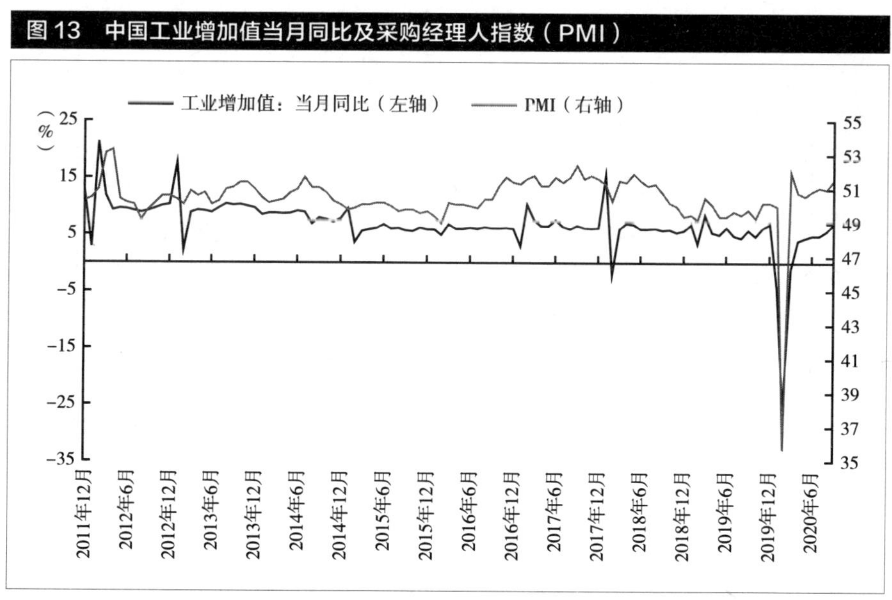

资料来源：Wind。

在全球经济复苏的道路上，疫情仍然给全球复苏笼罩了一层迷雾。这次新冠肺炎疫情与以往的危机不同，过去的危机往往内生于经济和金融本身，故可以通过经济和金融的政策解决。然而疫情是公共卫生层面的问题，是典型的外生冲击。中短期内，疫情防控仍是基本面的重要影响因素。

我们以每日新增病例作为观察的依据，并用总人口数将之标准化，形成每百万人口每日新增确诊病例这一横向可比指标。2020 年 8 月以来，包括英国、法国、意大利在内的欧洲部分国家疫情再度抬头，甚至有些国家的每百万人口每日新增病例突破了前期高点。与此同时，美国虽然没有大幅度反弹，每日新增病例数依然稳定在较高水平（见图 14）。两方面因素使我们认为欧洲经济不会二次探底，而是大概率维持弱复苏态势。第一个因素是疫情的新增死亡病例比前一波疫情高峰要低很多，这主要得益于疫情应对经验和医疗资源保障更加充分。在死亡率较低的情况下，按西方政府的价值观，其政策取向很可能仍以保经济增长为先。第二个因素是经过第一波疫情高峰，民众已经逐渐接受并习惯了在一定的社交距离的条件下工作和生活，很多数字化设施和线上服务也保障了疫情防控与经济复苏并行不悖。

图 14　美国新冠肺炎疫情发展形势

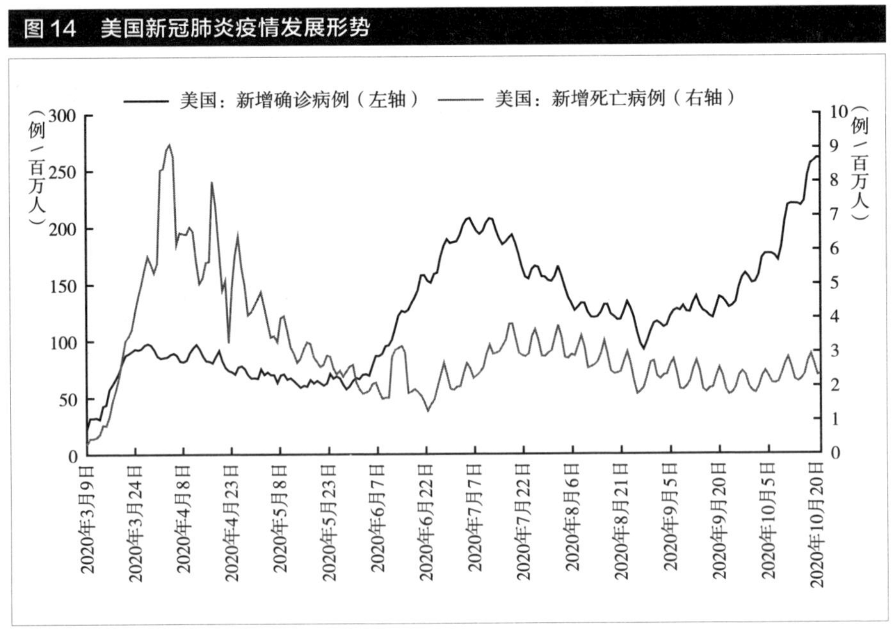

资料来源：Wind。

政策面是影响汇率中短期走势的重要因素。在全球经济受到新冠肺炎疫情影响的背景下，美国的政策面无疑是其中的关键。货币政策方面，美联储仍保有充足的流动性工具，美元流动性在短期内应不会出现过紧的状况。财政政策方面，新一届总统就职后，可能会出台第二轮大规模财政刺激方案，以进一步提振美国经济。中国国内方面，在经济下行压力较大的背景下，政策重心向内部均衡倾斜的动力更强，汇率作为外部均衡指标，其重要性相对较低。2020 年四季度初，中国人民银行将远期售汇业务的外汇风险准备金率从 20% 下调为 0，且逐渐淡化逆周期因子的使用，释放出减少干预、让人民币汇率由市场决定形成合理均衡的信号。因此，在实体经济好转以前，央行不会强硬地将汇率固定在某个点位，逆周期政策也只会在单向预期或羊群效应明显的情况下重启，人民币汇率的形成机制将更加市场化。

展望后市，在美国经济复苏和国际地缘政治风险频发的背景下，美元指数将大概率回升，但我们认为人民币仍存在一定升值空间。因为，此前支撑人民币升值的因素中，仅外部美元因素出现了反转，其他支撑因素仍将继续发挥作用。如果欧美疫情复发与经济复苏共存，那么，经济复苏本身会提振我国外需的回暖，同时疫情防控还会进一步增加我国防疫物资的出口。需要关注的风险点包括两个方面。一是中美贸易摩擦的不确定性。二是北半球寒冬将至，国际和国内疫情防控形势越发严峻。虽然社会对疫情的恐慌程度可能不会像一季度那样强烈，但其仍可能拖慢经济复苏的进程。

3.4 国际外汇市场形势：主要货币对

欧元和英镑在 2019 年 10 月 ~2020 年 10 月兑美元有所升值。截至 2020 年 11 月 5 日，欧元兑美元为 1.1855，比 2019 年 10 月末的 1.1154 升值 6.28%；英镑兑美元为 1.3022，比 2019 年 10 月末的 1.2939 微升 0.64%（见图 15）。欧元和英镑的升值主要得益于此前欧洲经济复苏的预期；英镑虽然同享欧洲经济重启红利，但由于脱欧协议的不确定性，其涨幅受限。目前，欧洲受疫情影响十分明显，经济再度面临停摆风险。与美国不同的是，其财政刺激政策制约却更多，相较于美国，其经济复苏前景更为暗淡。因此我们认为未来欧元和英镑仍会相对走弱。

图 15　欧元、英镑兑美元汇率走势及美元指数

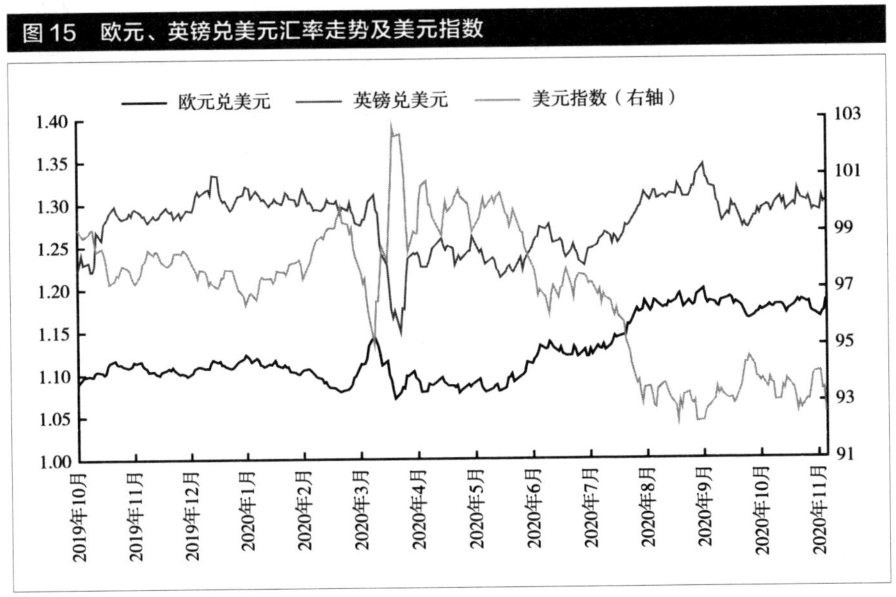

资料来源：Wind。

日元方面，2019 年 10 月末至 2020 年 11 月 4 日，日元对美元升值 3.61%（见图 16）。日本在 2020 年一季度出现了 GDP 增速转负，受疫情影响，居民消费信心下滑，来之不易的通胀势头被打压，出口部门也受到了打击，日元汇率相应在二季度出现了剧烈的波动。为应对疫情，日本央行推出了力度很大的货币政策，承诺无限量购债，以拯救经济。在从二季度延续至三季度末的美元走弱的情况下，日元有所上涨。未来一段时间，美元指数可能出现反弹，而日本外贸部门的修复力度尚不明朗，可能会令日元在一定程度上走弱。

针对新兴市场的情况，我们统计了 22 个国家（地区）的货币情况，以 2019 年 10 月末为基准，截至 2020 年 11 月 4 日，有 15 个国家（地区）的货币出现了不同程度的对美元的贬值。近一年来新兴市场国家和地区的汇率波动仍呈分化趋势。年度贬值幅度超过 10% 的有土耳其、巴西、阿根廷、俄罗斯和哥伦比亚 5 个国家的货币，其中土耳其里拉和巴西雷亚尔大幅度贬

图 16　美元兑日元走势及美元指数

资料来源：Wind。

值 47.39% 和 42.18%；墨西哥、南非、秘鲁、匈牙利和印度 5 个国家货币贬值幅度在 5% 到 10% 之间，处于中游；智利、印度尼西亚、泰国、波兰和新加坡 5 个国家的货币贬值幅度低于 5%；人民币、菲律宾比索、新台币等 7 种货币则有不同幅度的升值（见表 1）。在地区上，亚洲和东南亚新兴市场整体币值相对稳定，南美出现较多的贬值情形，而欧洲国家则有贬有升分化较大。

表 1　新兴市场国家（地区）汇率变化情况（截至 2020 年 11 月 4 日）

货币名称	兑美元汇率	近一年汇率变动（%）
土耳其里拉	8.4622	–47.39
巴西雷亚尔	5.6932	–42.18
阿根廷比索	79.02	–32.30
俄罗斯卢布	80.0006	–25.25
哥伦比亚比索	3823.45	–12.79
墨西哥比索	21.0345	–9.58
南非兰特	16.3127	–8.16
秘鲁索尔	3.598833	–7.48

表 1　新兴市场国家（和地区）汇率变化情况（截至 2020 年 11 月 4 日）　（续表）

货币名称	兑美元汇率	近一年汇率变动（%）
匈牙利福林	311.85	−5.56
印度卢比	74.6915	−5.48
智利比索	758.53	−4.43
印度尼西亚卢比	14557	−3.92
泰国泰铢	31.126	−3.13
波兰兹罗提	3.8996	−2.15
新加坡元	1.367	−0.48
捷克克朗	22.849	0.10
马来西亚林吉特	4.1635	0.34
韩元	1137.7	2.21
罗马尼亚列伊	4.1637	2.29
新台币	29.006	4.78
菲律宾比索	48.379	5.20
人民币	6.6771	5.33

资料来源：Wind，国家金融与发展实验室整理。

新兴市场国家方面，受疫情冲击，相关国家国内问题也更迅速、更显著地暴露了出来。比如货币跌幅最大的土耳其，饱受地缘政治与经济双重困扰。除了利比亚问题、纳卡军事冲突、东地中海资源争端之外，其准备测试俄罗斯 S-400 防空导弹系统遭到美国措辞严厉的指责。经济方面，土耳其高失业率与高通胀并存，同时经常账户逆差也在快速增大。在这样的国内基本面环境上，如果不能较快地平息外部争端，未来四季度的情况更为堪忧。

疫情方面，新兴市场金砖国家中，俄罗斯每日新增病例达到新的高峰，国内新冠肺炎疫情抬头的同时也卷入了亚美尼亚与阿塞拜疆的冲突，共同拖累了卢布汇率。巴西、印度和南非已出现回落趋势（见图 17）。总体而言，新兴市场国家汇率受到外部影响更大，疫情蔓延背景下，如果未来美元指数回升，相关货币将面临一定的贬值压力。

图 17　部分金砖国家每日每百万人新增病例走势

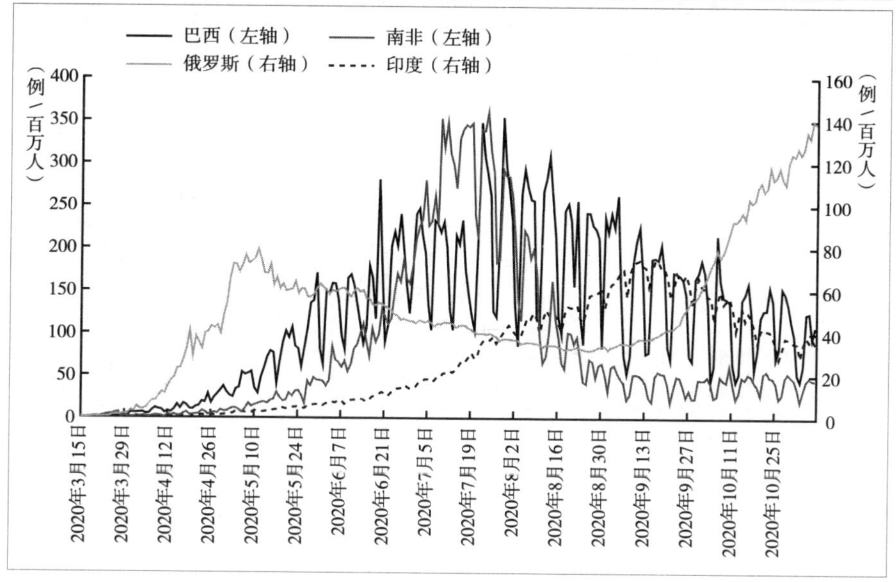

资料来源：Wind。

3.5　全球场外衍生品市场

全球衍生品市场以场外衍生品为主，场内衍生品成交金额不足场外市场的十分之一。截至 2019 年，全球场外衍生品市场名义本金余额约为 558 万亿美元，比上年增长 14 万亿美元，2018 年全球场外衍生品市场名义本金余额约为 544 万亿美元。

3.5-1　外汇类衍生品

2019 年末全球外汇类衍生品名义本金余额共 92.14 万亿美元，比上年增长 2 万亿美元。从品种上看，远期及远掉合约成交量最大，2019 年末名义本金余额为 54.65 万亿美元；其次是货币互换，名义本金余额约 26.29 万亿美元；期权类衍生品名义本金余额为 11.2 万亿美元（见图 18）。以合约期限划分，以 1 年及 1 年以下期限的合约为主，相关合约 2019 年末名义本金余额约 71.82 万亿美元，其次为 1~5 年期的合约，名义本金余额为 14.35 万亿美元，5 年期以上合约名义本金 5.9 万亿美元（见图 19）。从币种上看，以美元为标的的名义本金余额约为 80.99 万亿美元，以欧元和日元为标的的名义本金余额分别为 28.13 万亿和 14.94 万亿美元（见图 20）。

图 18　全球外汇类场外衍生品规模（以合约类型划分）

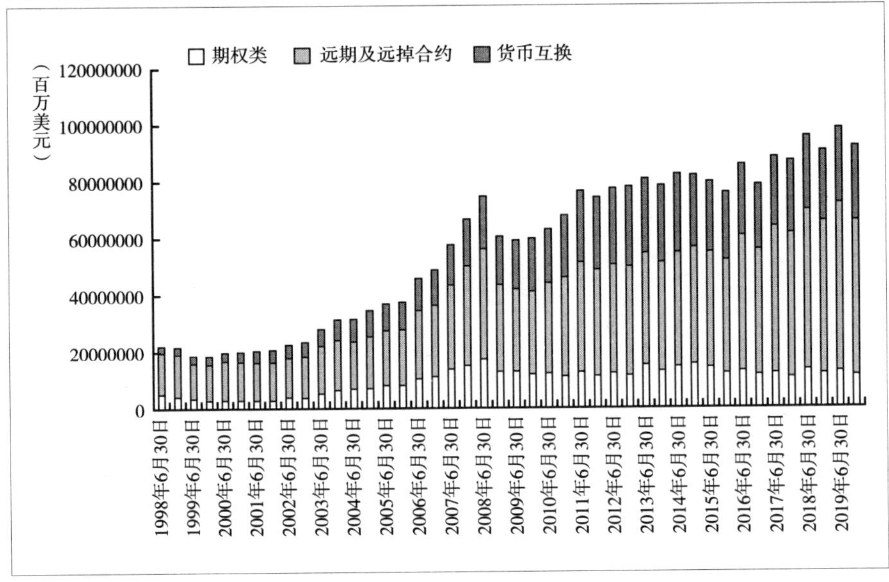

资料来源：国际清算银行。

图 19　全球外汇类场外衍生品规模（以期限划分）

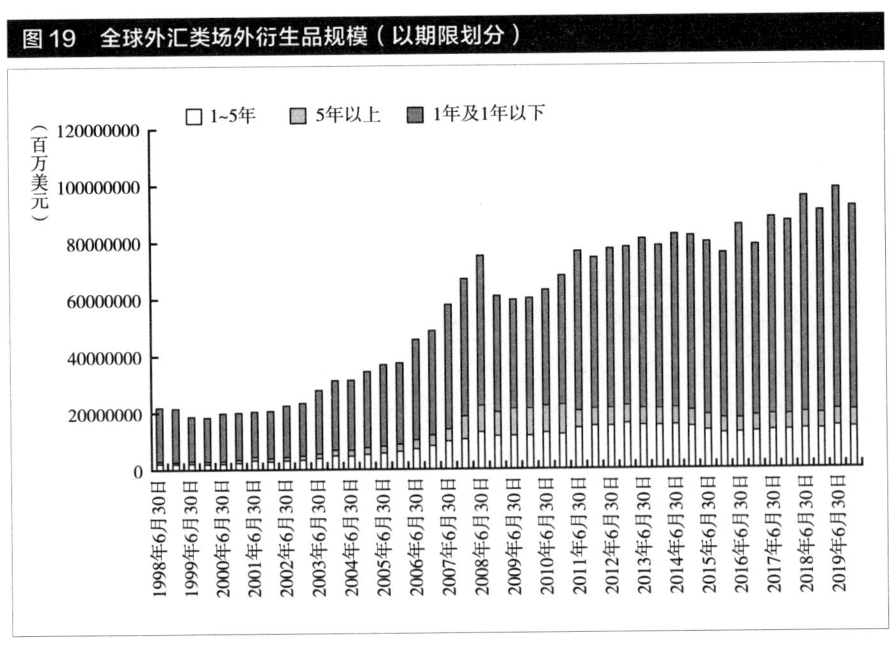

资料来源：国际清算银行。

图 20　全球外汇类场外衍生品规模（以币种划分）

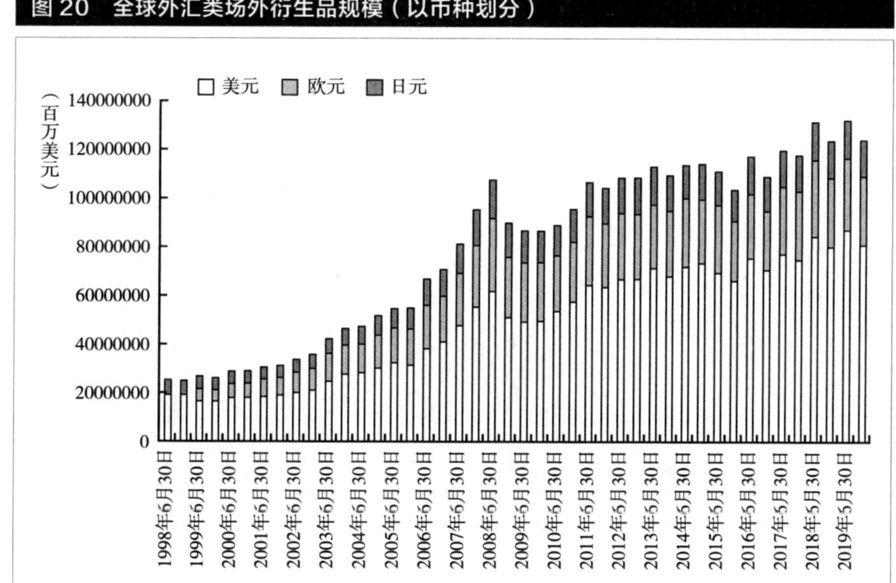

资料来源：国际清算银行。

3.5-2　利率类衍生品

利率类衍生品依然占据场外衍生品市场绝大部分交易份额，2019 年末利率类场外衍生品名义本金余额约 449 万亿美元，比上年增加 12 万亿美元。以合约类型划分，2019 年末利率掉期类（Swaps）衍生品名义本金余额约为 341.29 万亿美元，其次为远期合约（Forward rate agreements）及期权，分别为 67.43 万亿美元及 39.92 万亿美元（见图 21）。从合约期限来看，以 1 年及 1 年以下和 1~5 年的合约为主，前者名义本金余额约为 197.70 万亿美元，后者约为 153.50 万亿美元，5 年以上的名义本金余额约 97.45 万亿美元（见图 22）。从合约标的资产的币种来看，以美元和欧元为标的资产的合约为主，前者在 2019 年末名义本金余额约 159.80 万亿美元，后者约 117.17 万亿美元（见图 23）。

3.5-3　权益市场波动率重回低位区间，中国权益市场受海外投资者青睐

2020 年疫情期间全球权益市场同步下跌，之后普遍迎来上涨行情，一方面是美联储的流动性超宽松政策提升了风险偏好，另一方面，中国经济从

图 21　全球利率类场外衍生品规模（以合约类型划分）

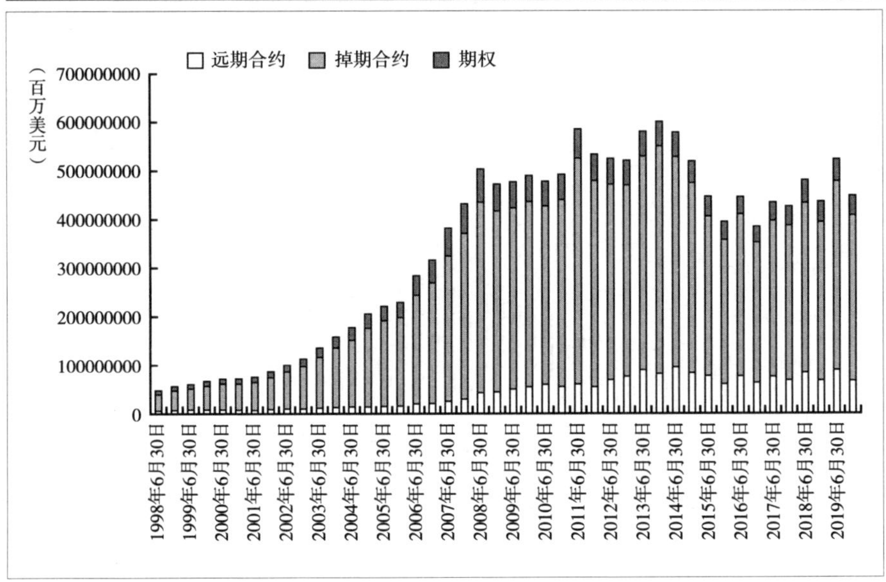

资料来源：国际清算银行。

图 22　全球利率类场外衍生品规模（以期限划分）

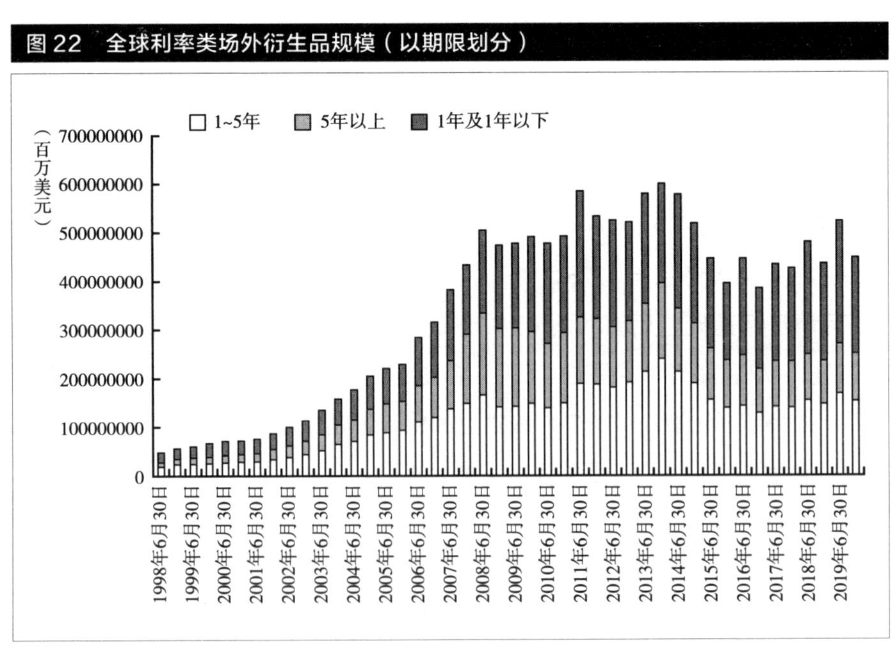

资料来源：国际清算银行。

图 23　全球利率类场外衍生品规模（以币种划分）

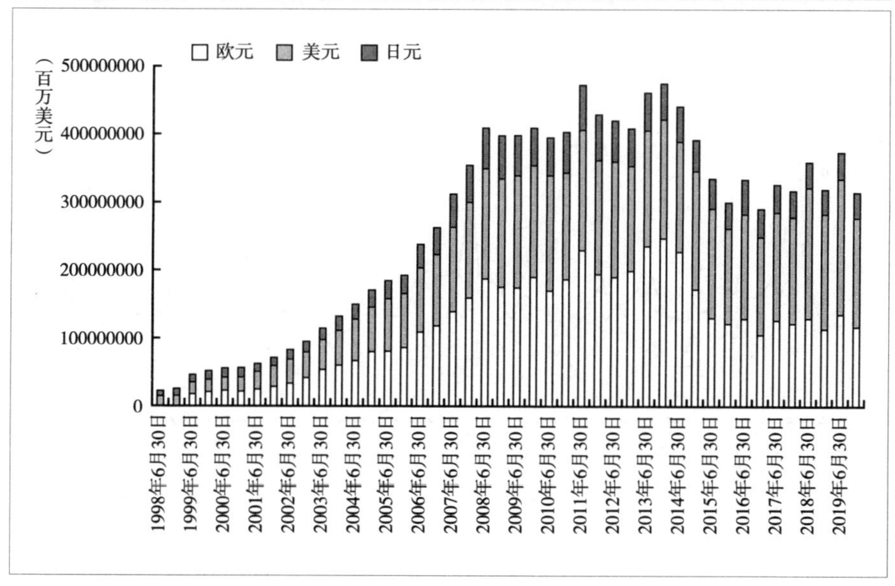

资料来源：国际清算银行。

疫情中复苏的速度远高于其他国家，且较高的中美利差吸引了其他国家的投资者。上证 50 指数自 2020 年 3 月低点至 11 月的涨幅达 37%，2020 年初至 11 月的涨幅也超过 13%。受益于资本市场的开放，海外资金持续买入中国股票资产，截至 2020 年 11 月陆股通累计成交额达 11209.37 亿元。同时，国外众多投资机构把中国股票纳入投资组合也使得中国权益市场波动率与 VIX 指数相关性越来越强——两个市场间的尾部风险通过投资机构的资产组合管理进行了传导。从图 24 可以看到，2018 年以来中国波动率指数与 VIX 指数在波峰处重合度较高，两者的波动区间同步性较强（当其中之一从高波动区间下降至低波动区间，另一个也随之下降）。2020 年 3 月疫情冲击以来两国权益波动率指数已经有较大幅度的下降，但随后美国大选不确定性使两国权益市场在 9 月产生了较大的波动。当前两国波动率都处于向低波动区间切换的过程，但现有水平依然处于较高区间内。

对比中美权益资产，中美两国的权益资产当前都处于估值中性区间，但中国较快的经济恢复速度和稳定中性的货币政策使得中国权益资产的基本面优于美股。

图 24　中国波动率指数和标准普尔 500 波动率（VIX）指数

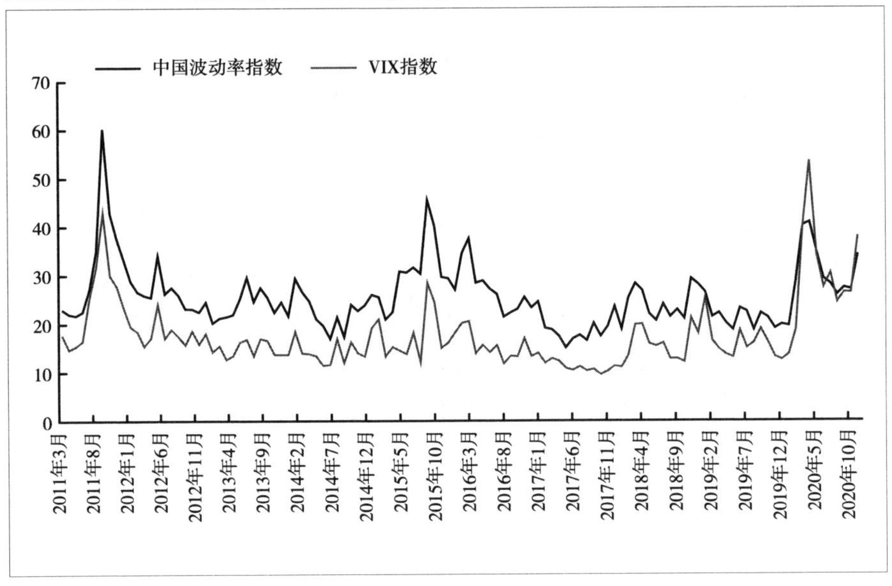

资料来源：Wind。

3.5-4　美元流动性短期内仍能得到有力保障

二季度美联储针对疫情的大规模政策反应成功扭转了金融危机，迄今为止各项流动性支持工具发挥了应有的作用。美联储的流动性投放工具效果较显著，从货币基点互换以及 FRA/OIS Spread 两个指标来看，到 2020 年三季度，离岸美元流动性较为充裕，货币市场的流动性相对于历史已往时期也处在非常宽松的位置（见图 25、图 26）。从资产端来看，美联储第二季度购买国债的速度比第一季度显著降低，两个重要的流动性支持工具——回购协议和央行流动性互换在第三季度显著下降，其中回购协议使用量在第三季度降至零（见图 27）。美联储传达出将在今后很长一段时间内保持低利率政策的态度，并反复强调不会加息，因此我们预计美联储的政策工具箱在今后较长一段时间内会保持开放，即当市场有流动性需求时市场主体可以随时调用这些工具以获得流动性支持。

然而需要警惕可能导致流动性再次紧缩的因素，主要有以下三点。

第一，美国财政部现金存款居高不下（见图 28），美联储资产负债表扩张速度明显减缓。当前海外投资者对美债需求下降（见图 29）时，如果美联储缩表幅度过大，财政部继续发债导致 TGA 账户余额上升，相当于从市

图 25　日元和欧元货币基点互换

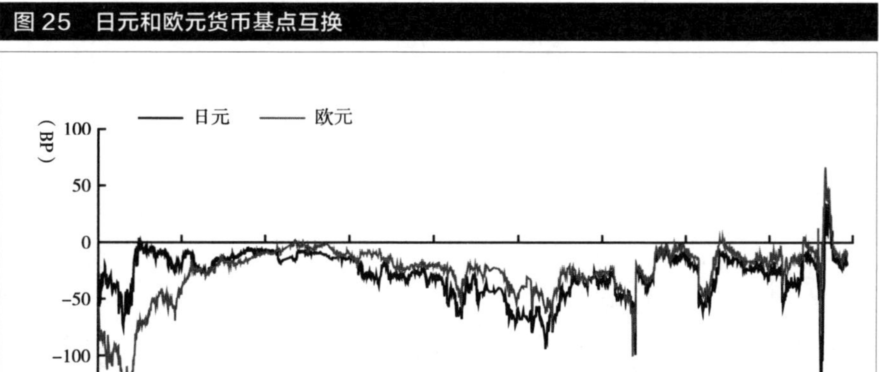

资料来源：Bloomberg。

图 26　FRA/OIS Spread

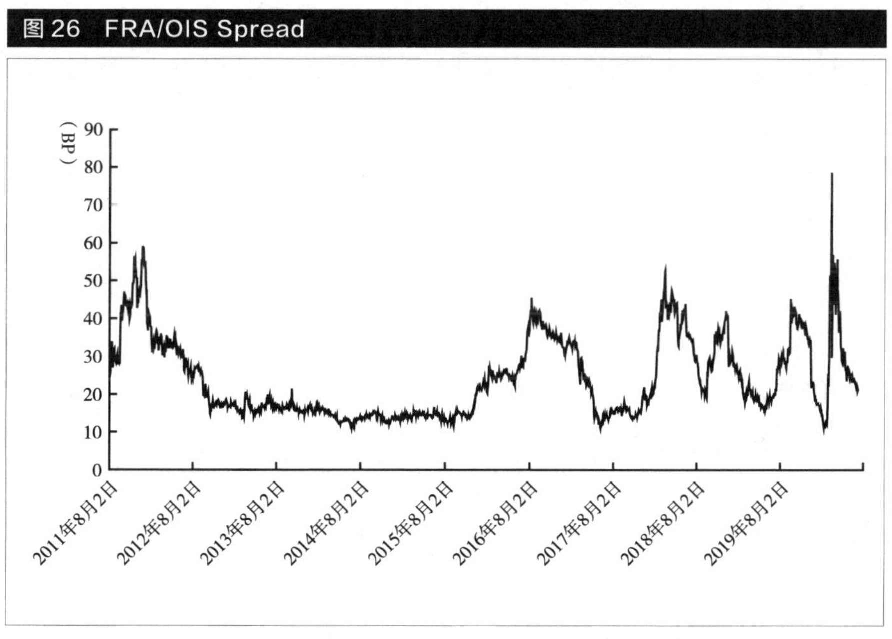

资料来源：Bloomberg。

图 27　美联储流动性工具使用量

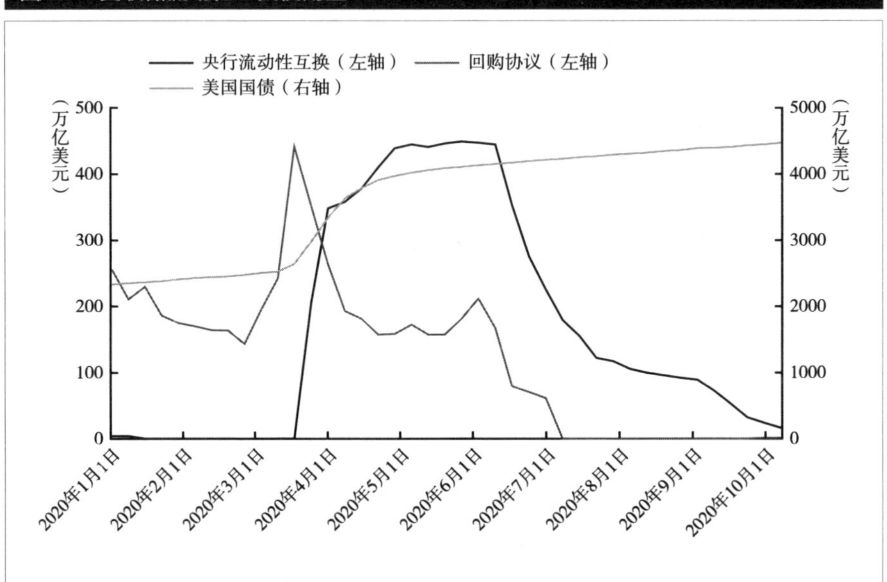

资料来源：美联储。

图 28　美联储资产负债表规模和美国 TGA 账户

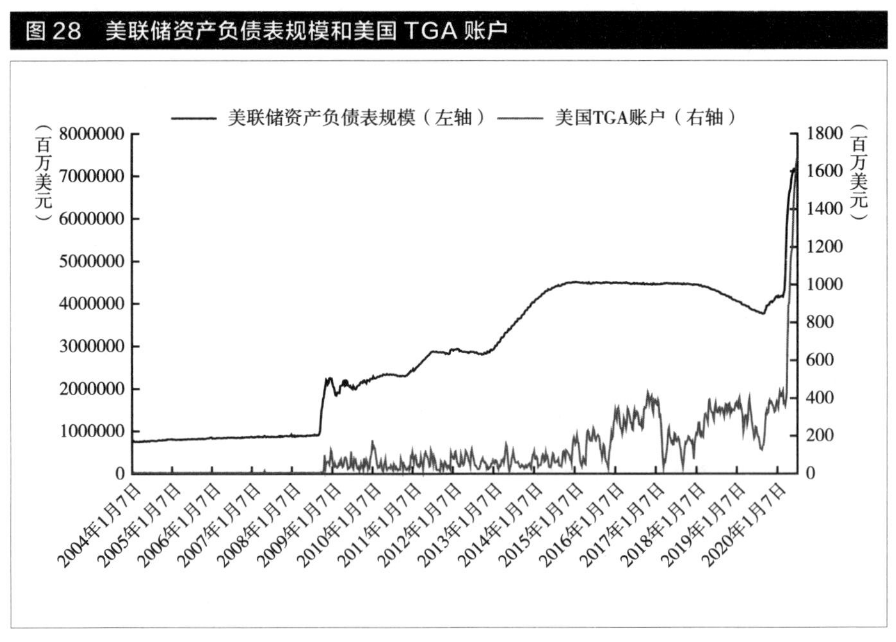

资料来源：美联储。

图 29 海外投资者持有美国国债比例

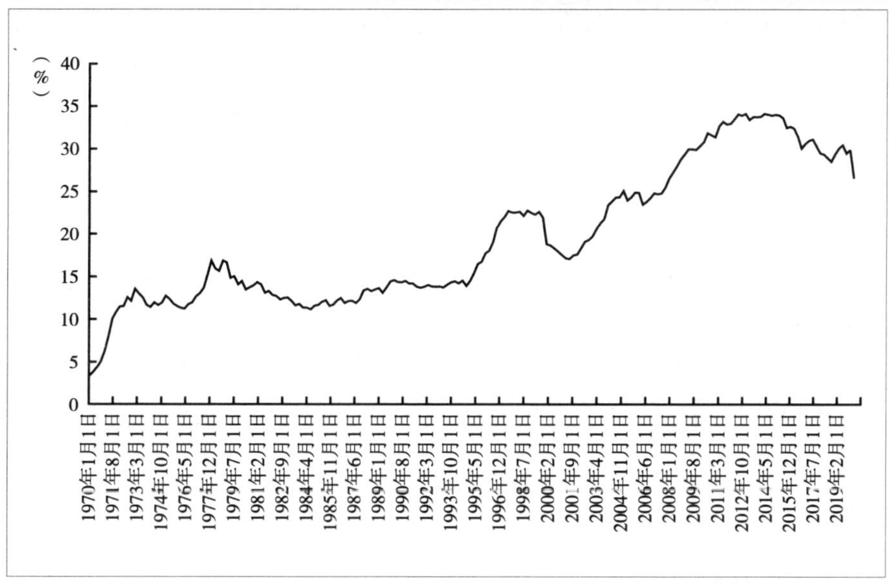

资料来源：美联储。

场抽走流动性，可能会导致流动性短期紧张。

第二，新兴市场美元信贷收缩没有得到根本性缓解，许多新兴市场疫情扩散越来越快，依然可能暴发信用危机，信用危机暴发可能引起离岸美元流动性紧张，并对美国市场产生波动率溢出效应。

第三，海外投资者对美国国债需求持续减少将对美元流动性体系造成结构性的长期影响，尤其是疫情的冲击将会加速这种影响。这将会体现在以下几个方面。其一，美联储缩表造成的流动性冲击会更强。2019 年 6 月美国货币市场突然的流动性收缩是美联储缩表影响累积效应的集中暴发，这直接导致了美联储后续的扩表行为，而当前海外投资者对美债的需求比一年多前更低。如果今后美联储仍然大规模缩表，无非两种方式，一种是公共债券资产到期不再续作，另一种就是直接出售公共债券资产。前者造成的流动性冲击效应已经在 2019 年发生过一次，后一种方式则会使美国国内的货币市场承担更大的短期流动性压力，因为一级交易商将在回购市场融资来承接国债的抛售。另外，后一种方式还可能产生连带效应，迫使海外投资者也开始抛售美债资产，从而进一步加大流动性压力。其二，美国财政部的债务融资将更多地依赖本国金融体系，特别是美联储的支撑。海外投资者的需求下降会把债券发行的压力转移至本国金融体系，一个直接的效应就是导致更强的股债转换效应——在货币市场流动性收缩时金融机构压缩股票头寸而把资金投入货币市场收取无风险收益，或者一些金融机构需要抛售股票来填补流动性短缺。其三，全球范围内对安全资产的供需平衡将被打破。研究表明，在全球范围内，安全资产在整体金融资产池中的占比基本上不变，长期来看，市场对安全资产的需求占比大体上是恒定的，且公共资产抵押债务与高等级私人债务、准公共债务互为替代品，都被视作安全资产。政府债务的存量和价格波动会对其他几种安全资产产生挤入或者挤出效应，疫情使金融机构增加了对安全资产的需求，同时美国国债的供给也增加了，但非美投资者对美国国债的需求下降。结合疫情期间全球货币市场流动性情况来看，投资者对美债资产需求降低，转而提升了对美元现金的需求——从长久期资产转向短久期资产。疫情过后投资者又将会逐渐把现金替换为长久期的安全资产，如果未来海外投资者对美国国债需求维持不变或持续下降，全球的美元流动性可能会产生两个重要的结构性变化。一是银行和非银金融机构发行的债务在全球金融体系中的重要性会上升，在对美债收益率有强烈上升预期的情况下私人债务资产发行占比会升高；二是今后全球金融危机的诱因将发生深刻变化——即使实体经济运行平稳，对影子银行的挤兑也可能导致金融危机，美联储将被迫更深入地转向最终流动性提供者。

3.5-5　美国通胀预期已经恢复到疫情前水平，关注美国长债收益率变化

美国通胀预期持续上升，已经恢复到疫情前的水平（见图 30）。第二季度数据显示，中美库存周期确认回升（见图 31），但是依然没有恢复到疫情之前的水平，需要最新数据的佐证。然而美国的长债利率整体还处于疫情最严重期间的极低水平，相对当前经济复苏的节奏来说定价显得过低。因此，美债收益率是当前市场最重要的指标，将决定接下来一至三个季度的所有主要大类资产的表现。

首先，贵金属当前定价过高。2020 年以来贵金属价格的上升主要受益于实际利率的持续下降。美联储大规模 QE 使长债收益率上限稳固，通胀预期持续上升的背景下实际利率下降。因此，未来无论经济基本面如何变动，都将使得实际利率上升：如果经济持续复苏，则利率定价过低，利率上升使实际利率上升；如果经济衰退，则通胀预期下降，美联储甚至可能加码宽

图 30　美国 5 年期通胀互换

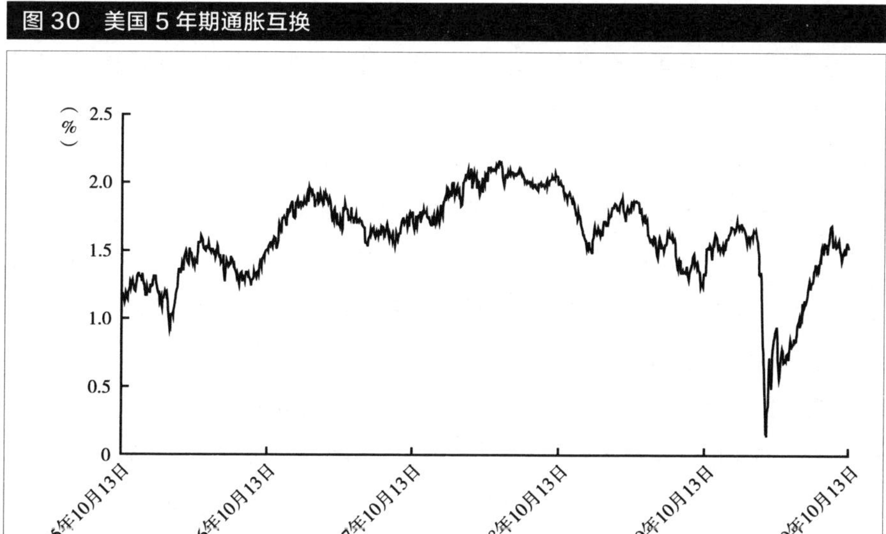

资料来源：美联储。

图 31　中美库存周期指标

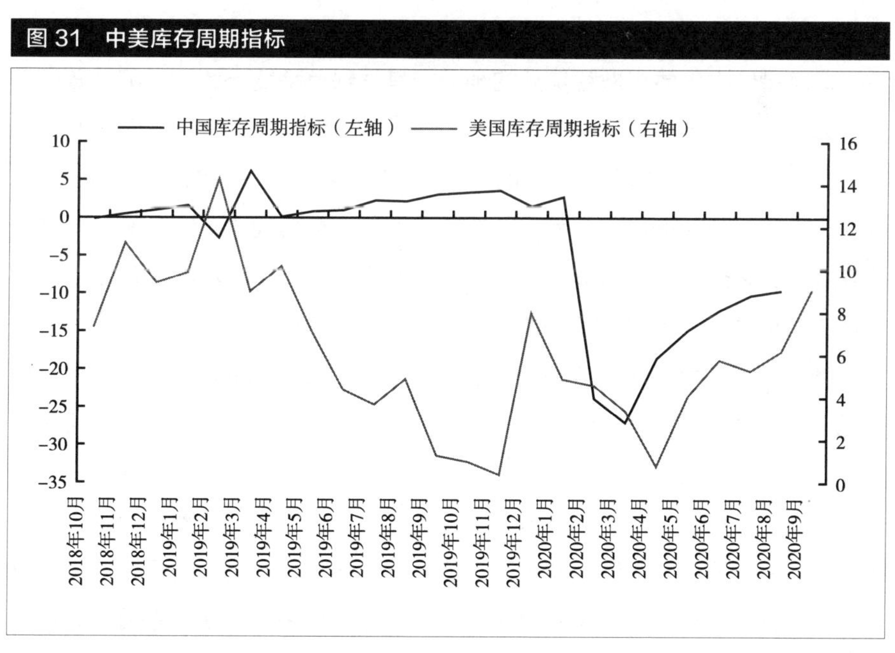

资料来源：国家金融与发展实验室。

松，实际利率上升。

其次，如果中美长债收益率共振上行，那么中美两国股市估值将面临结构性调整。中美两国 10 年期国债收益率的阈值分别约为 3.4% 与 2%。中美两国受到贸易争端的影响，自 2017 年起分别受到来自需求和成本两端的冲击，经济出现下滑的迹象。中国通过拉动短期的房地产周期一定程度刺激了经济增长，美国则是自 2018 年开始重新降息。2019 年第二季度是短周期的终点，中国继续强调“住房不炒”的基本政策基调，美国收益率曲线期限利差触底回升。因此推断 2019 年第二季度长债收益率的高点是一个合理的阈值，如果两国利率共振上涨并且突破阈值，那么成长股和价值股会面临全面的估值切换，后续很长一段时间内成长股预期收益率将低于价值股。欧洲面临较强的短期不确定性，全球总需求上升短期内主要取决于中美两国经济复苏的状况。中美经济虽然脱离疫情冲击的区间，但百分之百恢复依然需要一定的时间，因此中美利率短期内超过上述阈值的概率依然偏低。在这样的条件下，全球经济增长整体上缺乏内生动力，权益市场全面的估值提升概率较低，具有高景气度、高业绩确定性的行业将拥有更高的预期收益率。

3.5-6 美元和美债出现定价矛盾

虽然三季度全球金融市场趋于平静，但仍有一个不寻常的现象值得关注，这就是做空美债与做空美元的预期极其强烈且高度一致。当前，做空美债的非商业净持仓头寸已达到近 30 年的最高水平，同时做空美元的非商业净持仓头寸也处于次贷危机之后的高点（见图 32）。一般情况下，预期美国收益率上升的同时很难产生美元贬值的预期，如果出现这种预期重叠，往往意味着美国之外的收益率增速高于美国。历史上，这种状况的出现往往是全球经济同步复苏，且非美经济体呈现更强劲增长的时期。

随着欧洲在第三季度期间疫情抬头，经济前景的不确定性增加，美元指数已基本企稳，但做空美元的头寸依然拥挤。当前，美国经济复苏的势头强于欧洲和日本，且当前美联储加大购债和实行负利率均无可能，这就意味着做空美元的预期缺乏基本面和政策面的支撑，交易行为过于拥挤。而美联储近期的政策申明已经表明，政策利率将在较长时期内维持在超低水平上，这种情况下做空美债就是和美联储进行对赌，除非经济进一步强劲复苏，通胀明显上升，或者财政部大量发行国债而美联储并不进行宽松政策的配合，美

图 32 ICE 美元指数期货与 CBOT 美国国债期货非商业净持仓

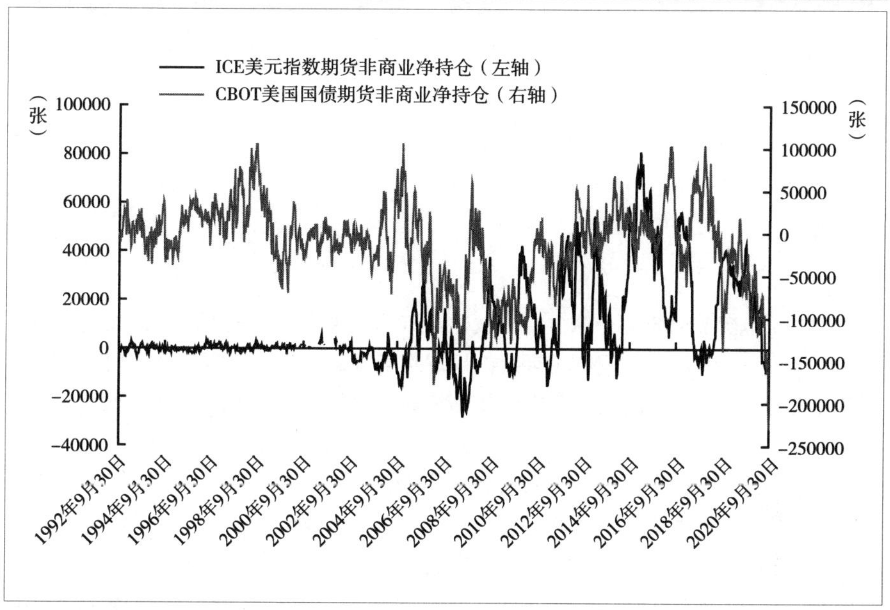

资料来源：CFTC。

债才有大幅下跌的可能，但目前看，上述趋势均未出现苗头。目前，美国经济已显示出持续复苏的迹象，虽然远未恢复到疫情之前的水平，但当前的长债利率定价相对于复苏的节奏来说明显偏低，经济存在内在的升息动力。尽管美联储承诺的长期零利率使得做空美债的预期过于膨胀，进而导致做空美债的行为过于拥挤，但美债上升的预期仍然较为合理。

第 4 章　全球利率环境分析*

- 在 2020 年初疫情肆虐全球之初，发达经济体的中央银行迅即反应，推出超级宽松的货币政策。美联储更是在短期之内用尽自身降息空间，将联邦基金利率下限调至零。负利率国家和地区继续维持原有利率环境，并加大货币政策宽松力度。

- 在全球进入降息潮、超低利率之际，新兴经济体的央行基准利率显得相对“另类”，表现为以下两点。一是基准利率水平在全球仍处于高地，处于 3%~10% 之间，远远高于发达经济体平均水平，主要原因是刚刚走出漫长的加息周期。二是与发达经济体同步步入降息节奏，但少部分新兴经济体逆发达经济体降息潮流而行，坚持加息，如土耳其，源自其尚未解除货币危机。

- 疫情成为经济重启的关键因素，全球经济几乎全部暂停，国际货币基金组织在年初对 2020 年全球经济增长的基本预期为负数。因此，短期之内，只要疫情没有得到根本性遏制，经济运行难以恢复正常，发达经济体将继续维持超低利率环境。

- 美联储在 2020 年采取了短期常规货币政策调控和中长期的货币政策框架调整来全面应对疫情：快速降息至零利率，通过商业票据融资便利机制（CPFF）向企业和家庭提供信贷，再次开启“无限量 QE”急剧扩表，并改革货币政策框架、实行平均通胀目标制等。

- 除了瑞典中央银行，欧央行和日本央行等长期实行负利率政策的国家依然维持负利率政策不变，但没有因为疫情而进一步深化调整负利率水平，主要原因是对负利率政策的总体效果依然没有充分把握。

- 只要疫情没有得到全面和根本的控制，全球主要经济体均将继续维持超低利率，不会轻易改变目前的降息节奏。

---

* 本章作者：周莉萍，国家金融与发展实验室中国债券论坛高级研究员，中国社会科学院金融研究所。

4.1 全球主要国家和地区的官方基准利率：降息、步入超低利率

自 2019 年美联储降息以来，全球主要国家和地区选择追随策略，除了极个别国家之外，几乎全部降息并延续至今，新冠肺炎疫情冲击使各国维持降息的预期更加明确。

从表 1 来看，发达经济体集体步入超低利率，利率水平维持在零乃至负数，而新兴经济体的平均利率水平仍是全球最高，在 2%~10% 的范围波动。利差的巨大差异引人注目，发达国家以邻为壑的政策十分明显。在全球宽松的背景下，多数小型开放国家降息的直接目的是防止本币升值，稳定币值和出口。

表 1　全球主要国家和地区央行基准利率走势（截至 2020 年 10 月 16 日）单位：%

利率	当前水平	变动方向	之前水平	最新变动时间
美国联邦基金利率	0.25	↓	1.25	2020 年 3 月 15 日
澳大利亚基准利率	0.25	↓	0.50	2020 年 3 月 19 日
智利基准利率	0.50	↓	1.00	2020 年 3 月 31 日
韩国基准利率	0.50	↓	0.75	2020 年 5 月 28 日
巴西基准利率	2.00	↓	2.25	2020 年 8 月 6 日
英格兰银行基准利率	0.10	↓	0.25	2020 年 3 月 19 日
加拿大基准利率	0.25	↓	0.75	2020 年 3 月 27 日
中国人民银行基准利率	3.85	↓	4.05	2020 年 4 月 20 日
捷克共和国基准利率	0.25	↓	1.00	2020 年 5 月 7 日
丹麦基准利率	0.05	↓	0.20	2015 年 1 月 19 日
丹麦央行大额定期存单利率	−0.60	↑	−0.75	2020 年 3 月 20 日
欧央行基准利率	0.00	↓	0.05	2016 年 3 月 10 日
欧央行金融机构存款便利利率	−0.50	↓	−0.40	2019 年 9 月 18 日
匈牙利基准利率	0.60	↓	0.75	2020 年 7 月 21 日
匈牙利央行金融机构隔夜存款利率	−0.05	↑	−0.15	2019 年 3 月 27 日
印度基准利率	4.00	↓	4.40	2020 年 5 月 22 日
印度尼西亚基准利率	6.50	↓	6.75	2016 年 6 月 16 日

表 1　全球主要国家和地区央行基准利率走势（截至 2020 年 10 月 16 日）（续表）

利率	当前水平	变动方向	之前水平	最新变动时间
以色列基准利率	0.10	↓	0.25	2020 年 4 月 6 日
日本基准利率	-0.10	↓	0.00	2016 年 2 月 1 日
日本央行金融机构存款便利利率	-0.10	↓	0.00	2016 年 2 月 1 日
墨西哥基准利率	4.25	↓	4.50	2020 年 9 月 24 日
新西兰基准利率	0.25	↓	1.00	2020 年 3 月 16 日
挪威基准利率	0.00	↓	1.50	2020 年 5 月 7 日
波兰基准利率	0.10	↓	0.50	2020 年 5 月 28 日
俄罗斯基准利率	4.25	↓	4.50	2020 年 7 月 24 日
沙特阿拉伯基准利率	1.00	↓	1.75	2020 年 3 月 16 日
南非基准利率	3.50	↓	3.75	2020 年 7 月 23 日
瑞典央行基准利率	0.00	↑	-0.25	2019 年 12 月 19 日
瑞士基准利率	-0.75	↓	-0.50	2015 年 1 月 15 日
土耳其基准利率	10.25	↑	8.25	2020 年 9 月 24 日

资料来源：各国和地区央行，http://www.global-rates.com/，访问日期 2020 年 10 月 16 日。

4.1-1　发达经济体：集体步入超低利率

从发达国家的货币政策调控来看，其对此次新冠肺炎疫情的危机反应政策力度不亚于对 2008 年国际金融危机的反应。在 2020 年初疫情肆虐全球之初，发达经济体的中央银行迅即反应，推出超级宽松的货币政策。美联储更是在短期之内用尽自身降息空间，将联邦基金利率下限调至零。负利率国家和地区继续维持原有利率环境，并加大货币政策宽松力度。总体来看，发达经济体央行调控的基准利率波动主要呈现三个特点。一是从利率波动趋势来看，疫情之下集体降息，且短期之内难改降息趋势；二是从利率水平来看，集体步入超低利率，降息空间殆尽；三是个别发达国家开始走出负利率政策，如瑞典。研究表明，如果刺激经济的效果不佳，长期负利率政策的性质可能随着时间的推移改变，从原本的逆周期货币政策演变为顺周期性质，原因是负利率政策对经济呈现净负效应，如催生房地产或股市等资产价格泡沫、催生僵尸企业等。有鉴于此，个别国家开始主动走出负利率政策。丹麦和匈牙利也上调了负利率工具，提升了基准利率的下限。

疫情成为经济重启的关键因素，全球经济几乎全部暂停，国际货币基金组织在年初对 2020 年全球经济增长的基本预期为负数。因此，短期之内，只要疫情没有得到根本性遏制，经济运行难以恢复正常，发达经济体将继续维持超低利率环境。当前发达国家超低的名义利率，是近几十年以来超低实际利率即自然利率的延续，其对经济社会产生了深远影响。以政府部门为例，超低利率或催生发达经济体发行更多的政府债务。超低利率直接降低了债务人利息成本，为政府债务、企业债务等展期提供便利。可以预期，在超低利率等多重因素叠加之下，发达经济体的财政政策还将继续宽松，公共债务将在短期内快速扩张。经济疲弱之际，政府难以推行增税政策，加上政治周期影响，减税政策或将延续。长期来看，当政府税收不增却继续扩张债务时，其政府信用或被市场溢价影响，反过来约束其最终的债务扩张规模。同时，有必要关注其对新兴经济体的外溢效应。

4.1-2 新兴经济体：维持较高的名义利率水平

毫无疑问，发达经济体超级宽松的货币政策措施营造了全球超低利率环境，其具有强烈的外溢效应，大量近乎“免费”的流动性充斥全球。三元悖论的基本原理昭示，在国际资本流动的前提下，作为全球非关键货币国家的新兴经济体，其最佳货币政策策略是追随发达国家，如降息、货币宽松等，主动放弃货币政策独立性，以维持币值相对稳定。这一策略被大多数新兴经济体维持多年。然而，在全球进入降息潮、超低利率之际，新兴经济体的央行基准利率显得相对“另类”，表现在两个方面。一是基准利率水平在全球仍处于高地，处于 3%~10% 之间，远远高于发达经济体平均水平；主要原因是部分新兴经济体之前受到美国金融制裁，为减缓资本外流而大幅加息，刚刚走出漫长的加息周期，利率水平由此仍保持相对高位。二是与发达经济体同步步入降息节奏，少部分新兴经济体逆发达经济体降息潮流而行，坚持加息，如土耳其。主要原因是，这些国家国内依然面临高通货膨胀，及其仍处于 2019 年左右暴发的货币危机后续影响之中，并未成功克服国内经济难题和稳定币值等问题。这些问题是经济长期动荡的根源，其重要性甚至超过疫情，或者政府尚未对疫情的叠加冲击有充分的认知。

4.1-3 中国的利率走势

中国人民银行在新冠肺炎疫情暴发之初就加大了货币政策支持力度，既通过全面降准、定向降准向市场及时投放了流动性，也下调了货币市场关键利率如再贷款利率和超额存款准备金利率，由此引导基准利率下调。

2020 年 1 月 6 日，央行全面降准，下调金融机构存款准备金率 0.5 个百分点（不含财务公司、金融租赁公司和汽车金融公司），释放长期资金 8000 多亿元。1 月 31 日，央行安排 3000 亿元专项再贷款，支持金融机构向疫情防控重点企业提供优惠利率贷款。2 月 26 日，央行决定增加再贷款、再贴现专用额度 5000 亿元，同时宣布下调支农、支小再贷款利率 0.25 个百分点至 2.5%。3 月 16 日，央行实施普惠金融定向降准，对达到考核标准的银行定向降准 0.5 至 1 个百分点，对符合条件的股份制商业银行再额外定向降准 1 个百分点，以上定向降准共释放长期资金 5500 亿元。4 月 3 日，央行表示将增加中小银行再贷款再贴现额度 1 万亿元，进一步实施对中小银行定向降准，加大债券融资支持。4 月 3 日，央行对农村信用社、农村商业银行、农村合作银行、村镇银行和仅在省级行政区域内经营的城市商业银行定向下调存款准备金率 1 个百分点，于 4 月 15 日和 5 月 15 日分两次实施到位，每次下调 0.5 个百分点，共释放长期资金约 4000 亿元。并且决定自 4 月 7 日起将金融机构在央行超额存款准备金利率从 0.72% 下调至 0.35%，下调幅度 37BP。4 月 20 日，1 年期 LPR 下降 20BP，5 年期 LPR 下降 10BP。二季度 DR007 利率中枢较一季度下行 71BP。

截至 2020 年 10 月初，国内的基准利率水平为 3.85%，在全球仍处于中高水平。在中国经济率先复苏之际，相对高利差吸引外资流入国内，债券是其重要投资标的。截至 2020 年三季度末，境外机构持有我国债券规模达到 2.93 万亿元，占我国债券市场存量规模的比例上升到 2.64%。其中，国债持有规模和占比在近些年得到显著提升。

4.2 全球金融市场关键利率 LIBOR：动荡中下行

与 2008 年国际金融危机不同，此次新冠肺炎疫情对经济的冲击是全面的，供给和需求均受重创。2020 年 3 月，在发达国家疫情暴发初期，经济停顿导致全球流动性突然短缺，美元、欧元和日元等关键货币的 LIBOR 均陡然走高。5 月，各国应对疫情的政策初步明朗，继续实行宽松货币政策的预期稳定之后回落，徘徊在各关键货币国基准利率水平附近。全球金融市场基准利率之 LIBOR 见表 2。总体来看，全球金融市场关键利率基本反映了疫情对经济基本面的冲击、宽松货币政策对流动性供需的支撑等因素。

表 2　全球金融市场基准利率之 LIBOR

利率名称	水平
欧元 1 个月 LIBOR	−0.56343％
美元 1 个月 LIBOR	0.15138％
日元 3 个月 LIBOR	0.10333％
瑞士法郎 3 个月 LIBOR	−0.77100％
英镑 6 个月 LIBOR	0.07538％
美元 12 个月 LIBOR	0.33500％

资料来源：http://www.global-rates.com，访问日期 2020 年 10 月 16 日。

4.2-1　美国

1．美联储货币政策回顾

（1）降息。过去一年，美联储延续 2019 年以来的降息趋势，在 2020 年初进行两次紧急降息。为了应对疫情，2020年3月3日，美联储紧急操作，将联邦基金利率的目标范围降低 50 个基点，这是美联储自 2008 年金融危机以来首次在非政策会议期间实施降息；因疫情对经济、金融市场造成的冲击较大，2020 年 3 月 16 日美联储再次紧急操作，决定将联邦基金利率目标区间下调 100 个基点至 0% ~0.25%，同时启动 7000 亿美元的资产购买计划；为向企业和家庭提供信贷，2020 年 3 月 18 日美联储宣布建立商业票据融资便利机制（CPFF），这是自 2008 年全球金融危机以来首次使用 CPFF。

（2）再次开启“无限量 QE”。 2020 年 3 月 23 日，美联储宣布，将继续购买国债和 MBS 以支持经济和金融系统的稳定，并且不进行额度限制，被市场称为“无限量 QE”。美联储资产负债表快速扩张。2020 年 6 月，美联储承诺将把资产购买速度至少维持在当前水平（每月购买约 800 亿美元的美国国债以及约 400 亿美元的抵押贷款支持证券），并预计利率将保持接近零的水平直至 2022 年底。

（3）改革货币政策框架，实行平均通胀目标制。由于美国通胀率持续低于 2% 的长期目标水平，而通胀持续过低会导致长期通胀预期下降，通胀预期下降又反过来拉低实际通胀水平。通胀预期和利率水平的双低将制约央行为提振经济而进行降息的空间。鉴于低通胀对经济的不利影响，2020 年 8 月 27 日，美联储宣布对长期目标和货币政策策略声明进行更新，将寻求实现平均 2% 的长期通胀目标，即“平均通胀目标制”。在经历一定时期低通胀后，将允许接下来的一段时期内出现稍高的通胀。此举意味着，即便今后失业率降低，美联储可能也不会像以前那样因担心物价上涨而同步提高利率，将在一定时期内继续实施超低利率政策。

（4）在无限量 QE 之下，美联储加大了月度购买债券的规模，也增加了总量规模。这导致美联储资产负债表规模在 2020 年初陡然攀升，见图 1。2020 年 3 月以前，美联储的资产负债表规模一直稳定在 4.1 万亿美元左右，此后，在短短一个月时间其扩张了近 2 万亿美元，截至 2020 年 10 月初，美联储的资产负债表规模维持在 7 万亿美元左右。从扩表的结构来看，大幅攀升的主要是资产科目中的购债规模，以及负债结构中的银行超额存款准备

图 1　美联储资产负债表规模

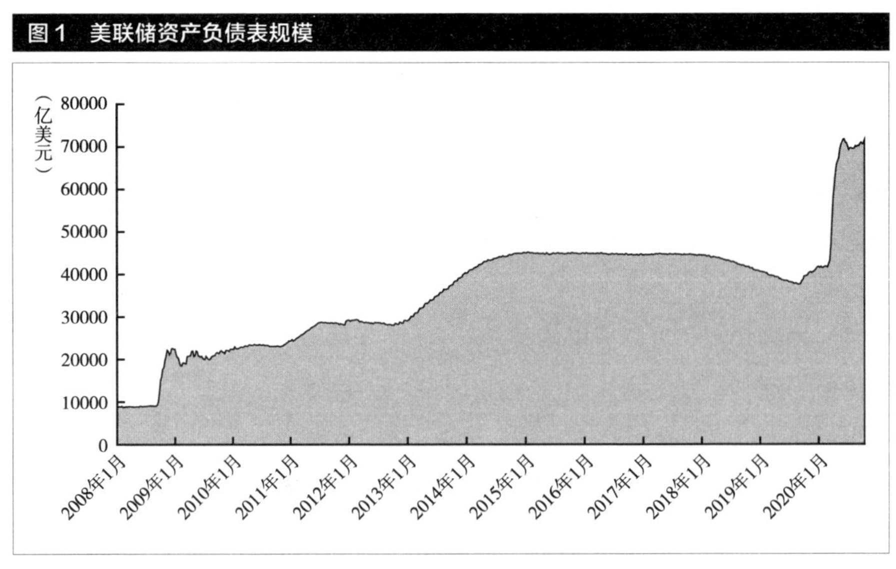

资料来源：美联储圣路易斯分行。

金。主要原因是，疫情之下的经济停顿加剧了未来发展的不确定性，商业银行发放贷款的风险整体上升。

2．美国金融市场代表性利率分析

自 2020 年 3 月美联储两次降息将联邦基金利率下限降至零以来，在无限量宽松政策之下，美国各期限国债的收益率随之下降（见图 2）。截至 2020 年 10 月初，3 个月、5 年期和 10 年期美国国债收益率分别为 0.11%、0.32% 和 0.76%，国债期限溢价为正，国债收益率曲线保持平稳向上状态。

图 2　美国的代表性利率水平

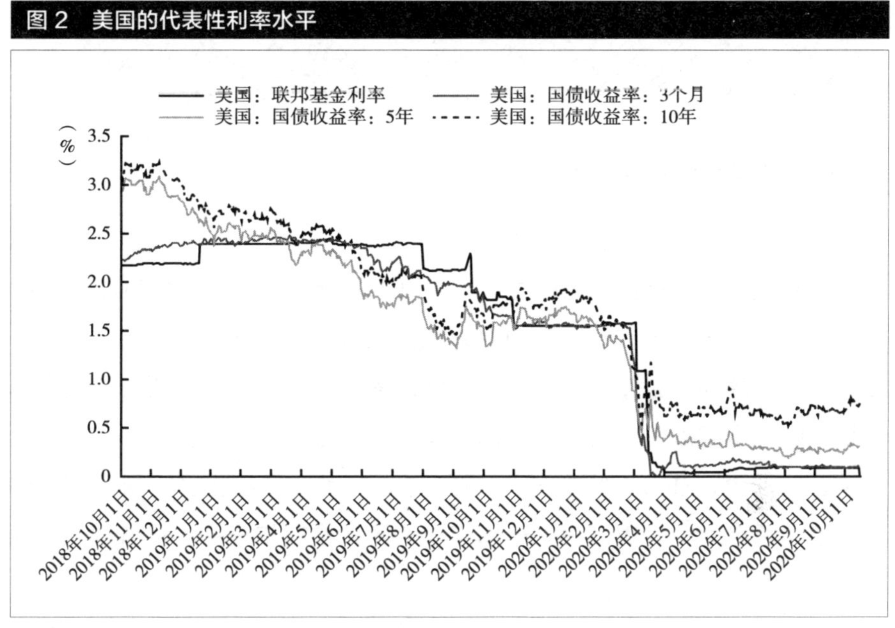

资料来源：Wind。

自 2019 年以来，一些具有代表性的流动性压力指标，如买入 - 卖出利差（bid-ask spreads）、买单数量（bid sizes），以及估算的交易成本均明显改善。以美国长期国债实际平均收益率为例，2019 年末约为 0.5%，新冠肺炎疫情暴发之后迅速下降为零以下，目前稳定在 -0.4% 左右。十年期国债期限升水则延续了 2018 年以来的下降趋势，依然在负利率水平附近，表明国债市场的流动性压力很小（见图 3）。

图 3　美国的长期利率和国债流动性压力

资料来源：美联储圣路易斯分行。

再看其他美元融资市场压力指标，以 TED 利差指数为例，2019 以来，该指数一直平稳下降，徘徊在 0.3% 附近，而后不断下降。2020 年 3 月陡然蹿升，最高升至 1.4% 左右，而后在美联储超级宽松的货币政策操作之后开始逐步回落，一个月之后也就是 2020 年 4 月，该指数下降至年初水平。目前稳定在 0.1% 左右（见图 4）。在美联储给出了无限量宽松的货币政策承诺之下，美国金融市场实际的流动性非常充裕，且流动性预期继续宽松。

自 2019 年以来，美国金融市场流动性压力持续下降。截至 2020 年 2 月底，圣路易斯分行发布的金融市场流动性压力指数一直为负。与其他金融市场压力指数相同，自 2020 年 3 月起，该指数开始大幅攀升，一个月之内飙升至 5% 以上，在美联储系列货币政策操作之后，在 2020 年 4 月底回落至 1% 以下，5 月底重新跌至负数，当前为 −0.5% 左右，市场整体流动性压力大幅降低（见图 5）。

4.2-2　欧盟

截至当前，新冠肺炎疫情在欧洲依然肆虐。欧央行在 2020 年 9 月预

图 4　TED 利差指数

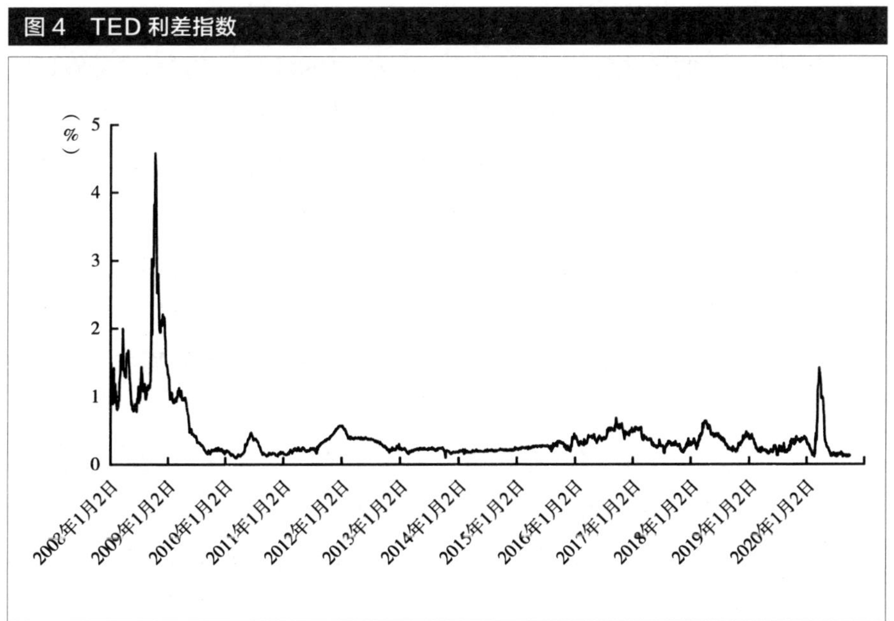

资料来源：美联储圣路易斯分行。

图 5　美国金融市场的金融压力指标

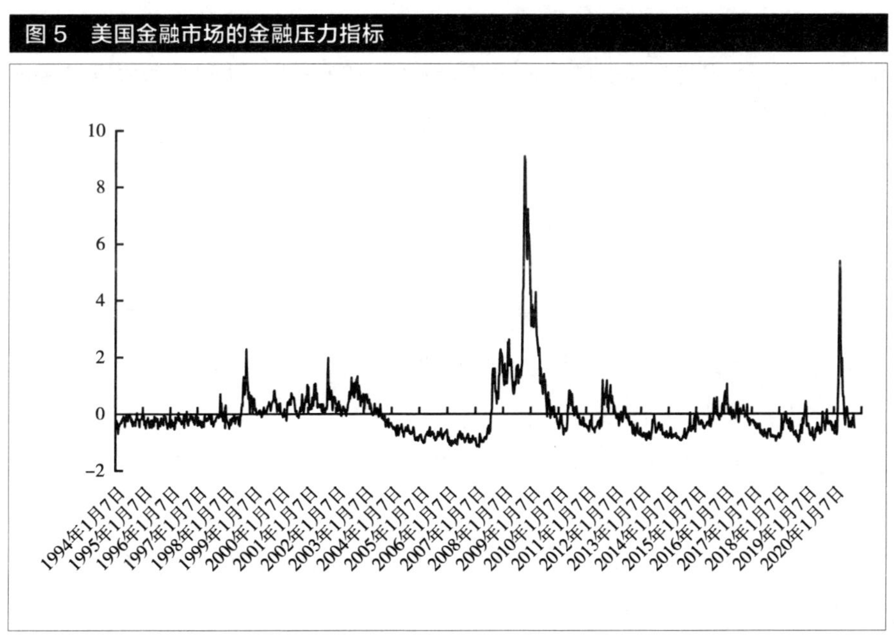

资料来源：美联储圣路易斯分行。

测，2020 年欧洲经济将下滑 8%，公共卫生危机引发的经济暂停，或在欧洲演变为事实上的经济危机。全球新冠肺炎疫情的暴发，直接导致欧洲地区主要国家如德国和意大利的政府债券息差陡然扩大、政府债务率攀升，欧元区赤字率目前已攀升至 8.8%，政府债务率从 2019 年的 84% 提高到目前的 100.7%，意大利和希腊的政府债务率可能在 2020 年底分别升至 140% 和 180% 左右。面对持续多年的负利率政策效果即将受到严重冲击，欧央行果断行动，与欧盟委员会、各成员国财政部门高度协调，实行持续宽松的货币政策，成功遏制了金融市场短期的流动性收缩，谨防欧洲经济再次陷入债务危机。

在长期负利率政策未取得明显成效之际，欧央行并没有大幅度深化负利率政策，而是维持主要再融资利率为 0，以及扩大量化宽松力度等。2020 年 3 月 12 日，欧洲出现第一波疫情之后，欧洲央行决定维持欧元区主导利率不变，在 2020 年底前额外增加 1200 亿欧元资产购买计划，同时使用流动性工具以及灵活银行业监管等措施，为欧元区注入额外流动性。欧元区 12 个发达经济体也相应启动资产购买计划。3 月 18 日，为应对新冠肺炎疫情对经济的冲击，欧洲央行出台紧急抗疫购债计划，宣布 7500 亿欧元的紧急资产购买计划，该计划包括购买私人部门和公共部门资产，将持续至 2020 年底，涵盖现有资产购买计划下所有合格的资产类别。此外，欧洲央行还表示，将继续密切监测新冠肺炎疫情蔓延对经济的影响，随时准备根据需要适当调整所有措施，保证银行体系的流动性，确保货币政策在欧元区顺利传导。6 月 4 日，欧洲央行将紧急资产购买计划规模由 3 月宣布的 7500 亿欧元扩大至 1.35 万亿欧元，并将购债期限由 2020 年底至少延长到 2021 年 6 月，到期债券本金至少在 2022 年底之前进行再投资。2020 年 7 月，欧央行通过了 7500 亿欧元的经济复苏计划，以欧盟预算作抵押，分别以无偿捐助形式（3900 亿欧元）和商业银行贷款形式（3600 亿欧元）投向成员国，开启了欧盟成员国共同举债之路。

事实证明，零利率以下的宽松货币政策成功遏制了债券期限利差的陡增，短期内遏制了新的债务危机，维护了欧元区的经济金融稳定。但一系列资产购买导致欧央行资产负债表急剧扩张，与疫情之前相比，欧洲央行的总资产增加了约 3 万亿欧元。

截至 2020 年 10 月，欧元区主要利率见图 6。在长期为负的隔夜边际存款便利利率（-0.4% 左右）的引导下，欧央行的主要再融资利率依然维持为零，利率走廊机制保持稳定运行。过去几年的负利率政策直接引导欧洲地区各期限公债收益率为负，以此缓解政府的债务负担。欧元区的中长期公债收益率波动较为剧烈，10 年期公债收益率在欧洲出现第一波新冠肺炎疫情后蹿升至零附近，表明市场投资者出现了较为悲观的预期，这一情形在 2020 年 9 月随着疫情的反弹再次出现。5 年期公债的收益率波幅较大，总体水平维持在 -1%~0 的范围，3 个月期的公债收益率徘徊在 -0.6% 附近，总体低于 2019 年的收益率水平。

图 6　欧盟地区代表性利率水平

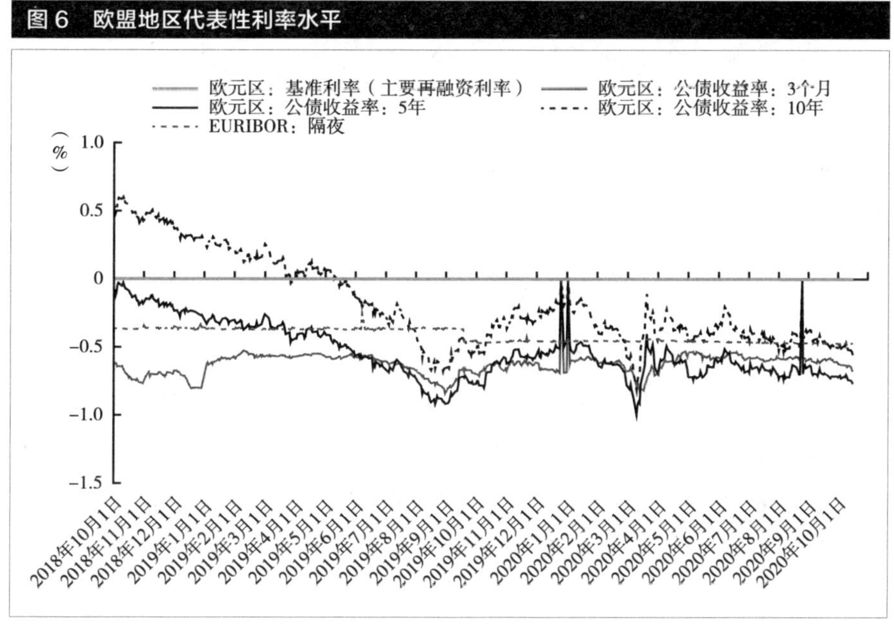

资料来源：Wind。

2020 年以来，欧洲地区各期限国债收益率持续下降，并在（-1%，0）的区间范围保持稳定（见图 7）。短期和中期国债收益率延续了近五年以来的水平，但 10 年期国债收益率维持在如此低的水平，是近两年才出现的情况，主要原因是欧央行实行购买资产等量化宽松货币政策。各期限国债收益率之间的期限利差在不断缩小，收益率曲线扁平化趋势明显，但尚未出现倒挂状态。

图 7　欧洲地区各期限国债收益率

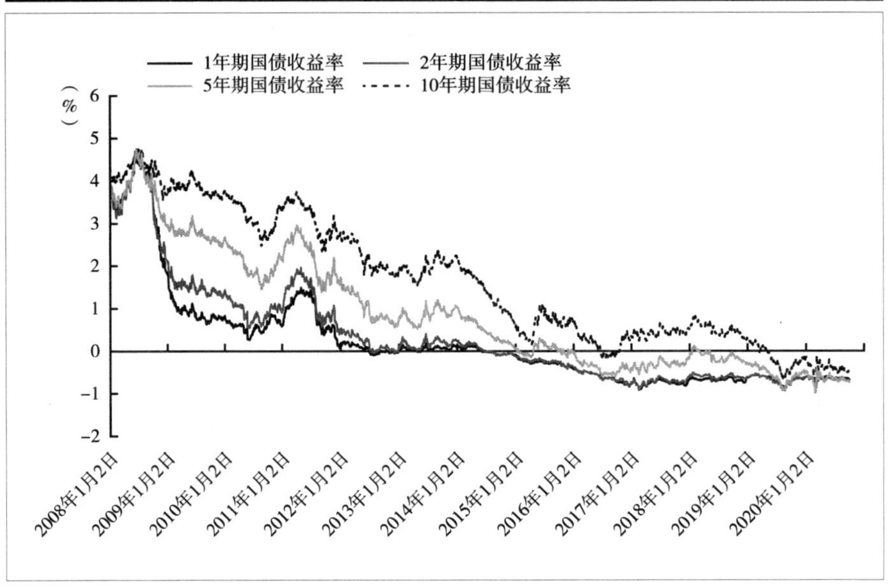

资料来源：Wind。

长期国债收益率主要受经济增长、实际通货膨胀、预期通货膨胀等主要因素影响。在欧央行长达近 6 年的负利率政策、量化宽松政策支持下，欧洲地区主要国家的 10 年期国债收益率常年维持在（0，5%）的范围区间。自 2019 年 5 月开始，多国 10 年期国债收益率陆续跌至负数，并在 -0.5% 附近波动。政府债务危机最为深重的意大利和希腊的 10 年期国债收益率则持续为正，维持在 1% 以上的相对高位（见图 8）。

4.2-3　日本

日本自 2016 年央行实行负利率政策，以及量化、质化宽松的货币政策以来，货币政策及相关金融政策的空间已大大缩小。因此，2017 年之后，日本开始多措并举，不断革新经济发展战略，寻找财政政策空间。2019 年 10 月将其消费税税率由 8% 提高至 10%。这一紧缩政策虽然增加了日本政府的税收，缓解了养老金支付压力，但对居民消费造成严重打击。叠加新冠肺炎疫情冲击，日本经济开始陷入衰退。虽然自疫情以来，日本政府已经出台了将近 117.1 万亿日元的经济刺激政策，但是自 2019 年第四季度起，日本的实际 GDP 已连续三个季度陷入负增长，2020 年第二季度的经济增长

图 8　欧洲地区主要国家 10 年期国债收益率

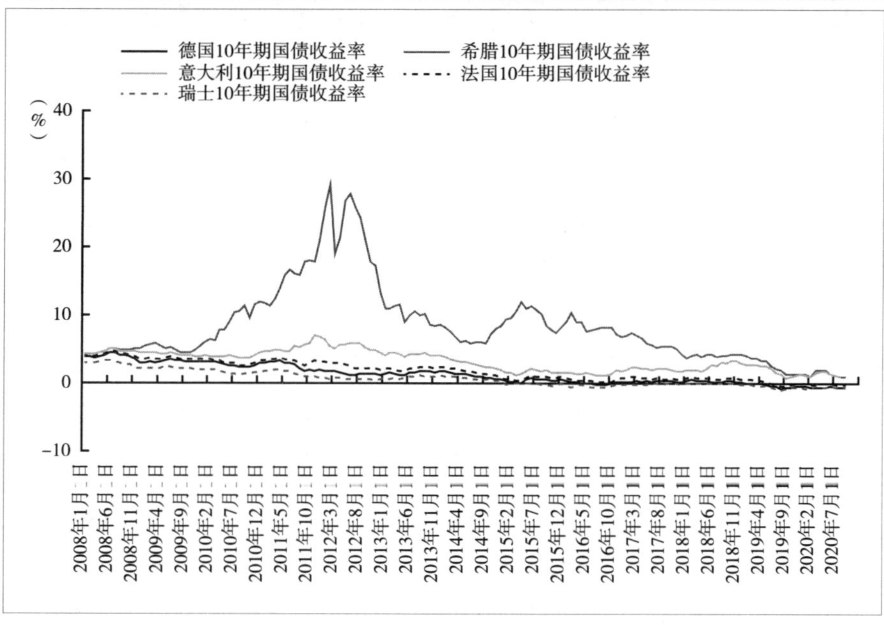

资料来源：美联储圣路易斯分行。

更是跌至 −27.8% 的历史低点，打破了日本自 2012 年 12 月至 2018 年 10 月形成的日本“战后第二长经济景气期”，重新将日本经济拉入泥潭。面对经济停顿带来的衰退，日本新一届政府表示将出台政策推动企业创新，提高全要素生产率，由此提升经济的潜在增长率。货币政策的主要着力点依然是修复企业和居民部门所受的短期冲击，防止出现流动性风险和大规模企业倒闭。

虽然经济陷入深度衰退，但其主因是众所周知的疫情，属于典型的外部冲击。且疫情自身的防控和进展高度透明，公众对未来的经济复苏预期都较为明确。继而，经济的深度衰退没有带来金融市场动荡。因此，为缓和疫情冲击、刺激经济复苏，日本银行 2020 年的货币政策策略延续以往的非常规货币政策操作，仍以扩大资产购买规模为主。

3 月 16 日，日本央行提前召开货币政策例会，决定通过扩大资产购买计划等手段进一步加大货币政策宽松力度。具体举措包括：将交易型开放式指数基金（ETF）年购买规模增加一倍至 12 万亿日元，将房地产投资信托基金（REITs）年购买规模增加一倍至 1800 亿日元，同时承诺到 2020 年

9 月底，增加购买 2 万亿日元的商业票据和企业债。3 月 19 日，日本央行宣布在计划外购买 1 万亿日元的日本国债。其中 2000 亿日元购买 1~3 年期国债，3000 亿日元购买 3~5 年期国债，4000 亿日元购买 5~10 年期国债，1000 亿日元购买 10~25 年期国债。2020 年 4 月，日本央行进一步放松货币政策，宣布将无限量购买国债，增加企业债券和商业票据的购买规模，以应对疫情带来的经济衰退威胁。2020 年 6 月，为帮助中小企业渡过危机，日本央行决定将特别贷款计划规模由 75 万亿日元增加至 110 万亿日元。

日本央行维持多年的超宽松货币政策，使得日本金融市场主要的短期利率、中期利率和长期利率常年为负。其中，政策目标利率自 2016 年以来一直维持在 -0.1% 的低位，在其影响下，日元无担保隔夜拆借利率保持在零利率附近，波动范围为（-0.07%，-0.02%）。在持续的质化宽松货币政策和负利率政策作用下，日本的中期和长期国债收益率继续保持为负数。其中，5 年期国债收益率比 2019 年有所上升，波动范围为（-0.2%，-0.1%），波动幅度较小；10 年期国债收益率操作目标为 0，2020 年其实际波动水平长期维持在零利率附近，平均收益率水平高于 2019 年（见图 9）。在全球共同陷入经济衰退的背景下，日本国债收益率与欧洲主要国家的利差逐步缩小。

图 9　日本的代表性利率水平

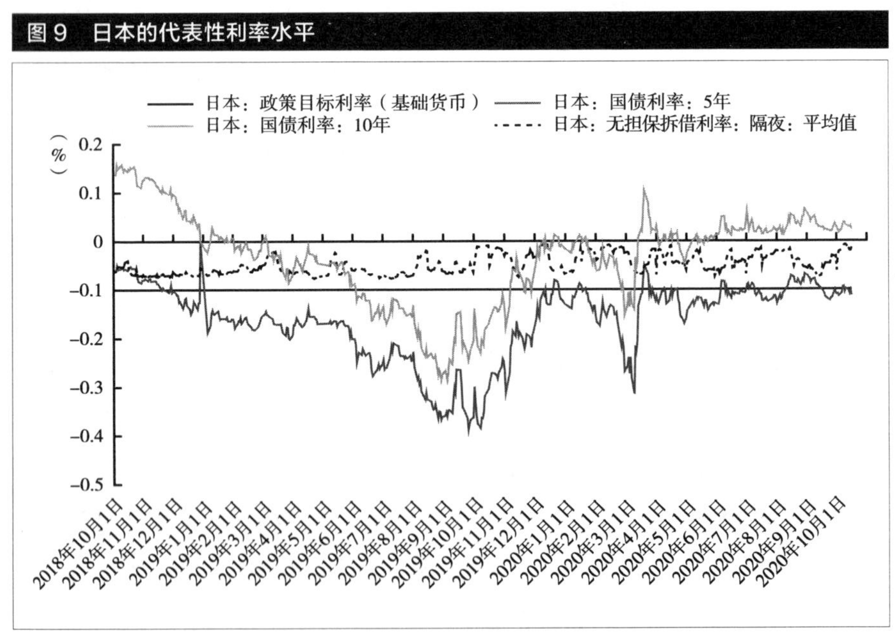

资料来源：Wind。

日本的主要短期融资利率近两年来没有明显变化，2020 年以来的主要波动区间为（-0.05%，-0.01%），高于 2019 年的平均水平，主要原因是公共卫生危机对金融市场形成明显冲击。但总体而言，日本的短期融资利率“波澜不惊”，维持在零利率附近，并没有向负利率政策方向继续深化，在央行量化和质化宽松货币政策之下，也很难有所提高。如图 10 所示，自 2019 年 10 月以来，无抵押 1 个月、2 个月和 3 个月平均利率的波动范围分别为（-0.04%，0.13%）、（-0.03%，0.07%）、（-0.02，0.11%）。

商业银行依然是日本金融体系最重要的金融中介，长期宽松的货币政策为商业银行在货币市场上的融资活动提供了最便利的条件。长期以来，大额定期存单利率在零利率附近波动，商业银行可以零成本融资（见图 11）。而日本的活期存款利率也常年低至零利率，定期存款利率水平在最近四年也低于 0.1%（见图 12）。

因此，相比之下，日本商业银行面临的不同种类的负债工具在利率水平上的差异很小，其有足够的空间进行选择和配置期限，以保持自身的稳健性。由于日本商业银行的贷款利率常年维持在 0.3% 左右的水平（见图

图 10　日本短期资金市场利率水平

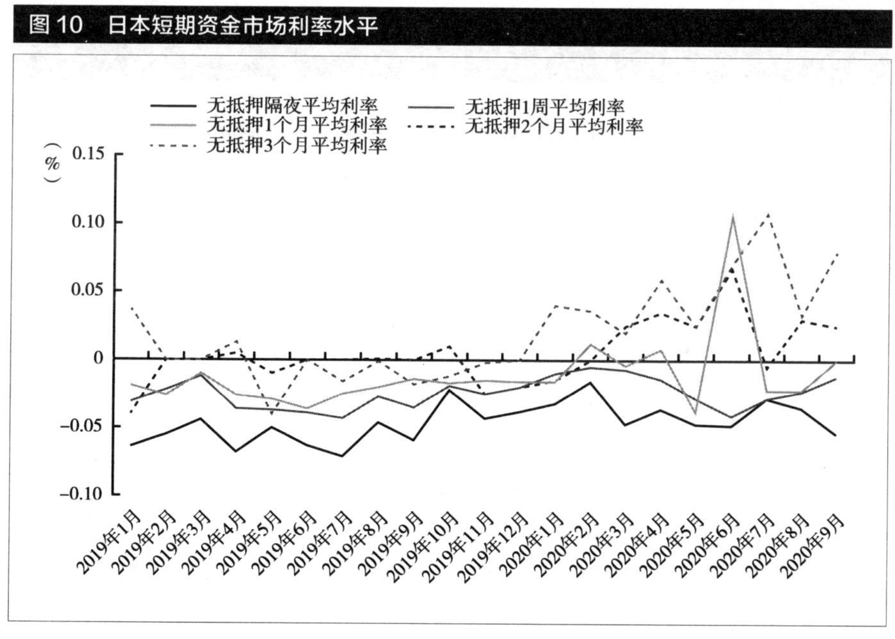

资料来源：Wind。

13），其存贷利差收益较为稳定。因此，日本长达 20 年左右的超低利率和近些年的负利率政策，对商业银行的负面冲击较小。加之，日本商业银行在金融市场有多种盈利模式，其总体受超低利率影响较小。

图 11　日本大额定期存单市场利率水平

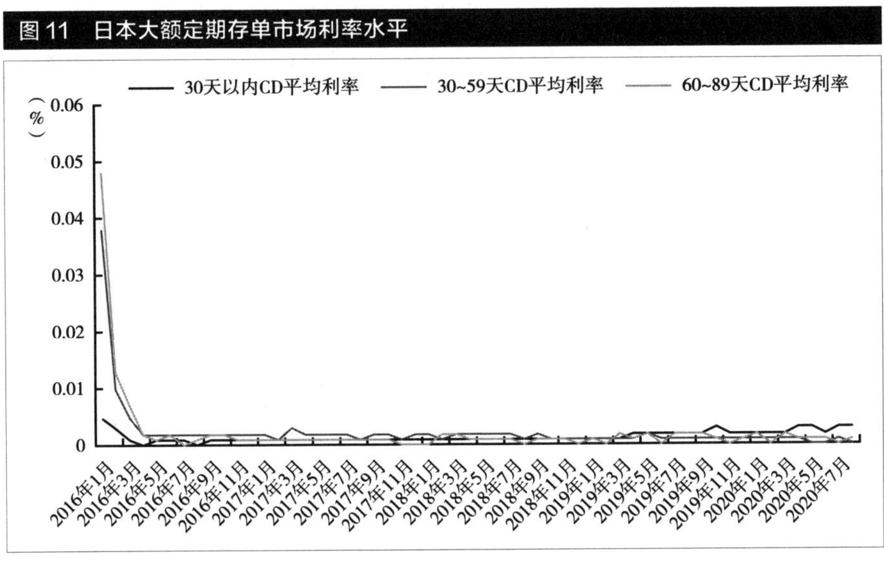

资料来源：Wind。

图 12　日本金融机构的定期存款和活期利率水平

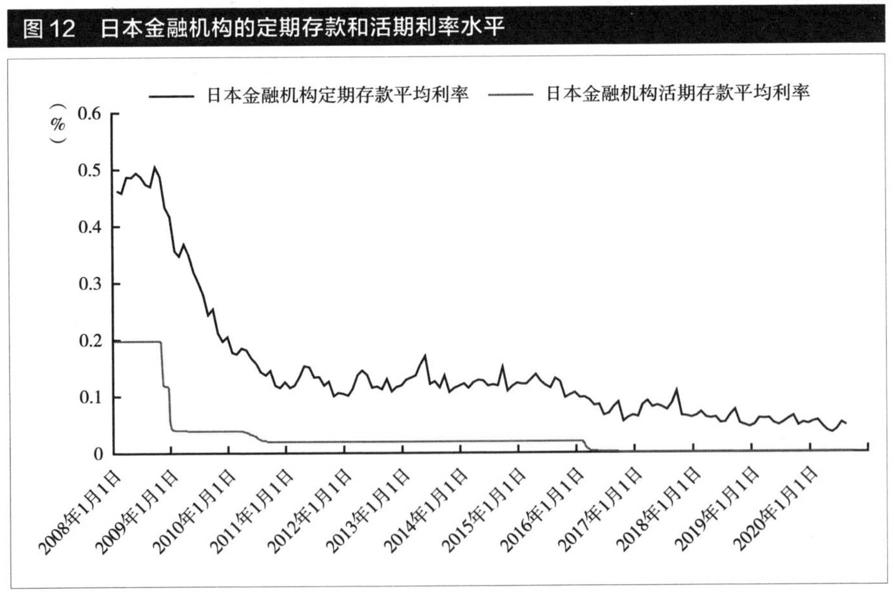

资料来源：日本央行。

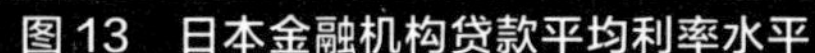
图 13　日本金融机构贷款平均利率水平

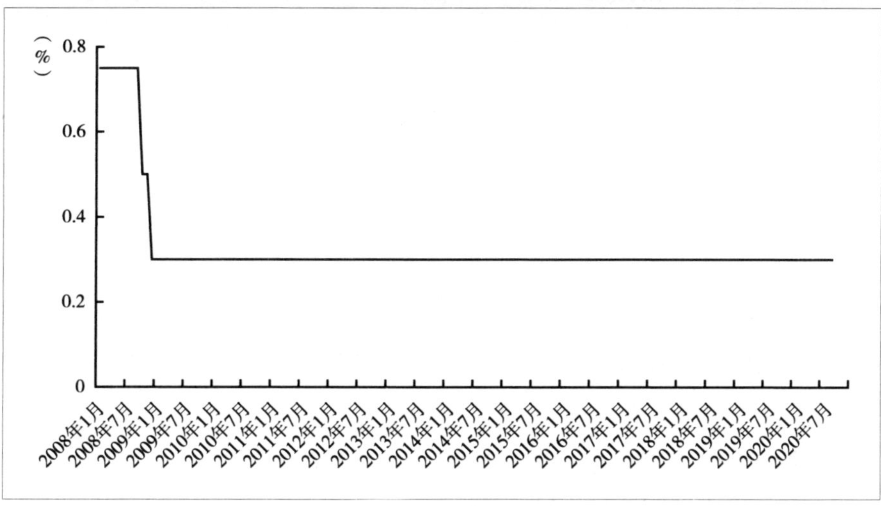

资料来源：日本央行。

4.3　全球未来利率走势展望

疫情冲击成为短期内影响全球经济的核心因素，也将持续主导全球主要国家的货币政策选择。疫情既影响了总需求，也影响了总供给，在总供给没有实质性变化之前，极度宽松的全球货币政策对经济的刺激作用有限。作为经济潜在产出、自然利率的外在镜像，央行的政策利率有内在的约束，这也是各大央行谨慎试行负利率，没有在负利率范围内大幅度降息深化政策的主要原因。即便超低利率作用有限，主要发达国家央行也将继续在零利率附近徘徊，直到有明确的信号表明，全球已经控制住了新冠肺炎疫情的蔓延。

4.3-1　美联储：零利率附近继续徘徊

2020 年美联储的零利率政策，是美国联邦基金利率近年来第二次超低利率，上一次是 2008 年次贷危机。两次零利率政策的基本背景不同，次贷危机期间实体经济并没有出现深度衰退，而新冠肺炎疫情首先导致了经济停滞，但金融市场没有受到剧烈冲击。因此，两次零利率政策的效果也可能有所差异。2008 年 12 月 16 日，为应对危机，美联储首次实施零利率政策，主要包括以下三方面内容。一是将联邦基金利率下调至 0~0.25% 的范围，实施短期名义利率零下限；二是美联储对外承诺，所实施的零利率政策在一定时期内保持不变，市场基准利率将在较长时间内维持在极低水平；三是为零利率政策设置附加条件，包括受抑制的通货膨胀趋势、稳定的通胀预期等。2020 年 3 月 15 日，为了应对 2019 年末暴发的新冠肺炎疫情，美联储将联邦基金利率的目标区间下调为 0~0.25%，在此之前，美联储的利率区间主要维持在 1.5%~1.75%。同时，宣告启动资产购买计划，相应的购买规模达到 7000 亿美元，再次回到了“零利率”时代。

美国经济和金融体系的表现证明，美联储第一次零利率政策的短期效果明显，中期效果良好。美国一年、两年和五年期的平准通胀预期指数，在 2010 年底分别为 1.4%、1.5% 和 1.8%，美国中长期通胀预期水平较温和，零利率货币政策在通胀预期管理方面取得了一定成效。从中期来看，美国当时成功走出次贷危机，经济水平、股市同时上涨，股票市场甚至出现了十多年的黄金期，印证了美联储的非常规货币政策、超低利率政策刺激的部分效果。第二次零利率政策的效果则有待观察。2020 年 3 月第二次零利率政策后，金融市场和美国经济产生了一些动荡。其中 10 年期美国国债收益率骤降，降幅达到了 32 个基点，美股道琼斯指数与标普 500 指数均大幅下滑，当月美国股市出现四次熔断。截至目前，美国经济的衰退风险仍处于上升趋势，零利率政策的实施未能有效抵御新冠肺炎疫情冲击。

美国是否会陷入负利率，是全球市场最为关心的话题之一。美联储前两任主席伯南克和耶伦均反对负利率政策。他们认为，利率越向零靠近，货币政策对经济的刺激能力越有限，因此美联储不会轻易突破零利率的有效边界。从美国宏观经济层面来看，美国的失业率在疫情暴发之初确实突增至 15% 左右（见图 14），但经济刺激政策已逐步将其降至 7% 附近，应对疫情的财政货币刺激短期效果明显。新增非农就业人数在跌至近十多年历史低点后迅速反弹至历史新高位（见图 15），表明美国经济复苏信号明显。作为货币政策的核心中介目标，美国的核心通胀率目前仍在 1% 左右徘徊（见图 16）。超级规模的货币政策刺激没有引发通胀回升的原因有多重，包括总需求低迷、总供给没有得到根本性改变，继而导致潜在生产率没有提升、市场相对悲观的通胀预期等，以及发达国家资金涌向了全球，而不是停留在超低利率的本国等。因此，在通货膨胀预期不升的情况下，美联储将谨慎行事，不会轻易陷入负利率政策。

图 14 美国的失业率（季调）

资料来源：Wind。

图 15 美国新增非农就业人数（季调）

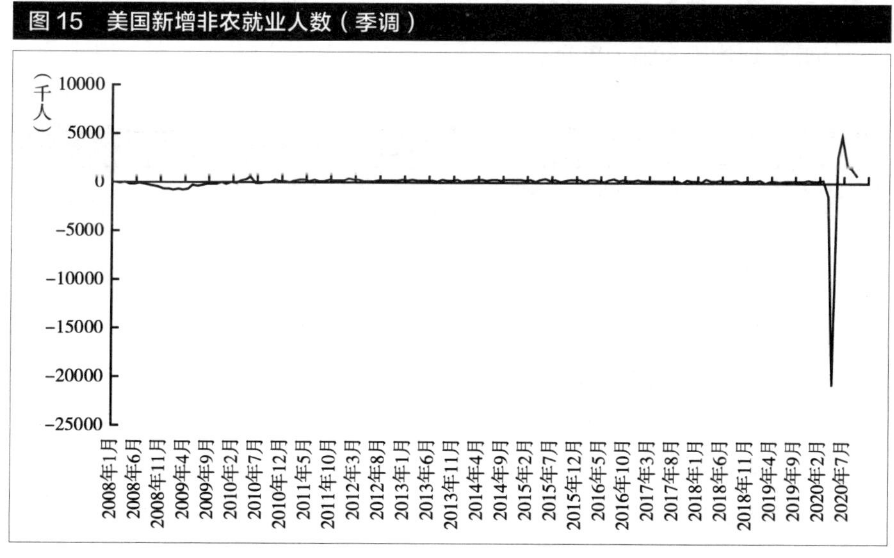

资料来源：Wind。

图16 美国的核心通货膨胀率（季调）

资料来源：Wind。

4.3-2 欧盟和日本：仍不会轻易走出负利率政策

如果没有疫情冲击，欧元区和日本也并不打算立即退出负利率政策。疫情加重了这些负利率政策国家对宽松货币政策的高度依赖，也充分验证了我们之前的判断，即一旦陷入负利率政策，将难以尽快抽身退出。截至目前，在实行负利率政策的国家和地区中，只有瑞典在 2019 年底退出了负利率政策，回归常规货币政策（见表 2）。

表 2 部分国家和地区实施的超低利率政策

央行	实施时间	政策内容
丹麦央行	2012 年 7 月至今	2012 年 7 月，下调 7 天大额定期存单利率至 −0.2%
		2014 年 9 月，上调 7 天大额定期存单利率至 −0.05%
		2015 年 1 月，下调 7 天大额定期存单利率至 −0.2%
		2015 年 1 月，下调 7 天大额定期存单利率至 −0.35%
		2015 年 1 月，下调 7 天大额定期存单利率至 −0.5%
		2015 年 2 月，下调 7 天大额定期存单利率至 −0.65%
		2016 年 8 月，下调 7 天大额定期存单利率至 −0.68%，保持至今

表 2　部分国家和地区实施的超低利率政策　（续表）

央行	实施时间	政策内容
欧央行	2014 年 6 月至今	2014 年 6 月，下调隔夜存款便利利率 10 个基点至 –0.1%
		2014 年 9 月，下调隔夜存款便利利率 10 个基点至 –0.2%
		2015 年 12 月，下调隔夜存款便利利率 10 个基点至 –0.3%
		2016 年 3 月，下调隔夜存款便利利率 10 个基点至 –0.4%
		2019 年 9 月，下调隔夜存款便利利率 10 个基点至 –0.5%，保持至今
瑞士国家银行	2014 年 12 月至今	2014 年 12 月，将隔夜存款利率下调至 –0.25%
		2015 年 1 月，将隔夜存款利率下调至 –0.75%，保持至今
		截至 2020 年 8 月，瑞士央行的政策利率为 –0.75%，10 年期国债现券收益率为 –0.422%
瑞典央行	2009 年 7 月 ~2010 年；2015 年 2 月 ~2019 年 12 月	2009 年 7 月，下调 7 天回购利率至 0.25%，导致隔夜存款利率下降至 –0.25%
		2014 年 10 月，下调 7 天回购利率至 0，导致隔夜存款利率下降至 –0.75%
		2015 年 2 月，直接下调 7 天回购利率至 –0.1%
		2015 年 3 月，下调 7 天回购利率至 –0.25%
		2015 年 7 月，下调 7 天回购利率至 –0.35%
		2016 年 2 月，下调 7 天回购利率至 –0.5%
		2018 年，上调 7 天回购利率至 –0.25%
		2019 年 12 月，上调 7 天回购利率至 0 以上，结束负利率政策
日本央行	2016 年 2 月至今	2016 年 2 月，下调超额存款准备金利率 10 个基点至 –0.1%，保持至今
匈牙利央行	2016 年 3 月至今	2016 年 3 月，下调隔夜存款利率至 –0.05%
		2017 年 9 月，下调隔夜存款利率至 –0.15%
		2019 年 3 月，上调隔夜存款利率至 –0.05%，保持至今
美联储	2008 年 12 月、2020 年 3 月	两次下调联邦基金利率至 0~0.25%，保持至今

资料来源：各国家和地区央行网站。

欧央行和日本短期之内不会轻易走出负利率政策，仍将在维持数量充裕宽松的同时，通过货币政策前瞻指引等干预长期和短期国债收益率，维持中长期的超低利率水平，直到经济恢复正常，政府债务率、核心通胀率等指标有所改善。至于瑞士等小型开放经济体，其政策目标与欧央行、日本央行有所差异，通过利率调控引导汇率，稳定币值是其主要目标。但影响这些国家币值的因素主要是欧元区内部的流动性涌入，因此，短期之内如果整个欧元区经济没有复苏，这些国家也难以走出负利率政策，直到币值相对稳定。

4.3-3　国内利率政策：以我为主，有效利用降息空间

全球新一轮降息潮源自 2019 年美联储降息，疫情加重了这一趋势，当前，几乎所有的发达国家将传统的货币政策空间压缩殆尽。中国的经济也受到了严重影响，中国人民银行已经及时采取了降息、降准措施。疫情没有完全结束，全球经济和中国经济也很难强劲复苏。因此，未来还需要维持央行的货币政策积极有为。鉴于超低利率政策对经济社会的综合影响并不确定，此时不应也不会随意透支降息空间、实行负利率政策。

在遇到类似新冠肺炎疫情这样的经济冲击时，财政政策依然是主要工具，而且经济所需刺激的周期很长，贯穿整个疫情的开始和结束，财政政策必须有足够的工具和空间来启动经济复苏，并修复实体经济受到的永久性损害。在此期间，需要中央银行的货币政策来支持财政政策，保持金融市场流动性稳定，不暴发金融危机。

发达国家实践显示，一旦步入负利率政策，央行的常规利率调控体系将失效，想恢复到正常的利率调控框架，必须调高利率。而且，负利率政策的不对称效应提示我们，该政策直接的受益者是高杠杆的企业、高负债的消费者群体，这与我国目前推行的稳杠杆政策不符，与清理僵尸企业的政策取向也不符。从全球官方名义利率水平来看，中国的官方名义利率在全球处于中上水平。与发达国家之间的相对高利差，吸引了众多外部资金持续流入中国，且主要进入了债券市场。如果汇率水平保持平稳，在经济发展继续保持稳定态势的情况下，其他发达国家持续的低利率、负利率政策反而在短期内有利于中国资本市场发展，有利于推动国内、国际双循环发展格局。但实际情况是我们同时加速了金融开放，资本管制或被实际减弱，我国将在保持货币政策的独立性与币值稳定之间艰难抉择。

总之，全球发达经济体将继续实行超低利率政策，金融市场主要的债券利率也将持续走低，短期将徘徊在负收益率和零收益率水平之间。实体经济此次面临的挑战大于 2008 年国际金融危机和 2014 年的欧债危机，短期之内全球经济难言复苏。各国和地区实行超低利率的核心政策目标是刺激经济，防止经济陷入通货紧缩状态。同时，欧盟、日本、美国等均提出要重振本国（地）经济，从资本、劳动力等供给要素出发深化经济发展战略，以通过总需求和总供给政策共同促使经济恢复正常。因此，目前经济深度衰退，资产价格走高的局面不会长期持续，经济和金融市场内部也会逐步进行结构性调整。

第 5 章　全球大宗商品市场走势分析及未来展望*

- 2020 年，受新冠肺炎疫情影响，世界经济陷入深度衰退，经济逆全球化显著加剧，全球经济复苏进程艰难曲折，各国步调不一。中国受益于境内疫情较早得到控制、社会复工复产有序推进，经济率先于二季度重启，并持续修复。美、欧等发达经济体因面临疫情二次冲击，经济复苏曲折多变、滞后缓慢。日本经济虽重现回升态势但形势仍较为严峻。

- 考虑到疫情冲击所带来的经济增速急剧下挫，以美联储为代表的各国央行先后均采取了大规模货币宽松及财政支持政策，这使得全球经济逐渐显现恢复性增长势头；但另外，宽松货币政策所引致的金融市场流动性泛滥以及疫情防控封锁措施下的供应端收紧，亦使得部分大宗商品价格表现出不断走高的态势。

- 尽管如此，疫情所带来的经济衰退对原油等能源类商品需求端冲击尤甚，导致能源类商品价格普遍大幅下行；相反，非能源商品中贵金属涨势惊人，基本金属表现不俗，农产品走出低谷；大宗商品重现“冰火两重天”局面，结构分化较为严重。

- 展望 2021 年，新冠肺炎疫情发展尚存较大变数，世界政治经济及贸易格局不稳定性仍较高，全球经济复苏道阻且长，极易受挫。发达国家过渡性刺激政策边际效应逐渐减弱，经济复苏动能或乏力可陈；发展中国家面临的外部环境越发复杂，经济结构转型背景下复苏进程颇具挑战。总体上，大宗商品需求端仍将疲弱但边际或有所改善，供给端受全球产业链、供应链脱钩或重构影响成本将有所抬升，加之全球低利率或负利率环境将大概率持续，预计未来大宗商品市场整体虽有下行压力但幅度有限，能源、非能源商品间结构分化格局依旧，价格波动性或明显上升。

---

* 本章作者：黄国平，任职于国家金融与发展实验室、中国社会科学院金融研究所，研究员、博士生导师；方龙，国开泰富基金管理有限责任公司基金经理，国家金融与发展实验室研究员。

5.1 2020 年全球大宗商品市场走势分析

5.1-1 大宗商品市场总体形势

2020 年初以来，受新冠肺炎疫情影响，世界经济陷入深度衰退，经济逆全球化显著加剧，全球经济复苏进程艰难曲折，各国步调不一。尽管中国经济于一季度遭受重挫，但得益于疫情较早被控制、社会复工复产活动有序推进及“稳就业”“稳增长”等政策加码，经济率先于二季度重启，此后持续修复。相比而言，美、欧等发达经济体则因疫情防控不力，正面临着二次冲击，经济重启步伐有所放缓，复苏进程曲折多变、滞后缓慢。日本经济出现一定回升趋势，但形势依然严峻。疫情冲击所导致的经济增长急剧下挫，以美联储为代表的各国央行先后均采取了大规模货币宽松及财政刺激政策，全球经济恢复性增长，并正走出低谷。与此同时，由宽松货币政策所引致的金融市场流动性普遍泛滥亦助长了部分资产价格泡沫的形成与扩散。在此背景下，全球大宗商品市场整体表现“冰火两重天”，结构分化非常严重，价格波动性大幅上升。从世界银行（World Bank）商品价格统计数据来看，2020 年大宗商品价格总体大幅下跌，累计跌幅 -18.02%。其中，能源与非能源价格走势出现严重分化，前者呈深度下跌态势，累计跌幅高达 -33.43%；后者则表现出震荡性走高态势，累计涨幅 6.17%。从年度均值来看，2020 年大宗商品价格综合指数较上一年出现加速下跌，跌幅高达 -20.43%，如图 1 所示。

5.1-2 主要能源类商品走势

1. 国际原油

作为强周期性品种之一，原油价格长期取决于全球经济基本面变动，中期受实际供需关系主导，短期则容易受资本流动、地缘政治冲突等因素影响。2020 年一季度起，新冠肺炎疫情开始迅速席卷全球，各主要经济体为应对疫情蔓延均采取了不少针对性封锁措施，社会生产生活秩序发生深刻变化，经济增长步伐基本停滞。疫情冲击所带来的经济短期深度衰退导致市场对原油需求出现断崖式下跌，原油“胀库”风险难以释放。库存成本因素影响下，原油价格无限下探，期货价格一度跌入负值区间。其后，随着中国

图1　2011~2020 年国际大宗商品价格指数

资料来源：世界银行数据库。

疫情防控取得战略性进展，加之以美联储为代表的各国央行均采取了大规模货币宽松与财政支持政策，全球经济逐渐显现企稳迹象，原油需求端悲观预期得到一定扭转，加之 OPEC 与俄罗斯等主要产油国终止价格战并达成破纪录规模减产协议，原油价格开始触底反弹并寻找新的供需平衡点。当前来看，疫情反复冲击下世界经济复苏道路漫长曲折，原油供需基本面疲弱现状短期或难以发生实质性改变，油价弱震荡格局将大概率维持。中长期而言，决定原油价格走势的核心因素将会从供给侧转移到需求侧，减产协议为油价托底的边际效应正不断减弱，全球经济复苏节奏与原油供需格局变动将成为决定未来油价能否走强的关键影响因素。从世界银行商品价格统计来看，2020 年原油价格综合指数总体呈深度下行态势，累计跌幅达 -37.02%。其中，英国布伦特轻质原油、迪拜中质原油及美国 WTI 重质原油的年度跌幅分别为 -38.54%、-38.36%、-33.90%。从年度均值来看，原油价格综合指数较上一年出现加速下跌，跌幅达 -34.20%，如图 2 所示。

2. 煤炭

2020 年 1~9 月，受疫情扰乱供需秩序影响，我国煤炭价格经历了上行、下跌、持续上涨三轮走势。2020 年一季度，受疫情影响，我国煤炭生产企业复工复产率较低，市场供应偏紧，煤炭价格出现连续小幅上涨。进入二季

图 2　2011~2020 年国际原油价格指数

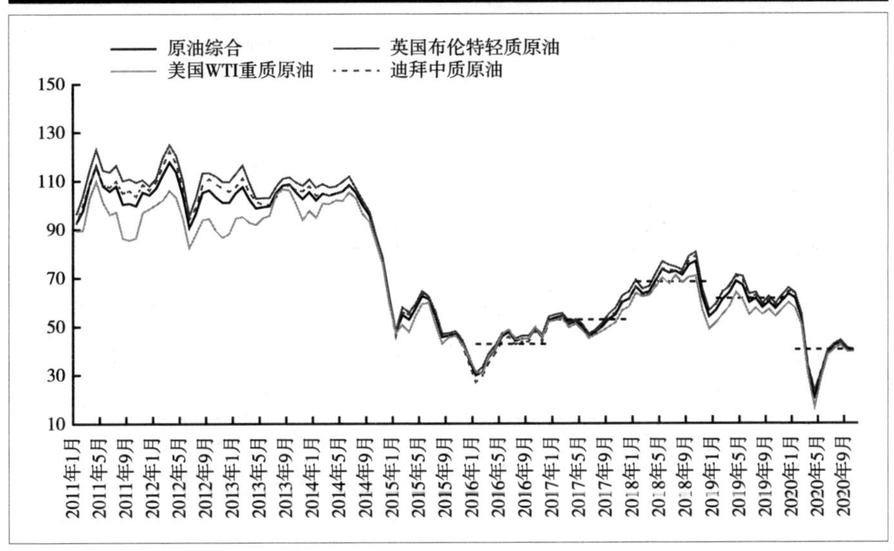

注：原油综合指数为英国布伦特轻质原油、迪拜中质原油及美国 WTI 原油价格的等权重平均指数。
资料来源：世界银行数据库。

度，由于境内疫情得到有效控制、社会复工复产有序推进，各煤炭产区产量得以快速回升，但经济增长仍未恢复至正常水平，因而煤炭市场下游需求仍处在阶段性低位，加之前期煤炭进口量大幅积累，市场短期供过于求，导致煤炭价格连续下跌。三季度以来，中国经济延续复苏态势，增速基本恢复至疫情前水平，煤炭需求端疲弱状况改善，加之进口减少、产地供应偏紧等因素共同影响，煤炭价格重现强势上涨走势。从统计数据来看，2020 年中国郑商所动力煤、大商所焦煤及焦炭价格整体表现为震荡上行态势，累计涨幅分别为 6.24%、16.62%、16.38%。与此同时，世界银行商品价格统计显示，澳大利亚动力煤价格年初以来震荡下行，累计跌幅达 -11.76%，如图 3 所示。

5.1-3　主要非能源类品种走势

1．金属矿石

工业金属方面。2020 年一季度，受新冠肺炎疫情冲击，全球经济深度衰退预期下市场对有色金属需求大幅转弱，尽管企业库存普遍处于低位，但工业金属价格仍然经历了一轮快速下挫行情。二季度后，随着全球宏观环

图 3　2011~2020 年煤炭市场价格

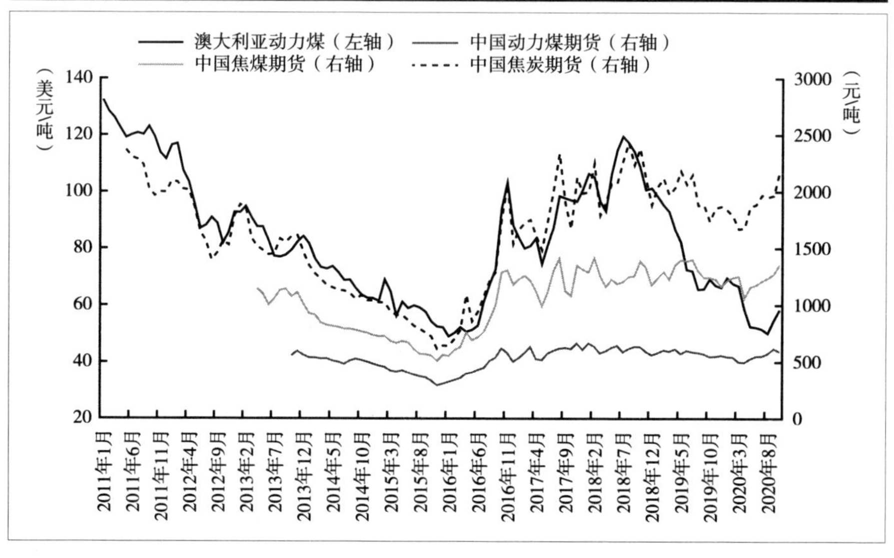

资料来源：世界银行数据库，Wind。

境向好，市场逐步接受新冠肺炎疫情长期存在的事实，各项工业生产数据逐渐好转，工业金属需求明显增加，加之各国央行均采取大规模货币宽松政策、金融市场流动性普遍泛滥，而海外疫情蔓延对铜矿等供给端安全亦产生威胁，在市场宏观面、供需面、情绪面等因素共振影响下，工业金属价格开始从阶段性底部强势反弹，并一路走高。经统计，2020 年除铅以外，无论国内还是国外工业金属总体呈震荡上行态势，其中铜、锌的涨幅较大，伦敦铜、中国铜的累计涨幅分别为 10.48%、3.86%；伦敦锌、中国锌累计涨幅分别为 7.40%、8.91%；伦敦铝、中国铝涨幅较小，二者累计涨幅分别为 1.96%、2.20%，伦敦铅、中国铅小幅下跌，累计跌幅分别为 -6.54%、-4.30%，如图 4、图 5 所示。

矿石钢铁方面。2020 年一季度，尽管疫情形势较为严峻，但中国铁矿石进口正常供应，加之需求端稳中有升，铁矿石供求面基本平衡，价格总体呈震荡走势（见图 6）。二季度后，一方面，全球经济重启复苏，工业生产活动升温，中国铁矿石需求持续增加；另一方面，由于海外疫情反复暴发，主要进口国巴西疫情持续发酵导致淡水河谷部分矿区关停，使得市场铁矿石供给悲观情绪加剧，铁矿石供求面总体偏紧，价格也开始一路上行并创下阶段新高。世界银行商品价格统计显示，国际铁矿石现价自年初以来已累计上

图4　2011~2020 年伦敦工业金属价格

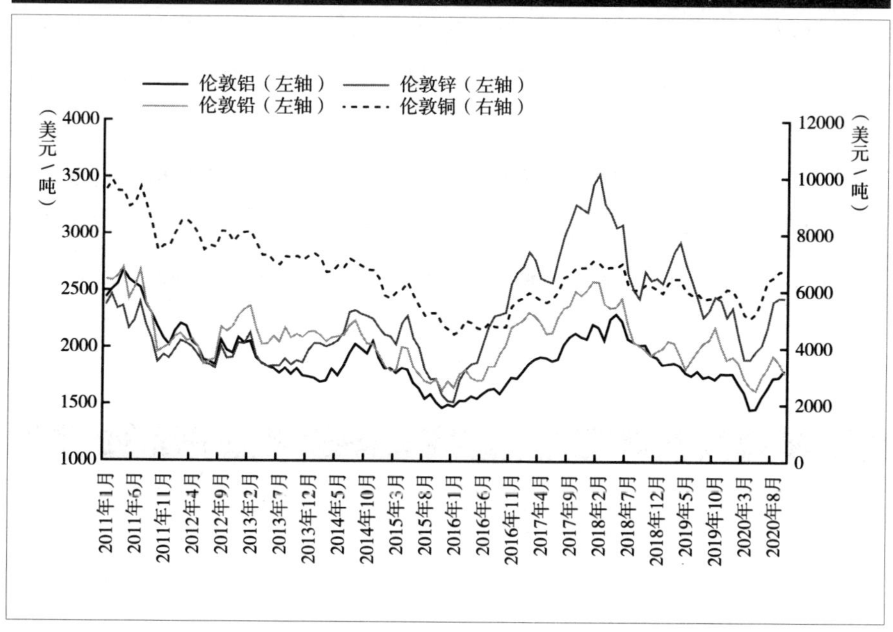

资料来源：世界银行数据库，Wind。

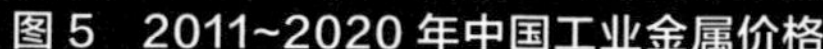

图5　2011~2020 年中国工业金属价格

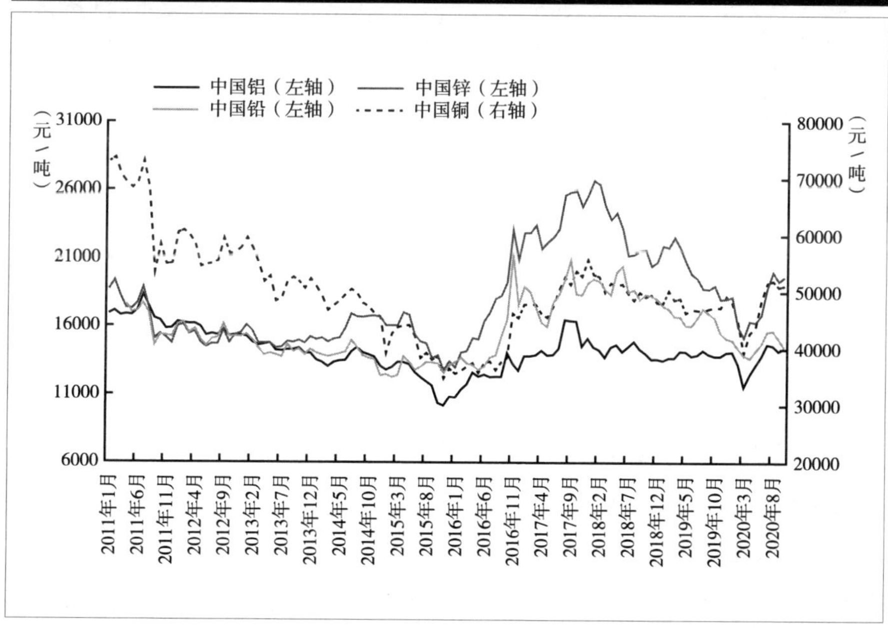

资料来源：Wind。

涨 29.28%，其间最高至 123.75，创 2014 年以来新高。钢铁方面，尽管一季度疫情防控封锁措施下工业生产一度基本停滞，钢铁需求端下滑使得价格震荡下探，但二季度后因境内疫情基本得到控制、社会复工复产有序推进，加之在宽松货币政策与财政支持政策刺激下经济增长快速恢复，地产赶工、基建投资与汽车生产边际向好等使得钢铁需求不断升温。而另外，钢铁去库持续、供需格局偏紧，加之成本端铁矿石上涨等因素作用，钢铁价格开始震荡向上。经统计，2020 年中国螺纹钢价格小幅上涨，累计涨幅为 3.63%（见图 6）。

图 6　2011~2020 年中国矿石钢铁价格

资料来源：世界银行数据库，Wind 资讯。

2. 农产品

一般而言，农产品本身价格弹性系数较小，其走势主要受实际供需关系影响。近年来，全球农产品市场需求相对稳定，其价格变化受供给方面的影响更为强烈。2020 年，农产品价格整体走强，呈现恢复性上涨态势。其中，大豆供给量总体宽松但边际趋紧，需求端受中国进口大幅增加影响稳中有升，价格偏强运行；玉米、小麦供需基本面总体偏紧，加之疫情防控导致运输成本抬升，价格震荡走高；大米供需局面总体较为稳定，但受疫情防控影响，主要出口国印度、越南等对大米出口采取的临时贸易措施加剧了市场对大米供给及粮食安全方面的担忧，使得上半年大米价格大幅上行，下半年市场情绪缓解加之主产国产销基本稳定，大米价格总体表现重回弱势。从世界银行商品价格统计来看，2020 年农产品价格指数自年初以来基本呈震荡上行态势，累计涨幅为 4.40%。其中，CBOT 大豆受供需边际转紧影响走势较强，累计涨幅达 10.54%；小麦、玉米价格小幅上涨，二者涨幅分别为 7.11%、2.77%；泰国大米价格较 2019 年加速上行，累计涨幅 9.03%，如图 7 所示。

图 7　2011~2020 年农产品市场价格

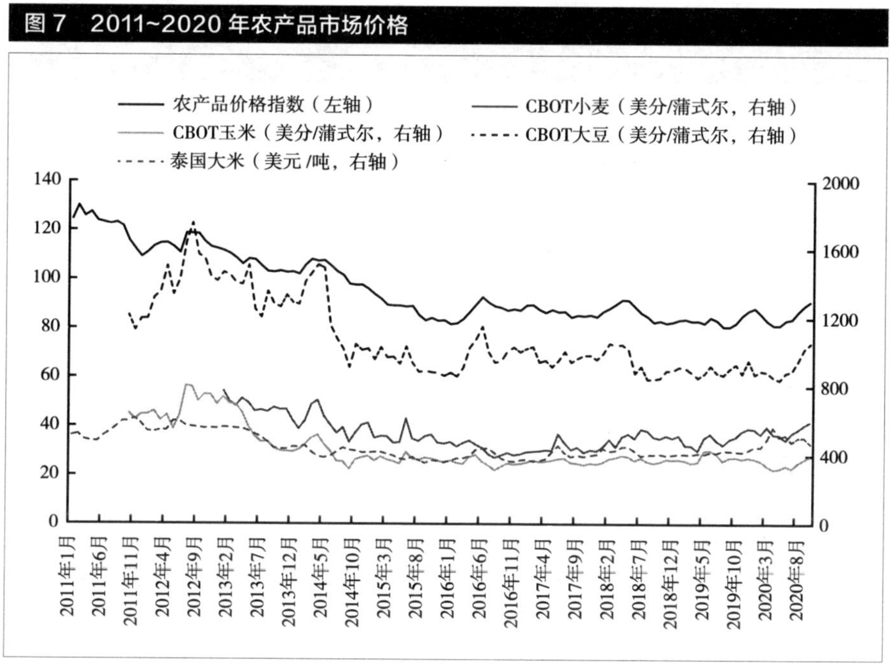

资料来源：世界银行数据库，Wind 资讯。

3．贵金属类

黄金方面。作为全球最重要的硬通货之一，黄金一直以来受到机构及个人投资者青睐，尤其是在全球利率下行或金融市场流动性普遍泛滥的背景下。另外，黄金本身所具有的抗通胀与避险功能，亦使得其无论是在通胀预期上升抑或全球地缘政治冲突升级之时均备受资本市场追捧。2020 年，黄金价格表现依然十分亮眼，主要原因在于：一方面，新冠肺炎疫情所带来的经济冲击迫使美联储等各国央行均采取了大规模货币宽松政策，美国联邦基金利率降至历史低位，美元指数从高位一路震荡下行，金融市场流动性泛滥，纸币贬值及未来通胀预期助推黄金价格一路上行；另一方面，中美摩擦、美伊冲突及美国大选等地缘政治风险此起彼伏，市场对黄金等避险资产的需求也对黄金价格走高形成较强支撑。经统计，2020 年黄金市场总体仍呈一路上涨态势，黄金价格向上突破 2011 年以来历史性高位。其中，伦敦现货黄金、COMEX 黄金期货价格累计涨幅分别为 23.56%、23.43%；而国内受人民币大幅升值影响，以人民币计价的现货金 T+D 及黄金期货的表现则相对弱势，累计涨幅分别为 15.90%、14.68%（见图 8）。

图 8　2011~2020 年黄金市场价格

资料来源：Wind。

白银方面。作为贵金属类之一，白银的工业属性较其金融属性更为突出，其价格走势受实体经济、供需基本面影响较大；与此同时，黄金、白银价格长期走势高度相关，二者之间相对强弱指标——“金银比”大多数时间会处于 20~80 的合理区间内。对比图 8、图 9 中黄金与白银的价格可以发现，二者走势基本一致，但白银价格从 2011 年以来的回调幅度较黄金则更为充分。2020 年，受新冠肺炎疫情影响，全球经济于一季度遭受重挫，市场对白银工业需求预期急剧下降，白银价格出现深度下跌；不过，黄金价格在市场利率下行及宽松货币政策预期下震荡走强，使得二者走势短暂背离，“金银比”一度拉抬至 126 高位。二季度以来，随着全球经济逐渐企稳向好，市场悲观情绪快速修复，加之各主要经济体低利率甚至负利率环境下金融市场流动性泛滥，黄金价格强势上行并突破历史高位，从而也带动白银自历史低位一路震荡上行，创下 2013 年以来新高。经统计，2020 年白银市场整体表现十分强势，其中伦敦现货白银、COMEX 白银期货价格累计涨幅分别为 30.92%、31.95%；受人民币大幅升值影响，国内以人民币计价的现货银 T+D 及白银期货的表现较外盘相对弱势，累计涨幅分别为 12.16%、10.92%（见图 9）。

图 9　2011~2020 年白银市场价格

资料来源：Wind。

5.2　大宗商品市场主要影响因素分析

5.2-1　经济周期因素

长期而言，大宗商品价格走势与经济周期变动亦步亦趋。2020 年，全球经济受到新冠肺炎疫情的巨大冲击，各主要经济体经济增速普遍受到重挫，以美联储为代表的各国央行先后采取了大规模货币宽松及财政刺激政策，世界经济从二季度开始逐渐复苏，但复苏进程不一。中国得益于成功的疫情防控以及精准的逆周期调节政策，经济率先走出低谷，并持续回升。相比而言，欧美等国经济复苏步伐较为滞后，且正面临着疫情二次冲击影响，社会复工复产与经济修复的道路更加曲折，经济复苏态势相对疲弱。从图 10 中各主要国家和地区 PMI 指数走势可以看出，由于境内疫情较早得到控制，中国 PMI 指数率先于 2 月触底（35.7），此后一直维持于 50 荣枯线上方；而美国、欧元区 PMI 指数则因疫情冲击滞后于 4 月见底，并自三季度起才先后回升至扩张区间。当前，全球低利率甚至负利率环境下，各主要经济体 PMI 指数“V”形反弹之势可能延续并保持于荣枯线上方，经济弱复苏局面不变，大宗商品供需格局有望边际改善，从而对市场整体走势形成一定支撑。

当然，也应看到，新冠肺炎疫情在全球蔓延之势至今尚未彻底扭转，各主要国家宽松货币政策及超低利率或负利率环境对经济增长的刺激效应正逐渐减弱，疫情对经济结构中部分产业链、供应链的冲击破坏可能是长期甚至永久性的，经济复苏道路前途漫长且极易遭受挫折，经济增速重回此前高、中速水平尚需较长时日，加之当今世界“逆全球化”潮流涌动，贸易保护主义时起时伏，全球政治经济与贸易环境的不确定性仍然较高，经济复苏进程应不会一路平坦，而是充满曲折与挑战。因此，2021 年大宗商品在经济复苏脆弱性环境下，需求端或难以出现较大改观，而经济增长所面临的复杂性可能将传导至大宗商品市场，并加剧市场价格走势的波动性。

5.2-2 产业供求因素

产业供求关系直接反映大宗商品内在价值的高低，决定着商品价格中期走势的高低。以国际原油为例，2011 年起原油基本上处于供大于求的过剩局面，且这种局面于 2014、2015 年有明显加剧态势，其间国际原油价格出现了较大程度的超卖下跌，原油的商品价值被大幅低估。不过，2016 年初以来，全球经济温和复苏态势下中国等原油消费大国需求增长的回升，加之 OPEC 成员国冻产、减产协议的有力执行、美国页岩油产业投资减缓以

图 10　2011~2020 年全球主要国家和地区 PMI

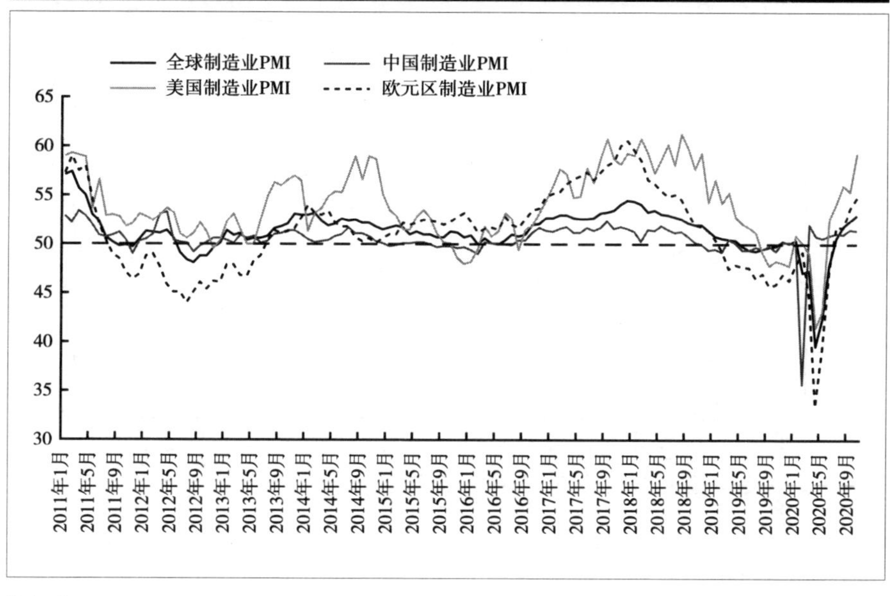

资料来源：Wind。

及伊朗被重启制裁，使得原油供需缺口明显缩窄，前期供大于求的趋势得到彻底扭转甚至达到供不应求的局面。受此影响，原油的商品价值自 2016 年以来得到大幅修复，其价格从当年初开始触底反弹回升且一路震荡上行，至 2018 年下半年甚至再次突破 80 美元高位水平。

2020 年以来，受疫情影响，各国经济不景气导致原油需求端出现断崖式下降，加之美国、沙特阿拉伯为争夺市场份额大打价格战，原油供大于需的状况加速恶化；尽管 OPEC 成员国仍努力执行并延长减产协议，但原油供给端相对宽松的局面没有发生本质性改变，且减产对油价的支撑作用正逐步减弱，而未来需求侧能否彻底扭转此前颓势将成为决定油价最终能否走强的关键因素。从图 11 全球原油供给需求量的相对变化可以看出，2020 年上半年原油市场受疫情影响供需短期明显失衡，供过于求的状况显著恶化；下半年，中国引领全球经济实现弱复苏，原油需求量正逐步回升，并向供应量靠拢。展望后市，原油供求关系大概率仍将维持松平衡状态，在 OPEC 减产协议作用有限、美国页岩油产量回升以及各主要经济体库存相对宽松的局势下，原油供需格局或难以发生实质性改善，因此油价可能会长期处于低位徘徊、弱势震荡的状态。

图 11　2011~2020 年全球原油供给需求量

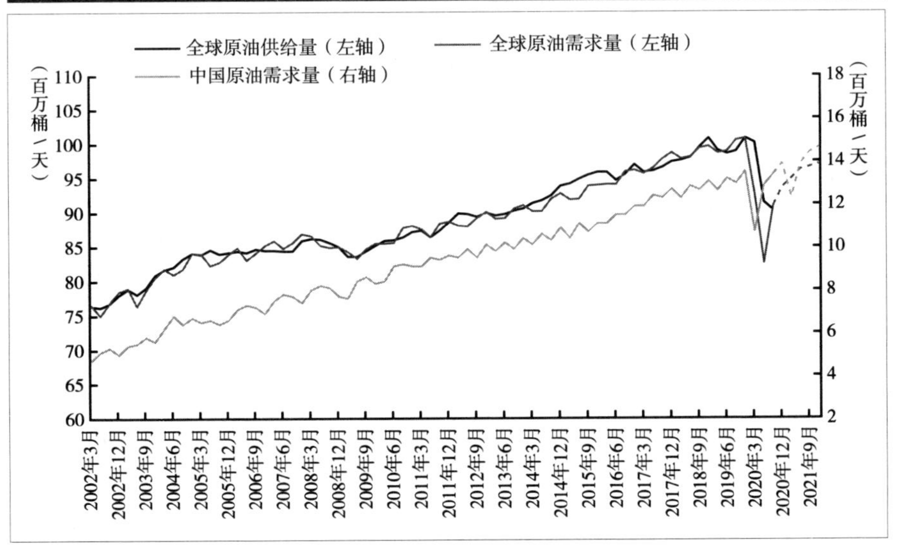

资料来源：Wind。

国内方面，自 2015 年“三去一降一补”政策首次提出至今，中国政府积极推进供给侧改革，钢铁、煤炭等长期产能过剩行业的产量有所下降，企业与市场去库存较为积极。此外，2016 年以来受全国范围内环保督查及限产等诸多外部因素的影响，钢铁、煤炭等市场的供给明显紧缩。2018 年后，钢铁、煤炭行业去产能任务基本完成，落后产能退出速度减缓，取而代之的是优质产能利用率逐渐提升，钢铁、煤炭市场供给也进入正常化轨道。另外，煤价持续保持高位也促使企业在高盈利预期下复产积极性较高，煤炭市场供给基本能够有效保障生产旺季需求。从图 12 动力煤供给量、需求量对比来看，2010 年后，中国煤炭市场长期处于供大于求的局面；直至 2016 年，煤炭供给侧改革强力推进，煤炭市场过剩产能迅速出清，供过于求的局面彻底扭转，甚至受需求端增长刺激影响在相当长一段时间内煤炭市场一直处于紧平衡状态，其间煤炭价格也出现强有力的上涨行情。

2020 年以来，煤炭市场供需关系基本上维持平衡状态，但波动性有所上升。上半年，受疫情影响，煤炭需求端快速下滑，但供给端复工复产保供应继续，使得煤炭短期供应过剩，价格承压下行；下半年，在供给端基本保持稳定的同时需求端随经济复苏快速反弹回升，供需平衡状态明显改善；进入三季度后，随着需求进一步回暖，煤炭市场重回紧平衡状态，并支撑煤炭价格从阶段性底部开始回升。展望后市，在疫情防控常态化背景下，经济弱复苏局面有望延续，煤炭需求端或持续改善，另外冬季采暖也将带来对煤炭短期季节性需求的上升。在煤炭供给端产能基本稳定的情况下，预计煤炭市场供需紧平衡格局将会大概率延续，煤炭价格短期或易上难下。当然，不排除诸如环保限产及突发事件等可能给市场造成扰动。

图 12　2009~2020 年中国动力煤供给量与需求量走势对比

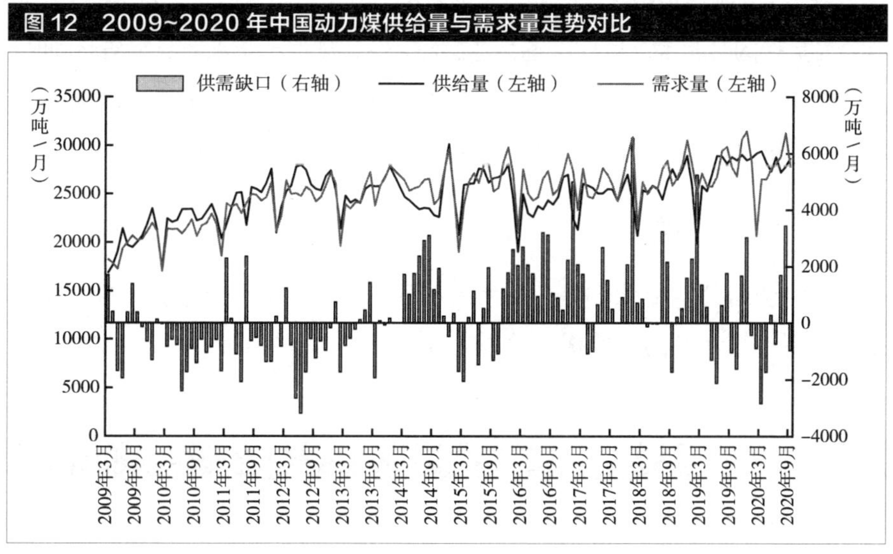

资料来源：Wind。

5.2-3　市场流动性因素

经济周期、产业供求关系往往决定着大宗商品市场中长期的走势，而短期影响商品价格变动的关键性因素则主要来自货币层面，货币流动性的扩张与收缩对大类资产的名义价格有着显著影响。从全球货币市场来看，2008 年金融危机后，面对复苏乏力的经济、长期低位徘徊的通胀及高居不下的失业率等，各国政府纷纷采取多种形式的量化宽松政策，货币超发引致流动性急剧泛滥，资本市场一度陷入零利率甚至负利率的泥淖，而廉价资金更是在全球金融市场肆虐横行，给整个金融市场尤其是大宗商品市场带来了巨大冲击，其间大宗商品的名义价格短期内也被迅速抬升。图 13 给出了全球各主要国家 M2 同比数据变化趋势，可以看出，2011 年后，中国、美国的货币与准货币（M2）增长速度一直处于高位，尤其中国 M2 同比基本保持在 10% 以上水平，大幅超过名义 GDP 增速，导致 M2 占名义 GDP 比例一路攀升（如图 13 中虚线所示）。2016 年后，随着全球货币正常化进程加快，紧缩性政策背景下美国、欧元区、中国及日本 M2 增速齐步向下，流动性紧缩导致新兴市场经济下行压力加大，同时资本市场波动明显加剧。2020 年，新冠肺炎疫情冲击所导致的经济深度衰退迫使以美联储为代表的各国央行先后均采取了超大规模货币宽松及财政刺激政策，各主要经济体 M2 同比均大幅攀升，尤其美国 9 月 M2 同比增速高达 24.04%，创近十年来新高。与此同时，宽松货币政策所引致的金融市场流动性则普遍泛滥，在全球超低利率甚至负利率环境短期难以改变的环境下，未来大宗商品价格或易上难下。

5.2-4 美元强弱因素

作为全球通用货币，美元在大宗商品贸易中大多充当结算币种，金融市场交易中很多商品的价格也是以美元计价，这直接导致美元的强弱变化

图 13 2011~2020 年全球各主要国家 M2 同比

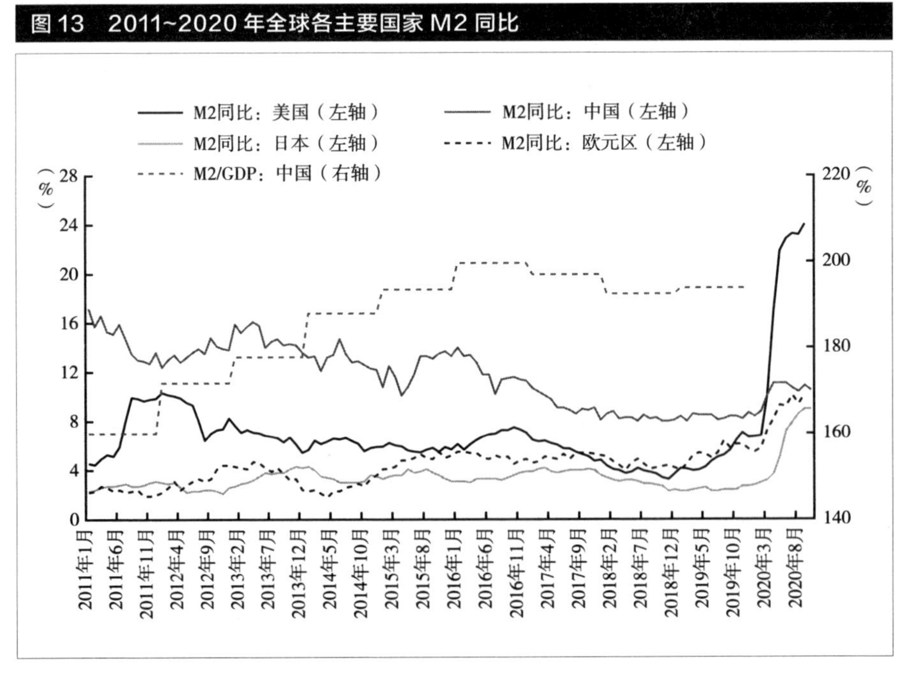

资料来源：Wind。

时刻影响着大部分商品的短期与长期价格走势，其中表现最为突出的就是国际原油与黄金两个品种。从图 14 美元指数与大宗商品价格关系可以看出，长周期内，美元与原油、黄金价格基本表现为负相关的反向波动关系。当美元进入上升周期时，原油、黄金价格往往会经历比较大的调整下跌；反之，当美元开始走弱时，原油、黄金价格又会出现强有力的反弹回升。短周期内，这种反向变动关系则表现得比较复杂。影响原油、黄金价格的因素如国际政治格局、地缘冲突及限产限购等一系列突发事件都有可能使得它们与美元指数呈现同涨同跌的走势关系。如 2016 年英国脱欧、OPEC 减产协议达成，美元与黄金、原油在不同阶段就分别表现出比较明显的齐涨态势。此外，美元对大宗商品的影响背后往往还存在经济周期的变化规律。如 2011 年后美元进入长期升值通道，伴随着全球经济尤其是新兴经济体的投资增速放缓、需求下降，大宗商品价格足足经历了漫长的 5 年熊市。2020 年，由于新冠肺炎疫情影响，美联储采取无限制量化宽松及财政支持政策，美元从多年来的高位开始拐头并一路下行，黄金价格在实际利率走低、美元长期走弱的预期推动下继续上行且创下历史性新高，而国际原油则受经济衰退导致供需局势恶化的影响更甚，其价格总体表现

图 14　2011~2020 年美元指数与大宗商品价格关系

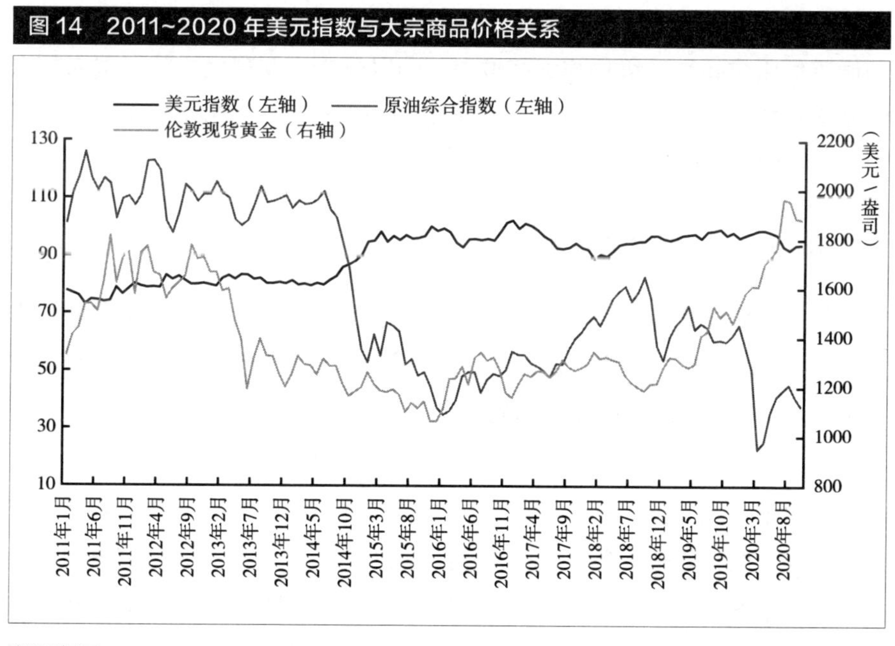

资料来源：Wind。

为震荡下行态势。未来，美国经济弱复苏形势下，宽松货币政策退出需要的时间可能较长，美元仍将大概率延续下行或低位徘徊状态，而以黄金、原油为代表的大宗商品或寻得有力支撑。

5.3 2021 年大宗商品市场走势预判

5.3-1 全球经济形势展望

尽管疫情冲击下各国央行大规模货币宽松及财政支持政策有力促进了全球经济企稳回升，但疫情对经济增长的破坏可能是长期的且尚未结束。2020 年 10 月 13 日，IMF 在最新的《世界经济展望报告》中表示，随着经济逐步重启，全球经济正走出低谷；但部分地区疫情蔓延加速，一些经济体不得不放慢经济重启步伐，全球经济复苏前路漫长且易受挫折；预计 2020 年世界经济将萎缩 4.4%，发达经济体萎缩 5.8%，新兴市场和发展中经济体萎缩 3.3%，中国经济将增长 1.9%，是唯一实现正增长的主要经济体。此外，IMF 还预计 2021 年全球经济有望增长 5.2%，中国经济有望持续增长，增幅或达 8.2%。总体上看，全球经济正从上半年崩溃深渊中企稳回升，复苏态势有望延续；但危机远未结束，经济复苏前景将是漫长、不均衡且高度不确定的。中国经济面临的外部环境更加复杂多变，经济结构调整优化与转型升级仍将继续推进，而以国内大循环为主体、国内国际双循环相互促进的新发展格局更有望带动中国经济在 2021 年实现更高质量、更有韧性的增长。

5.3-2 政策性突发事件影响

货币流动性方面。2020 年，新冠肺炎疫情冲击影响下，以美联储为代表的各国央行先后均采取了超大规模货币宽松及财政刺激政策，全球市场利率进一步下行并继续滑向负利率的深渊，各主要经济体 M2 同比均大幅攀升至近年来高位，尤其是美国 9 月 M2 同比增速高达 24.04%，创 2008 年金融危机以来新高。与此同时，宽松货币与超低利率环境下，全球金融市场流动性普遍泛滥，部分资产价格泡沫显著形成并放大。在美国疫情尚未有效得到遏制、经济复苏乏力及美联储无限制量化宽松政策影响下，美元指数从多年高位开始拐头并一路向下，市场流动性不断流向其他复苏前景更为乐观的经济体。尽管全球短期流动性的无限释放最终推动经济企稳回升，但疫情反复多变且全球正深陷负利率泥淖等因素影响下，货币宽松政策对经济增长刺激的边际效应已越来越弱。考虑到当前各主要经济体货币信贷增速已达历年高位，且明显超过 GDP 名义增速，过渡性货币刺激与政策赤字政策的副作用或将日益凸显，因此各国货币政策正常化进程也将伴随经济复苏态势的确立而陆续推进。预计未来全球资本流动性边际收紧，美联储对进一步实行货币宽松政策保持谨慎态度的条件下，美元下行或正接近尾声。在此背景下，预计未来全球资本市场流动性从美国流至其他经济体的局势会阶段性放缓甚或发生扭转，届时流动性边际收缩或反向转移将对大宗商品价格形成一定压力。

产业供需方面。对原油而言，OPEC 减产协议执行力度及未来能否延续仍将对未来国际原油供需平衡及油价走势产生重要影响。除此之外美国、沙特阿拉伯之间“石油价格战”是否会再次升级、美国页岩油复产速度、中东地区地缘政治冲突或局部战争威胁等也将对原油供给产生难以估量的影响；长期来看，随着全球经济走向复苏，原油需求端有望边际转好，届时决定原油价格走势的核心因素将会从供给侧逐渐转移到需求侧。煤炭方面，随着中国经济结构性转型升级与供给侧改革的进一步深化，煤炭、钢铁等行业落后产能陆续出清，优质产能逐渐发力，供给并保障生产生活所需，预计未来煤炭等能源类商品供需关系总体上有望维持长期稳定状态，但外部环境冲击、内部环保限产以及季节性需求等短期扰动因素可能对能源类商品供需平衡状态造成一定冲击。“拉尼娜”异常气候现象正在上演，对全球农产品尤其是大豆等的生产供应可能会产生不利影响，这些突发因素可能会从供给端对全球农产品价格上行形成支撑。

突发性因素方面。2020 年，新冠肺炎疫情影响下经济逆全球化明显加剧，中美贸易对抗时有升级，世界政治经济及贸易局势不确定性仍然较高，美国大选引发社会不稳定因素增加、美伊关系持续恶化、中东局部战争冲突以及朝鲜半岛政治危机仍然存在等一系列潜在突发事件，都将给全球经济从深度崩溃边缘走向复苏笼罩上一层阴影，而大宗商品中具有独特避险价值的黄金等贵金属则可能因全球局势的不稳定性及一系列突发事件的发生而保持强势。此外，诸如“拉尼娜”“厄尔尼诺”等反常性自然气候现象仍有可能在 2021 年上演，并对农产品市场供给端产生冲击。

5.3-3 大宗商品价格走势预判

对于未来全球大宗商品的价格走势，世界银行给出了一系列预测，如表1所示。可以看出，2020、2021、2022年大宗商品价格指数平均水平预计分别为62.7、66.3、71.0。其中2020年相对上一年的变动率为-19.7%，这反映出2020年大宗商品市场整体表现不容乐观，尤其是能源类商品的表现不尽如人意。2020年能源价格指数平均水平或下跌-32.7%，其中原油价格表现最为弱势，预计年变动率为-33.2%；煤炭市场价格平均水平将明显下移，年变动率或达-26.6%。非能源类价格指数表现相对强势，预计2020年变动率为1.1%，其中贵金属受益于全球流动性宽松及避险情绪推动，表现将异常可观，年变动率预计达27.3%，同时农产品、食品价格或有小幅上行。

表1 全球大宗商品价格或价格指数

指标	实际值			预测值			年变动率（%）		
	2017	2018	2019	2020	2021	2022	2017~2018	2018~2019	2019~2020
大宗商品*	73.9	86.3	78.1	62.7	66.3	71.0	16.9	−9.6	−19.7
非能源	83.7	85.2	81.7	82.6	84.0	85.2	1.8	−4.2	1.1
金属矿石	78.2	82.5	78.4	77.5	79.1	80.1	5.5	−5.0	−1.1
贵金属	97.8	97.2	105.4	134.3	129.3	126.7	−0.7	8.5	27.3
农产品	87.0	86.7	83.3	85.6	86.8	88.1	−0.3	−3.9	2.8
食品	90.2	90.4	87.0	90.0	91.3	92.6	0.3	−3.8	3.4
能源	68.1	87.0	76.0	51.1	55.9	62.6	27.7	−12.7	−32.7
原油（$/bbl）	52.8	68.3	61.4	41.0	44.0	50.0	29.4	−10.2	−33.2
煤炭（$/mt）	88.5	107.0	77.9	57.2	57.8	58.0	20.9	−27.2	−26.6

注：* 大宗商品价格指数按能源、非能源价格指数加权平均计算。
资料来源：世界银行数据库。

综合来看，2021年，新冠肺炎疫情前景尚不明确，“逆全球化”浪潮下世界政治经济及贸易格局不稳定性仍较高，社会总供给有限但有效需求不足的局面短期还难以彻底改变，各主要经济体过渡性刺激政策的边际效应明显减弱，全球经济复苏道路漫长曲折，极易受挫。在此背景下，大宗商品需求端或仍将疲弱，但边际改善可期；供给端受全球产业链、供应链脱钩和重构影响，成本或有所抬升，加之全球低利率或负利率环境大概率将持续，预计未来大宗商品市场整体虽有一定下行压力但幅度有限，能源、非能源类商品涨跌分化态势或会延续，价格波动将加剧。

第二篇 | 市场发展

第 6 章　货币市场运行分析*

- 作为金融市场重要一环，2020 年货币市场运行较 2019 年波动显著加大，背后的原因在于疫情的外生性冲击带来了国内经济和政策的显著波动。有别于传统的经济衰退和政策应对范式，我国的货币政策操作充分吸取了过往周期的经验，开启了由逆周期调节转向跨周期调节的战略转向。

- 货币市场对政策范式的这一转变有清晰的刻画，2020 年经历了三波变化。首先是疫情冲击之下，金融市场流动性快速收缩，机构预防性需求显著回升，导致货币市场交易量快速回落；二是从 2 月开始，随着央行大额流动性投放维稳，货币市场利率大幅走低，货币市场成交快速活跃，金融机构杠杆融资显著放大；三是从 5 月开始，央行逐步退出疫情期间的极宽松货币政策，资金利率逐步回归政策利率，整体货币市场呈现量平价稳、结构性紧平衡的特征。

- 央行结构性流动性紧缺的流动性调控方式进一步增强了央行对货币市场利率的调控能力，并且随着贷款基础利率（LPR）改革的进一步深入，货币市场利率向信贷市场利率的传导效率进一步提升。此外面对疫情期间宏观环境的“不可能三角”，央行创新性地运用了直达实体经济的结构性货币政策，既有力地支持了实体经济的快速恢复，也避免了金融市场风险的进一步堆积。在经济结构转型和强调高质量发展的“十四五”期间，稳杠杆、宽信用、降成本将成为货币政策框架中新的“不可能三角”，未来破局的关键仍将在于结构性工具的使用和监管改革的方式。在此背景之下，过去几轮周期里货币市场面临的同业大扩张、钱荒、金融套利、非银无序加杠杆等行为将得到较好控制，货币市场可以大概率重归平稳运行，发挥串联政策利率、市场利率、信贷利率的重要作用。

---

*　本章作者：李刚，鹏扬基金副总裁。

6.1　货币市场概况

货币市场是指期限在一年以内的短期资金市场，作为金融市场重要的组成部分，是调节短期资金头寸、传导货币政策和形成短期市场基准利率的重要场所，主要由同业拆借、债券回购、同业存单、票据市场和短期债券市场等子市场构成。其中，债券回购、同业拆借和同业存单等市场作为批发性短期资金市场，交易量大、流动性高且影响范围广，是货币市场最重要的组成部分，因此将作为本章重点予以分析，下文所称货币市场主要指上述三个子市场。

6.1-1　交易规模：交易量绝对水平延续上行，增速触底回升

货币市场业务规模同比增速自 2016 年下半年开始回落，至 2017 年呈现小幅负增长。2018 年开始，随着央行放松货币政策，市场重新回暖，货币市场交易量增速持续回升。2019 年整体货币市场维持均衡中性，交易量保持平稳，增速小幅回落。如图 1 所示，进入 2020 年，受疫情冲击，货币政策全面放松，货币市场交易量再度显著回升。

图 1　货币市场单月交易量

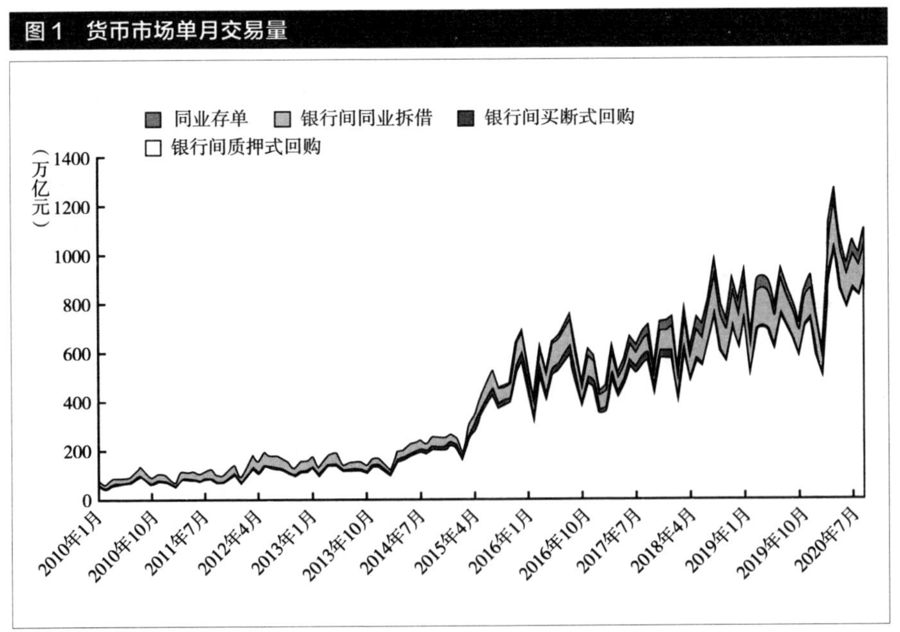

资料来源：Wind。

截至 2020 年 9 月末，滚动 1 年累计交易量达到 1139 万亿元（上年同期 1015 万亿元），同比增长 12.2%，其中债券回购、同业拆借和同业存单滚动 1 年累计交易量分别达 939 万亿元、148 万亿元和 52 万亿元，同比增速分别为 16.6%、-5.9% 和 -0.2%（见图 2 至图 4）。货币市场交易规模在 2020 年恢复增长主要归功于金融市场流动性的改善。

6.1-2　交易品种结构：存单发行分层常态化

从交易品种结构来看，债券回购业务仍然占据主导地位。截至 2020 年 9 月末，债券回购、同业拆借和同业存单交易量占比分别为 83%、12% 和 5%（见图 5），同比变动分别为 0.6%、-1.4% 和 0.8%。以债券回购业务为主导的交易品种结构主要受整体信用环境、交易期限、经济资本占用和交易便捷程度等因素影响。从整体信用环境来看，当前我国整体信用水平不高，且在严监管下交易对手的信用风险更为突出。由于银行间债券回购以债券作为质押，且所押债券大部分为国债、政策性金融债券和同业存单等低风险债券，相比信用拆借业务，信用风险相对较小。从交易期限来看，银行间债券回购期限大部分低于 7 天，相比同业存单和票据贴现期限更短，因而交

图 2　货币市场滚动 1 年交易量

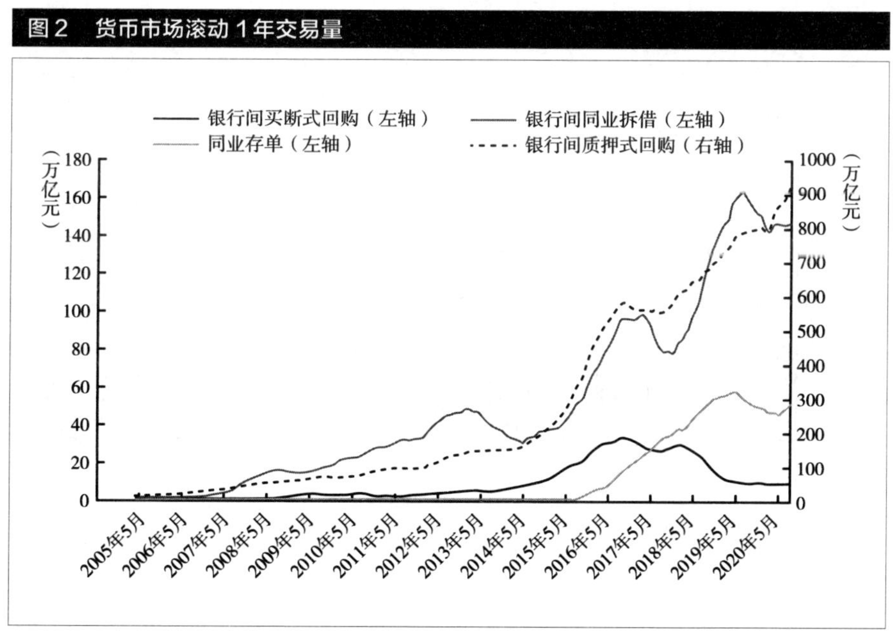

资料来源：Wind。

图 3　货币市场交易量单月同比

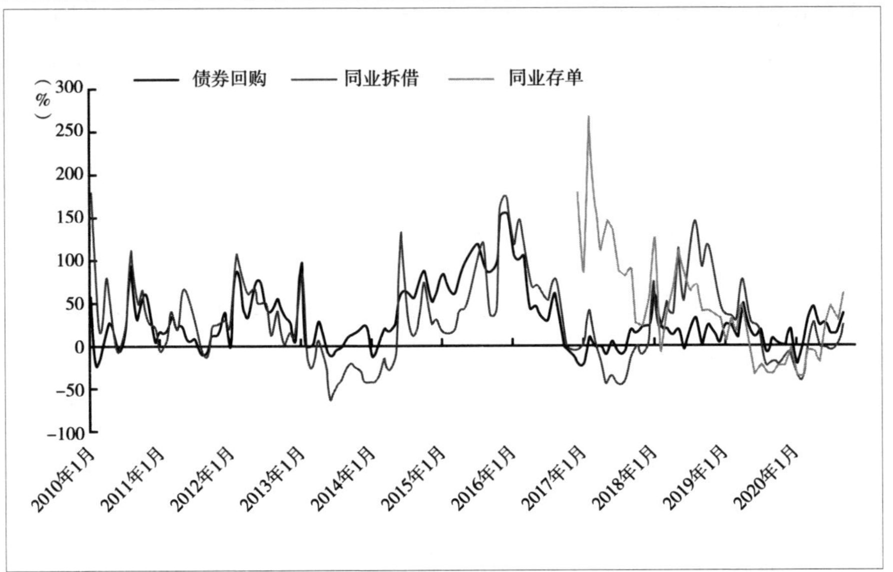

资料来源：Wind。

图 4　货币市场成交量合计增速

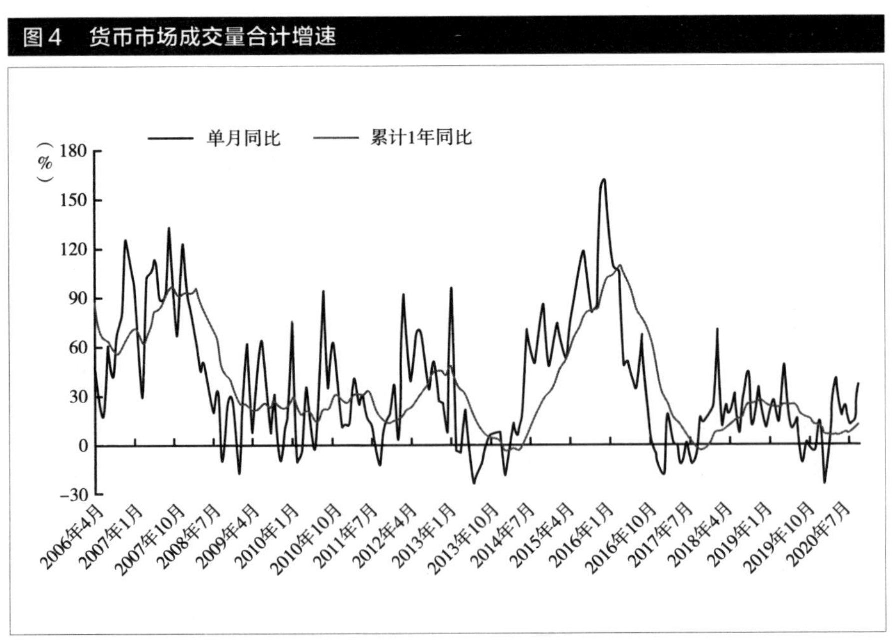

资料来源：Wind。

图5　货币市场交易量单月占比

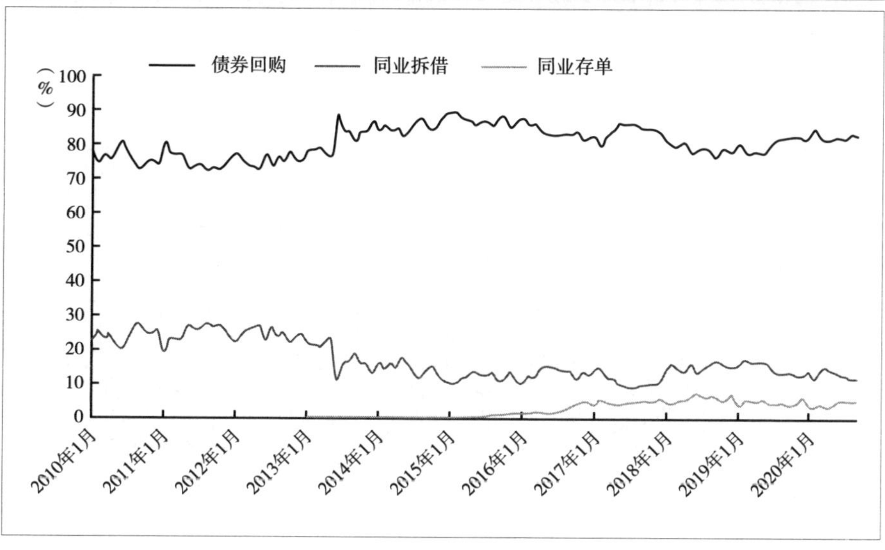

资料来源：Wind。

易频率更高，导致累计后交易量更大。从经济资本占用来看，大部分银行间债券回购占用经济资本系数不到25%，相比同业拆借业务经济资本占用系数低。从交易便捷程度来看，债券回购业务通过银行间市场和交易所市场进行，标准化程度和透明化程度均较高。

同业存单具备债券回购业务大部分特征，自2013年12月出现以来迅速发展，增速远超其他业务品种，已成为同业市场投融双方青睐的产品，截至2020年9月末，同业存单托管余额11.17万亿元，比2019年末增长0.45万亿元，存量增速低位平稳运行（见图6）。

自2019年5月包商银行事件发生以来，同业存单发行出现分层，国有大行和股份行等好资质银行存单仍能保持正常的净融资，而AA+以下级别银行则持续萎缩（见图7、图8）。这一现象在发行认购成功率这一指标上也有体现，好资质银行维持90%左右的成功率，低资质银行则只有70%左右（见图9）。

6.1-3　客户融资结构：银行保持融出，非银金融净融资继续上升

从客户融资结构来看，中资大型银行、中资中型银行为资金主要净融出方，中资小型银行、证券业机构、其他金融机构及产品为主要净融入方。

图6　同业存单存量及增速

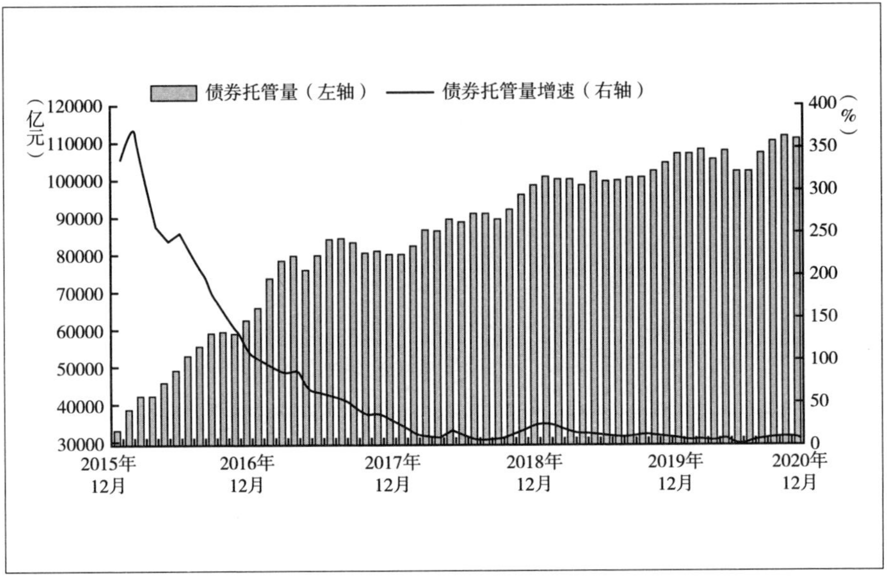

资料来源：Wind。

图7　AAA同业存单月度净融资额

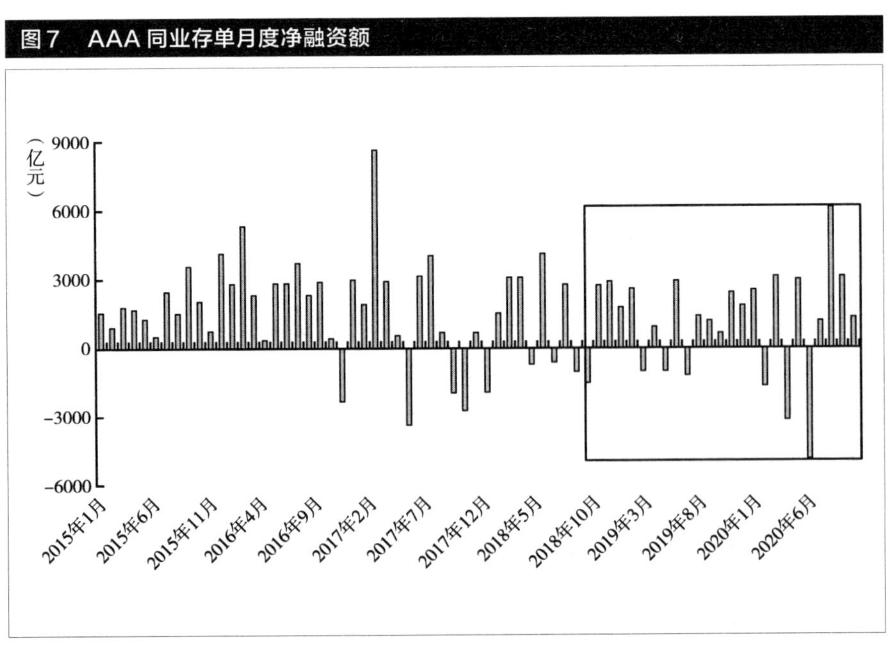

资料来源：Wind。

图 8　AA+ 及以下同业存单月度净融资额

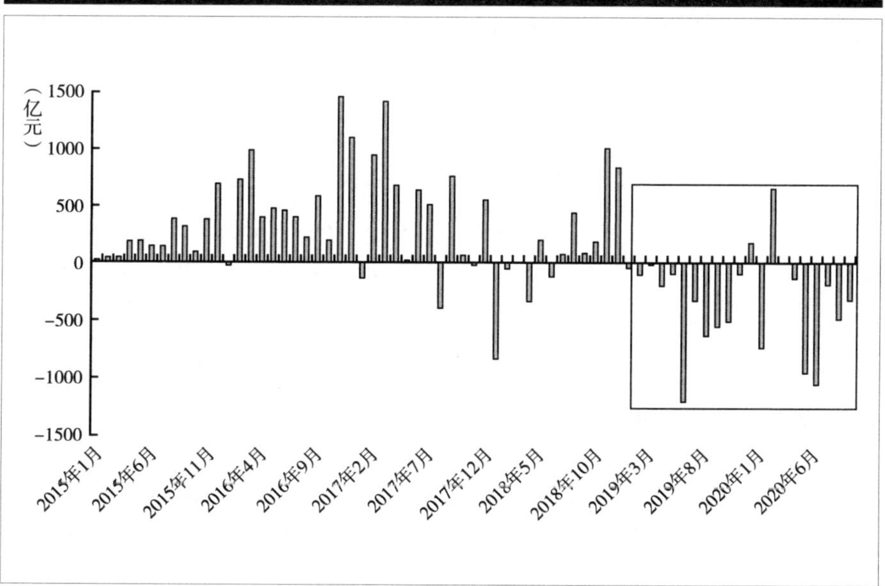

资料来源：Wind。

图 9　同业存单发行认购率

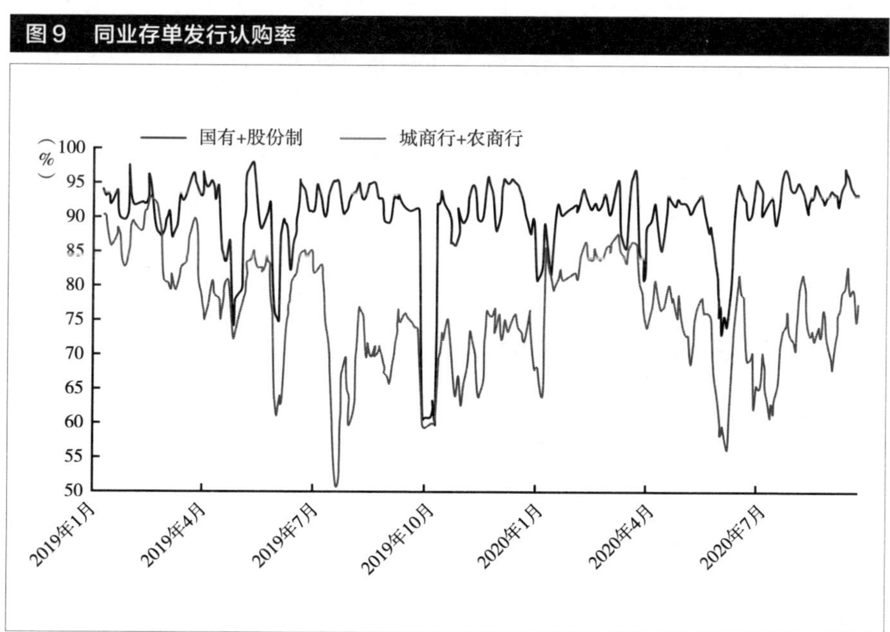

资料来源：Wind。

2020 年上半年，银行间回购和拆借交易活跃。银行间市场债券回购累计成交 471.2 万亿元，日均成交 3.9 万亿元，同比增长 18.9%；同业拆借累计成交 78.4 万亿元，日均成交 6483 亿元，同比减少 5.2%。从期限结构看，回购和拆借隔夜品种的成交量分别占各自总量的 84.8% 和 90.6%，占比分别较上年同期下降 0.1 个和 1.5 个百分点。交易所债券回购累计成交 128.5 万亿元，同比上升 11.5%。从融资主体结构看，主要呈现以下特点：一是中资大中型银行为货币市场的资金融出方，融出量同比回升；二是其他金融机构及产品与证券业机构是货币市场的资金主要融入方，2020 年上半年净融入资金 131.6 万亿元；证券业和保险业机构融入资金保持快速增长（见表 1）。

表 1　2020 年上半年金融机构回购、同业拆借资金净融出、净融入情况　　单位：亿元

金融机构类别	回购市场		同业拆借	
	2020 年上半年	2019 年上半年	2020 年上半年	2019 年上半年
中资大型银行	−1452030	−963223	−230389	−155482
中资中型银行	−427545	−402336	−42523	−86641
中资小型银行	23779	95271	60861	60513
证券业机构	511590	393100	155881	137803
保险业机构	57105	36578	267	272
外资银行	39158	50268	−12065	−10731
其他金融机构及产品	1247944	790342	67968	54266

资料来源：中国人民银行货币政策执行报告。

6.1-4　期限结构：隔夜占比维持高位

期限结构呈现两大特征。一是融资期限以短期为主，期限越长，交易量越小。以银行间质押式回购为例，2020 年前 3 个季度质押式回购交易量中，1 天和 7 天的交易量占比分别为 84.9% 和 10.2%，7 天以上品种累计占比仅约为 5%（见图 10）。二是短期融资占比受资金面影响较大。2020 年前 2 月，受疫情冲击影响，市场对流动性的预防性需求明显增加，隔夜融资占比快速回落。随着央行连续投放流动性，货币市场利率快速走低，隔夜占比

图 10　银行间质押式回购成交占比

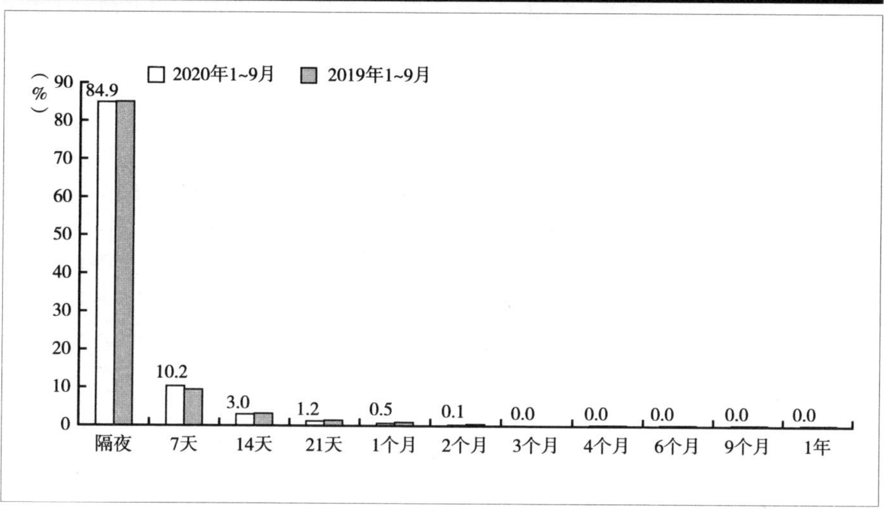

资料来源：Wind。

迅速回升至正常水平。5 月以来，随着央行货币政策逐步回归正常，隔夜占比有所走低，回落至 2018 年以来中性偏低水平，显示出投资者对资金面感受中性偏紧（见图 11 至图 13）。

图 11　质押式回购及同业拆借隔夜成交占比

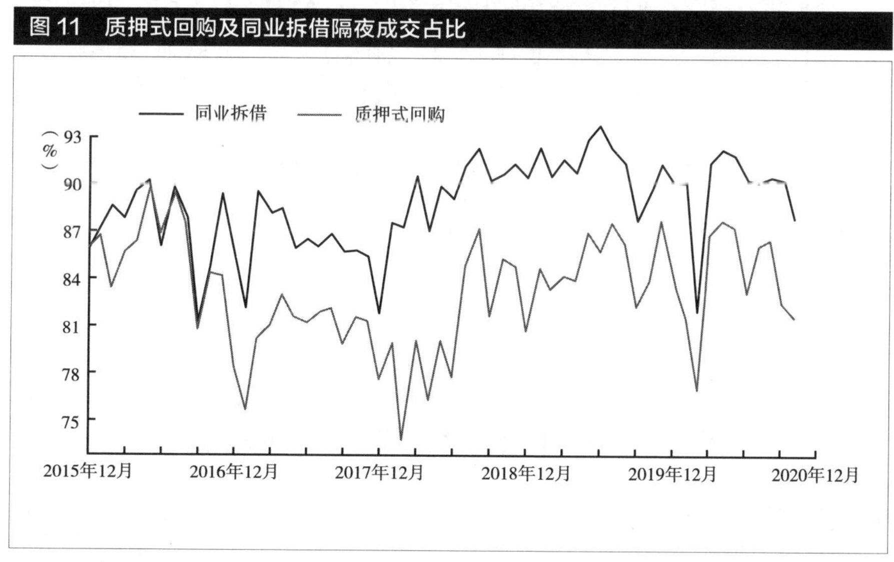

资料来源：Wind。

图 12　质押式回购各主要期限占比

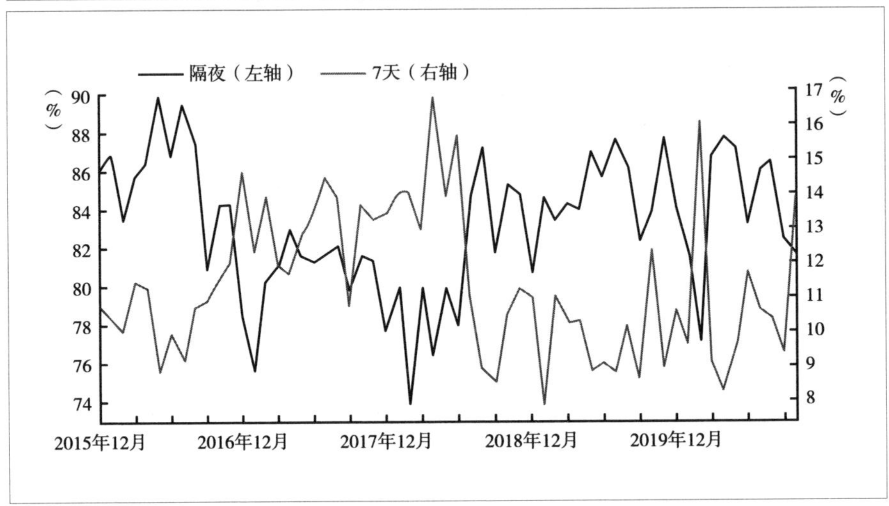

资料来源：Wind。

图 13　隔夜与 7 天成交量倍数受资金面影响

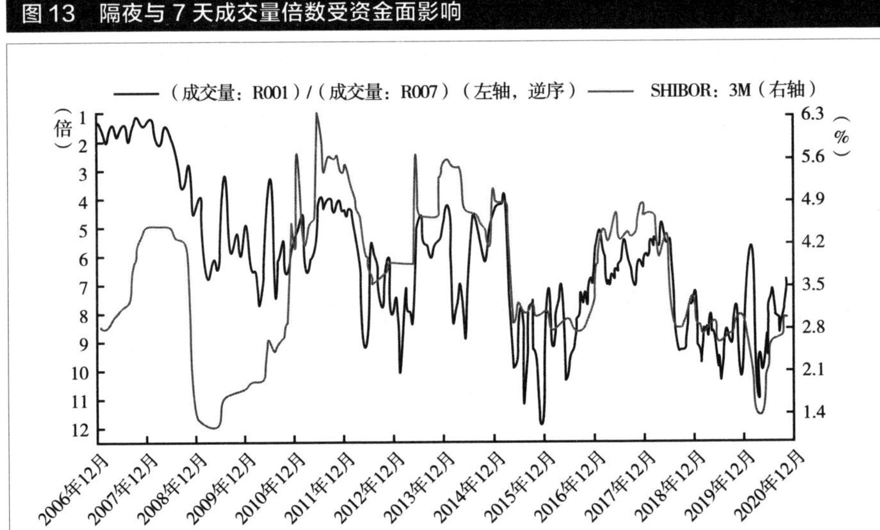

资料来源：Wind。

6.2　货币市场主要子市场发展动态

6.2-1　债券回购市场

从交易场所来看，我国债券回购市场可分为银行间回购市场和交易所回购市场，其中银行间回购市场作为批发型市场占据主导地位，但近年来交易所市场规模快速增长，在整个市场中的影响力逐步增大。银行间债券回购市场可分为质押式回购市场和买断式回购市场，其中，质押式回购市场占据主导地位，买断式回购市场整体交易量不大。

1．疫情冲击外生，央行对冲下回购成交量先下后上

整体而言，货币市场在 2019 年保持平稳，2020 年则经历了三波变化。首先是疫情冲击之下，金融市场流动性快速收缩，机构预防性需求显著回升，导致货币市场交易量快速回落；从 2 月开始，随着央行大额流动性投放维稳，货币市场利率大幅走低，货币市场成交快速活跃，金融机构杠杆融资显著放大；从 5 月开始，央行逐步退出疫情期间的极宽松货币政策，资金利率逐步回归政策利率，机构杠杆交易再度回落，尤其是非银参与较多的交易所市场，回落尤其明显。截至 2020 年 9 月末，银行间回购成交量 91.5 万亿元，交易所回购成交量 26.3 万亿元（见图 14）。银行间回购成交量同比增长 38%，较 2019 年同期大幅增加 30 个百分点；交易所回购成交量同比增长 39%，较 2019 年同期增加 25 个百分点（见图 15）。

图 14　回购成交量

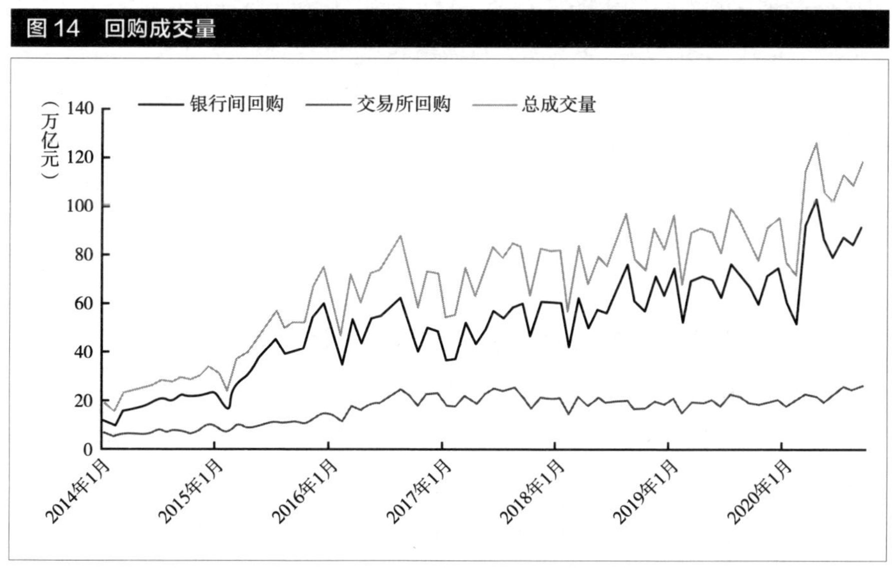

资料来源：Wind。

图 15 债券回购成交量同比增速

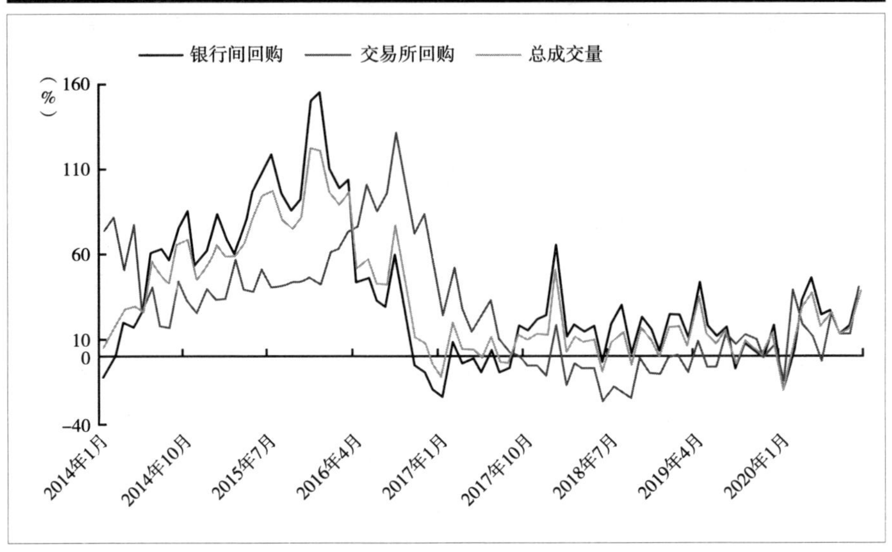

资料来源：Wind。

从结构上看，交易所占比自 2017 年四季度以来逐步下降，2018 年上半年趋于稳定，6 月后加速下降，从 2017 年 9 月末的 26.8% 逐步降低至 2018 年 9 月末的 21.2%（见图 16）。交易所回购参与主体主要是非银金融机构，2017 年第四季度交易所占比下降，主要受到金融严监管、流动性结构性偏紧等影响，利率品种大幅上行，机构主动降低杠杆；2018 年下半年交易所占比加速下滑，主要原因是随着央行降准及各种补充流动性的工具出台，6 月后银行间市场宽松，银行间融资成本显著低于交易所，部分机构转移至银行间融资。与交易所回购不同的是，银行间回购无论是绝对交易量还是占比，都呈现稳步回升的趋势。至 2020 年 9 月末，银行间回购占比 77.7%，比 2019 年同期下降约 0.2 个百分点，而交易所回购占比则上行 0.2 个百分点至 22.3%。

2．杠杆率稳中有降，机构杠杆率结构分化明显

从全市场来看，2020 年银行间债券杠杆率相比 2019 年稳中有降，前三季度平均杠杆率 107.7%，比 2019 年同期平均杠杆率回落了 0.66 个百分点，金融持续去杠杆（见图 17、图 18）。

分机构来看，结构性分化比较明显，主要特征为商业银行杠杆率平稳，非银机构杠杆率有所上升（见图 19）。其中广义基金从年初的

图 16　分场所回购成交量占比

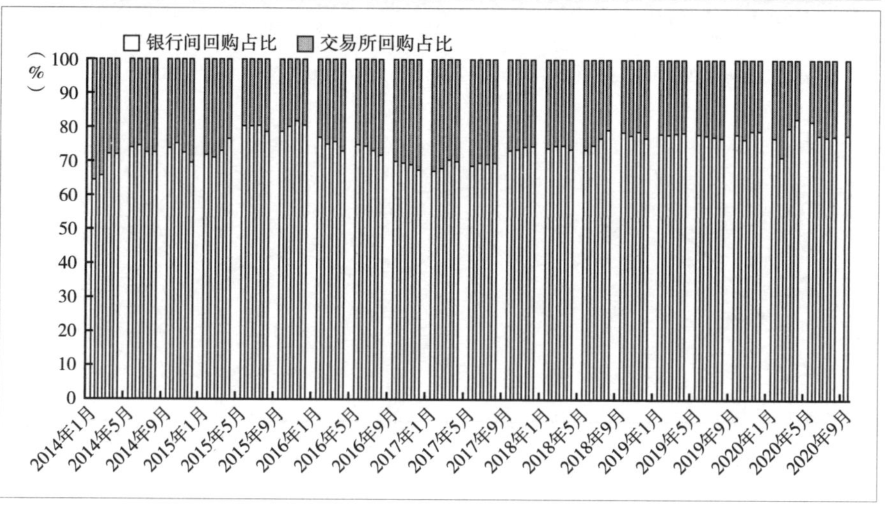

资料来源：Wind。

114% 上升至 10 月末的 119%，商业银行杠杆率基本稳定在 104% 左右。证券公司和广义基金类似，2020 年整体杠杆率明显回升，从年初 172% 上升至 10 月末 230% 左右的水平，这可能与资金利率处于低位

图 17　银行间债券杠杆率

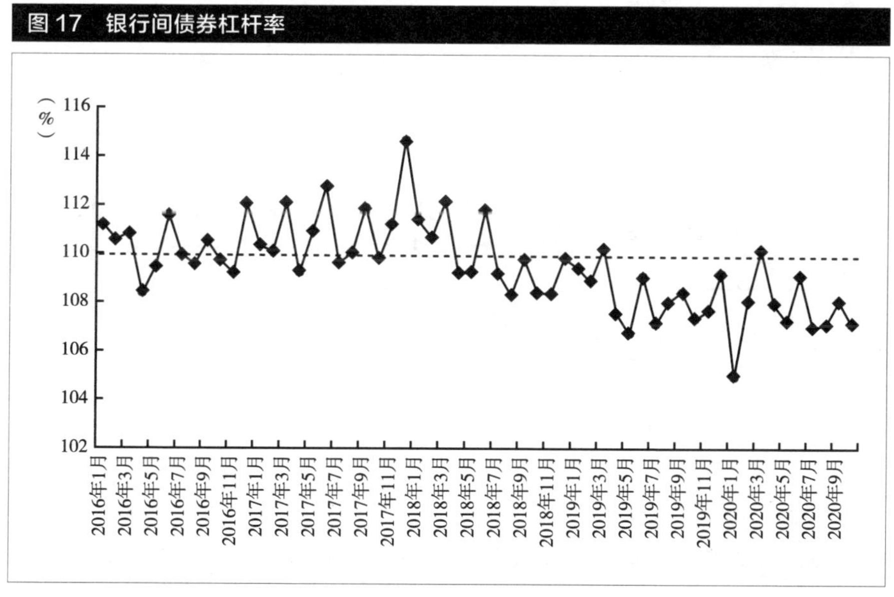

资料来源：Wind。

图 18 全市场杠杆率季节性对比

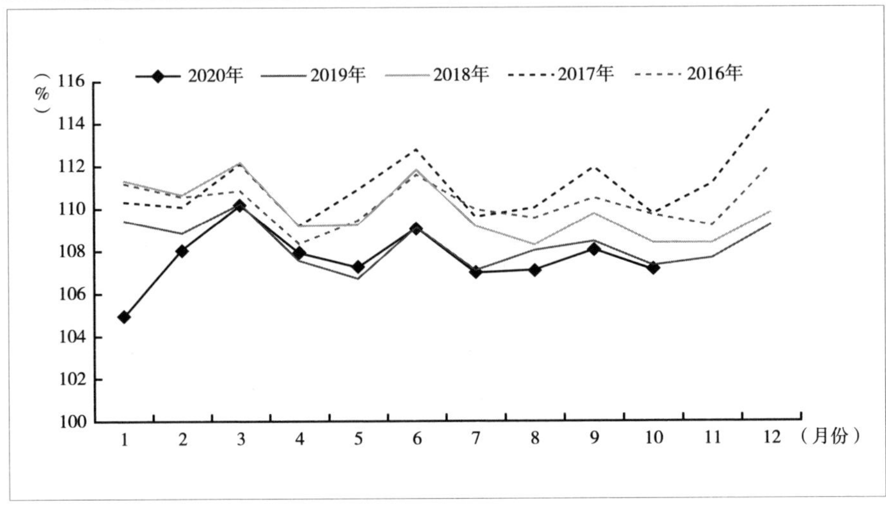

注：全市场杠杆率 = 债券托管量 /（债券托管量 – 待购回余额）。
资料来源：Wind。

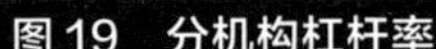
图 19 分机构杠杆率

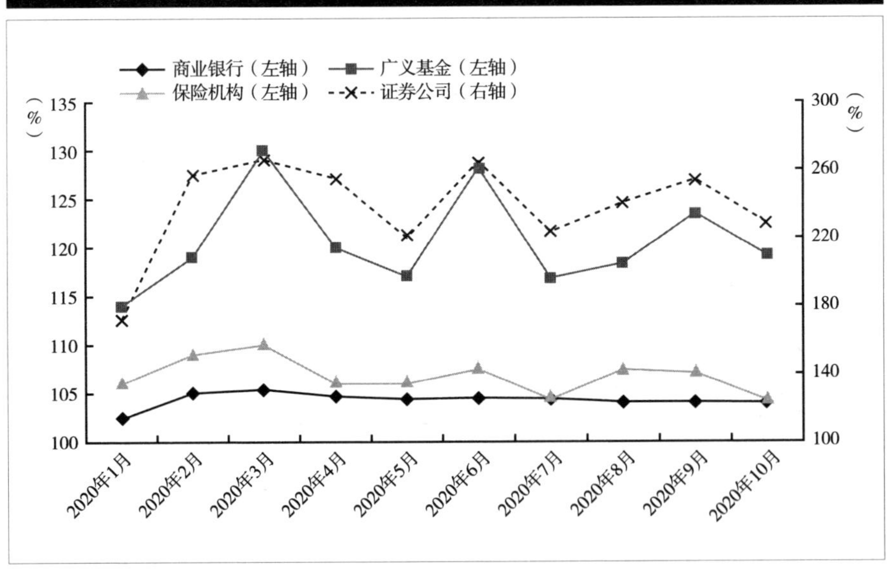

资料来源：Wind、中债登。

水平、存在套息空间有关。保险机构 2020 年杠杆率整体变动不大。从商业银行内部来看，城商行、农商行、村镇银行等杠杆率较一季度有所下行（见表 2、图 20）。

表 2　2020 年分机构杠杆率

单位：%

机构类别	1月	2月	3月	4月	5月	6月	7月	8月	9月	10月
政策性银行	102	101	100	100	100	101	100	101	101	100
商业银行	102	105	105	105	104	105	104	104	104	104
大行 + 股份行	101	102	103	102	102	102	102	102	102	102
城市商业银行	109	119	116	115	115	115	114	113	114	114
农村商业银行	105	113	113	113	111	110	110	109	109	108
农村合作银行	100	125	103	117	102	104	100	100	106	103
村镇银行	105	109	115	111	109	113	108	110	109	112
外资银行	107	121	109	111	111	115	112	111	116	110
其他银行	104	109	108	107	109	111	104	105	110	105
信用社	103	109	112	110	108	110	107	107	110	104
保险机构	106	109	110	106	106	107	104	107	107	104
证券公司	172	257	266	255	220	265	223	241	254	228
基金公司及基金会	100	100	100	100	100	100	100	100	100	100
其他金融机构	104	126	126	127	115	116	110	112	116	110
非金融机构	100	100	100	100	100	100	100	100	100	100
广义基金	114	119	130	120	117	128	117	118	124	119
其中：商业银行理财产品	115	121	158	118	117	153	114	119	133	116
境外机构	100	100	100	100	100	100	100	100	100	100

注：全市场杠杆率 = 债券托管量 /（债券托管量 – 待购回余额）。

资料来源：Wind、中债登。

图 20 各类型银行杠杆率

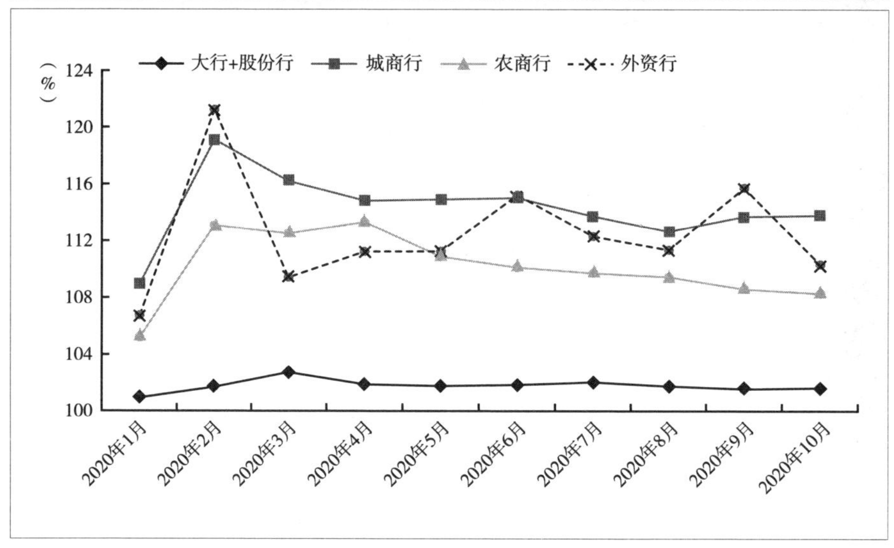

注：机构杠杆率 = 债券托管量 /（债券托管量 – 质押式待购回余额）。
资料来源：Wind、中债登。

6.2-2 同业拆借市场

1．疫情期间加杠杆，5 月之后货币政策正常化带动快速去杠杆

与 2018 年同业拆借成交单边上行不同，2019 年同业拆借成交量经历了先增加后减少的过程，主要的转折点发生在包商银行事件之后，银行间市场信用风险有所扩大，信用拆借成交量有所萎缩。而 2020 年整体走势与 2019 年基本类似，在疫情发生之后的货币政策大放水期间，同业拆借交易显著放大，4 月存量一度达到 1.5 万亿元的历史最高水平，而随着 5 月中旬开始的货币政策正常化，信用拆借存量逐月回落，从 4 月高点回落约 5000 亿元至 10 月的 9966 亿元（见图 21）。2019 年 5 月以来，受包商银行事件影响，同业拆借交易量和存量均大幅回落，2019 年 8 月至 2020 年 1 月有所企稳，2~4 月则在流动性宽松和杠杆交易下大幅上升，5~10 月有所回落。此外由于 2020 年前三季度流动性呈现先极度宽松后正常化的格局，同业拆借经历了长期占比先大幅回落后回升的局面（见图 22）。

2．SHIBOR 市场基准利率作用进一步增强，但仍存在一定滞后

2020 年前三季度，SHIBOR（上海银行间同业拆放利率）对债券回购、信用拆借的相关性较 2019 年同期增强，尤其是三季度以来，SHIBOR 对债

图 21　同业拆借存量月度均值

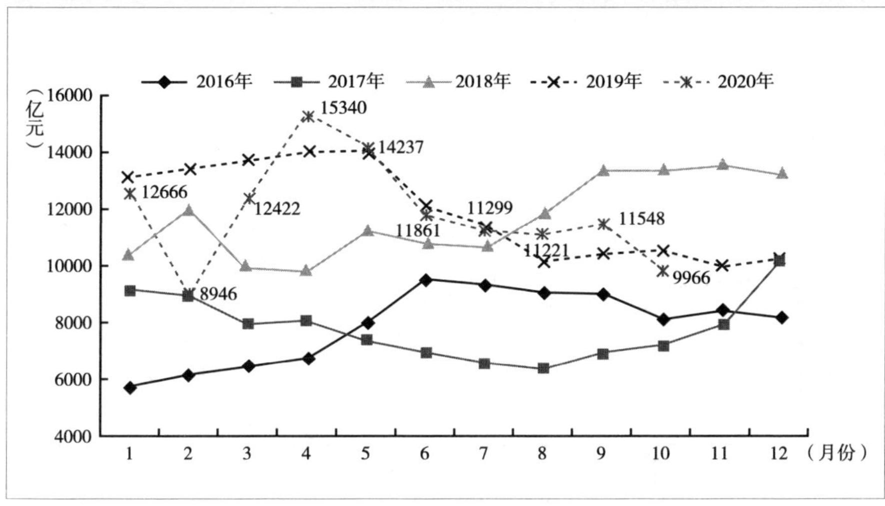

资料来源：Wind。

图 22　同业拆借成交期限占比

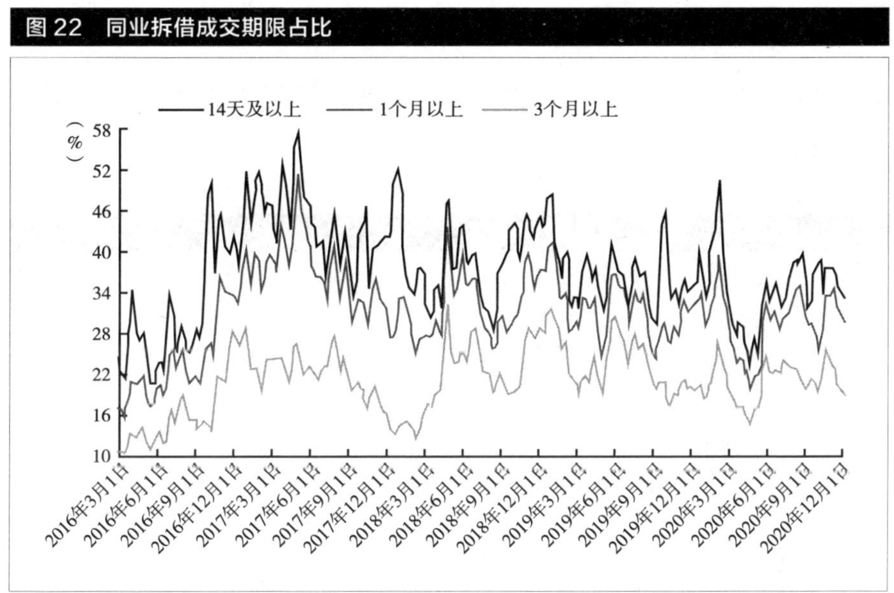

资料来源：Wind。

券回购的相关性明显增强（见图 23）。

SHIBOR 中长期利率与存单的相关性较高，且 SHIBOR 较存单利率波动小、稳定性高，在稳健中性的货币政策环境下对长期利率的传导作用继续增强。值得注意的是，从时间顺序上看，SHIBOR 3 个月利率较 3 个月存

图 23　SHIBOR 与回购、拆借利率相关性

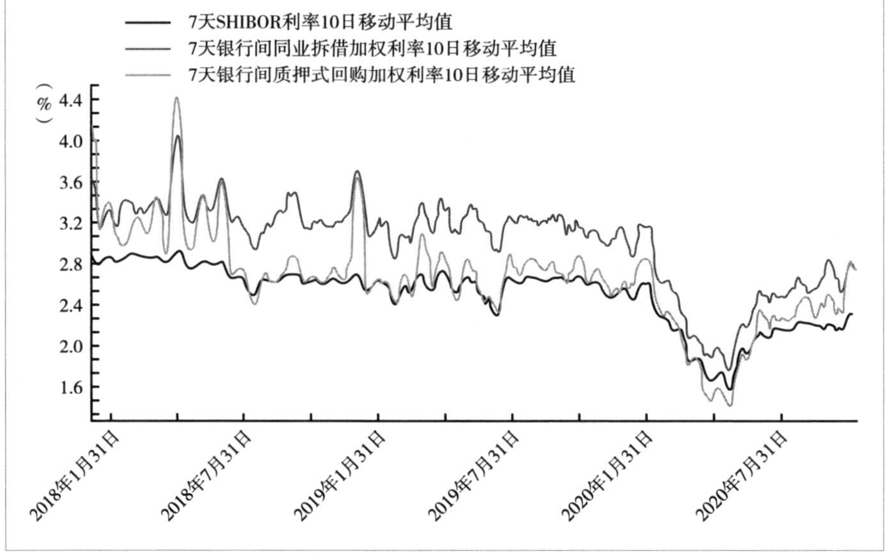

资料来源：Wind。

单略滞后一两天到几天不等，通常在股份制存单价格发生变动后跟随趋势变化（见图 24）。

图 24　SHIBOR 与同业存单发行利率

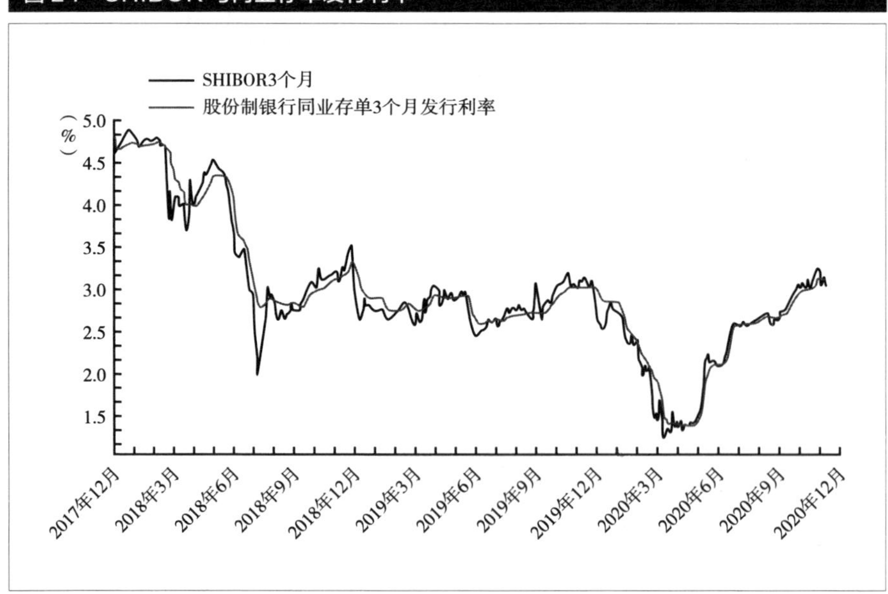

资料来源：Wind。

6.2-3 同业存单市场

1．一级市场发行分化，存量小幅上升

整体而言，同业存单一级市场发行有所分化，自 2019 年 5 月包商银行事件以来，各机构存单融资情况总结为大行、股份行持续发力，低评级持续净融资为负。尤其是 2020 年 6 月开始压降结构性存款以来，大行、股份行显著扩大同业负债需求，增加同业存单净融资，而城商行、农商行则基本保持平稳（见图 25、图 26、表 3）。

存量方面，2020 年同业存单存量小幅抬升，截至 2020 年 10 月，同业存单余额 11.0 万亿元，比 2019 年末增加 0.3 万亿元，其中大行、股份行、城商行、农商行分别为 2.1 万亿元、4.4 万亿元、3.6 万亿元和 0.8 万亿元（见表 4、图 27）。

2．存单投资的主体

广义基金与商业银行为同业存单的前两大投资主体。截至 2020 年 9 月末，广义基金持有同业存单 5.05 万亿元，占比 51%，主要是货币基金持有；

图 25　各银行同业存量存单占比

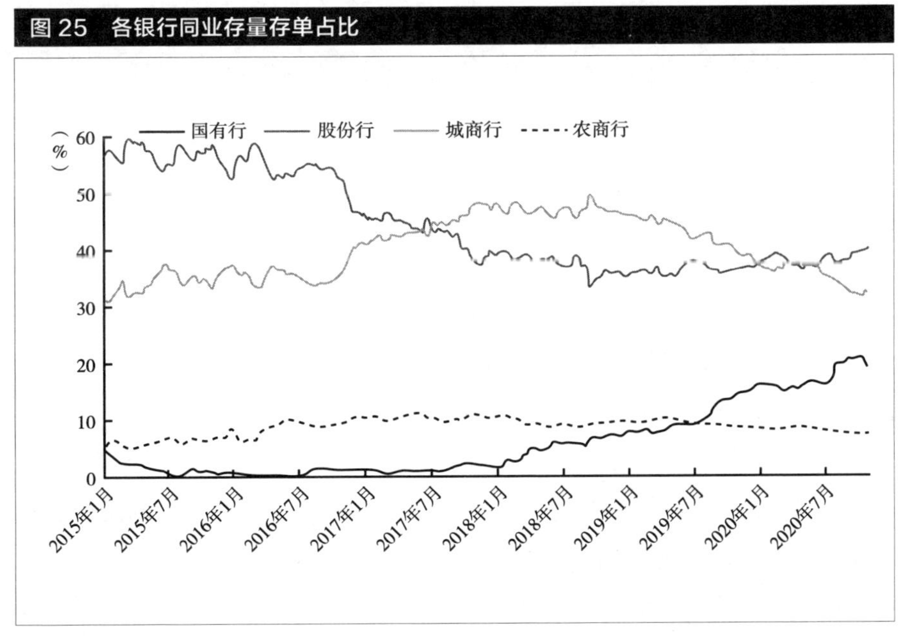

资料来源：Wind。

图 26　2020 年各银行同业存单累计发行情况

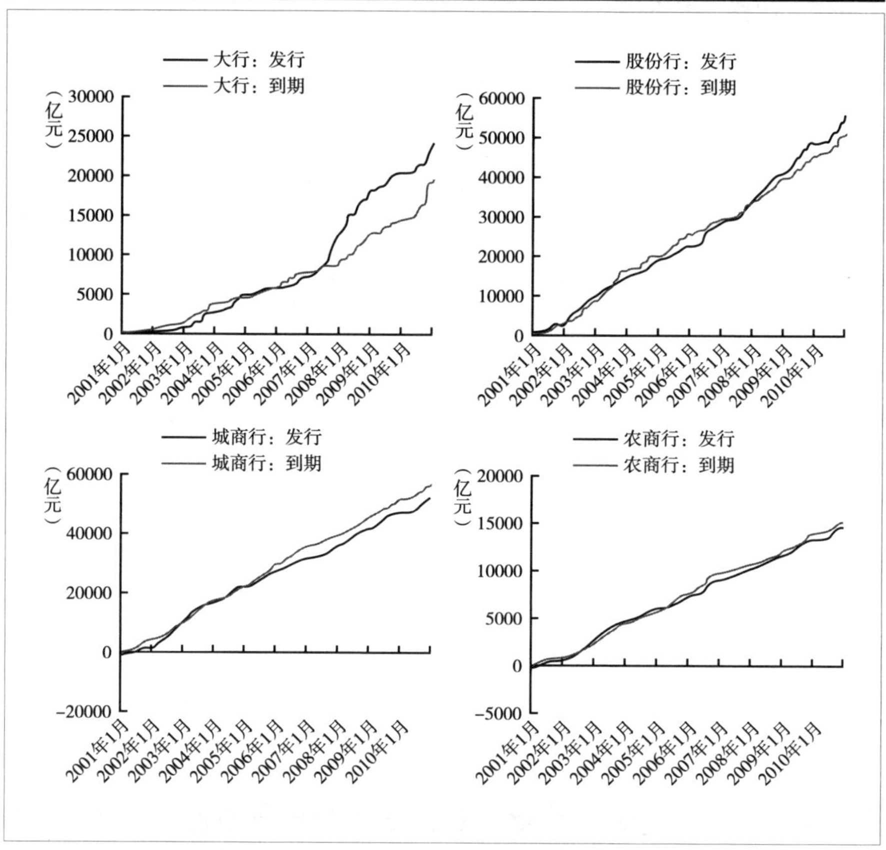

资料来源：Wind。

商业银行持有同业存单 3.97 万亿元，占比 39.7%（见图 28）。2020 年三季度季报显示，货币基金投资同业存单占基金净值比例为 26.7%（上季末 26.9%，2019 年同期 27.5%），三季度末货币基金存单配置规模在 1.9 万亿元（见图 29）。2020 年以来，不同机构主体对同业存单的投资有所分化。整体而言非银机构对存单持续净卖出，估计与存单利率显著高估有关，其他主体变动较小（见图 30）。

3．发行利率呈现明显的季节性特征，机构间分化不大主要原因在于同业负债需求加大而非信用风险溢价增加

自 2017 年以来，受到宏观审慎评估体系（Macro Prudential Assessment，MPA）考核制约以及同业存单第一大持有主体货币基金投资期限的制约，同

表 3　2020 年各银行同业存单发行与到期情况

日期	全市场：净融资	大行：净融资	股份行：净融资	城商行：净融资	农商行：净融资	全市场：到期	大行：到期	股份行：到期	城商行：到期	农商行：到期	全市场：发行	大行：发行	股份行：发行	城商行：发行	农商行：发行
2019-10	1853	1521	965	-482	-129	11358	539	3917	5604	1196	13212	2060	4882	5122	1067
2019-11	1700	503	957	280	-66	16168	1418	4980	7863	1765	17868	1920	5937	8143	1699
2019-12	2700	1453	2274	-1124	74	16468	2272	4121	8138	1707	19168	3726	6394	7015	1781
2020-01	-3266	-308	-514	-2326	-155	8862	630	2920	4406	851	5596	322	2406	2081	696
2020-02	3798	-345	-1510	2390	218	13761	1053	5375	5665	1470	17558	708	6885	8055	1689
2020-03	-3199	-385	-2488	-614	158	19904	2294	7896	7473	2051	16705	1909	5409	6860	2210
2020-04	2953	1352	896	729	-99	10639	691	3755	4676	1426	13591	2042	4651	5405	1327
2020-05	-5824	-334	-2550	-2319	-560	16439	1327	5649	7404	1918	10615	994	3099	5085	1358
2020-06	86	-329	2181	-1532	-212	13518	1846	3553	6001	1972	13604	1517	5734	4469	1761
2020-07	5956	4075	990	795	160	12050	1743	5200	4003	955	18005	5818	6190	4799	1116
2020-08	2544	1875	1133	-605	29	16592	3265	5727	6116	1375	19136	5140	6860	5511	1403
2020-09	950	285	1860	-674	-264	16304	1822	6075	6221	1810	17253	2106	7935	5547	1546
2020-10	-2229	-1980	234	-525	60	18961	5749	6521	5319	1260	16732	3768	6755	4794	1319
2020-11	-18425	-2732	-6440	-7160	-1933	18425	2732	6440	7160	1933	0	0	0	0	0
2020-12	-16183	-2779	-6212	-5455	-1596	16183	2779	6212	5455	1596	0	0	0	0	0

资料来源：Wind。

表 4　2020 年 10 月末同业存单存量及结构

NCD 余额存量（万亿元）	全市场	大行	股价行	城商行	农商行
	11.00	2.10	4.44	3.55	0.83
NCD 评级分布（万亿元 /%）	全市场	AAA	占比	AA+	占比
	11.00	9.63	88%	0.81	7%

资料来源：Wind。

图 27　同业存单存量结构

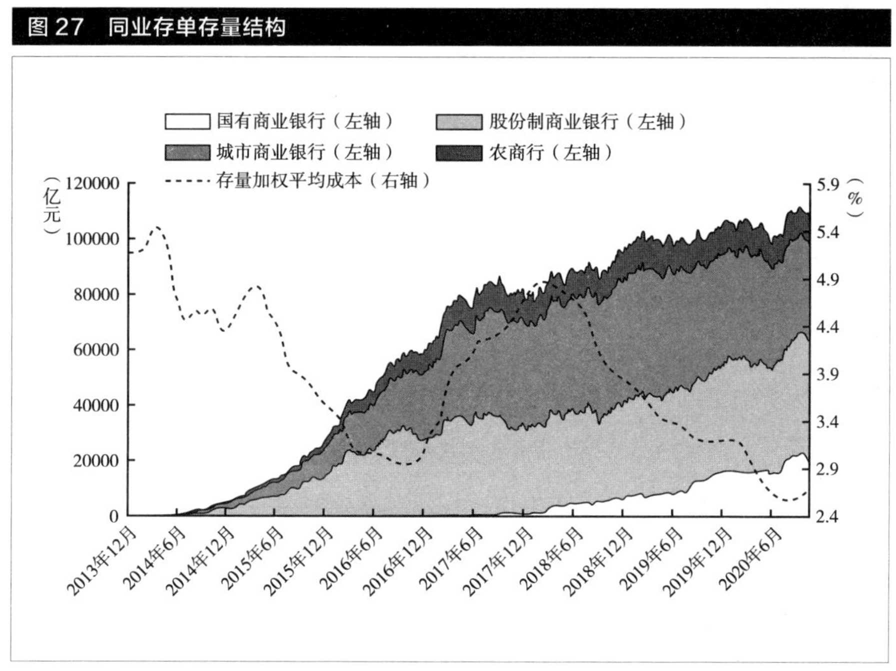

资料来源：Wind。

业存单发行利率开始呈现临近季末利率抬升的特点，并同时伴随发行放量（见图 31）。

不同发行主体利差水平一方面反映不同类别金融机构之间信用风险溢价，另一方面也与货币市场松紧程度有较强的相关性，当资金面紧张加剧会使利差走阔。2019 年包商银行事件以来，大行、股份行与城商行、农商行存单发行利率出现中枢性偏差，显示银行信用风险对不同资质银行存单发行影响较大且持续存在（见图 32）。

图 28　2020 年 9 月同业存单投资者结构

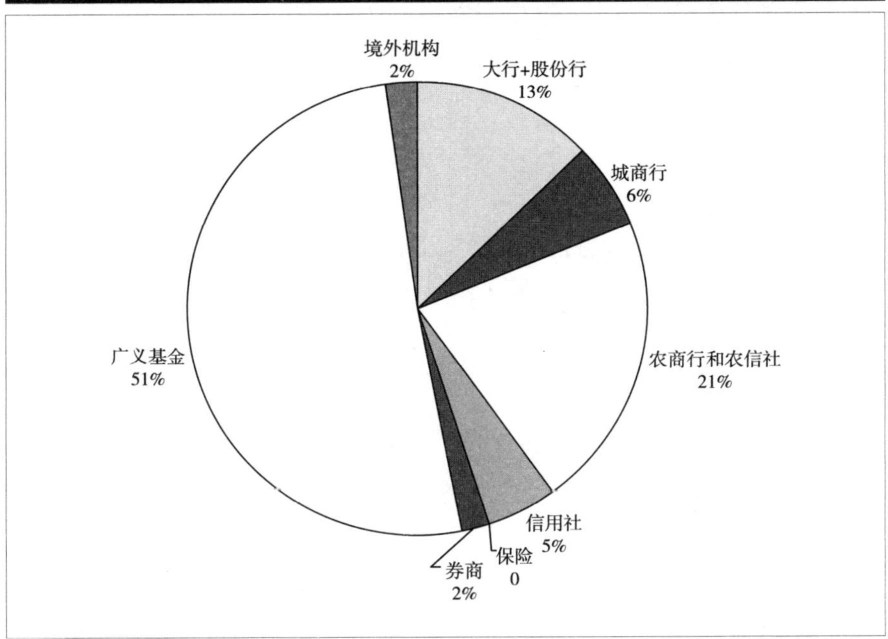

资料来源：Wind、中债登。

图 29　货币基金投资品种占比

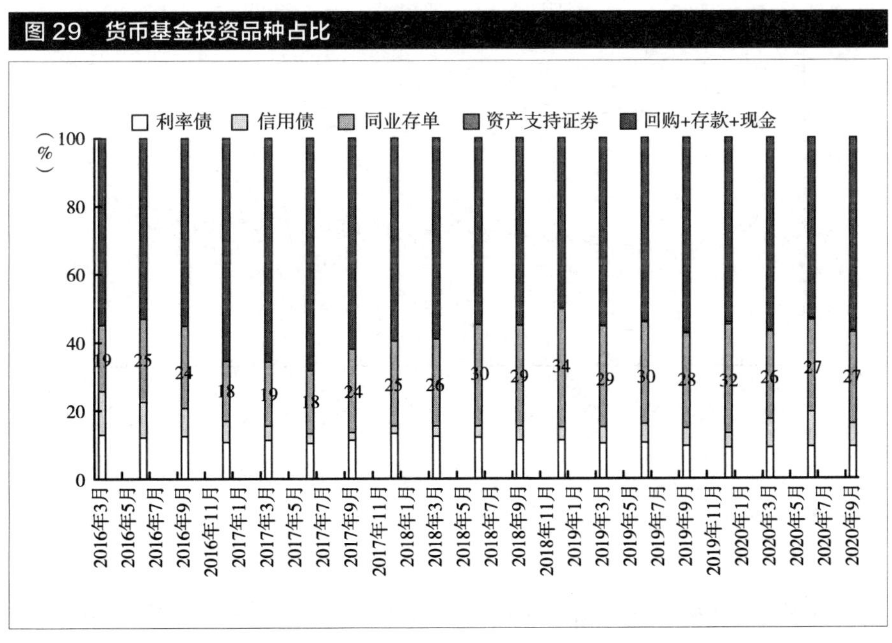

资料来源：Wind。

图 30　不同主体同业存单月度净买入量对比

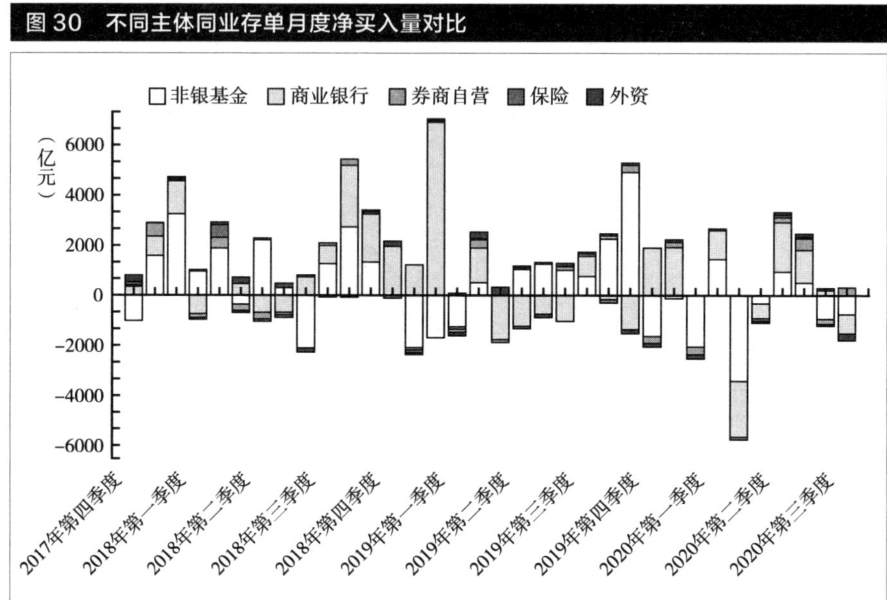

资料来源：Wind。

图 31　3 个月同业存单发行利率季节性对比

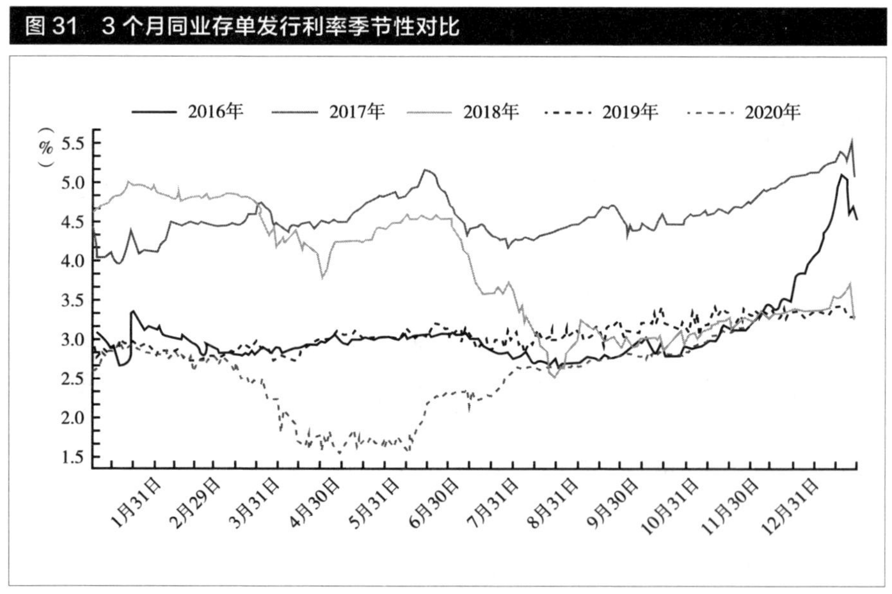

资料来源：Wind。

但从 2020 年 5 月开始，随着资金利率向政策中枢回归，各主体存单发行利率基本转为一致上行，主要反映出重定价而非风险溢价分化。流动性紧

图 32　3 个月同业存单发行利率由分化到趋同

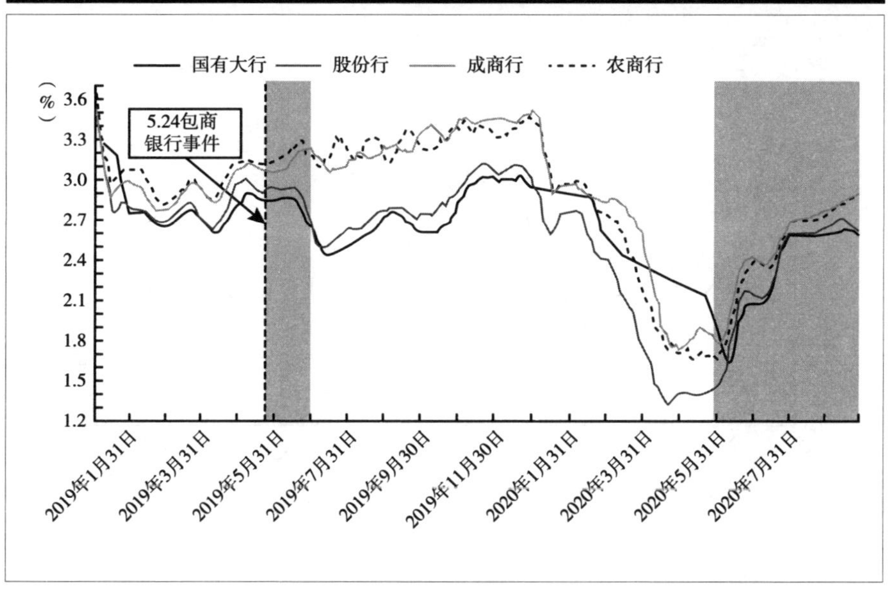

资料来源：Wind。

张但并未显著分层，同业存单发行利率未有分化，主要是因为同业负债需求较大（见图 33、图 34）。

图 33　股份制存单 3 个月到期收益率（半年末前后表现）

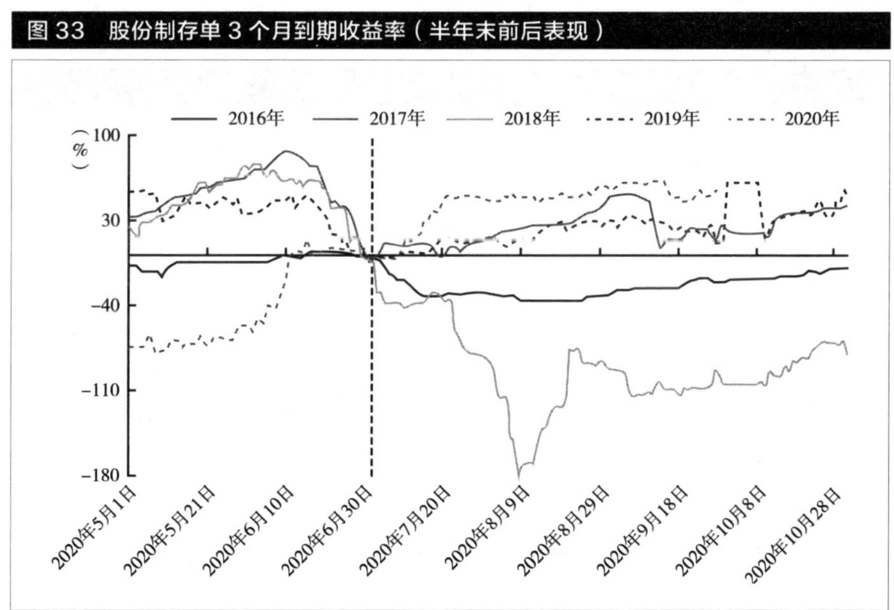

资料来源：Wind。

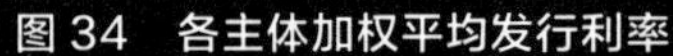

图 34　各主体加权平均发行利率

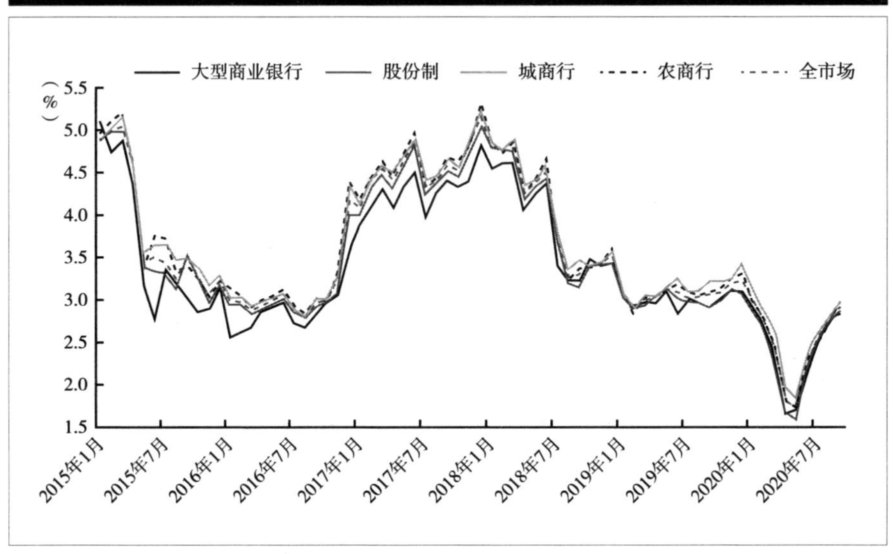

资料来源：Wind。

商业银行对负债需求旺盛，一个佐证是 7 月 23 日和 8 月 21 日操作的 28 天商业银行现金定存利率达到 2.7%，远超存单发行利率；9 月 21 日中标利率为 3.0%，进一步大幅上行（见图 35）。

图 35　同业存单发行利率与国库现金定期存款中标利率

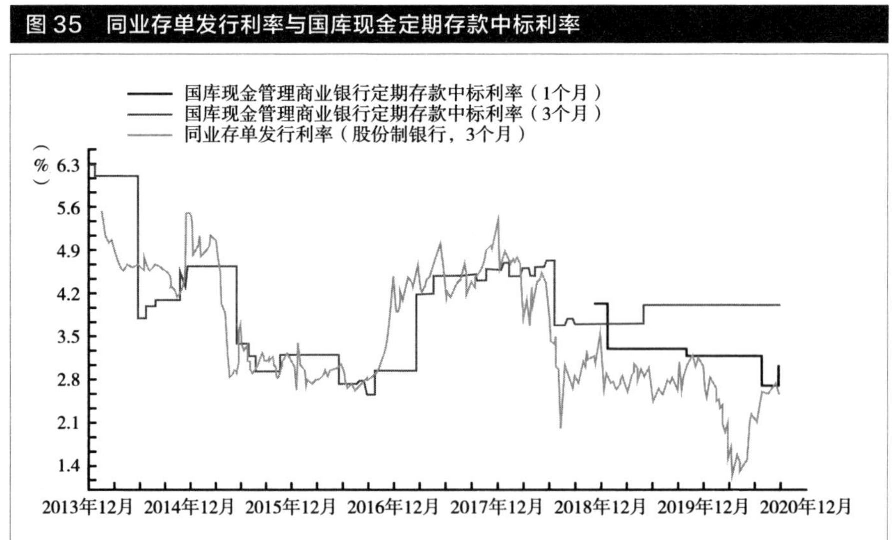

资料来源：Wind。

4. 存单发行期限拉长

2018 年以来，同业存单发行主体逐步拉长负债久期，9 个月及 1 年品种发行量占比稳步抬升（见图 36、图 37）。在商业银行一般性存款总账放缓的背景下，商业银行为降低资产负债错配的压力，同时保持满足监管要求

图 36　同业存单分主体发行期限

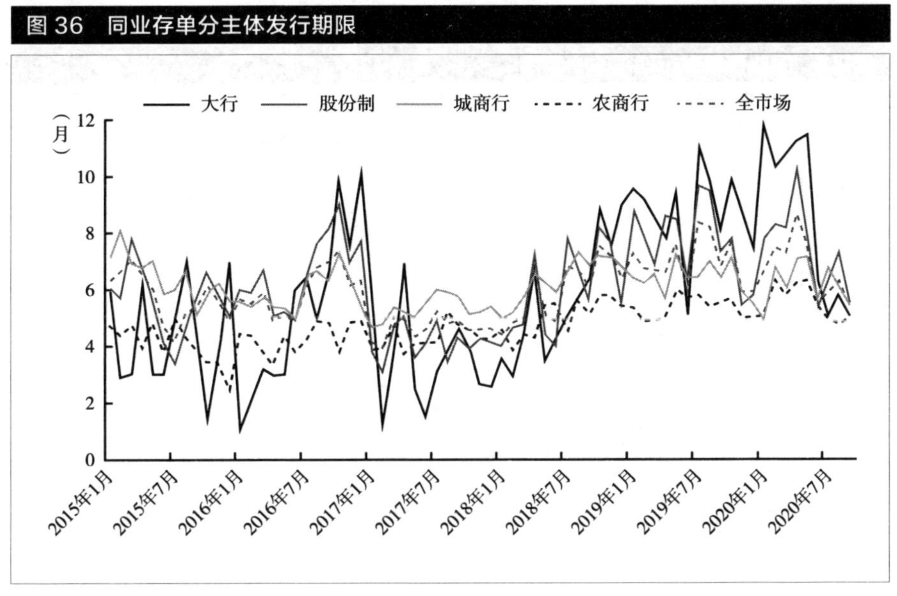

资料来源：Wind。

图 37　加权平均发行期限 30 日移动平均值

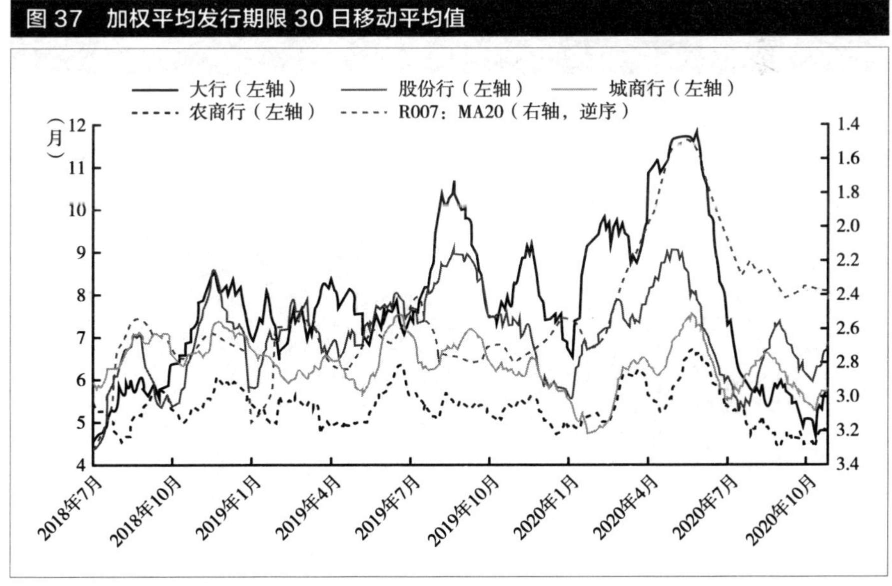

资料来源：Wind。

的同业资金来源，对长期限存单的发行需求增加。可能原因如下。

一是被动配置地方债叠加 MPA 考核增设企业中长期贷款考核指标，增加长久期负债的需求（见图 38）。

二是结构性存款大幅压降，商业银行缺稳定期限负债（见图 39）。

图 38　同业存单发行期限的季节性

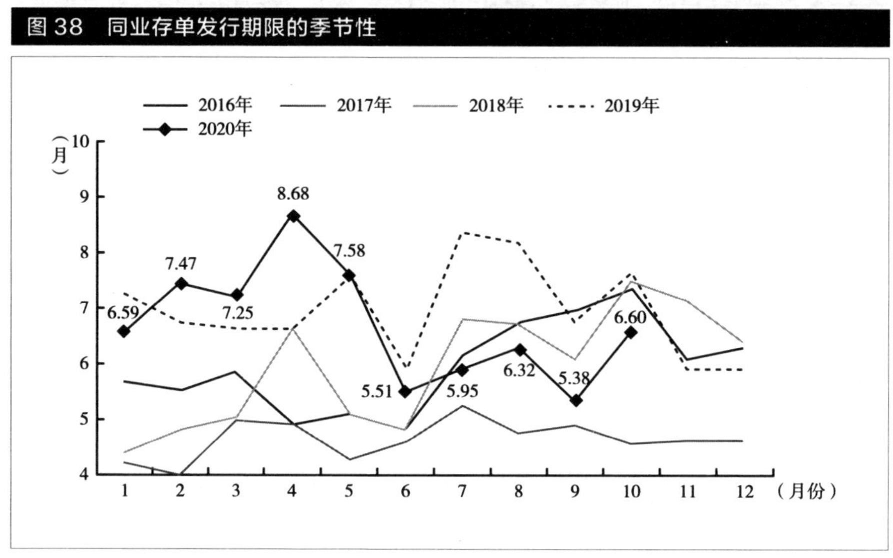

资料来源：Wind。

图 39　各类银行结构性存款及占自身存款比例

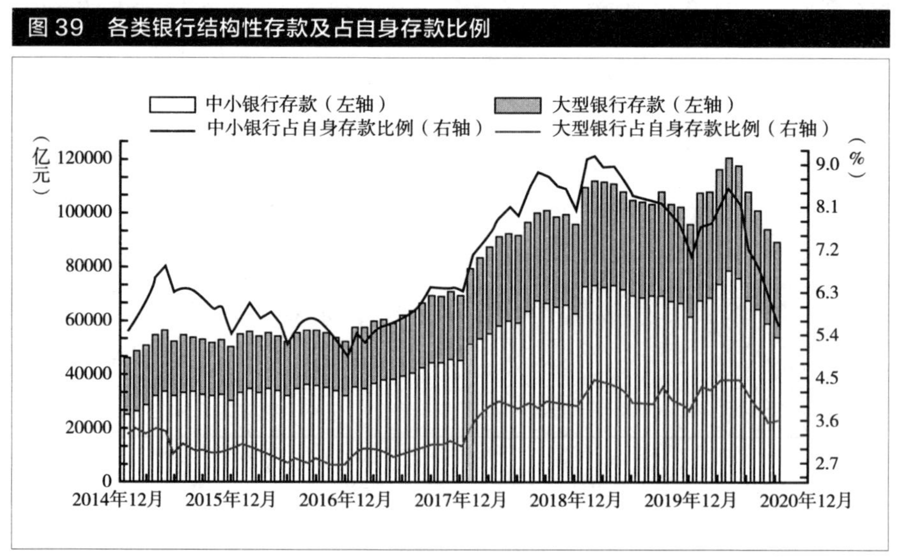

资料来源：Wind。

三是短端货币市场品种比价，同业存单优于短期融资，投资者对 1 年期同业存单需求较大（见图 40）。

四是资金利率低点下，大行倾向于提高负债久期；利率市场化环境下，大行有意愿且有额度提高同业负债比例（见表 5、表 6）。

图 40　各类型银行一年期同业存单发行量占比

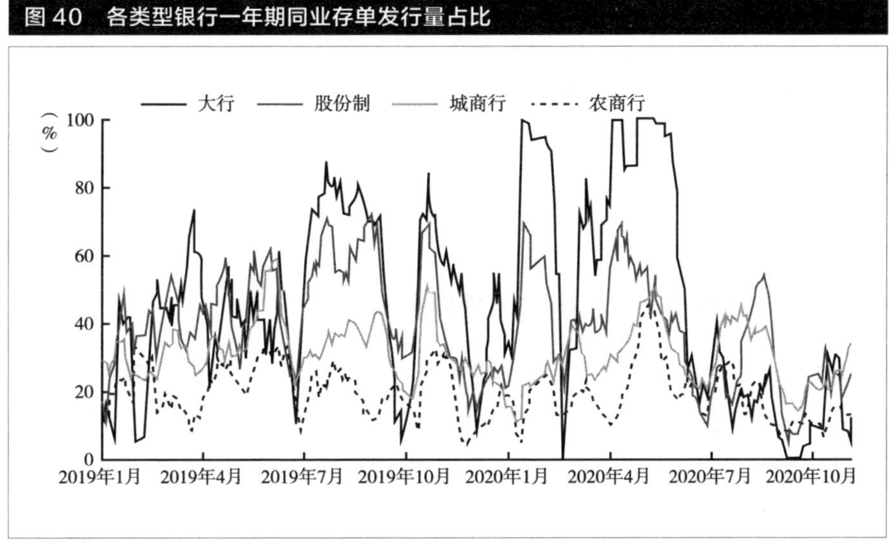

资料来源：Wind。

表 5　发行期限占比　单位：%

时间	1 个月	3 个月	6 个月	9 个月	1 年
2015 年	18	29	29	7	18
2016 年	17	28	25	6	23
2017 年	21	41	21	5	12
2018 年	12	37	17	13	20
2019 年	14	29	11	6	39
2020 年至今	12	29	18	10	31
2020 年 10 月	9	30	17	23	21
2020 年 9 月	9	36	34	11	10
环比上月（月）	0	−6	−16	12	11
2014 年以来分位数	17	39	41	96	51

资料来源：Wind。

表 6　不同银行同业负债空间对比						单位：%
负债端	大行	股份行	城商行	农商行	外资行	平均
存款	81	61	66	75	60	69
向央行借款	2	5	2	2	0	3
同业负债	11	28	27	18	28	18
传统同业	10	19	13	10	24	13
同业存单	1	8	13	9	4	5
其他负债	6	6	5	5	12	10
合计	100	100	100	100	100	100

资料来源：Wind，根据 2020 年半年报测算。

6.2-4　票据市场：表内收缩、表外扩张

票据贴现余额持续增大，截至 2020 年 6 月末，票据贴现余额达到 7 万亿元，接近同业存单存量水平。票据市场已经是一个体量相当大的子货币市场，且随着上海票交所的建立和电子银票、电子商票的使用普及，未来票据市场将迎来快速发展。尤其是资管新规中对于标准化债权资产进行了界定，标准化票据有望迎来重大发展。2020 年以来，票据市场总体可以体现为“表内收缩、表外扩张”（见图 41）。

图 41　新增表内票据

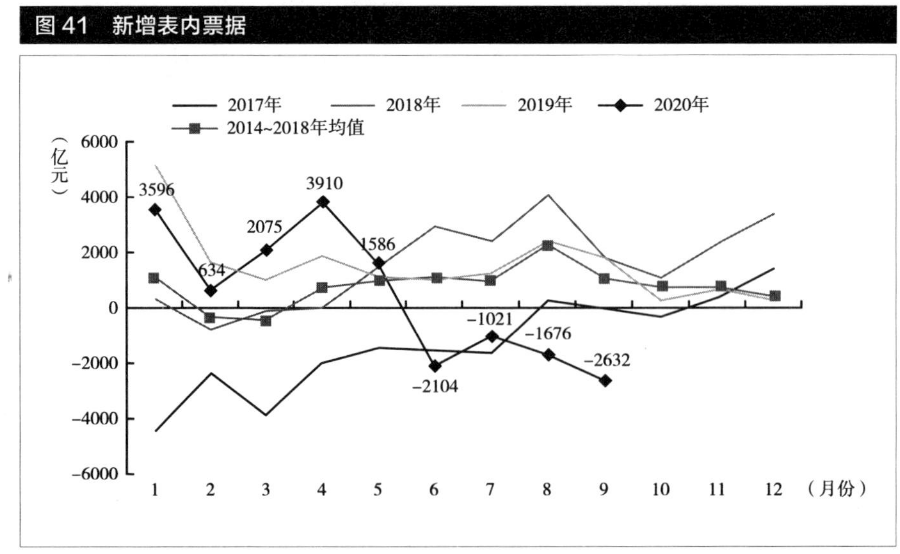

资料来源：Wind。

表外：疫情得到控制后，生产供应链逐渐恢复，企业的交易结算需求提升，在经营性现金流尚且没有完全恢复前，企业可能更倾向于利用票据来结算，这使得开票量（未贴现银行承兑汇票）大增（见图 42）。

图 42　新增未贴现票据

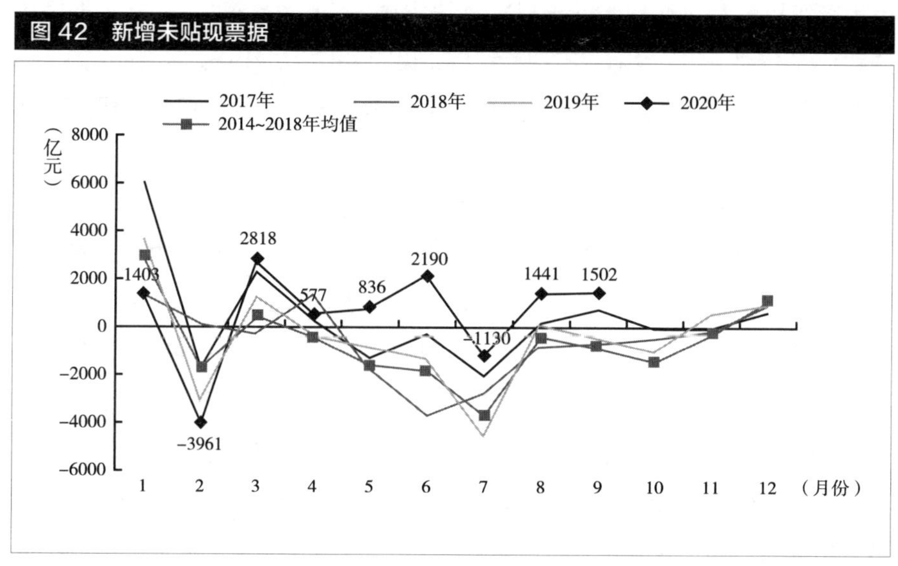

资料来源：Wind。

表内：票源（开票量）增多后，由于货币利率大幅下行带动票据利率处于低位，企业有动力利用票据贴现的手段来融资，获取更低成本的资金，和短期贷款一起补充营运现金流。6~9 月受监管制约，套利影响明显回落。

6.3　货币市场利率走势

6.3-1　央行对货币市场利率调控能力明显增强

1．疫情冲击外生，货币政策由极度宽松到退出转向较快

2020 年前三季度，央行的货币资产走出了一轮三年左右的正常周期走势。首先是 1~3 月，受疫情冲击影响，经济大幅衰退，人民银行通过总量、价格和结构货币政策全面放松，货币市场利率大幅下行，隔夜利率一度逼近超额存款准备金利率的走廊下限。但 4 月中旬至 9 月末，随着经济稳步增长，央行政策目标重点阶段性切换至防风险，货币政策逐步回归中性（见图 43、

表 7)。央行在二季度货币政策执行报告中提及“回购利率围绕公开市场操作(OMO)利率，存单利率围绕中期借贷便利(MLF)利率平稳运行”，央行转向结构性流动性短缺模式，资金利率整体经历了向政策利率回归的两个阶段：分别是 5~6 月 7 天存款类机构质押式回购利率(DR007)→ 公开市场操作利率(OMO)和 7~9 月 1 年期同业存单(1Y NCD)→ 中期借贷便利利率(MLF)，目前基本调整到位(见图 44、图 45)。

自 DR007 回归 2.2% 的合意中枢后，跨月压力也回归正常，显示货币政策转向中性(见图 46)。

2．央行对货币市场利率的调控能力显著增强

结构性的流动性短缺是指在供求平衡的情况下，央行处于借贷双方中的贷方，并非指流动性供小于求，因此不影响实体经济的运行。

在此框架形成后，央行保持适当的法定准备金率水平，即可使银行体系的存款增长自动带来法定准备金需求的增加，维持货币市场压力，货币政策操作由吸收流动性转为投放流动性，央行可以有效调控市场利率(见图 47)。

根据央行货币政策司司长孙国峰的观点(见图 48)，在流动性短缺和准备金需求向下刚性的条件下，如果央行不增加准备金供给，则商业银行不能自行减少准备金需求以实现准备金供求平衡。而中央银行增加准备金的货币

图 43　央行连续 6 个月没有降准加息操作，转向中性

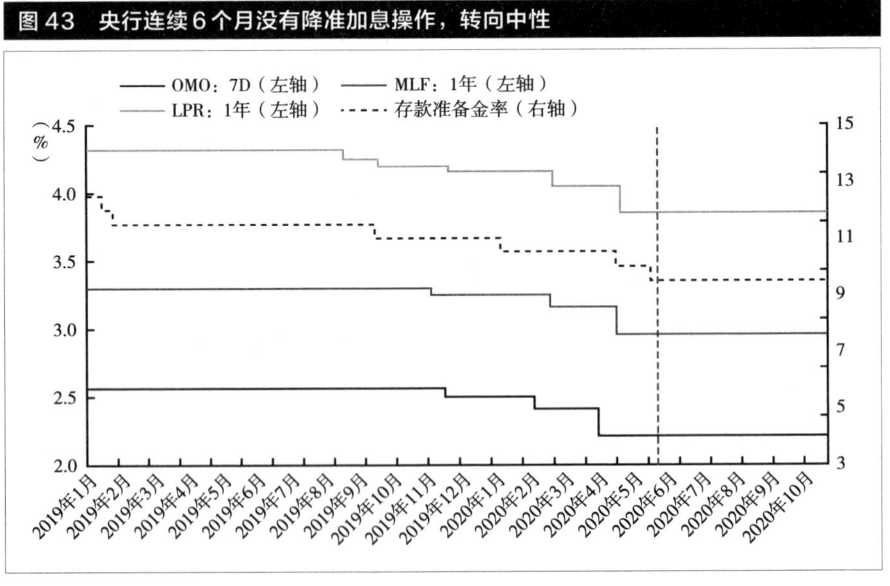

资料来源：Wind。

表 7　近期央行关于货币政策的论述以中性为主

时间	场合	发言人	主要内容	定性判断
2020-10-21	金融街论坛	易纲	稳增长和防风险长期均衡；尽可能长时间实施正常货币政策；把好货币供应总闸门	中性偏紧
2020-10-15	公开市场操作	央行	8~10 连续 3 个月超额续作中期借贷便利，呵护机构负债需求，对冲政府债发行压力	中性偏正面
2020-10-14	三季度金融数据发布会	孙国峰	完善跨周期设计和调节，维护正常货币政策空间，平衡好内外部均衡，处理好短期和长期的关系，实现稳增长和防风险长期均衡	中性
2020-9-28	三季度货币政策例会	央行	完善跨周期设计和调节，打好防范化解重大金融风险攻坚战，守住不发生系统性金融风险的底线，实现稳增长和防风险长期均衡	中性
2020-9-15	二季度货币政策报告增刊	央行	结构性流动性短缺的操作方式将有效提升央行对货币市场利率的把控能力，保障央行在二季度货币政策执行报告对“货币市场利率围绕政策利率平稳运行”的目标的完成，同时打破过分收紧的预期，降低银行同业负债量和价的压力	中性
2020-8-25	国务院吹风会	孙国峰	“三个不变”：①稳健货币政策的取向不变；②保持灵活适度的操作要求不变，既不让市场缺钱，也不让市场的钱溢出来；③坚持正常货币政策的决心不变	中性
2020-8-21	公开市场操作	央行	央行罕见在非季末月操作 14 天逆回购，辅助平稳跨月，呵护政府债发行	正面
2020-8-16	《求是》杂志刊文	郭树清	坚定不移打好防范化解金融风险攻坚战，批判海外发达国家无节制的宽松政策，警惕利率下行一致预期形成后的加杠杆和资产泡沫行为	中性
2020-6-18	陆家嘴论坛	易纲	疫情应对期间的金融支持政策具有阶段性，要注重政策设计激励相容，防范道德风险，要关注政策的“后遗症”，总量要适度，并提前考虑政策工具的适时退出	中性

资料来源：中国人民银行。

图 44 回购利率围绕 OMO 利率基本达成

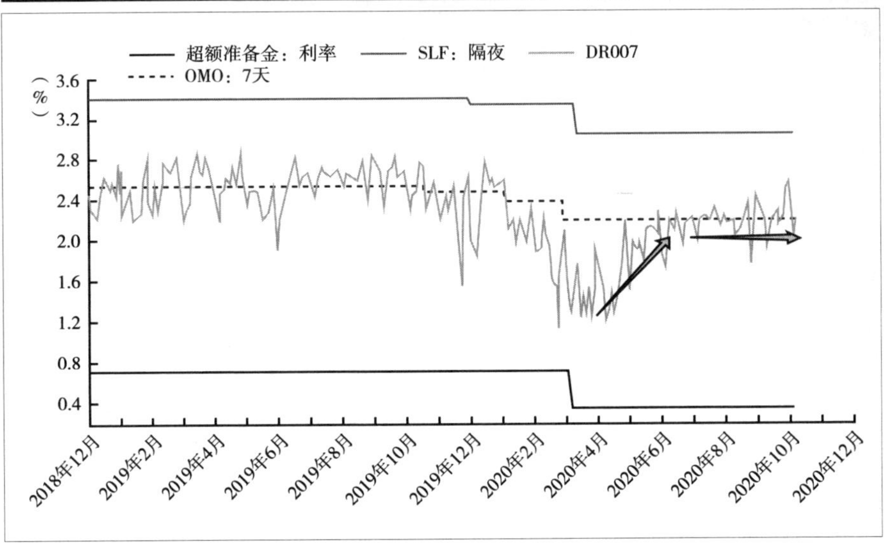

资料来源：Wind。

图 45 央行引导存单利率围绕 MLF 利率平稳运行

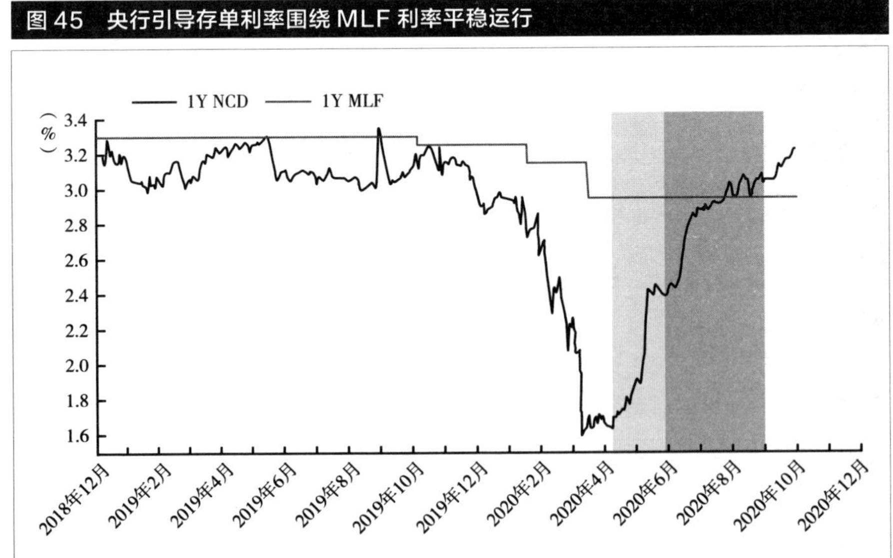

资料来源：Wind。

图 46　资金利率衡量的跨月压力转向中性

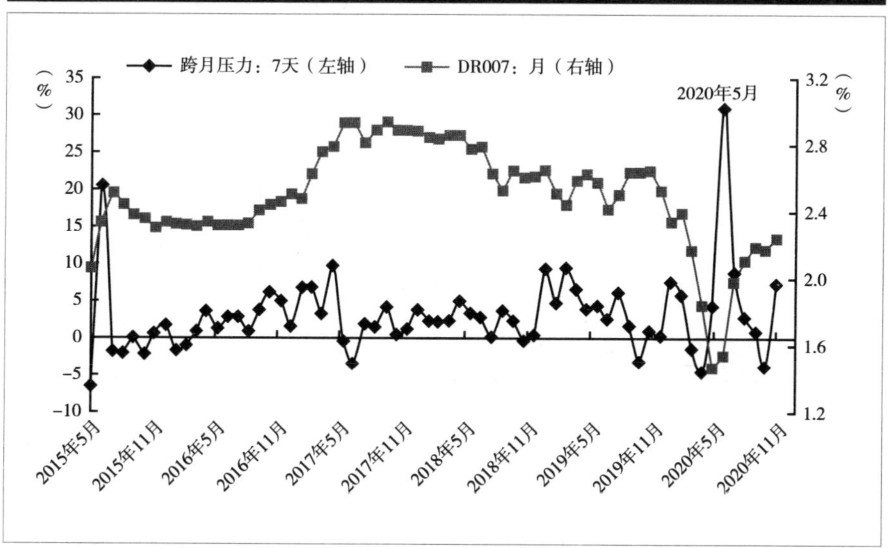

资料来源：Wind。

图 47　结构性流动性短缺模式的理论基础（1）

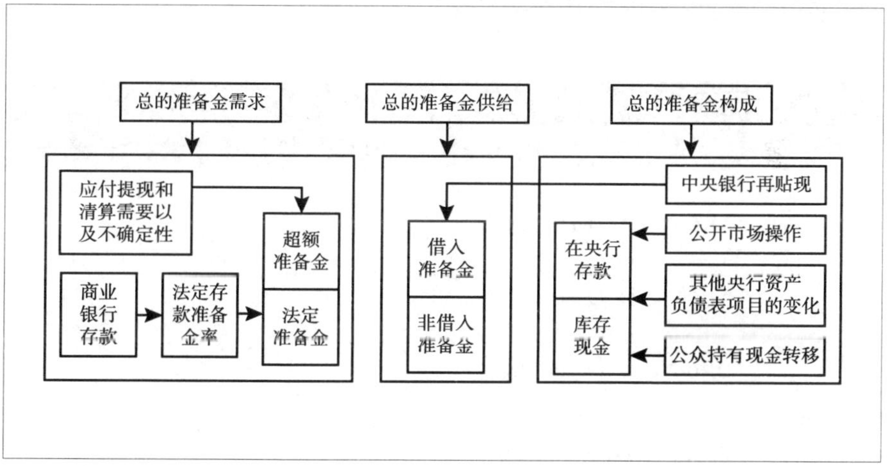

资料来源：孙国峰著《结构性流动性短缺的货币政策操作框架》，《比较》2017 年第 91 辑。

政策操作，也一定会得到商业银行的配合而实现，该交易的利率水平将成为市场的边际利率，对市场利率水平有决定的影响。这种影响与央行的交易量并不完全对称。

图 48　结构性流动性短缺模式的理论基础（2）

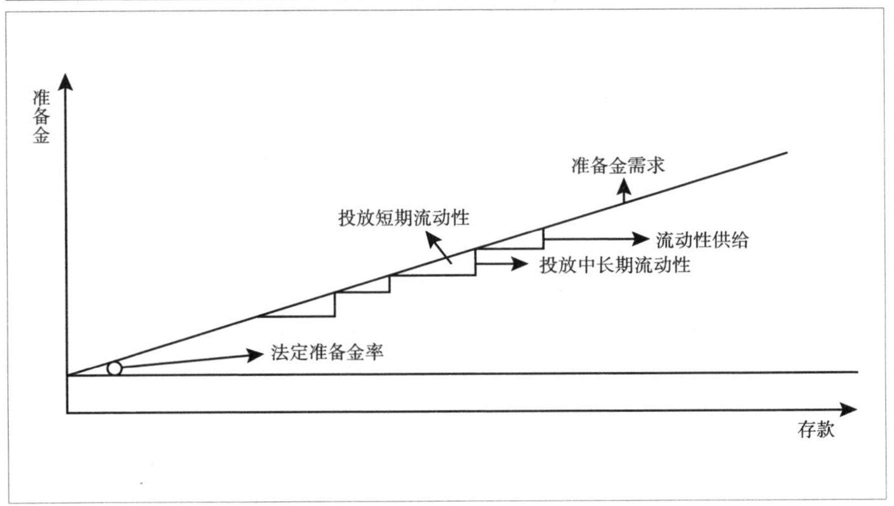

资料来源：孙国峰著《结构性流动性短缺的货币政策操作框架》，《比较》2017 年第 91 辑。

2020 年 5 月以来，央行转向结构性流动性短缺的流动性调控方式，使得货币市场利率有效地回归政策利率附近，并围绕政策利率平稳运行，这就是该理论的有效实践展示（见表 8）。

表 8　央行公开市场操作措辞（对流动性判断）　　单位：%

时间区间	指标	为维护合理充裕	处于合理充裕	处于较高水平
2018 年	DR007	2.77	2.63	2.66
	DR007-OMO 7D（bp）	23	8	12
2019 年	DR007	2.61	2.56	2.43
	DR007-OMO 7D（bp）	6	2	-12
2020 年	DR007	2.21	1.76	2.05
	DR007-OMO 7D（bp）	-3	-51	-32
2020 年 7 月至今	DR007	2.21	2.09	1.93
	DR007-OMO 7D（bp）	1	-11	-27

资料来源：Wind。

6.3-2　随着疫情冲击消退，货币市场利率基本围绕政策利率变动

缴税缴准会形成月内银行间市场资金面中下旬较上旬紧张的特征。2017 年以来，受金融去杠杆、存款类机构对非银金融机构的授信纳入 MPA 考核

等因素影响，月末、季末资金面波动大于以往，2017 年末质押式回购 7 天加权平均利率最高达 5.04%。

但从 2019 年开始，这种现象明显减弱，尤其是 2020 年 5 月央行转向结构性流动性紧缺调控模式后，表征银行间市场基准利率的 DR007 基本做到了围绕 2.2% 的 OMO 政策利率平稳波动（见图 49 至图 52）。

图 49　DR001 季节性

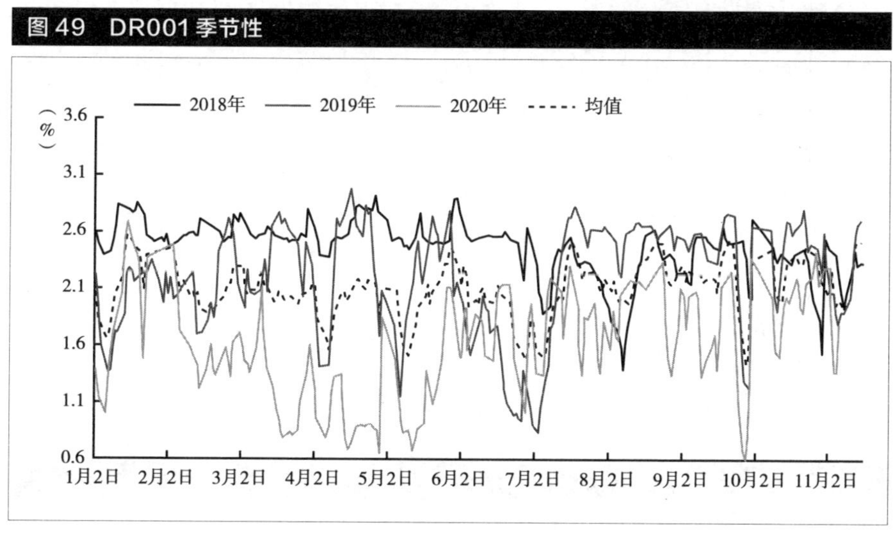

资料来源：Wind。

图 50　R001 季节性

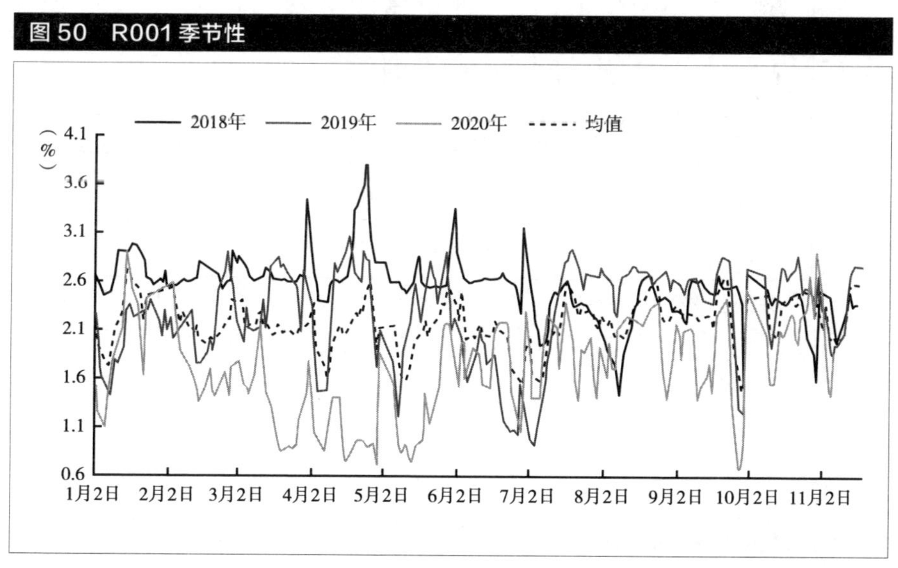

资料来源：Wind。

图 51　DR007 季节性

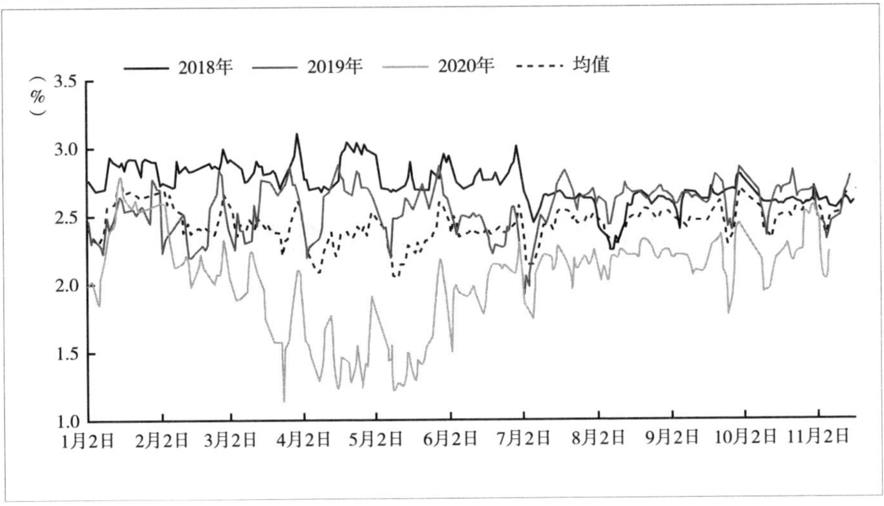

资料来源：Wind。

图 52　R007 季节性

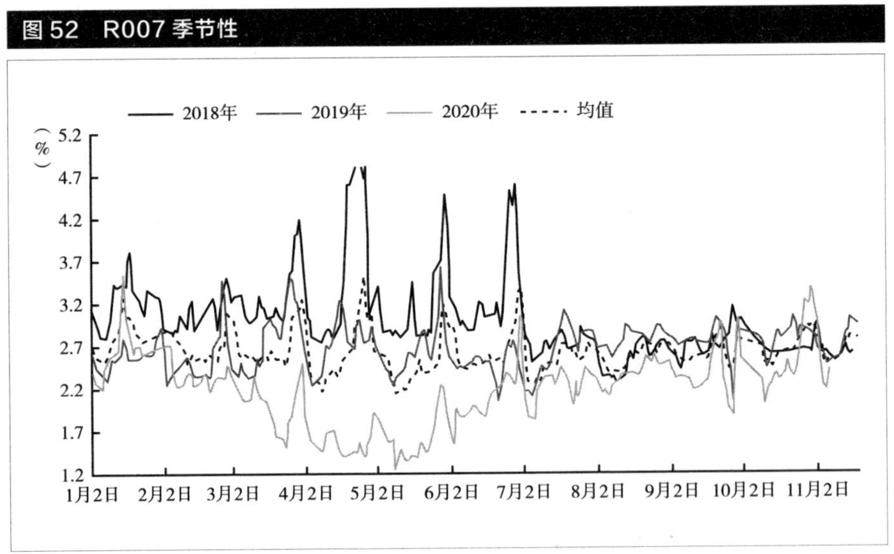

资料来源：Wind。

2019 年以来 R-DR 利差季节性弱化，绝对水平低于 2017、2018 年，显示流动性整体较为宽松。可能原因之一是非银机构从银行间转向交易所，杠杆可能有所降低，质押式回购成交量持续下行可以佐证；原因之二是包商银行事件后银行内部也出现分化，导致 DR 有所上行。

从 2020 年 8 月开始，随着央行转向结构性流动性紧缺的调控模式，处于流动性传导末端的非银机构明显感受更偏紧，8~10 月非银利差明显上行，显示在资金紧平衡下，流动性分层情况持续增加（见图 53、图 54）。

图 53　非银机构隔夜利差季节性

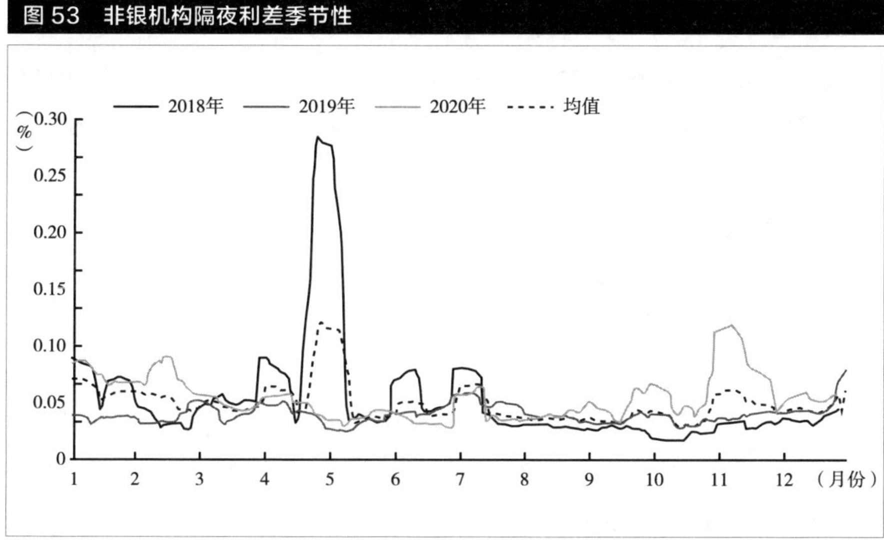

资料来源：Wind。

图 54　非银机构 7 天利差季节性

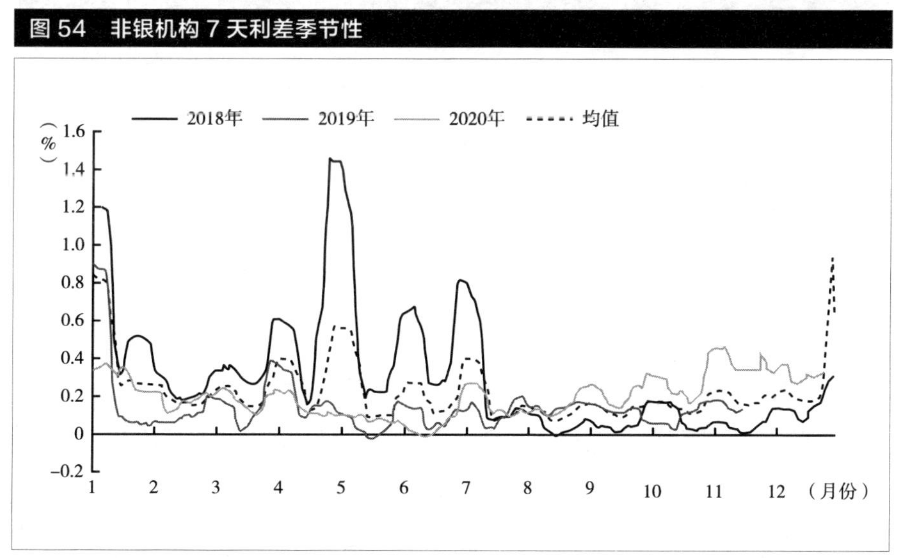

资料来源：Wind。

6.4 货币市场改革与发展

1．央行对货币市场调控能力进一步增强，央行增加结构化总量政策使用，降低实体融资成本成为货币政策主要逻辑

2019 年以来央行流动性投放增量主要由降准资金贡献（长钱 + 便宜钱），另外定向中期借贷便利（TMLF）置换部分中期借贷便利（MLF），以上均符合央行通过压降银行负债成本传导至降低实体成本的调控方向（见图 55）。

流动性投放结构如下。

存量结构：一是 2018 年 10 月以来，公开市场投放占比下降，准备金投放占比增加；二是公开市场中逆回购使用减少，中期借贷便利存量减少，定向中期借贷便利增加（见图 56）。

总结：长期资金、便宜资金占比提升。

利率走廊发挥效用，2020 年 7 月以来资金利率围绕公开市场操作利率平稳运行（见图 57）。7 月以来央行流动性操作逻辑：结构性流动性短缺 = 低超储 + 紧平衡 + 高波动 + 流动性分层→增强货币市场利率调控能力 + 难以形成稳定宽松预期。

图 55　央行流动性投放总量水平（含降准调整）

资料来源：Wind。

图 56　央行流动性投放结构

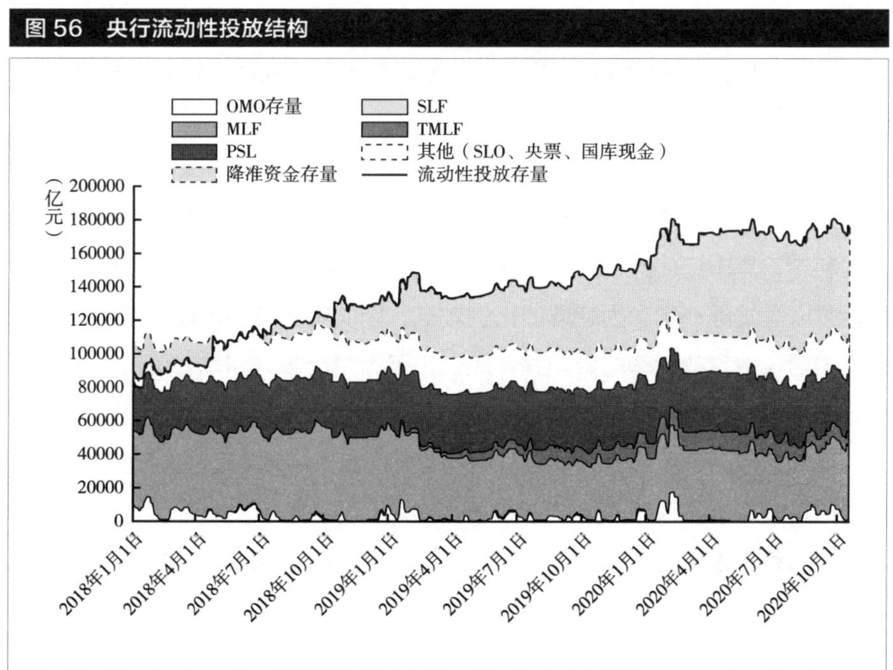

资料来源：Wind。

图 57　央行利率走廊发挥效用，DR007 围绕政策利率平稳运行

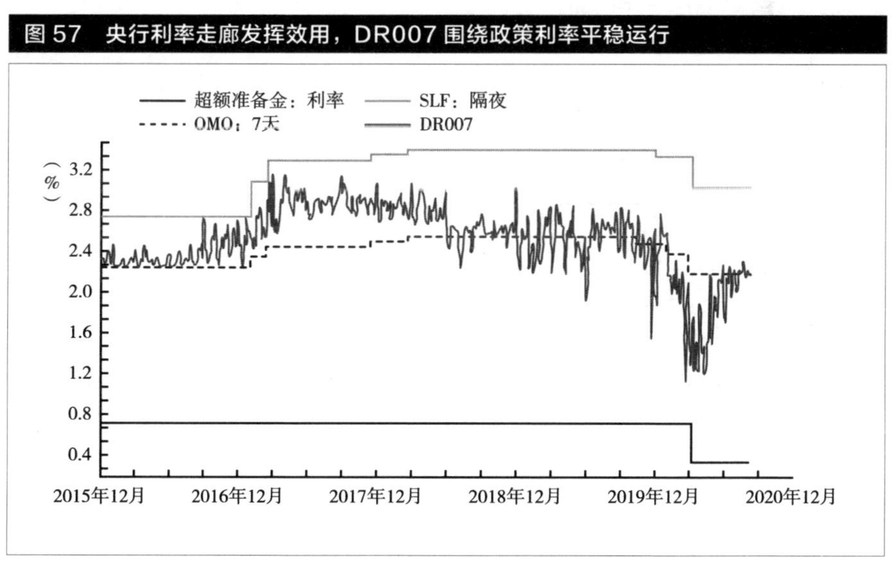

资料来源：Wind。

2．货币市场承担利率市场改革中的双重调控职能，公开市场操作（OMO）– 中期借贷便利（MLF）– 贷款市场报价利率（LPR）形成货币市场和信贷市场联动机制

我国央行可以直接控制货币市场的利率，但货币市场利率向贷款利率的传导效率不高，一方面是由于央行对信贷市场的调控工具主要是调整存贷款基准利率，其市场化的程度与发达市场还有一定差距；另一方面是信贷市场中贷款以短端浮动利率为基准的比例较低，因此短端货币市场利率的变动在短期内对长端贷款利率的影响并不大。正因为货币市场利率对信贷利率的传导效率不高，货币市场对实体经济的影响时滞也较长。

但随着 2019 年 8 月开始的 LPR 改革，货币市场利率的变动向贷款市场的传导效率明显增强（见图 58、图 59）。

3．面对稳增长和防风险，结构性货币政策适时推出，并发挥重要作用

面对稳增长和防风险的多重目标，央行的调控似乎遇到不可兼得的问题，面对政策目标的“不可能三角”，央行创新性地开启了直达实体经济的结构性货币政策，精准滴灌，有效支持了疫情防控、经济社会发展和保证金融风险稳定（见图 60）。

图 58　OMO-MLF-LPR 联动货币市场与信贷市场

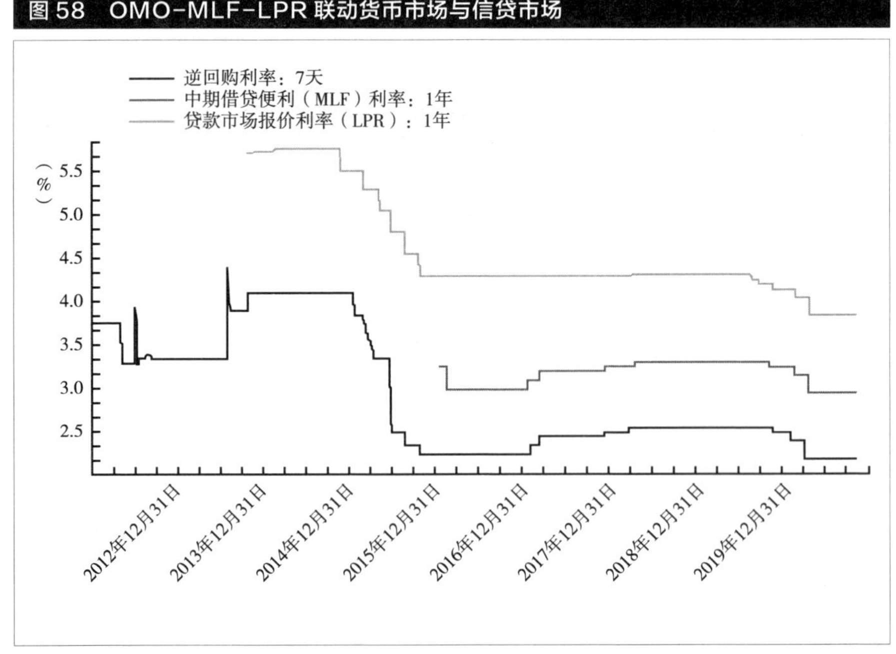

资料来源：Wind。

图 59　货币市场利率向贷款利率的传导效率明显增强

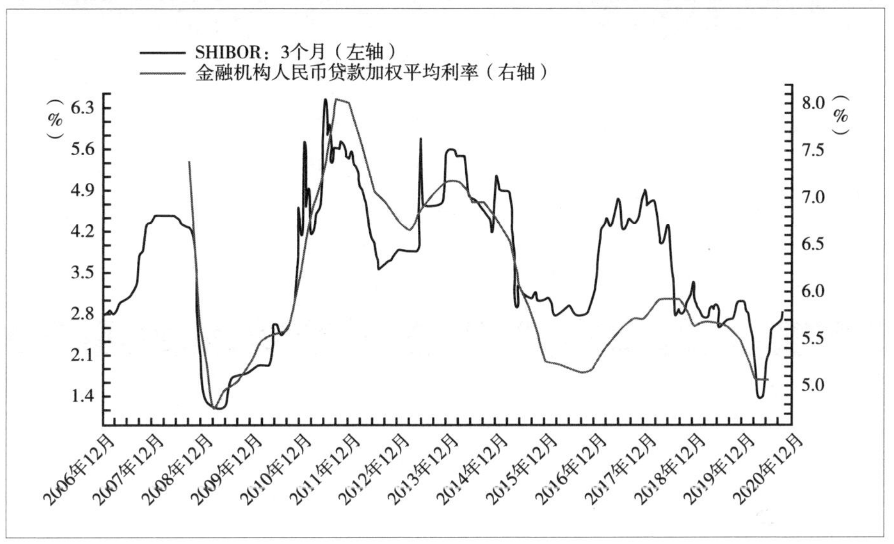

资料来源：Wind。

图 60　央行传统货币政策的 " 不可能三角 "

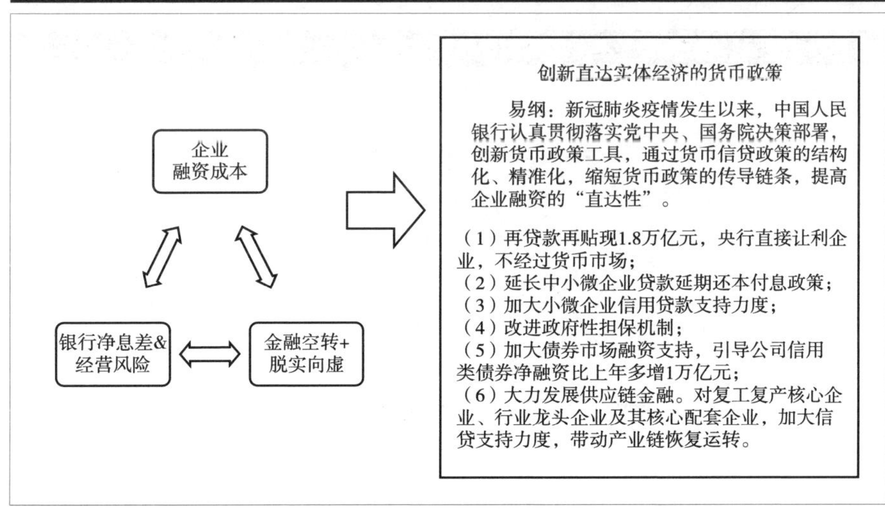

资料来源：中国人民银行。

4. 货币政策框架转型：疫情后的新“不可能三角”

在传统货币政策框架下，宽信用、降成本与稳杠杆无法同时实现，构成新“不可能三角”（见图 61）。举例来说，宽松货币政策的惯用工具是放松信用供给以及降低利率水平，但必然会导致宏观杠杆率上升。解决新“不可能三角”这个难题，将形成具有中国特色的新货币政策框架。

在新的货币政策框架下，央行可以通过结构性工具与监管改革解决新“不可能三角”难题。主要方法如下（见图 62）。

图 61 货币政策框架转型：疫情后的新“不可能三角”

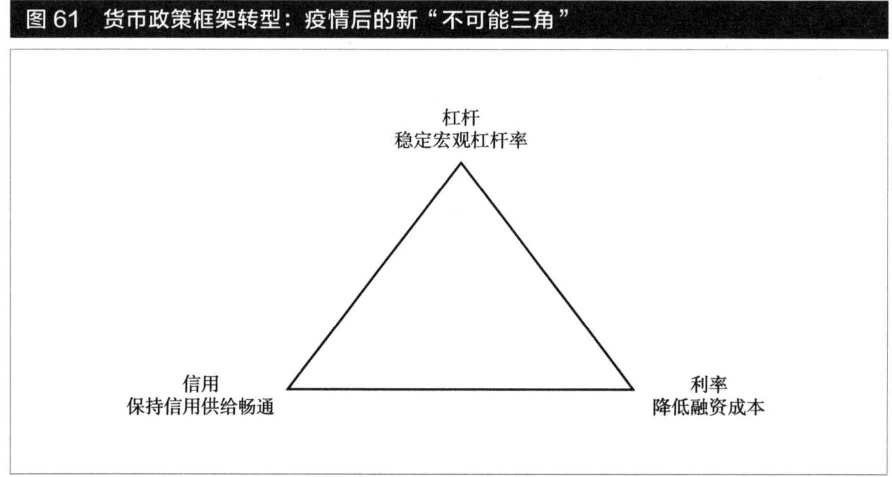

资料来源：笔者整理。

图 62 货币政策框架新“不可能三角”的解决之道

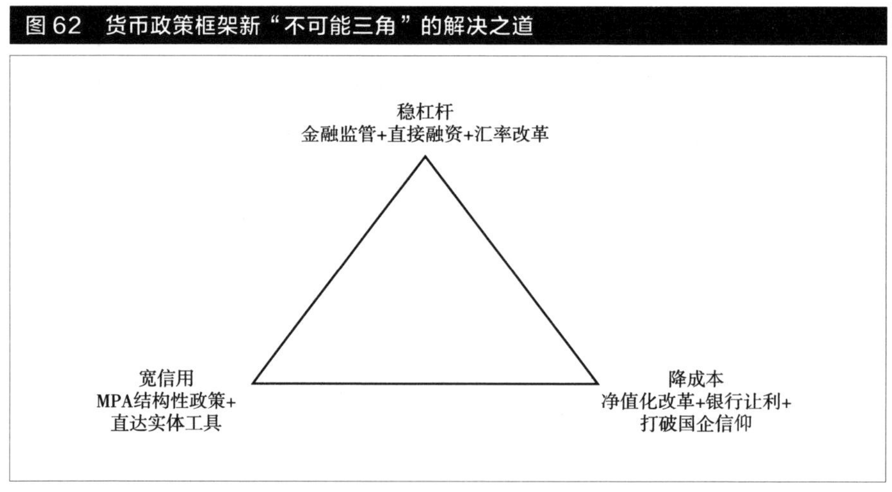

资料来源：笔者整理。

一是保持信用供给畅通：①宏观审慎评估体系（MPA）等结构性信用政策；②直达实体经济的货币政策工具。

二是降低融资成本：①净值化改革，降低理财与非标利率；②困难时期银行体系让利实体经济；③打破国企信仰，推进信用市场化定价。

三是稳定宏观杠杆率：①直接监管房企与城投等主体的融资规模；②提高直接融资的占比；③汇率弹性增强，更好发挥经济自动稳定器的作用。

第 7 章　债券一级市场*

- 2019 年，债券总发行量为 45.19 万亿元。2020 年前三季度，债券总发行量达到 45.42 万亿元，已经超过 2019 年全年的水平，总发行量将创出年度历史新高。但从净融资额看，在 2016 年就已达到历史最高水平，为 15.77 万亿元，2017 年急剧减少至 10.59 万亿元，之后有所回升，2019 年为 11.48 万亿元，而 2020 年前三季度仅为 6.91 万亿元。从发行量看，利率债和信用债的发行规模差不多；而从净融资额看，利率债是信用债的数倍，且两者差距还有逐年扩大的趋势。

- 从债券一级市场发行品种看，2020 年前三季度，全市场发行量同比增长 25.3%；其中，利率债同比增长 45.6%，信用债同比增长 33%，而同业存单同比增长只有 2.7%。从具体品种上看，央票和交易商协会 ABN 虽然增速都在 200% 以上，但由于发行量很小没有太多意义，增速在 137% 的证券公司短期融资券也是如此；同比增速在 50%~100% 的品种包括国债、证券公司债、一般公司债和超短期融资券；而同比增速为负的品种包括其他金融机构债、国际机构债、银保监会和证监会主管的 ABS、可转债和可交换债，这些品种的占比都很小，对债券市场影响不大。

- 2020 年 1~9 月，非金融企业债券共发行大约 9.2 万亿元，比 2019 年度增长 36.6%。其中，一般公司债的增长最为迅猛，同比增速为 73.5%；其次为超短期融资券，同比增速为 51.2%；再次是中期票据，同比增速为 24.4%。不过，从非金融企业发行的品种规模和占比上看，2020 年 1~9 月超短期融资券发行额为 3.5 万亿元，仍是占比最高的品种，占比高达 8.3% 左右；其次是公司债，发行额为 2.5 万亿元，占比达到 6%；再次是中期票据，发行 1.9 万亿元，占比 4.5%；而定向工具和企业债占比最低，分别为 1.3% 和 0.7%。

- 债券市场基础设施实现互联互通，有利于切实便利债券跨市场发行与交易，促进资金等要素自由流动，形成统一市场和统一价格，为货币政策顺畅传导和宏观调控有效实施奠定坚实基础，也有利于提升我国债券市场基础设施服务水平和效率，推动构建以客户为中心、适度竞争的债券市场基础设施服务体系，更好地服务实体经济。

---

* 本章作者：李怀军，第一创业证券研究所首席分析师。

7.1 债券一级市场的发行结构

7.1-1 债券发行总量和净融资额

2013 年至 2019 年，随着中国债券市场的发展壮大，债券市场总发行量稳步上升。图 1 显示，2013 年全市场的债券总发行量为 9.05 万亿元，2014~2017 年分别突破 10 万亿元、20 万亿元、30 万亿元和 40 万亿元，随后增长速度大幅放缓，到 2019 年，债券总发行量为 45.19 万亿元。2020 年前三季度，债券总发行量达到 45.42 万亿元，已经超过 2019 年全年的水平，总发行量将创出年度历史新高。但从净融资额看，在 2016 年就已达到历史最高水平，为 15.77 万亿元，2017 年急剧减少至 10.59 万亿元，之后有所回升，2019 年为 11.48 万亿元，而 2020 年前三季度仅为 6.91 万亿元。

图 1 2013~2020 年中国债券市场发行融资情况

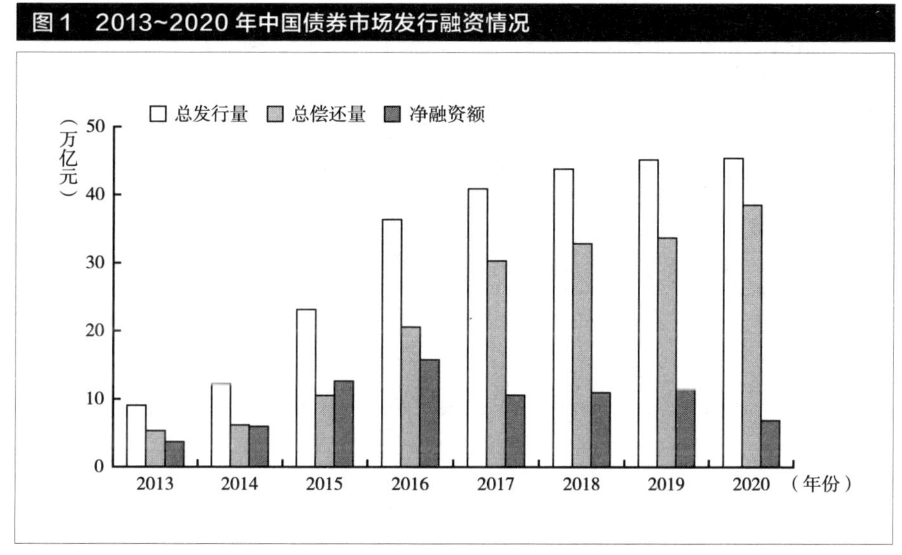

注：2013~2019 年以 12 月 31 日为截止日期，2020 年以 9 月 30 日为截止日期。
资料来源：Wind，第一创业证券研究所计算整理。

究其原因，主要是受 2013 年以来，同业存单发行量和净融资额的巨大变化的影响，同业存单发行量之所以在 2014 年以后出现爆发式增长，除了主动性发行、透明性定价、高稳定性和流动性的优势以外，还因为在 2018 年以前不纳入同业负债的考核，不需要缴纳存款准备金，在监管上与其他负债资产相比具有很大优势，因而慢慢从中小银行用来补充自己资金来源的负债工具，变成一种主动性的负债工具。因此，从严格意义上看，同业存单并不是一种债券，而是商业银行的一种主动性负债的手段，它与同业存款在本质上是一致的。因而，同业存单的发行期限短，都在 1 年以内，随着发行量的增长，到期量也在逐步上升。从图 2 可以看出，从 2013 年到 2017 年，同业存单的发行量从 340 亿元增加到 20.17 万亿元，总偿还量也由零上升至 18.46 万亿元，可见，同业存单后来大都是滚动发行的，以旧还新。因此，从净融资额看，同业存单远没有发行量所显示的那样“光鲜”，同业存单净融资额在 2016 年达到 3.28 万亿元之后开始见顶回落，至 2019 年为 8297 亿元，2020 年前三季度为 -3.76 万亿元。

图 2　2013~2020 年同业存单发行融资量的结构变化

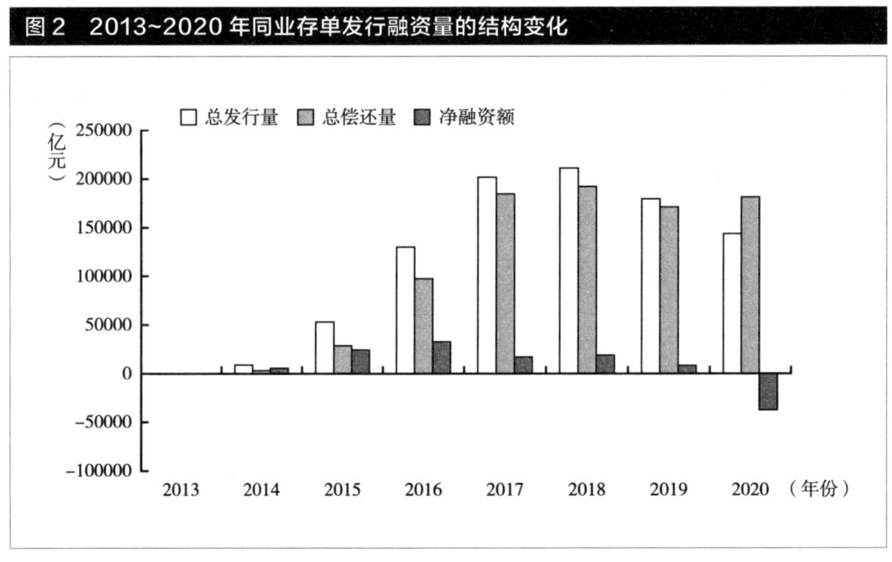

注：2013~2019 年以 12 月 31 日为截止日期，2020 年以 9 月 30 日为截止日期。
资料来源：Wind，第一创业证券研究所计算整理。

同业存单发行净融资额的急剧减少，和中国货币投放方式变化以及金融机构 2014 年开始的加杠杆，随后 2017 年的去杠杆过程，是密切相关的。图 3 显示，2014 年是我国基础货币投放方式开始发生重大变化的一年，这年 4 月央行外汇占款达到 27.3 万亿元的历史高点后见顶回落，2016 年底为 21.94 万亿元，之后回落速度大幅放缓，至 2020 年 9 月底为 21.16

万亿元；央行传统的国债回购工具已不够用，创造出 SLO（短期流动性调节工具）、SLF（常设借贷便利）、MLF（中期借贷便利）、PSL（抵押补充贷款）等新型工具，因而货币当局对其他存款性公司债权开始从 2014 年 4 月的 1.3 万亿元，之后仍保持一定增长速度，至 2020 年 9 月底为 12.36 万亿元左右。

图 3　中国基础货币投放方式的巨大变化

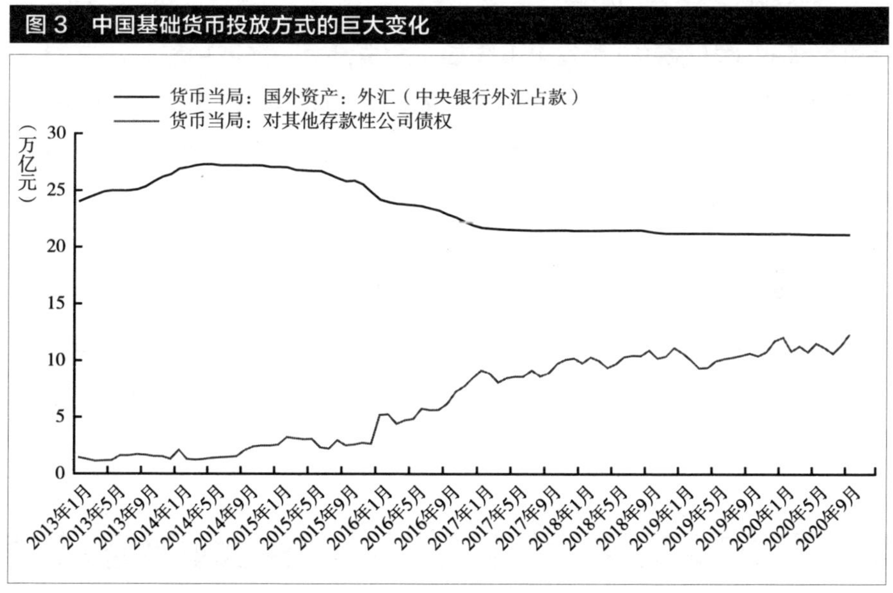

资料来源：Wind。

问题关键在于，央行这些新型货币政策工具对于银行和抵押品都有一定的要求，因而形成央行—政策性银行 / 商业银行—股份制银行—城商行 / 农商行—非银行金融机构的资金分层投放渠道，即中小银行由于吸引存款能力和接受央行流动性资质的不足，主要通过发行同业存单的方式从大行处获得资金，而非银行金融机构主要通过接受委外资金的方式从中小银行处获得资金。在这一过程中，资金成本越来越高，为了保证收益率，加杠杆和牺牲流动性以追求高收益成为必然选择，成为 2014 年到 2016 年 10 月债券大牛市的动力之源。而由此带来的高风险以及“脱实向虚”的资金空转，使得监管层不得不出手加以治理。以 MPA（宏观审慎评估体系）考核为标志，自 2018 年第一季度开始，对同业存单与同业存款的监管将统一，即两者都将作为同业负债进行 MPA 考核。由于 MPA 考核要求银行同业负债占总负债的比例不能超过三分之一，而对银行通过债券发行进行融资的比例没有限制。因此，同业存单纳入 MPA 考核实际上意味着银行通过同业负债（含存单）进行融资的比例将开始受到约束。随着监管的趋严，国有大行比中小银行更有指标上的优势，也开始利用同业存单来扩大同业业务的规模，而中小银行的资金来源则开始出现问题。

受新冠肺炎疫情的影响，2020 年初国内经济大幅度下滑，央行 3 次降准，加权平均存款准备金率下降约 1 个百分点，降准释放流动性 1.75 万亿元；而自 2018 年以来，中国人民银行 10 次降准，加权平均存款准备金率下降约 5.5 个百分点，累计释放流动性 8.1 万亿元。在流动性大幅宽松的背景下，同业存单发行利率快速下行，6 个月存单的发行利率从 2018 年 1 月的 4.95%，一直下滑至 2020 年 5 月的 1.92%，然后止跌回升至 9 月的 3.1%，如图 4 所示。造成上述现象的原因，主要是银行负债缺少“长钱”，长期限负债匮乏，而金融机构超储率从 2019 年底的 2.4% 下滑至 2020 年 6 月底 1.6% 的低位，导致银行同业存单发行利率

图 4　2018 年至今同业存单的发行利率和发行量的走势

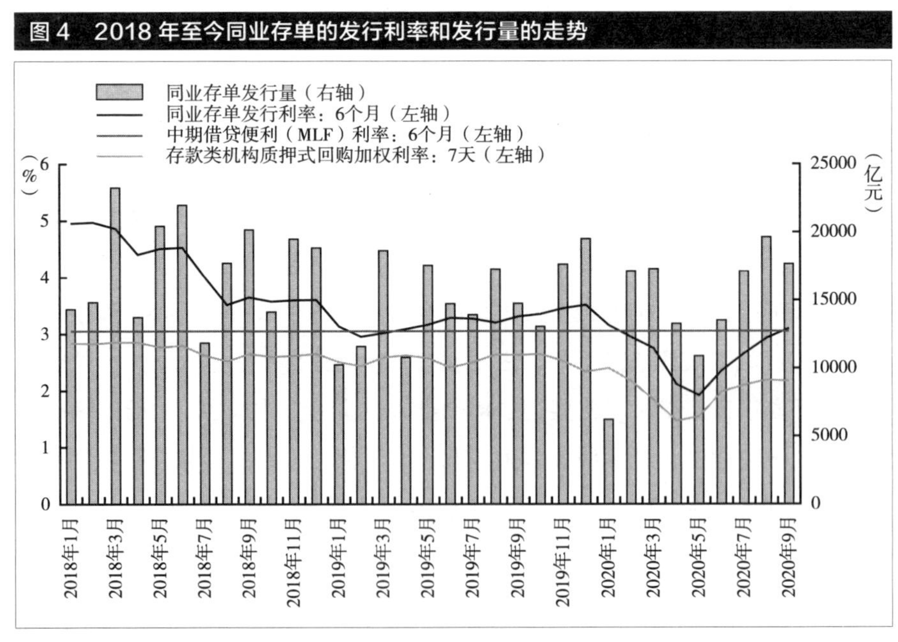

资料来源：Wind，第一创业证券研究所计算整理。

持续上升，超过 1 年期 MLF3.05% 的中标利率，而与存款类机构加权回购利率（DR007）之间的 93 个基点的利差，已创下 2020 年以来的新高。这反映出，当前银行间市场资金面在期限上存在分层现象，即银行并不缺“短钱”，而缺稳定的“长钱”。同业存单发行量也从 5 月的 1.09 万亿元上升至 9 月的 1.77 万亿元，存单的量价齐升反映银行负债成本压力的凸显，其背后是在超储率低位运行背景下，结构性存款压降、政府债券集中发行导致的银行缺“长钱”问题。第四季度结构性存款压降压力、政府债券发行规模、同业存单到期量均较大，而货币政策维持对短端资金利率的对冲操作，预计同业存单利率在 12 月底之前都将维持高位运行。

7.1-2　债券发行的品种结构分布

从债券一级市场的发行品种看，可分为利率债和信用债。根据图 5 和图 6 的对比，从发行量看，利率债和信用债的发行规模差不多；而从净融资额看，利率债是信用债的数倍，且两者差距还有逐年扩大的趋势。

从具体品种上看，除同业存单外，利率债包括国债、地方债、央票、政策性银行债；其他品种都是信用债。

从发行面额比重上看，2020 年 1~9 月利率债占比最高，达到 35.2%，

图 5　2013~2020 年债券市场发行量的结构变化

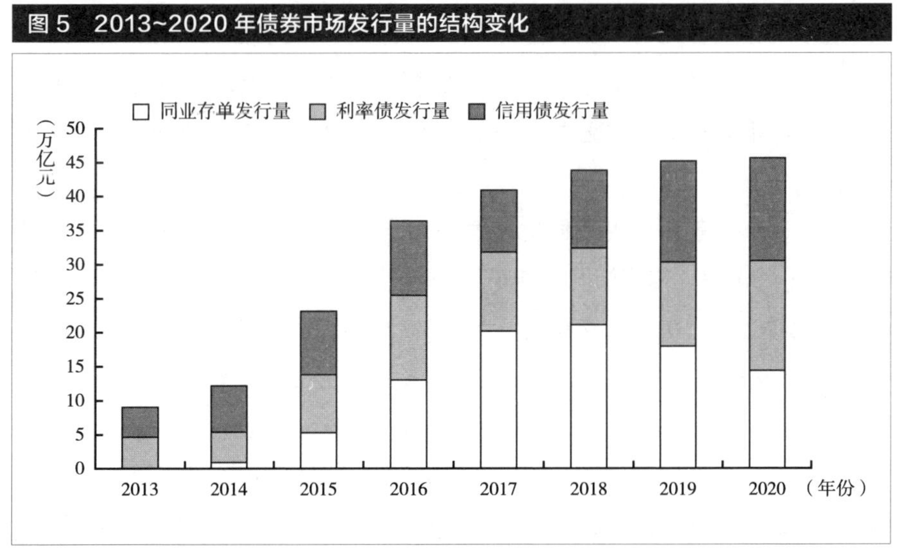

资料来源：Wind，第一创业证券研究所计算整理。

图 6　2013~2020 年债券市场净融资额的结构变化

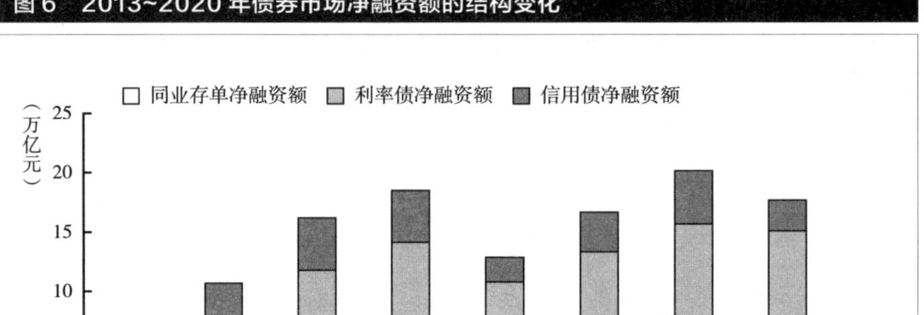

注：2013~2019 年以 12 月 31 日为截止日期，2020 年以 9 月 30 日为截止日期。
资料来源：Wind，第一创业证券研究所计算整理。

比 2019 年末提高 7.8 个百分点；其次是同业存单，占比为 31.4%，比 2019 年末下滑 8.3 个百分点；最后是信用债，占比为 33.5%，比 2019 年末提高 0.6 个百分点。从具体品种上看，2020 年前三季度国债、地方政府债和政策性银行债的占比都超过了 10%，而 2019 年则在 9% 左右；信用债中，短期融资券（主要为超短期融资券）的占比最高，2020 年前三季度为 9.2%，比 2019 年提高 1.2 个百分点；其次是公司债，2020 年前三季度占比为 6.0%，比 2019 年提高 0.4 个百分点；第三位为中期票据，2020 年前三季度占比为 4.5%，而 2019 年为资产支持证券，占比为 5.2%。

从 2020 年前三季度的同比增速看，全市场为 25.3%；其中，利率债同比增长 45.6%，信用债同比增长 33%，而同业存单同比增长只有 2.7%。从具体品种上看，央票和交易商协会 ABN 虽然增速都在 200% 以上，但由于发行量很小没有太多意义，增速在 137% 的证券公司短期融资券也是如此；同比增速在 50%~100% 的品种包括国债、证券公司债、一般公司债和超短期融资券；而同比增速为负的品种包括其他金融机构债、国际机构债、银保监会和证监会主管的 ABS、可转债和可交换债，这些品种的占比都很小，对债券市场影响不大（见表 1）。

表 1　全市场债券发行品种分布情况

债券类型		2019 年		2020 年 1~9 月		
		发行额（亿元）	面额比重（%）	发行额（亿元）	面额比重（%）	同比（%）
	同业存单	179513.93	39.73	132813.50	31.36	2.73
利率债	国债	41641.00	9.22	48007.00	11.34	60.75
	地方政府债	43624.27	9.65	56792.54	13.41	35.80
	央行票据	320.00	0.07	460.00	0.11	228.57
	金融债	66016.40	14.61	73295.41	17.31	42.26
	政策性银行债	38237.10	8.46	43690.70	10.32	43.34
	汇总	123822.4	27.4	148950.2	35.18	45.59
信用债	商业银行债	4329.50	0.96	5379.80	1.27	100.14
	商业银行次级债券	11651.00	2.58	9826.80	2.32	0.61
	保险公司债	566.50	0.13	573.50	0.14	11.04
	证券公司债	4553.30	1.01	6045.61	1.43	59.46
	证券公司短期融资券	4491.00	0.99	6504.00	1.54	136.85
	其他金融机构债	2188.00	0.48	1275.00	0.30	−16.83
	企业债	3624.39	0.80	2934.79	0.69	14.96
	一般企业债	3624.39	0.80	2934.79	0.69	14.96
	公司债	25438.63	5.63	25336.78	5.98	41.70
	私募债	14577.42	3.23	11178.52	2.64	15.02
	一般公司债	10861.21	2.40	14158.26	3.34	73.47
	中期票据	20308.10	4.49	18916.17	4.47	24.42
	一般中期票据	20308.10	4.49	18916.17	4.47	24.42
	短期融资券	36254.19	8.02	39034.25	9.22	45.30
	一般短期融资券	4826.20	1.07	4009.00	0.95	8.40
	超短期融资债券	31427.99	6.96	35025.25	8.27	51.19
	定向工具	6181.02	1.37	5684.42	1.34	18.52
	国际机构债	135.00	0.03	110.00	0.03	−12.00
	政府支持机构债	1650.00	0.37	1330.00	0.31	26.67
	资产支持证券	23613.53	5.23	16749.27	3.96	13.91
	银保监会主管 ABS	9634.59	2.13	3722.40	0.88	−36.59
	证监会主管 ABS	11097.30	2.46	3195.76	0.75	−54.18
	交易商协会 ABN	2881.63	0.64	9831.10	2.32	428.95
	可转债	2695.19	0.60	1574.63	0.37	−3.76
	可交换债	824.15	0.18	438.37	0.10	−33.68
	汇总	148503.5	32.87	141713.4	33.47	33.04
	合计	451839.80	100.00	423477.13	100.00	25.25

资料来源：Wind，第一创业证券研究所计算整理。

7.1-3 政策性金融债的品种结构

应当说，政策性银行债券是中国金融市场中较早的债券品种，自 1994 年三家政策性银行成立之后，它们就一直主要以发行债券融资，它们的发行比商业银行债券和其他金融机构债券都要早，且更具有持续性。当然，政策性银行债券并非势均的三足鼎立，各家政策性银行的业务范围存在较大的差异，贷款需求量迥异，这直接决定了它们的债券发行量存在明显差异，如图 7 所示。

图 7 政策性金融债发行量构成的对比

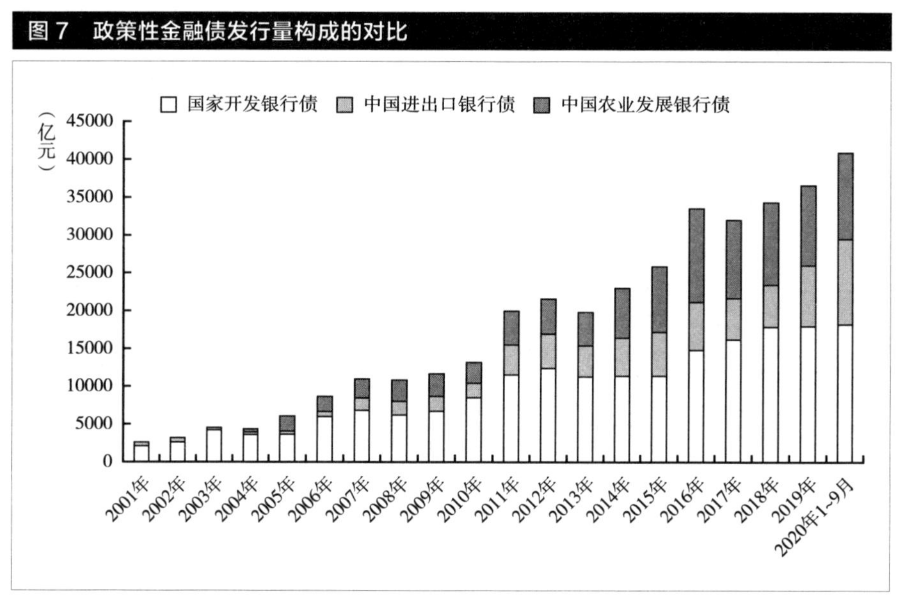

资料来源：Wind，第一创业证券研究所计算整理。

根据 Wind 的统计，2018 年全年政策性银行发行量达到 3.4 万亿元，占金融债券发行额的比重达到了 66%。其中，国家开发银行、中国农业发展银行和中国进出口银行分别发行了 1.79 万亿元、1.09 万亿元和 0.55 万亿元，占政策性银行债券的比重分别约为 52%、32% 和 16%。总体而论，自 2001 年以来，国开债始终占据政策性银行债券的主体地位，但占比有所下滑，2019 年发行量为 1.8 万亿元、占比为 49.1%，2020 年前三季度发行量为 1.82 万亿元、占比为 44.5%；而进出口行债的占比有所提升，2019 年发行量为 0.8 万亿元、占比为 21.9%，2020 年前三季度发行量为 1.13 万亿元、占比为 27.6%；农发债的占比则比较稳定，2019 年发行量为 1.06 万亿元、占比为 29%，2020 年前三季度发行量为 1.14 万亿元、占比为 27.9%。

新冠肺炎疫情发生后，央行等部门 2 月初推出相关政策，支持金融机构发行各类金融债券募集资金，投向疫情防控及受疫情影响的企业。此类债券被市场人士称为金融机构“防疫专项债”。其中，政策性银行发行规模最大。这是因为：一方面，与商业银行不同，政策性银行本身就通过发债筹资，对债券市场更为熟悉；另一方面，它们信用等级较高，拥有几乎等同于财政部的债信等级，因而单只债券发行规模较大，比如“20 国开战疫 120”单只债券发行规模就达到 80 亿元。更为重要的是，宏观经济稳增长往往需要政策性银行发力。

2019 年 1 月至 2020 年 9 月，10 年期政策性金融债发行利率的走势变化如图 8 所示，国开行、进出口行和农发行发行利率的走势，与 10 年期国债的走势基本一致。因为从理论上说，三家政策性银行在历史地位、政策定位上虽然有差别，但是在债券市场上，利率水平应该是一致的。因为政策性银行享受国家主权信用，与国债相同评级，在银保监会文件里，都享受零风险权重的待遇。然而事实上，10 年期的国开债与进出口和农发债的一级市场发行利率 2019 年 1 月到 2020 年 9 月，月平均利差最大时达到 76 个 BP，平均也有 59 个 BP 以上的利差，原因是什么呢？很多人认为是流动性。众所周知，在银行间市场上，一直存在活跃券的现象。早期市场上的活跃券，包括各个主要期限上的国债、国开债，甚至铁道债，相关的债券由于流动性极好，较同期限其他品种，收益率都会低一些；在后来的演变中，逐渐形成了以 10 年期国开债为主要的活跃券。目前的现券市场，以 10 年期国开债为代表的活跃券，要贡献整个市场 50% 左右的成交量。如此强的流动性，在换手率极低的银行间债券市场，当然应该有流动性溢价。

至于国开债和国债唯一的不同，理论上只有利息相关的税收。对于利息收入，国债免收所得税，国开债要收取 25% 的所得税。对于持有至到期账户，国债免收增值税，国开债要收取 6% 的增值税。从税收的角度看，税收差异是国开债与国债存在利差的主要原因。实际上，国开债与国债的利差还要受到投资者结构、交易性需求、流动性溢价等多方面因素的影响，2019 年 1 月至 2020 年 9 月，国开债与国债的月平均利差为 18 个 BP 左右。

图 8　2019~2020 年政策性金融债发行利率走势

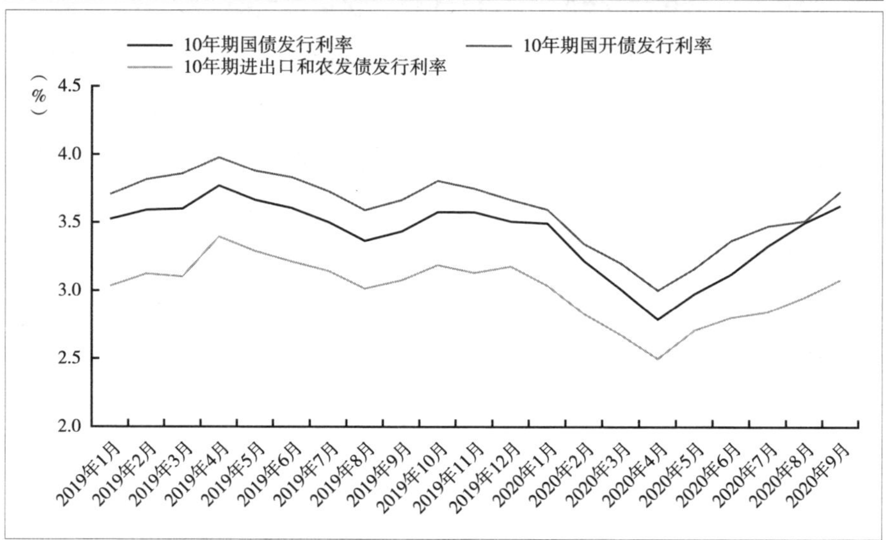

资料来源：Wind，第一创业证券研究所计算整理。

7.2　信用债

7.2-1　商业银行债

政府允许商业银行发行普通债券筹集资金始于 2011 年底，那时，中国一些经济较发达的地区一度“跑路”频繁，中小微企业融资难愈加突出。为了鼓励金融机构更积极地发放中小微贷款，政府便为商业银行的中小微贷款开辟了新的融资渠道，普通商业银行债券在宏观经济增速下降的压力下应运而生。不过，总体来看，商业银行发行普通债券并不十分积极，以中小银行为主。从图 9 所示的发行量来看，2015 年才突破 2000 亿元，2016 年至今由于有绿色金融债的加入，发行量才出现较大幅度的增长，但无论是相对于存款还是相对于中国债券发行总量而言，均显得十分弱小，之前发行量最大的 2018 年总共发行 5170 亿元，只占全部债券发行量的 1.18%；而 2019 年才发行 4330 亿元，只占全部债券发行量的 0.96%；而 2020 年 1~9 月已发行 5660 亿元，已达到历史新高，但也只占全部债券发行量的 1.27%。

银行次级债券是指商业银行发行的、本金和利息的清偿顺序列于商业银行其他负债之后但先于商业银行股权资本的债券，属于商业银行附属资本。近年来，商业银行为应对监管变化，普遍加强了资本工具的创新，而为补充资本金而发行的债券主要有商业银行次级债、商业银行混合资本债和可转换债券等。当然，增发普通股和发行优先股是商业银行补充资本金的重要途径。可转债和增发（普通或优先）股票虽可以提高资本充足率，但它会稀释原有股东的权益。而发行次级债和混合资本债券来补充资本金，既不会造成股权的稀释，程序上也相对简单，是商业银行补充资本金和提高资本充足率的重要手段。混合资本债比次级债券具有更强的资本属性，不仅其期限比次级债券要长得多，而且在偿还顺序的安排上，在次级债券之后，一度成为商业银行补充资本金的重要手段，但在近几年商业银行同样没有发行混合资本债券。于是，次级债券便成了近年来商业银行发行的唯一资本债券。

图 9　2011~2020 年商业银行债券发行额

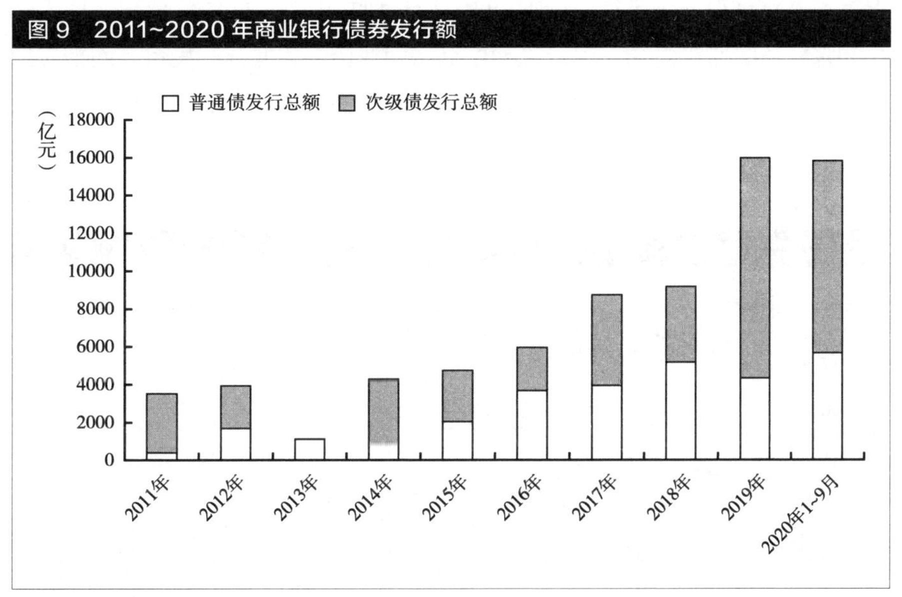

资料来源：Wind，第一创业证券研究所计算整理。

2004 年 6 月前银监会发布了《商业银行次级债券发行管理办法》，在 2013 年《商业银行资本管理办法（试行）》颁布后，“次级贷”的概念被“二级资本债”取代，即所有次级债均为二级资本债。实际上，这两个文件衔接的 2013 年，银行次级债的发行还出现了中断现象，如图 9 所示。相对于发行股票补充资本金的方式来说，发行次级债程序相对简单、周期短，是一种快捷、可持续的补充资本金的方式。特别对于那些刚刚发行新股或未满足发行新股条件的商业银行而言，如果亟须补充资本金来捕捉新的业务机会，通常会倾向于先发行次级债。如果投资者判断整个商业环境走好，企业及个人贷款需求旺盛，银行能够顺利发行数额可观的次级债扩大资金规模是偏利好新闻。不过，次级债的风险和利率成本一般都会高于银行发行的普通债券。

因此，这些次级债券主要由中小股份制商业银行，特别是大部分仍未上市的城商行和农商行发行，究其原因，在于这些银行的资本充足率低于大型商业银行，而补充资本金的渠道又有限，难以通过发行股票或可转债的方式来筹集资金。从 2020 年的情况看，6 月底商业银行的资本充足率比 2019 年 12 月下滑了 0.4 个百分点至 14.2%；其中，农商行下滑最多，达到 0.9 个百分点至 12.2%（见图 10）。虽然所有银行的资本充足率均高于《商业银行资本管理办法（试行）》规定的 2018 年底 10.5% 的最低要求，但出于金融降杠杆的监管要求，银行主动压缩了同业资产和非标的投资，而相应加大了贷款的投放力度，使得贷款增速超过了资产增速。同时，受资管新规的

图 10　2018~2020 年商业银行资本充足率的对比

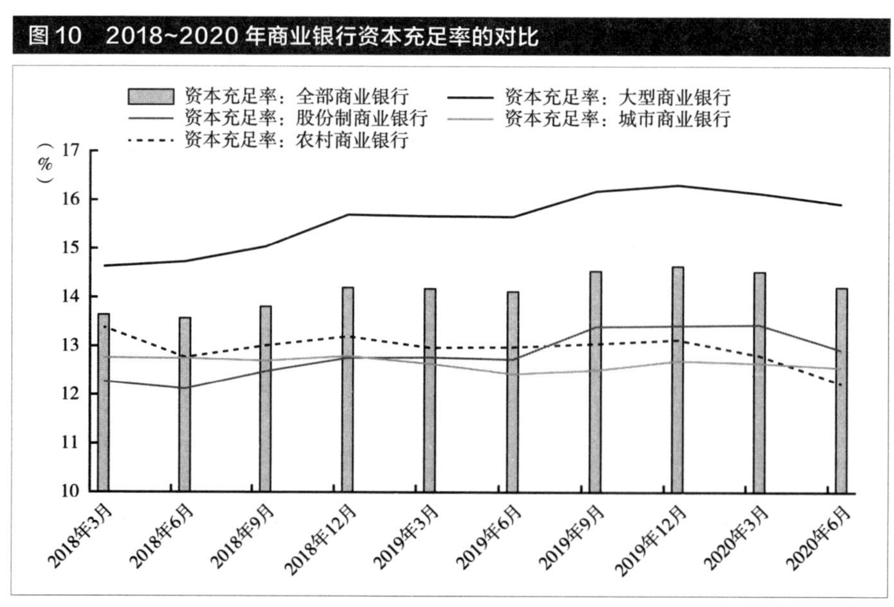

资料来源：Wind，第一创业证券研究所计算整理。

影响，商业银行原来在表外的非标的投资，要陆续转回表内，以满足监管要求。这也在一定程度上推升了高风险权重的信贷资产的比例，这对商业银行的资本消耗较大，商业银行资本补充的压力进一步加大，因而商业银行次级债的融资需求，在 2020 年出现快速增长，2017 年有 4804 亿元的发行量，2018 年有 4007 亿元的发行量，2019 年则快速增加到 11651 亿元，而 2020 年 1~9 月就有 10157 亿元的发行量，已接近 2019 年全年。

7.2-2 非金融企业债

随着中国债券市场的发展，非金融企业越来越多地依靠发行债券融资。这里的非金融企业债包括短期融资券、中期票据、企业债、公司债和定向工具。其中，短期融资券、中期票据和定向工具，符合发行条件的具有法人资格的非金融企业，经交易商协会注册登记后，均可在银行间市场注册发行（见表 2）。而企业债和公司债则分别由国家发改委和证监会核准发行，公司债中的私募债券则在证券业协会备案。

表 2 中票 / 短融 /PPN/ 企业债 / 公司债要素一览表

要素	中期票据（中票）	短期融资券（短融）	非公开定向债务融资工具（PPN）
审批机关	交易商协会		
审核方式	注册制		
交易场所	银行间债券市场		
发行人	具有法人资格的非金融企业		
发行规模	不超过净资产的 40%	不超过净资产的 40%	不受净资产的限制
发行时间	注册 2 个月内完成首期发行，可在 2 年内分多次发行	注册有效期为 2 年，注册有效期内可分期发行；企业应在注册后 2 个月内完成首期发行	注册后 6 个月内完成首期发行，可分期发行。注册有效期为 2 年
发行方式	银行间公开发行	银行间公开发行	非公开发行
募集资金投向	可用于补充营运资金、偿还债务等，实际使用较为灵活	可用于补充营运资金、偿还债务等，实际使用较为灵活	无须政府部门审批。主要用途包括生产性支出、补充企业流动资金、偿还债务、支持公司并购和资产重组等

表 2　中票 / 短融 /PPN/ 企业债 / 公司债要素一览表　　（续表）

要素	中期票据（中票）	短期融资券（短融）	非公开定向债务融资工具（PPN）
信息披露	信息披露详尽，存续期内定期披露年报、半年报、季报	信息披露详尽，存续期内定期披露年报、半年报、季报	严格发债主体信息披露，重视发债后的市场监管工作
评级要求	主体 AA− 以上		未作要求，一般在 AA 以上
要素	**企业债**	**公司债（大、小公募）**	**公司债（私募）**
审批机关	国家发改委	证监会	
审核方式	审批制	审批制	注册制
交易场所	银行间、交易所债券市场	交易所债券市场	
发行人	以国有企业为主	公司制法人（以上市公司为主）	
发行规模	不超过净资产（不包括少数股东权益）的 40%	不超过最近一期末净资产的 40%，金融类公司的累计公司债券余额按金融类公司的有关规定计算	
发行时间	核准后 2 个月内完成	核准后 12 个月内完成首期发行，其余可在 2 年内分多次发行	完成发行后的 5 个工作日内向证券业协会备案
发行方式	银行间、交易所公开发行	交易所等公开发行	交易所等非公开发行
募集资金投向	必须用于核准用途，不得用于偿还债务和非生产性支出	必须用于核准用途	必须用于约定用途
信息披露	发行有详尽要求，存续期无强制要求	中期报告和经审计的年度报告	按约定执行
评级要求	无强制要求，可自愿评级以便分类审核	主体 AAA 以上	未作要求

资料来源：第一创业证券研究所整理。

2020 年 1~9 月，非金融企业债券共发行大约 9.2 万亿元，比 2019 年度增长 36.6%。其中，一般公司债的增长最为迅猛，同比增速为 73.5%；其次为超短期融资券，同比增速为 51.2%；再次是中期票据，同比增速为 24.4%。不过，从非金融企业发行的品种规模和占比上看，2020 年 1~9 月超短期融资券发行额为 3.5 万亿元，仍是占比最高的品种，占比高达 8.3%

左右；其次是公司债，发行额为 2.5 万亿元，占比达到 6%；再次是中期票据，发行 1.9 万亿元，占比 4.5%；而定向工具和企业债占比最低，分别为 1.3% 和 0.7%。

总体来说，公司债特别是私募公司债发行量的快速增长，和证监会积极发展交易所债券市场的政策有着密切的关系。2015 年新制订的《公司债券发行与交易管理办法》，把公司债发行主体从上市公司扩大至符合条件的所有公司制法人；同时，简化审核流程，极大地简化了公司债券的发行程序，实行大、小公募和私募债券的分类管理；因此，公司债审核效率更高，大公募由证监会审核，小公募由交易所进行上市预审核，私募债在证券业协会备案。公开发行公司债券审核期限不超过 3 个月，实际审核中大公募基本控制在 2 个月左右，小公募一般需 1 个月左右，而私募债实行市场化的自律组织事后备案制度，发行速度更快。结果，在新规施行后的 2015 年，就有 1527 只公司债发行，发行总额就过万亿元，达到 10390 亿元；而在 2016 年有 2691 只公司债发行，发行总额达到 27812 亿元，达到历史最高值。而在 2007 年到 2014 年的 8 年间，发行量只有 8744 亿元。在 2015 年和 2016 年，私募公司债发行量同时剧增，并在 2016 年一举赶超一般公司债，私募公司债的发行量达到 1.49 万亿元，比一般公司债超出 2026 亿元。之后在 2017 年和 2018 年有所回落，但在 2019 年的发行量又回升达到 1.46 万亿元，2020 年前三季度也达到 1.12 万亿元。

早在 2005 年中国就推出了短期融资券，它一经出现在中国金融市场中，便受到了企业的欢迎。以短期融资券为突破口，随后中国非金融企业债券市场才真正走上了发展的道路。但超短期融资券是 2011 年才出现的，在近年来又得到了快速发展，其发行量不断扩张，后来居上反而成为短期融资券的主要发行品种。由于超短期融资券通常期限不超过半年，而短期融资券通常期限不超过 1 年，因而这也反映出近年来债券市场发行期限的短期化趋势。2015 年和 2016 年，是发行短期融资券的历史高峰期，分别发行了 3.28 万亿元和 3.37 万亿元，而 2017 年大幅减少至 2.38 万亿元，2018 年和 2019 年发行量又有所回升，2019 年达到 3.6 万亿元，2020 年前三季度达到 3.9 万亿元。其中，超短期融资券的发行占比达到 80% 以上。

中期票据是自 2008 年在银行间市场发行的中长期债券，与近两年来多数债券品种的发行量出现下滑不同，中票的发行量一直保持在较高的水平上，2018 年和 2019 年交易商协会的中票的发行量继续稳步增长，银行间市场依旧为非金融企业债市场的绝对主体。而近两年来交易所市场的公司债发行异军突起，规模迅速增长，但体量上仍不及银行间市场。而且，定向工具即非公开定向债务融资工具（PPN），其实就是在银行间市场发行的另一种形式的私募债券。在 2011 年 4 月推出之后，同样得到了迅速发展，2014 年的发行量就达到 1 万亿元，已成为发行规模仅次于短融的非金融企业信用债。不过，2015 年定向工具发行量下滑至 8845 亿元，而 2016 年至今这几年来的发行量则保持在 5000 亿 ~6000 亿元左右。

企业债是中国最早出现的信用债品种，1994 年就有企业债的发行，而后逐年发展，在 2014 年达到鼎盛，发行量接近 7000 亿元，但之后在中国债券市场大发展的大背景下，企业债券的发行量却开始萎缩，2019 年发行量只有 3624 亿元。企业债发展受阻，发行量不稳定，至今仍旧维持疲态，这与国家发改委严格发债企业准入条件、收紧企业债发行存在一定关联；企业债的募集资金投向与项目投资挂钩，比募集用途为补充流动资金及偿还银行贷款等更为灵活的公司债，具备更严苛的发行条件；在当前经济形势较差、投资意愿不强烈的背景下，企业更愿意选择低成本和发行环节较为便利的其他品种的非金融企业债，因而使企业债发展受阻。

7.2-3 附认股权证公司债

附认股权证公司债是指公司债券附有认股权，持有人依法享有在一定期间内按约定价格（执行价格）认购公司股票的权利，也就是债券加上认股权的产品组合。国际上的附认股权证公司债券可以分为“分离型”与“非分离型”，在国内“分离型”有可分离债，“非分离型”包括可转换债和可交换债。从图 11 来看，我国三种附认股权证公司债的发展历史有着较大差异：可交换债的历史最为悠久，是和中国股份制改革以及股票的发行一起发展起来的，近几年来发行规模呈现快速增长势头；而可交换债是在 2014 年以后发展起来的另一热门品种，而可分离债只在 2006~2009 年出现过，属于“昙花一现”的历史品种。

可分离债的全称是“可分离交易可转债”，是上市公司公开发行的认股权和债券分离交易的可转换公司债券。它赋予上市公司两次筹资机会：先是发行附认股权证公司债，此属于债权融资；然后是认股权证持有人在行权期或者到期行权，这属于股权融资。因此，可分离交易可转债实际是“认股权和债券分离交易的可转换公司债券”，它是债券和股票的混合融资品种。可分离交易可转债由两大部分组成，一是可转换债券，二是股票权证。可转换债券是上市公司发行的一种特殊的债券，债券在发行的时候规定了到期转换的价格，债权人可以根据市场行情把债券转换成股票，也可以把债券持有到期归还本金并获得利息。股票权证是指在未来规定的期限内，按照规定的协议价买卖股票的选择权证明，根据买或卖的不同权利，可分为认购权证和认股权证。普通可转债中的认股权一般是与债券同步到期的，而可分离债则并非如此。认股权证的存续期比公司债的存续期要短，因而认股权证处于价内的机会较普通可转债的权证部分要低，时间价值占认股权证价值的比重会更大，从而更具投机性。正是由于股票权证本质上是一种期权，且实行 T+0 交易，造成投机风潮渐起，资金大量涌入，成交量连续放大，二级市场的疯狂终于影响到一级市场，可分离债成为监管者眼中的“坏孩子”而不再被审批，渐渐淡出了人们的视野。

图 11　1998~2020 年附认股权证公司债发行金额的品种构成

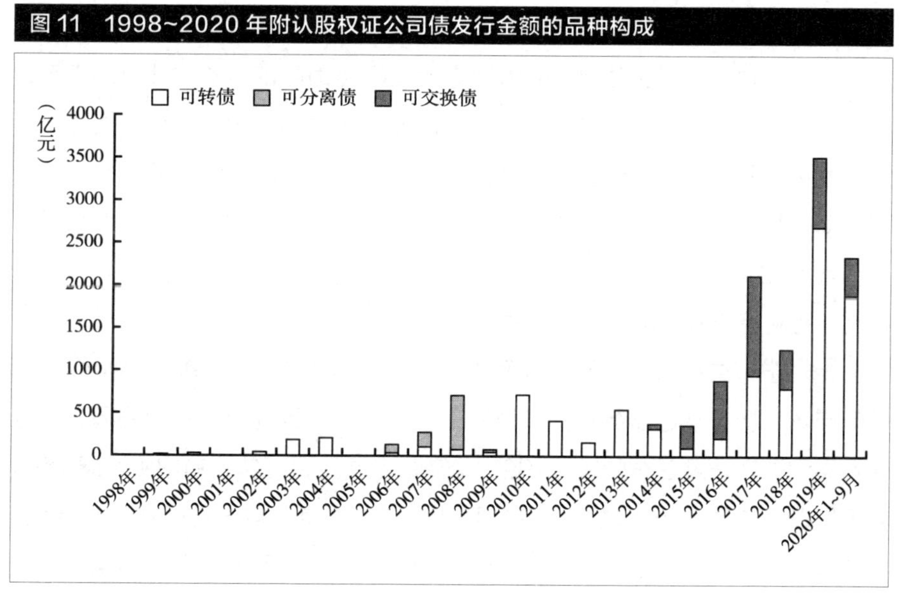

资料来源：Wind，第一创业证券研究所计算整理。

可交换债和可转债之所以在近几年获得快速发展，究其原因，在于这几年上市公司增发成风，2015~2017 年的融资额均超万亿元，远远超过一两千亿元的 IPO 融资额，而股市下跌造成再融资环境恶化，增发价纷纷被跌破终于使这种状况难以为继，监管层开始出台措施限制定增的融资。2018 年 2 月 17 日，证监会发布实施了修订后的《上市公司非公开发行股票实施细则》，在这一再融资新规中，从定增规模、再融资周期、再融资募资、定价方式等方面对再融资市场各方面进行规范。这一规范过程中，定增市场影响最大；而可转换债和可交换债则成为监管层大力鼓励的再融资方式。

相对于可转债和可分离交易债，可交换债在我国起步较晚，2013 年才开始进入中国债券市场。2013 年 10 月，武汉福星生物发行的中小企业可交换私募债券，开创了中国可交换债券的先河。2014 年发行了 5 只，其中在 12 月宝钢股份发行了可交换债券“14 宝钢 EB”。之后，可交换债进入快速发展期，2015 年以前发行的主要是中小企业的私募可交换债，在 2015 年 1 月证监会发布新的公司债管理办法后，可交换债的发行也分为大小公募和私募三种形式，2015 年发行了 23 只共 265 亿元可交换债，2016 年发行了 46 只共 674 亿元可交换债券，已经突破了 2013 年深交所《关于中小企业可交换私募债券业务试点》中的相关约束。2017 年有几只超百亿元大型国企可交换债的发行，虽然只发行了 62 只，与 2016 年相差无几，但发行总额却达到 1173 亿元，成为历史上发行量最高的年份，比 2016 年的 674 亿元增长 74%。2018 年，受低迷的股市环境的影响，可交换债强劲的发展势头有所衰减，发行量达到 25 只，发行额为 465 亿元（见图 12）。与可转债一样，随着市场行情的好转，2019 年可交换债的发行量达到 40 只，发行额为 824 亿元。2020 年前三季度则为 32 只 448 亿元。而与可交换债相比，可转债近几年的发展速度更快。

相对于可交换债，可转债在我国的历史十分悠久，从 1992 年至今，可转债市场经历了从起步到扩张的过程，可以将其大致划分为初始发展、规范化发展和扩容发展三个阶段。1992~2005 年是我国可转债的初始发展阶段。我国发行可转债的历史最早可追溯到 1992 年 11 月深宝安发行 A 股可转债，是我国第一只由上市公司发行的转债。1993 年，我国第一只可转债（宝安转债）在深交所上市。但之后由于“宝安转债”转股失败，我国转债市场的发展陷于停滞。直到 1997 年 3 月，国务院证券委颁布了《可转换公司债券管理暂行办法》，1998 年丝绸和南化转债、1999 年茂炼转债、2000 年鞍钢和机场转债先后发行，我国转债市场才重现生机。特别 2000 年发行

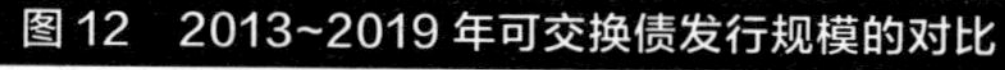
图 12　2013~2019 年可交换债发行规模的对比

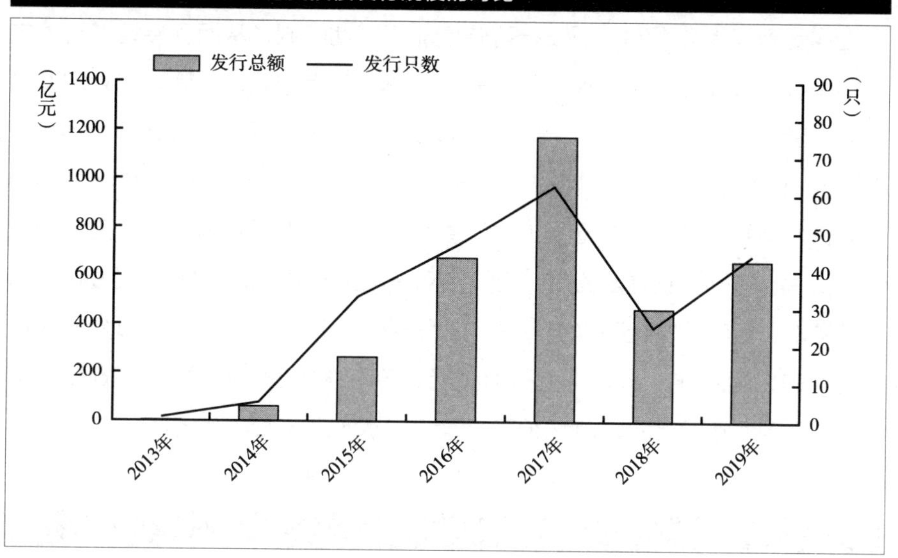

资料来源：Wind，第一创业证券研究所计算整理。

的机场转债是真正成熟意义上的第一只转债，该转债奠定了后来转债的大体框架，比如面值、回售 / 赎回条款、转股价调整公式等。后来发行的超百只可转债，基本上都完全按照这个框架来设计条款。2001 年主管部门发布《上市公司发行可转换公司债券实施办法》（中国证券监督管理委员会令第 2 号），可转债一级市场的发行制度初步形成。2006~2016 年是可转债的规范化发展阶段。在此期间，监管部门密集出台了相关监管政策，例如 2006 年发布《上市公司证券发行管理办法》（中国证券监督管理委员会令第 30 号），2014 年发布《创业板上市公司证券发行管理暂行办法》（中国证券监督管理委员会令第 100 号）。沪深交易所也相继发布上市交易细则，进一步完善了可转债的上市条件和交易制度。2017 年至今是可转债的扩容发展阶段。自 2017 年以来，受再融资新规等政策影响，部分上市公司融资需求转向可转债，可转债市场迎来供给的快速扩容时代（见图 13）。

2002~2016 年，我国 15 年内总共发行了 117 只可转债，平均每年发行的可转债不到 8 只，发行数量最多的 2003 年也只有 16 只，发行额也不过 185.5 亿元。而 2017 年可转债的发行额快速上升，达到 949.4 亿元。2017 年上市公司发行可转债提速，与证监会 5 月 27 日出台的《上市公司股东、董监高减持股份的若干规定》有密切关系。根据这一减持新规，定增从发行到退出均受到很大的限制，而发行可转债却不受此限制，从而间接地推动上市公司发行可转债的需求。这类低息融资工具受到上市公司青睐，成为定增融资的“替代品”。而且在 9 月 8 日证监会发布修订后的《证券发行与承销管理办法》，该办法对可转债、可交换债发行方式进行了调整，将现行的资金申购改为信用申购。按照新的管理办法，参与网上申购的投资者申购时无须预缴申购资金，待确认获得配售后，再按实际获配金额缴款。2018 年受股市行情回落影响，可转债发行额有所下滑，但也发行了 795.7 亿元。2019 年随着市场行情的见底回升，2019 年可转债发行出现了大爆发，共发行了 2695.2 亿元，接近前六年发行的总和，2020 年前三季度也发行了 1893 亿元。

图 13　2002~2020 年可转换债发行规模的对比

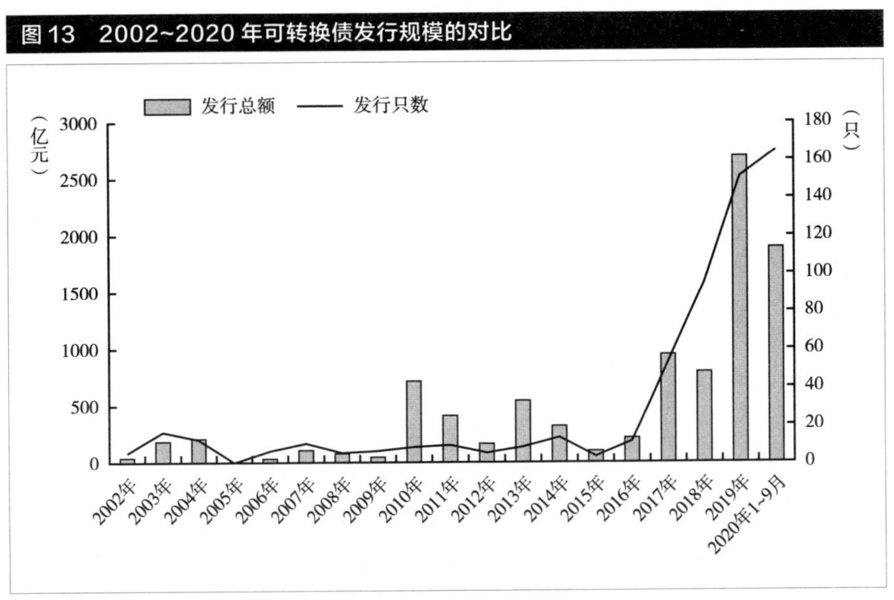

资料来源：Wind，第一创业证券研究所计算整理。

7.3　债券发行市场的互联互通

7.3-1　债券一级市场的结构特征

债券发行市场分为银行间市场、交易所市场、柜台市场和包括机构间私募产品报价与服务系统在内的其他市场。各市场发行的品种见表 3，其中国债、地方政府债、政策性金融债、证券公司债、其他金融机构债、企业债、政府支持机构债、证监会主管 ABS、可转债为跨市场发行品种。无论是从品种还是从增速上看，2018 年以来债券的跨市场发行正变得十分普遍，各发行市场的互联互通趋势正在形成。

表 3　债券发行市场的结构及品种分布

市场种类	发行品种
银行间市场	国债、地方政府债、同业存单、金融债、企业债、中期票据、短期融资券、定向工具、国际机构债、政府支持机构债、交易商协会 ABN、银保监会主管 ABS、项目收益票据
交易所市场	国债、地方政府债、政策性金融债、证券公司债、其他金融机构债、企业债、公司债、证监会主管 ABS、可转债、可交换债
柜台市场	国债、政策性银行债、政府支持机构债
其他市场	国债、证监会主管 ABS、可转债

资料来源：Wind，第一创业证券研究所整理。

若以重复计算的发行量来粗略表示跨市场发行的规模，根据表 4 Wind 数据，可计算出 2019 年的跨市场品种发行额超过 1 万亿元，达到 1.07 万亿元，而 2020 年前三季度则达到 5.3 万亿元，占比由 2019 年的 2.4% 上升到 2020 年 1~9 月的 12.5%。2020 年前三季度，中国债券一级市场的发行额稳步上升，保持平稳发展势头，同比增速为 25.3%。其中，银行间市场仍占

表 4　债券各发行市场及其发展速度的对比

各债券市场	2019 年		2020 年 1~9 月		
	发行额（亿元）	占比（%）	发行额（亿元）	占比（%）	同比（%）
银行间市场	345156.67	76.39	332746.15	78.57	27.97
其中：同业存单	179513.93	39.73	132813.50	31.36	2.73
交易所市场	104708.83	23.17	129700.11	30.63	54.39
柜台市场	11161.62	2.47	13443.03	3.17	50.71
其他市场	1550.00	0.34	500.00	0.12	-58.33
合计	451839.80	100.00	423477.13	100.00	25.25
其中：跨市场发行	10737.32	2.38	52912.16	12.49	229.91

资料来源：Wind，第一创业证券研究所计算整理。

主导地位，同比增速达到 28%；交易所市场的同比增速达到 54.4%。可见，跨市场发行额在交易所市场上升幅度较大，导致交易所市场在整个发行市场占比的提高。相比之下，柜台市场和其他市场由于基数较低，因而发展速度呈现两极分化。

中国债券市场的发展大致可以分为三个阶段：第一阶段从 1981 年到 1992 年，凭证式国债恢复发行，国债发行与交易以银行的柜台市场为主；第二阶段从 1992 年至 1997 年，随着沪深交易所和证监会的成立，债券市场监管体系逐步形成，国债现货开始进入交易所内交易，1993 年国债期货也开始试点，债券交易以场内交易为主，1995 年国债期货因“3 · 27”和“3 · 19”事件被叫停，券商挪用客户保证金事件开始频繁发生；第三阶段从 1997 年至今，1997 年 6 月在防止信贷资金流入股市的政策考量下，央行要求商业银行全部退出交易所市场，同时建立一个专供商业银行进行债券交易的场所——全国银行间债券市场，这个市场通过全国银行间同业拆借中心的交易系统进行询价和交易，属于场外债券市场。2003 年，银行间市场债券交易量首次超过交易所市场。由此，中国就培育了两个主要的相互独立的债券市场，一个是银行间债券市场，另一个是交易所债券市场；只不过两者的监管机构不同，前者由央行监管，后者由证监会监管。

7.3-2 债券市场互联互通的必要性和紧迫性

银行间和交易所市场的分割现状，使中国债券市场现状出现以下问题。

1. 分割的市场使交易品种复杂、交易成本提高

从中国债券市场的主体——银行间债券市场和交易所债券市场看，这两个市场参与者主体、交易方式、债券托管方式、债券结算方式、交易品种各不相同，有不同的网络接入、信息系统、应用终端及交易规则。两大市场的托管清算系统不仅尚未在技术与制度上连接，而且存在很大的差异。两类系统在监管机构、规则制度和服务前台等方面明显不同，特别是银行间与交易所市场存在实质性的竞争关系，使两大后台系统也处于竞争之中，由于部门利益互相冲突，两大系统间基本上没有形成有效的协调机制。正因为如此，我国在银行间和交易所的债券品种有些性质相仿，但名称不同。交易所的中小企业私募债和银行间的非金融企业定向融资工具（PPN），银行间的项目收益票据（PRN）、资产支持票据（ABN）和交易所的资产证券化产品

（ABS），在银行间市场和以券商为主体的中证机构间报价系统，债券衍生品的标准也是不同的，这使得相同的产品不能同时在这两个市场进行注册和交易。五花八门的名称有些连证券从业人员都分不清，更不要说普通的投资者了。从债券产品发行角度来看，企业债、公司债和非金融企业债务融资工具的发行主体在资质上并没有太大的区别，部分企业既可以发行企业债，也可以发行非金融企业债务融资工具，现在公司债的发行主体也已经扩展至非上市股份制公司。因此，对企业债、公司债和非金融企业债务融资工具，建立统一互联的托管清算系统是完全可行的。而现在交易所市场和银行间市场尚未实现统一互联，这两类托管结算系统存在表现形式不一的竞争关系，相互间没有形成很好的协调机制，导致债券市场交易成本上升、交易效率下降。虽然国债、企业债、公司债等品种也实现了跨市场发行流通，且近期的跨市场托管量还有所增长，但由登记托管体系的分割导致转托管的成本偏高、效率偏低，跨市场套利交易难以实现。这无疑加重了债券市场的分割与无效，降低了债券市场的流动性，提高了实体经济的融资成本。

2．市场价格发现功能、流动性和风险管理功能有待进一步提高

我国银行间债券市场于 2001 年开始推行做市商制度。经过十余年不断努力，银行间市场的做市商业务基本能够覆盖关键期限的国债、金融债券以及部分高等级信用产品，为市场提供了较为准确的定价参考。但许多非关键期限国债、金融债，尤其是中低评级信用产品依然缺乏有效的定价参考。银行间市场一对一的非公开询价的交易方式使得大部分有效市场成交并未得到汇总并充分披露。以至于投资者需要耗费较大的人力物力通过询价的方式获得较为模糊的定价参考。而交易所市场虽然有较多连续成交市场数据，由于其存量有限，短期融资券、中票只能在银行间市场流通，但难以实现全品种覆盖。而交易所债券品种仍存在交易量小、流动性差、交易不连续、波动剧烈的特点，同时上海交易所在固定收益平台上推广的国债做市商制度目前的影响力也较为有限。这使得整个债券市场的定价效率较低，难以像国际成熟市场般构建完整可信的收益率曲线，降低了债券市场的流动性，提高了实体经济的融资成本。债券市场的流动性是指在尽可能不改变价格的情况下迅速买卖债券的能力。由于我国债券市场的分割导致换手率低、交易不活跃，市场价格不能充分反映市场供求。定价是市场交易的核心，而流动性是债券市场是否成熟的标志，因为债券市场的流动性决定着债券市场的价格发现功能。债券市场流动性的好坏直接关系着发债主体的融资能力和筹资成本，也关系着投资者的切身利益。由于银行间市场和交易所市场在交易品种、市场参与主体和交易机制等许多方面都存在一定的差距，债券投资者不能用同一托管账户自由地参与任一市场的交易，相同的债券品种在两个市场的交易价格也存在差异。因此，由于不能保障更高的债券流动性，交易成本也变多了，一定程度降低了市场效率。进一步看，由于国债收益率曲线是贯彻央行货币政策意图的有效工具，因而构建完整可信的国债收益率曲线，是央行货币政策调控手段从数量型转向价格型的前提，是利率市场化条件下形成新的基准利率和利率走廊的必要条件。定价和交易是债券市场交易的核心功能。要提高全市场的交易和定价效率，一方面，需要继续促成分割市场间的流通；另一方面，在目前市场条件下，急需一个统一的信息系统对各个市场的成交情况进行信息整合，改变银行间市场中债估值偏离较大，交易所市场中证估值使用率低的情况。在债券业务的风险管理方面，由于银行间市场是中国债券市场的主体，而银行又是最主要的参与者，因而我国债券市场的风险过多地集中于银行这个主要购买者身上。中国最大的债券投资者群体是商业银行，包括全国性商业银行、外资银行、城市商业银行、农村商业银行和农村合作银行。而由于我国银行又是贷款的主要发放者，因而我国银行承担了债券市场的大部分利率和信用风险，这是我国股市给银行估值较低的重要原因。加上我国债券市场上避险工具缺乏，做空机制不完善，使得银行无法分散风险，只能通过选择大型国有企业贷款和购买高等级的债券来规避风险，这样虽然现在货币政策已经十分宽松，但中小企业贷款难、融资成本高的问题始终难以得到根本解决。

3. 多头监管影响信息披露质量、监管和发行效率

由于在不同市场交易的债券品种有一定差异，我国债券市场存在较为复杂的多头监管情况。从交易场所上看，银行间市场和交易所市场分别由中国人民银行和证监会监管。从不同类型债券的监管上看，情况更加复杂，交叉管理较为普遍。而私募债、短期融资券和中期票据更是缺乏独立的监管部门。在多头监管的格局下，我国债券市场的信息披露分别由交易商协会、国家发改委和沪深证券交易所针对自身所管辖的债券品种各自进行制定。各监管部门和交易场所对信息披露的形式、内容、场所以及时效性的要求各异，导致同一发行人针对自身发行的不同品种债券需要进行差异化的信息披

露。目前市场上存在“应披未披、应披迟披”，甚至部分债券信息完全不披露的问题。而对于跨市场的债券，存在不同市场参与者对同一个债券信息披露的内容和时间却不相同的情况，同时也为监管部门带来了双重标准的难题。不完整、不及时的信息披露损害了债券持有人的利益，不利于信用风险的防范。也正是由于缺乏全面深度的市场信息，监管机构较难准确识别异常交易，并制定切实有效的监管规则。债券市场各方参与机构存在利益输送操作空间，极易发生道德风险。例如某机构以非市场水平的价格将债券交易给另一机构，从中输送或者调节利益；抑或发行人或者主承销商制定高于二级市场水平的债券票面发行利率，并将债券分销给其指定的投资者。这一方面使得利益关联方可以二级市场溢价卖出获利，另一方面也损害了发行人和真实投资者的利益，严重影响了债券市场运行效率。而不同的债券产品具有不同的风险程度、复杂程度，适合不同风险识别承受能力投资者。为了保护投资者的利益，降低业务风险，监管机构针对不同的产品制定了相应的适当性管理办法。目前，国家发改委审批的企业债券基本上是项目债券，而企业日常生产经营发债受到很大制约。由于缺乏健全的企业债券评级和信息披露制度，以个人为主的投资者群体与债券风险等级不匹配，风险承担责任不明确。由于政府行政干预严重，对企业发债实行规模管理，企业债一级市场审批严格，门槛很高，导致企业债券数量品种少，结构单一，直接影响到二级市场的交易活跃度，交易所挂牌交易数量太少，银行间市场交易难以给企业债券提供较强的流动性以及变现能力，加大了债券投资者对企业债券的风险预期和提高了交易成本。反过来，企业债二级市场发展状况不好，也会影响一级市场的发展。交易所债券市场公司债的公开发行仍由证监会依据《公司债券发行与交易管理办法》负责核准。发行人需具备“最近三个会计年度实现的年均可分配利润不少于债券一年利息的 1.5 倍，债券信用评级达到 AAA 级”等实质发行条件。在核准制下，发行环节受到的行政干预过多，批准流程缺乏分类管理，导致监管机构成了信用风险的最终承担者，阻碍了交易所债券市场的扩容和发展。而在注册制下，信用债发行实现了完全市场化，监管机构不对发行人的资本实力、盈利水平、发展前景等作实质审核，重点强调发行人信息披露的真实、准确、完整。实践证明，对信用债融资的实质条件限制并未能有效防范信用债的信用风险，反而使监管者或银行等担保提供者成为信用风险的最终承担者。企业债和公司债等信用债发行制度的非市场化，已经成为债券市场发展的瓶颈，亟须突破。从目前情况看，银行间债券市场对于发行主体的资产规模、融资用途有较为严格的要求，中票的发行时间平均在 2 个月，企业债审批时间长达 6 个月，发行主体大型化和信用等级高端化问题突出。相比之下公司债的发行效率和发行成本更低，并建立了投资者适当性管理制度，即将投资者分为合格投资者和公众投资者。发行人多样化是建立在投资者分层的基础上的，公众投资人只能投资最高评级的 AAA 信用债，而风险识别和承担能力较强的合格投资人才可以投资具有一定信用风险的品种。这样的机制兼顾了市场发展与风险承受能力。

4．交易所市场处于不利的发展地位和竞争格局之中

在 1992 年至 1997 年，中国债券市场以交易所市场为主，由于发生了一系列风险事件，商业银行全部退出了交易所市场，并由此成立了银行间市场，并于 2003 年实现交易量首次超过交易所市场。经过十多年的发展，目前银行间债券市场已经发展成为中国债券市场的主体，其优势地位短期内难以撼动。尽管如此，交易所债券市场也有自己独特的市场优势。第一，交易所债券市场具有平台优势，同银行间市场相比，交易所的交易系统具有明显的技术优势，其既具有撮合系统的匿名性和低成本性，也有报价驱动系统的即时流动性。第二，交易所债券市场具有更为多样化的市场成员，目前银行间市场成员主要是由约 1 万个机构投资者组成，而截至 2020 年 5 月末，交易所市场已拥有 16619 万投资者，这些投资者是债券市场庞大的潜在客户基础，只要交易所市场能够提供足够吸引力的债券产品，这些庞大的潜在客户完全可以变成现实的客户基础。而且与银行间市场成员相比，交易所市场成员风险偏好特性更为多样化，这对未来交易所市场发展衍生债券品种是非常有利的。近几年来，银行间市场先后推出了债券远期、利率远期等利率衍生产品，但实际成效却并不显著，主要原因就在于银行间市场缺乏投机者，因此衍生产品的交易往往由于缺乏对手方而难以达成，而交易所市场则能弥补银行间市场的这一缺陷。此外，随着银行被允许进入交易所债券市场，交易所债券市场不但可以巩固其在零售市场上的优势，而且未来在批发市场上的劣势也将得到显著的改善。第三，从结算方式上来看，目前银行间市场的中央结算公司仍采用逐笔全额结算方式，既费时又费力，而交易所市场则采用净额结算方式，能够显著地降低投资者的交易成本。第四，虽然银行间市场回购交易在交易成本和 T + 0 结算时间上占据优势，但交易所公司债的质押便利性更高，并显著提高了公司债的流动性。因此，相比较而言，信用债的质押回购在交易所市场更为盛行。交易所市场质押券制度更加灵活，交易所市场实行的标准券折算制度、质押可替换机制以及到期自动续作机制，使交易所信用债的质押效率更高、流动性更强，也更便捷，十分有利于信用债质押回购。

7.3-3　互联互通是实现统一债券市场的重大举措

为贯彻落实全国金融工作会议关于推进金融基础设施互联互通的要求，进一步便利债券投资者，促进我国债券市场高质量发展，2020 年 7 月 19 日，中国人民银行、证监会联合发布《中国人民银行 中国证券监督管理委员会公告》（〔2020〕第 7 号），同意银行间与交易所债券市场相关基础设施机构开展互联互通合作。银行间债券市场和交易所债券市场互联互通实现的同时，国家开发银行和政策性银行、国有商业银行、股份制商业银行、城市商业银行、在华外资银行以及境内上市的其他银行，可以选择通过互联互通机制或者以直接开户的方式参与交易所债券市场现券协议交易。债券市场基础设施实现互联互通，有利于切实便利债券跨市场发行与交易，促进资金等要素自由流动，形成统一市场和统一价格，为货币政策顺畅传导和宏观调控有效实施奠定坚实基础，也有利于提升我国债券市场基础设施服务水平和效率，推动构建以客户为中心、适度竞争的债券市场基础设施服务体系，更好地服务实体经济。

1．实现基础设施的互联互通是实现债券市场要素自由顺畅流动的基础

由于债券交易笔数少、单笔交易金额大、个性化需求强和流动性低等特点，传统观点均认为债券交易只适合机构投资者参与的场外市场，不太适合个人投资者广泛参与的场内市场。国内外对债券市场应当采用以面向机构投资者的场外市场为主体的模式已经达成了共识。但长期以来，国内外场外交易市场都存在透明度较低、交易成本较高的问题，而我们需要一个高透明性、竞争性的场外市场，这一点是毋庸置疑的。电子平台的出现和广泛应用正好满足了这一市场需求，对传统的场外市场造成了空前的冲击。Espeed、MTS、Bloomberg BondTrader 等已逐步成为世界著名的电子债券交易平台。国债、投资级公司债、利率期货等品种纷纷通过电子平台完成交易，交易商和投资者也纷纷入驻电子平台。从发达国家的经验看，多层次的市场结构、多样化的电子交易平台和灵活的交易方式，是现代债券市场的主要特征。随着债券交易电子化和透明化程度的提高，电子交易系统逐步取代传统的电话交易成为主要的债券交易渠道。债券电子交易平台的出现和交易所内外日趋激烈的竞争使得国际场内外债券市场融合趋势日趋明显，国际上的场内场外市场界限趋于模糊。以美国为例，证券交易历来遵循竞争模式，呈现多交易中心格局，普遍采用电子交易系统，包括 NASDAQ 在内的美国最典型的现代场外交易市场也采取所谓的混合交易制度。在此背景下，清算和托管的一体化趋势是必然要求，其中包括两个层面的含义。第一个层面是各类证券的托管与清算业务的合并，实现业务功能的一体化。典型的案例是美国的全美证券托管公司与全美证券清算公司的合并。此外，日本的证券托管与清算本来是分开的，但日本证券清算公司于 2002 年更名为日本证券清算与托管公司后，兼有了托管与清算职能。第二个层面是不同交易场所或不同品种的证券实行集中托管与清算。如美国的政府证券清算公司、抵押证券清算公司、新兴市场证券清算公司三家按证券品种划分的清算公司于 2002 年共同成为全美证券托管清算公司的子公司。不过，在债券市场发达的国家和地区，国债等信用等级高的政府类证券，主要通过中央银行等机构的债券系统（如美国联邦储备银行的 Fedwire 系统、日本银行的 BOJ-NET 系统）提供集中的托管结算。

2. 实现统一登记结算后台是防范和控制金融风险的保证

统一的登记结算后台是金融市场最重要的基础设施，市场割裂尤其是后台分割，使得债券市场的发行、交易等数据信息处于分散状态，市场和监管人士都反映有时候竟然需要借助国外彭博、路透等数据资讯平台才能获取我们自己的金融数据信息，这不仅涉及严重的信息安全问题，还影响我们对债务市场整体与局部风险情况的判断和认识。我国的债券市场组织体系建设上，经历过柜台市场为主，到交易所市场为主，再到银行间市场为主的三个阶段。经过 20 多年的发展，我国银行间市场可以说是已经形成以一个银行主导的机构间“俱乐部”形式的垄断市场，缺乏透明度和市场竞争，不够市场化，市场弊端已经十分明显。这种场外交易方式不透明的弊端，在 2013 年的债市风暴中表现得一览无余。债市核查风暴揭示出我国银行间债券市场在债券发行、销售、交易等多层次和环节的制度、风险监测与控制上存在诸多问题；金融机构利用债券定价、分配的权力进行寻租，通过现券交易、丙类户、代持养券等方式进行套利与利益输送。市场的不透明、竞争性不强导致流动性好的债券流动性溢价特别高，是除了投资者不够多样化和市场分割外，我国债券市场流动性较差的另一大原因。要提高全市场的交易定价效率和透明度，一方面，需要继续促成分割市场的跨市场流通；另一方面，在目前市场条件下，急需一个统一的电子信息管理系统对各个债券的成交情况进行信息整合，改变银行间市场中债估值偏离较大，交易所市场中证估值使用率低的情况。

3．实现统一登记结算后台是实现中国债券市场良性竞争的前提

债市统一问题已提出多年，市场早有共识。《国务院批转发展改革委关于 2009 年深化经济体制改革工作意见的通知》（国发〔2009〕26 号）提出“逐步建立集中统一的债券市场监管规则和标准”，并明确要求由证监会、国家发改委、财政部、中国人民银行负责。2012 年 4 月，中国人民银行、国家发改委和证监会成立了公司信用类债券部际协调机制，彼此提供各自监管的债券交易数据。债券交易市场的统一并不是指两个市场应该有相同的交易制度，统一的实质是债券市场的交易要素——信息、资金、交易主体、交易券种能够在市场间自由流动。目前，银行间市场和交易所市场信息和资金的流通顺畅，投资者管理和登记托管的统一已经取得进展，但仍存在品种复杂、交易成本高、流动性差和效率低下等问题。因此，需要监管部门运用像美国 TRACE 系统一样的电子信息化管理系统来深化债券市场后台的互联互通，实现债券前台的“分散交易和集中报价”。中国债券市场改革发展的一个可选择的思路是放松前台、统一后台。所谓放松前台，是指打破行政力量对电子化交易系统的垄断，在现有市场格局基础上，适度引入竞争机制，允许银行间市场、沪深证券交易所、新三板市场、机构间私募产品报价与服务系统、银行柜台、券商柜台等多个交易平台和交易中心以市场需求为导向提供交易服务，在满足统一的投资者规则要求的前提下，允许发行人和投资者自主选择交易场所，促进市场良性竞争和互联互通。以中国债券市场的体量，只要放松管制，电子化的交易平台必然会如欧美发达市场一样纷纷涌现，市场充分竞争条件下自然会优胜劣汰，并由行业自律机构进行监管。在新的电子交易平台上，任何交易者都可以提供流动性，交易商和他们的专业客户之间的差别也会变得模糊，而市场透明度与证券流动性的提高才可以吸引个人投资者（零售）和机构投资者（批发）的广泛参与。只有如此，“交易商之间的批发市场和交易商与客户之间的零售市场”的市场分层才会逐步形成。如此格局下，为了保持竞争力，主要的交易商银行会倾向于大规模投资和改善交易活动所需要的软件和硬件基础，而这样竞争形成的做市商才有真正的实力与动力。而统一后台，是指托管清算机构能够统一。银行间市场与交易所市场的发展趋势是，两个市场后台将渐趋统一，前台各有侧重。由于交易所债券市场发展相对不足，应采取针对性措施，在交易所市场重点发展高收益债券。经过最近几年的债券市场特别是信用债市场的大发展，信用评级为 AAA、AA+ 的企业债券融资需求基本已经满足，但整个债券市场，无论是银行间市场还是交易所市场，对于解决 AA+ 以下评级企业的债券融资需求却贡献不多。因此，交易所的产品定位应该集中在 AA+ 及以下的产品上。从盘活交易所债券存量、提高二级市场流动性来看，应大力发展交易所证券支持凭证产品，该产品是基于交易所债券基础上的产品创新，将大幅增加对交易所债券产品的需求，从而有利于进一步提高交易所债券的流动性，活跃二级市场。研究发展绿色债券、可续期债券和项目收益债券，增加债券品种，发展可转换债、可交换债等股债结合品种。发展企业资产证券化，推进基础设施资产证券化试点，研究推出房地产投资信托基金（REITs）。

4．实现统一债券交易要素市场有利于债券市场的创新

统一的债券交易要素市场的建立，将大大推动交易所债券市场产品创新的进程。而增加债券交易品种，实现债券品种的市场化发行，还可以满足投资者不同的投资需求和风险偏好。我国现有的债券品种的监管割裂，导致产品创新动力的不足，应该允许商业银行发行次级金融债、政策性金融债、住房贷款抵押证券等，扩大发行企业债和公司债的发债主体，优化债券期限结构，使债券市场交易品种齐全和期限结构合理。与此同时，积极进行债券产品创新，进行利率和信用债券衍生品和资产证券化产品等创新产品的有益尝试。在债券产品的创新环境上，我国还面临一些不利因素，主要表现如下。一是制度不健全是创新困难的最重要约束。例如，缺乏做市商制度将会影响债券衍生产品的创新。二是金融产品不发达难以满足投资者的投资需求。我国债券市场中，除了利率互换、国债期货等少数投资工具外，还没有多种可以有效回避或降低投资风险的金融衍生交易品种，难以满足国际和国内资本多样化的收益和避险需求。三是产品创新人才的缺乏，一定程度上制约了创新活动的开展。在复杂的债券衍生品方面，目前国内缺乏相应的人才，导致券商在开发套利和风险控制方面遇到了相当困难，必须购入国外机构的软件平台和借助国外专家才能完成开发。四是证券公司缺乏证券托管功能，只是负责账户信息管理。在进行场外市场的金融创新时，可能会受到登记结算机构对客户的理解、技术系统的支持能力及相互配合效率的影响。而中央级的登记公司只能托管具有社会共性的金融产品，对于满足部分客户个性化的、场外的金融产品，则难以提供托管服务，也无法真正按照投资者的需求进行债券类产品的金融创新。我国的债券市场分层不是很清晰，批发（B2B）与零售（B2C）不分，公募强而私募弱的现象突出。这是因为私募债券指面向特定投资者定向发行的债券，其发行和转让均受到一定的限制。但私募债券的优势在于:（1）审批环节相对简单，发行成本较低;（2）对于发行主体的审核更加灵活，标准可以低于公募产品;（3）信用增级措施可依据发行主体与投资者的沟通而灵活设定;（4）信息披露程度要求低;（5）有利于建立与重要投资者的战略合作关系。私募发行可以部分解决中小企业融资难问题。由于准入门槛较低，部分中小企业可采取私募发行，并且通过与投资者的充分沟通，提高投资者的认可程度，获得有利发行条件。但私募债券的劣势在于：流动性较低，其发行只能面向合格投资者，转让只能通过协议转让的方式在合格投资者之间进行，因而不适合中小投资者和对资金流动性要求较高的投资者。目前，银行间市场的非金融企业定向融资工具（PPN）和交易所市场的中小企业私募债，都是私募的债券产品。而随着我国柜台市场和场外市场的逐步发展，类标和非标产品的种类将更加丰富。为提高产品创新和推出的效率，建议尽快厘清产品的类型及归类方式，并根据大类原则提出相应的备案条件和程序。在证券公司柜台市场方面，私募债权的登记结算、资产托管等基础功能的实现存在法律障碍，相关自营投资指标和资管计划细则限制了柜台业务的报价交易。因此，需要从法律层面明确 OTC 市场的法律地位，对现有的有关法律法规和监管方式进行修正。

5．实现统一债券交易要素市场有利于债券市场的进一步开放

中国债券市场对外开放的进程一直没有停歇，从 2011 年对 QFII 开放银行间债券市场，到 2017 年推出债券通，再到 2019 年中国债券被正式纳入彭博 - 巴克莱综合指数，中国债券市场的开放也逐步得到国际市场的认可，未来中国债券市场的国际化步伐有望继续加快。推出债券通以后，境外投资者可以沿用其所熟悉的国际操作习惯参与内地银行间债券市场的投资，极大提高了参与中国债券市场投资的可操作性和可复制性，境外机构参与境内债券市场的数量和规模均出现较快增长。2019 年，境外机构在银行间债券市场的托管量不断增加，从年初 1.5 万亿元增加至年底的接近 2.88 万亿元，较“债券通”开通前增长超过一倍。从境外机构持仓量占比来看，目前持仓比例为 3.0%，较年初增长了 0.3 个百分点，相比欧美日等发达债券市场仍然较低，但也反映了中国债券市场对外开放具有广阔的发展空间。目前，人民币占全球外汇储备的比例为 1%，如果按瑞士银行的估计 5 年后提高到 5%~7%，按此比例换算，可增加 5 万亿元人民币存量需求，外国机构对人民币计价的债券的投资需求将大幅度上升。由于目前人民币离岸市场的规模还很小，难以容纳这样大规模的人民币债券的投资需求，有序推动国内资本市场，特别是债券市场的对外开放就成为人民币国际化的必然结果。《中国人民银行 中国证券监督管理委员会公告》(〔2020〕第 7 号）明确提出“银行间债券市场和交易所债券市场互联互通实现的同时，国家开发银行和政策性银行、国有商业银行、股份制商业银行、城市商业银行、在华外资银行以及境内上市的其他银行，可以选择通过互联互通机制或者以直接开户的方式参与交易所债券市场现券协议交易”，这拓展了中国债券市场的广度和深度，加上人民币对以美元为代表的国际货币的息差优势，基础设施的互联互通必然会加大中国债券市场的对外开放步伐，是优化投资者结构和提高中国债券市场包容性的必由之路。

总之，我国现行的债券市场和监管体制是我国政府在处置和化解历史风险中逐渐演进而成，是阶段性的制度安排，非顶层规划结果。因而存在一些问题是正常的，关键是要坚持市场化改革方向，通过完善做市商制度和加大对外开放步伐，建立分层次的，更加包容、更有效率和更有弹性的国际性债券市场，以适应人民币国际化的需要。而在债券市场监管体系的改革上，要切实从提高直接融资和服务实体经济的角度，借鉴国外债券市场监管经验，最终实现对我国债券市场的统一监管，建成层次丰富、功能完善、竞争有序、统一监管的互联互通的债券市场。

第 8 章　债券交易及存量特征*

- 2020 年的中国债券二级市场，从整体规模来看，延续了增长势头，债券现券成交额及其占GDP的比例均有所回升。结构上，银行间市场在回购及现券交易上仍占据主导地位，并且占比进一步提高。从债券品种来看，信用债的成交量仍然远小于利率债，2020 年利率债中金融债以及同业存单的成交量最高。

- 从托管总量上来看，全国债券市场总托管量及其占 GDP 的比例都在增加。从银行间和交易所市场各自的占比来看，2020 年虽然银行间市场在我国债券市场中仍占主导地位，但近三年来交易所市场的发展速度要高于银行间市场。

- 在收益率走势方面，在疫情冲击及防疫取得明显效果的影响下，2020 年的债券市场经历了明显的“V”形走势。从杠杆率来看，除去季节性因素外，银行间及交易所市场的杠杆率都保持了下降的趋势，而交易所的杠杆率依然高于银行间的。在换手率方面，银行间的债券交易更加活跃，金融债是银行间最为活跃的品种。

- 在投资者结构方面，商业银行主要增持国债、农发债、商业银行债，减持中期票据；广义基金主要增持国债、政金债，减持中期票据；证券公司主要增持政金债、国债，减持中期票据。

---

*　本章作者：李隽，第一创业证券研究所宏观债券研究员。

8.1　债券市场发展及结构分布

8.1-1　债券交易的规模与结构

中国债券市场的交易量，一方面，随着债券发行量和未清偿余额的增加而不断增加；另一方面，随着市场利率和债券价格的波动而有所起伏。2001 年至 2020 年，中国债券市场的交易量稳步上升。2001 年，全市场的债券现券成交额仅为 5278 亿元，但到 2020 年 9 月，现券交易额已达到 197 万亿元。随着债券交易额的增长，它占中国 GDP 的比例也不断地上升。2001 年债券现券成交额占 GDP 的比例仅为 4.8%，但到 2020 年 9 月，它占 GDP 的比例已上升到 187.6%（见图 1）。

图 1　中国债券市场现券成交量及其占 GDP 的比例

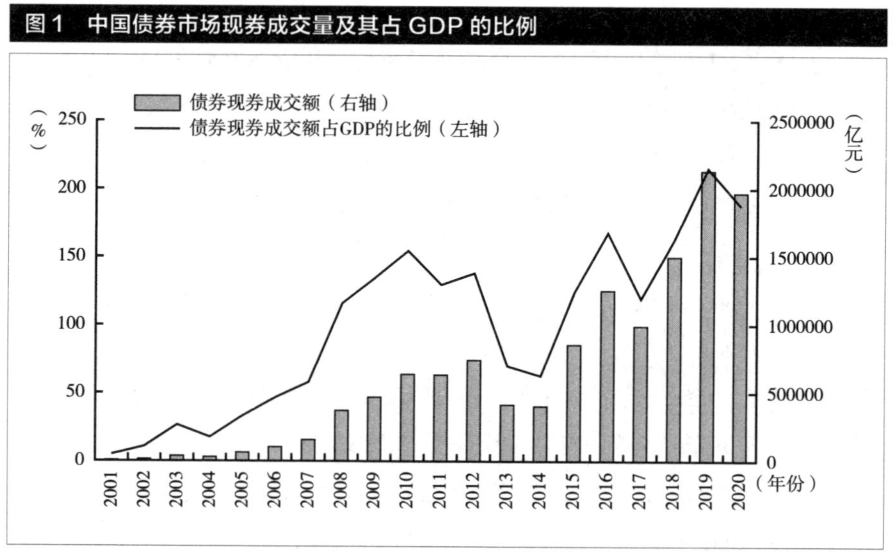

注：2001~2019 年以 12 月 31 日为截止日期，2020 年以 9 月 30 日为截止日期，2020 年 GDP 以增长 6.0% 估算。

资料来源：Wind，第一创业证券研究所计算整理。

当然，中国的债券交易在银行间市场与交易所市场之间的分布是不平衡的。无论是现券交易还是回购交易，都是如此。从现券交易看，银行间市场的成交额远远超过交易所市场，在总成交额中的占比近年来达到 96%~99%，是中国债券市场的主体。但从回购交易看，银行间市场的占比在 2020 年为

77.6%，比 2019 年提高 1.9 个百分点。综合考虑现券和回购交易，银行间市场的占比在 2020 年为 81.1%，比 2019 年提高 1.5 个百分点。从交易所市场看，上海证券交易所在回购交易中占据主导地位，而深圳证券交易所在现券交易方面提高很快，在 2020 年已经能与上海证券交易所不相上下（见表 1）。

表 1　2019~2020 年银行间和交易所市场的现券和回购交易情况

	2019 年					
	现券交易		回购交易		合计	
交易市场	总金额（亿元）	比重（%）	总金额（亿元）	比重（%）	总金额（亿元）	比重（%）
银行间债券市场	1895601.8	96.2	6338310.2	75.7	8233912.0	79.6
上海证券交易所	24287.1	1.2	1841269.9	22.0	1865557.1	18.0
深圳证券交易所	50670.2	2.6	198356.8	2.4	249027.0	2.4
合计	1970559.1	100.0	8377936.9	100.0	10348496.0	100.0
	2020 年					
	现券交易		回购交易		合计	
交易市场	总金额（亿元）	比重（%）	总金额（亿元）	比重（%）	总金额（亿元）	比重（%）
银行间债券市场	2106310.6	98.7	8177266.8	77.6	10283577.4	81.1
上海证券交易所	14371.2	0.7	2127797.4	20.2	2142168.6	16.9
深圳证券交易所	14197.1	0.7	236409.9	2.2	250607.0	2.0
合计	2134878.9	100.0	10541474.0	100.0	12676353.0	100.0

注：2020 年为 1~9 月的数据。
资料来源：Wind。

我国债券市场回购交易量远高于现券交易量，显示了我国债券市场的货币市场功能发达，但对应的资本市场功能却较弱。如果市场上的债券购买者都是很容易回购融资、平时流动性充足的金融机构，通过二级市场买卖公司债券的积极性一定不会很高。这会导致两个结果：一是市场流动性降低；二是“以短养长”的杠杆交易会很流行，市场风险上升。虽然交易所市场的债券交易比银行间市场的要少得多，但它也有自身的独特之处，在回购交易方面尤其如此。

与现券交易相比，交易所市场在回购交易的占比相对更高，这主要是因为与银行间市场相比，交易所市场的回购交易有以下制度上的优势：一是交易所市场质押券制度更加灵活，交易所市场实行的标准券折算制度、质押可替换机制以及到期自动续作机制，使交易所信用债的质押效率更高、流动性更强也更便捷，十分有利于信用债质押回购，公开发行的 AAA 级以上的公司债均能质押；二是交易所市场采用中央对手机制，每日调整债券的标准券折算率，基本无交易对手风险，而银行间市场交易对手的风险更高；三是交易所市场作为股票交易保证金闲时的理财工具更为快速便捷，资金利用效率更高，更不耽误投资者投资股票。因此，交易所债券回购市场与股票市场之间具有更直接的联系渠道，交易所债券回购比银行间回购更容易受到股票市场的影响。

8.1-2 债券交易的品种分布

银行间市场中，2020 年前三季度与 2019 年前三季度相比，大部分债券品种交易量都有所增加（见表 2）。其中，国债的成交量增加最多，为 16.44 万亿元；其次为金融债，成交量增加 11.3 万亿元；可转债、地方政府债、同业存单同比分别增加 51578 亿元、45809 亿元以及 21319 亿元。随着可转债市场的扩容，其成交量也呈现逐年放大的态势。公司债是唯一成交量下滑的品种，较 2019 年同期减少 402 亿元。

表 2　银行间和交易所市场现券交易分类统计　　单位：亿元

	2020 年前三季度			2019 年前三季度		
	银行间	交易所	合计	银行间	交易所	合计
国债	371482	1540	373022	207804	730	208534
地方政府债	123460	7	123467	77628	30	77658
同业存单	395979	0	395979	374660	0	374660
金融债	799064	2278	801342	686736	1934	688670
企业债	10079	151	10230	9946	184	10130
公司债	0	4626	4626	0	5028	5028
中期票据	86970	0	86970	67556	0	67556
短期融资券	79701	0	79701	62618	0	62618
项目收益票据	65	0	65	17	0	17
定向工具	16491	0	16491	10855	0	10855
国际机构债	152	0	152	136	0	136

表 2　银行间和交易所市场现券交易分类统计						（续表）
	2020 年前三季度			2019 年前三季度		
	银行间	交易所	合计	银行间	交易所	合计
政府支持机构债	8786	2	8788	8004	2	8006
资产支持证券	3439	2096	5534	3483	1711	5194
可转债	0	62936	62936	0	11358	11358
可交换债	0	1321	1321	0	925	925
可分离转债存债	0	0	0	0	0	0
总计	1895667	74957	1970624	1509445	21900	1531345

资料来源：Wind。

从全市场角度看，2019 年 10 月至 2020 年 9 月利率债成交量中，金融债的成交量最大，达 1055027 亿元，占利率债成交量的 47.3%；其次是同业存单，成交量达 520026 亿元，占利率债成交量的 23%；再次是国债，成交量达 509105 亿元，占利率债成交量的 22.8%；最后是地方政府债，成交量达 143556 亿元，占利率债成交量的 6.4%（见图 2）。

图 2　利率债月度成交量的变化

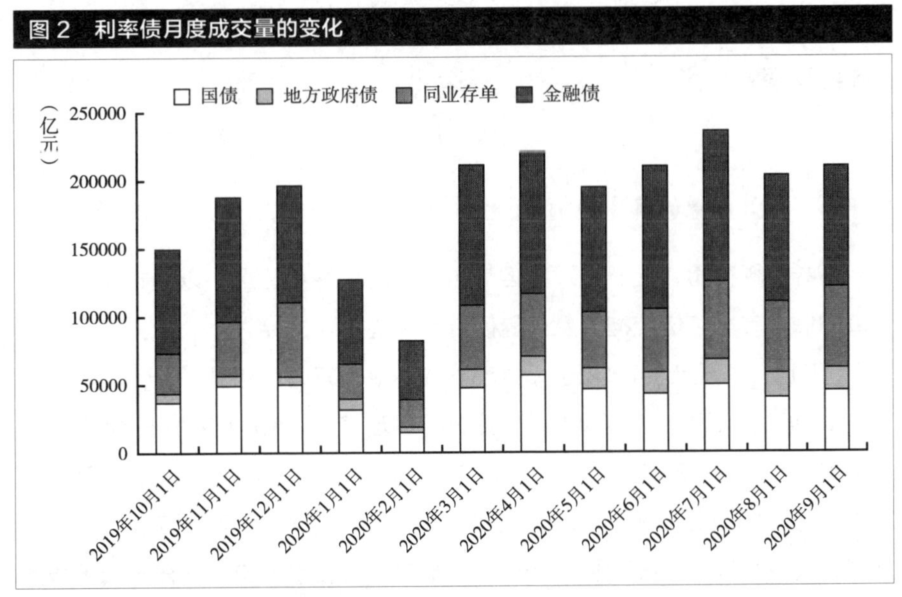

资料来源：Wind，第一创业证券研究所计算整理。

从图 3 与图 2 的对比中，我们可以看出信用债的成交量比利率债要小很多，2019 年 10 月至 2020 年 9 月信用债成交量中，中期票据的成交量最大，达 111512 亿元，占信用债成交量的 32.1%；其次是短期融资券，成交量达 100414 亿元，占信用债成交量的 28.9%；再次是企业债，成交量达 14000 亿元，占信用债成交量的 4.0%；最后是公司债，成交量达 6092 亿元，占信用债成交量的 1.7%。

图 3　信用债月度成交量的变化

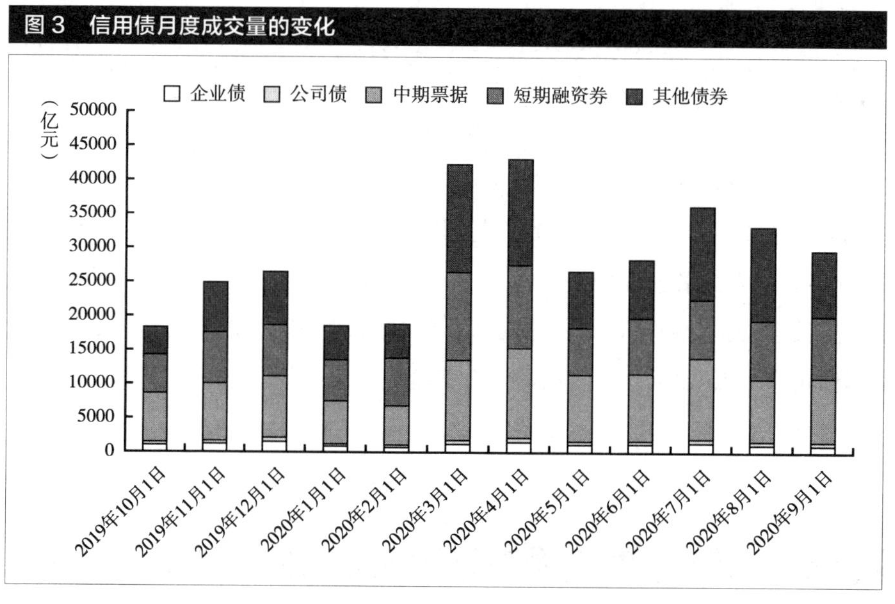

资料来源：Wind，第一创业证券研究所计算整理。

8.1-3　债券存量的规模与结构

债券市场存量，是已经发行但尚未到期的债券托管量。以债券托管量来代表的债券市场存量结构，是衡量债券市场的重要指标之一。图 4 显示，自 2001 年起，中国债券市场进入稳定发展的新阶段，债券托管量从 2001 年底的 3.04 万亿元增长到 2019 年底的 96 万亿元，19 年来增长约 30 倍。从 2003 年不到 5 万亿元到 2007 年突破 10 万亿元，2016 年突破 60 万亿元，2017 年突破 70 万亿元，2018 年突破 80 万亿元，2019 年突破 90 万亿元，2020 年突破 110 万元，中国债券市场显然是以加速度的节奏在不断地发展壮大。

图 4　中国债券市场存量及其占 GDP 的比例

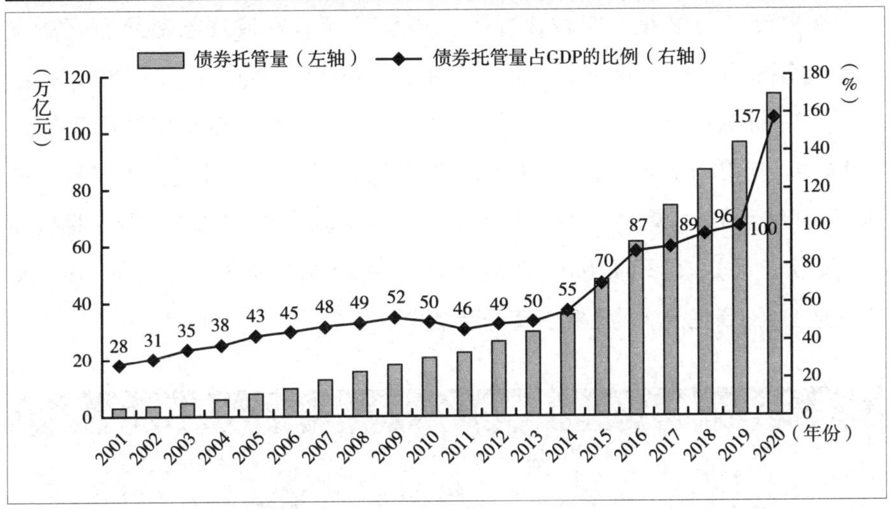

注：2001~2019 年以 12 月 31 日为截止日期，2020 年以 9 月 30 日为截止日期。
资料来源：中国债券信息网、上清所网站、中国结算网和 Wind，第一创业证券研究所计算整理。

目前，中国债券市场包括银行间市场、交易所市场、机构间私募产品报价与服务系统及商业银行和证券公司柜台市场。其中，银行间市场和交易所市场是中国债券市场的主要组成部分。从托管存量的市场构成上看，由于商业银行的大量参与，银行间债券市场是中国债券市场的主体，其债券存量达到中国债券市场的 90% 以上。

与分割的市场相对应，目前我国债券托管清算体系共有两类。一类是原先由中国人民银行监管、现由央行与银保监会共同监管的中央国债登记结算公司（简称中债登），以及经由财政部、中国人民银行批准成立的银行间市场清算所股份有限公司（简称上清所）。中债登和上清所作为银行间债券市场的后台支撑系统，负责该市场上各类债券的托管与清算事宜。另一类是由证监会监管的中国证券登记结算公司（简称中证登），其下又分为上海分公司与深圳分公司，分别负责上海证券交易所与深圳证券交易所包括债券在内的所有场内证券的托管清算事宜。因此，在计算全市场的债券托管量时，我们将中债登、上清所和中证登三家机构的托管量相加，然后减去交易所市场在中债登的跨市场品种的托管量，按这样的计算方式得出 2020 年 9 月末全市场托管量为 113 万亿元。在三大机构登记托管之外，机构间私募市场的债券托管量很小，几乎可以忽略不计。

从全市场角度看（如表 3 所示），2020 年 9 月底托管量超万亿的债券种类有国债、地方政府债、同业存单、金融债、企业债、公司债、中期票据、短期融资券、定向工具（PPN）、政府支持机构债和资产支持证券 11 种。与 2019 年末相比，增加超过 3 万亿元的托管品种为地方政府债（42519 亿元）、金融债（32101 亿元）。其他增量加大的债券品种包括国债（24526 亿元）、公司债（16823 亿元）、中期票据（8689 亿元）、资产支持证券（3819 亿元），企业债有一定减少。

表 3　全市场债券品种托管量及其变化

类别	2020 年 9 月末		2019 年末	
	债券余额（亿元）	余额比重（%）	债券余额（亿元）	余额比重（%）
金融债	260441.5	23.5	228339.9	23.5
地方政府债	253702.4	22.9	211182.9	21.7
国债	191031.7	17.2	166505.3	17.1
同业存单	110314.8	9.9	107236.9	11.0
公司债	85861.4	7.7	69037.8	7.1
中期票据	74508.5	6.7	65818.9	6.8
资产支持证券	39627.9	3.6	35808.9	3.7
企业债	22589.1	2.0	23797.8	2.5
短期融资券	26165.9	2.4	19884.2	2.0
定向工具	21695.9	2.0	20125.7	2.1
政府支持机构债	17025.0	1.5	16725.0	1.7

资料来源：Wind。

8.2　债券二级市场走势及特征

8.2-1　2013 年以来二级市场走势回顾

债券一级市场为债券发行人提供了筹资的途径，债券二级市场则提供了债券流通和转让的场所，它不仅实现了债券的流动性，还通过较连续的交易及市场化的收益率，使得债券的价格与宏观经济的变化紧密地联系起来。图

5 显示，经历 2013 年年中的“钱荒”冲击之后，中国债券市场在 2014 年进入了牛市行情，在 2015 年和 2016 年前三季度连续上涨，大大超出市场预期。但自 2016 年 10 月 21 日中债新综合净价指数创出 103.25 的 2003 年以来的新高后，便一路下滑，进入熊市。2017 年的债券市场整体表现为熊市，以中债新综合净价指数计算，从 2016 年 12 月 31 日的 100.23 下跌到 2017 年 12 月 31 日的 96.07，下跌幅度达 4.1%。进入 2018 年后，债券市场再次进入牛市行情，中债新综合净价指数全年明显上涨。2020 年，表现为震荡市，价格多数时期处于震荡状态。2020 年则是债券市场由牛市转熊市的一年。

图 5　2012 年 1 月至 2020 年 9 月中国债券市场的震荡情况

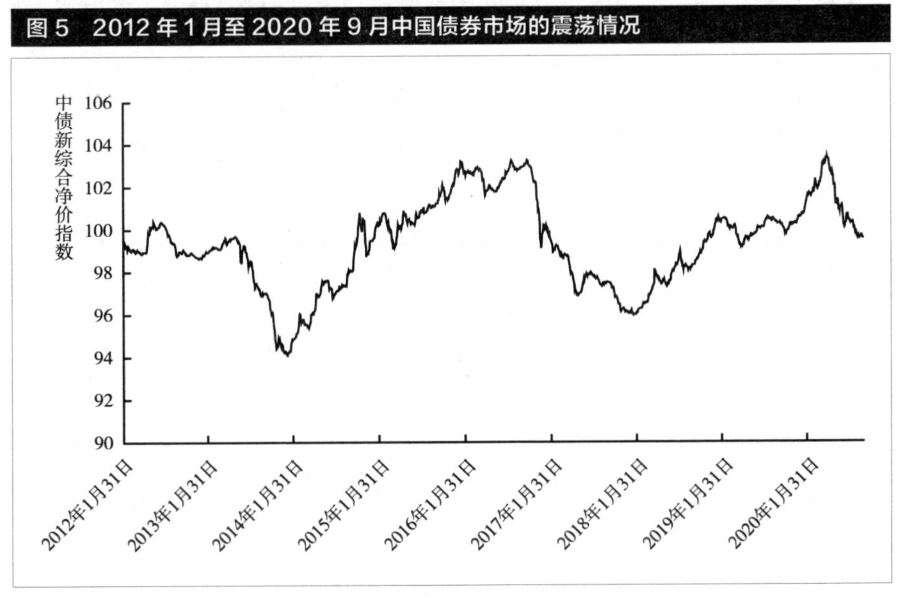

资料来源：Wind。

2020 年的债券市场经历了明显的“V”形走势。1~4 月，在国内至海外逐渐暴发新冠肺炎疫情的影响下，我国央行短期内投放了大量的流动性。货币政策处于非常宽松的阶段，年初至 4 月末，公开市场 7 天逆回购操作中标利率从 2.5% 下降至 2.2%，下行 30 个基点，MLF 中标利率也下行 30 个基点。债券市场也随之迎来一波强劲的牛市。国内取得了明显的防疫成果，经济生产活动逐步恢复到了正常水平，而海外则持续反复。在这种情况下我国的制造业迎来了快速的发展机遇，一方面向海外出口了大量的防疫物品；另一方面海外受持续的疫情影响制造业供应链并不稳定，导致许多行业的订单流向我国。从我国 6 月以来的出口结构来看，机电产品、高新技术产品、纺织品以及家具灯具等都实现了较高的环比增速，这就是我国对于其他国家的替代效应。因此出口增速 4 月以来保持着明显上升的趋势，超出了大部分的市场预期。也正是因为出口明显好转，国内的生产投资消费也逐步常态化，整体基本面展现了强劲的韧性。因此央行开始不断回笼流动性，非常宽松的货币政策开始逐步退出，由此债券市场由牛市转熊市，债券收益率开始呈现震荡上行的走势（见图 6）。

图 6　国债收益率走势与出口增速对比

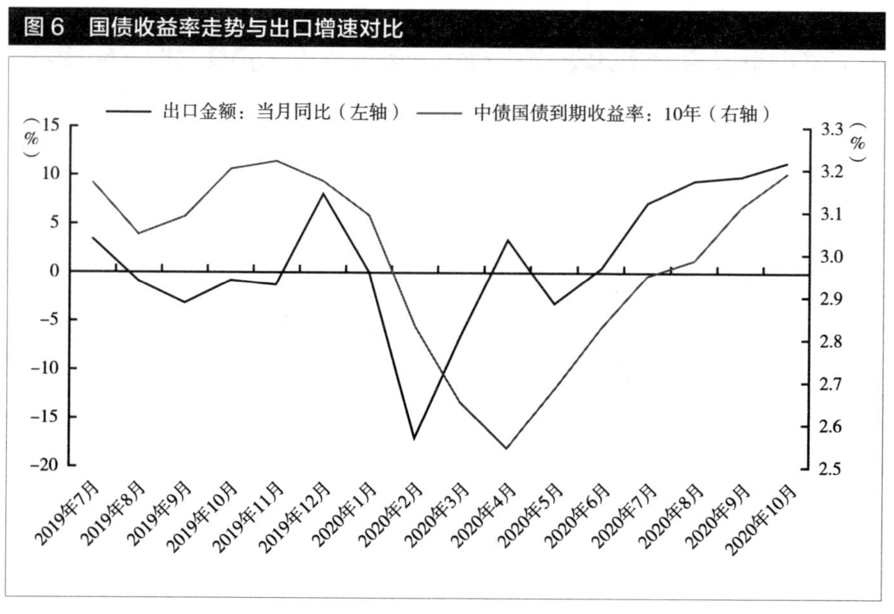

资料来源：Wind。

8.2-2　市场杠杆率分析

债券市场投资的一大特点就是杠杆交易，即通过具有抵押资质的券种筹借资金，达到提升资本投资回报率的效果。在债券市场，提升杠杆率的主要途径便是通过债券回购，以回购资金再购买债券，然后再以购买的债券进行回购，如此循环，在理论上可以极大地放大债券市场的杠杆率。杠杆率一般是指资产负债表中权益资本与总资产的比率。杠杆率是一个衡量公司负债风险的指标，从侧面反映出公司的还款能力。杠杆率的倒数为杠杆倍数。如果将债券质押融资认为加杠杆，则大致可以用债券托管量 /（债券托管量 - 待购回债券余额）来作为杠杆倍数的一种衡量。中债登每月会公布银行间的待购回债券余额及银行间债券托管量，我们可以据此粗略地计算杠杆倍数水平。需要指出的是，债券投资中的加杠杆途径多种多样，场内回购只是提升杠杆的途径之一，其他场外如分级基金和优先 / 劣后结构同样能提升杠杆倍数。因此，这里的计算，与其说是杠杆水平，不如说是回购对债券市场杠杆的贡献度；同时，并非所有通过回购交易融入的资金都被用于债券的再投资。因此，这里的杠杆贡献度，应是上限。

从银行间的市场情况来看，截至 2020 年 9 月末，银行间待购回债券余额为 5.3 万亿元，银行间债券托管量为 113.8 万亿元，计算的杠杆倍数为 1.05；而在 2019 年 12 月末，银行间待购回债券余额为 5.1 万亿元，银行间债券托管量为 99.1 万亿元，计算的杠杆倍数为 1.06。从图 7 近一年来银行间场内杠杆率走势来看，其间的银行间市场的杠杆率呈现明显下降的特点。除去 3 月、6 月、9 月杠杆的季节性上升因素外，杠杆率保持了稳中有降的趋势。

图 7　2019 年 10 月至 2020 年 9 月银行间场内杠杆率的变化

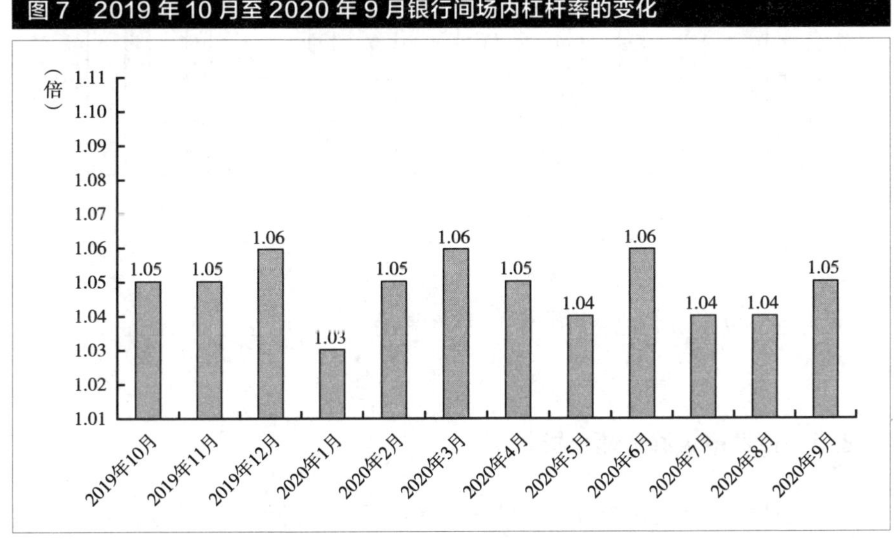

资料来源：Wind，第一创业证券研究所计算整理。

在交易所债券市场，杠杆倍数可以用托管债券总市值 /（托管债券面值 - 未到期回购融资余额）计算，其中托管债券面值可以从中证登每月公布的统计月报中获得，而交易所未到期回购融资余额则需要手工测算，如 GC001 未到期回购融资余额仅计算当天的交易额，GC007 则需要对前 5 个交易日中的交易额进行求和，以此类推，算出交易所市场所有回购品种之和。从图 8 来看，交易所场内杠杆率也保持了稳中下降的趋势，但整体杠杆率依然高于银行间市场的。这里的原因在于：一是交易所市场的信用债占比较高，而非银行金融机构作为委外机构，在交易所信用债的投资占比要远高于利率债，为取得较高收益率水平，投资杠杆率较高；二是商业银行自用资金主要投资银行间的利率债，由于资金成本较低，投资杠杆率远低于非银行金融机构的。

图 8　2019 年 10 月至 2020 年 9 月交易所场内杠杆率的变化

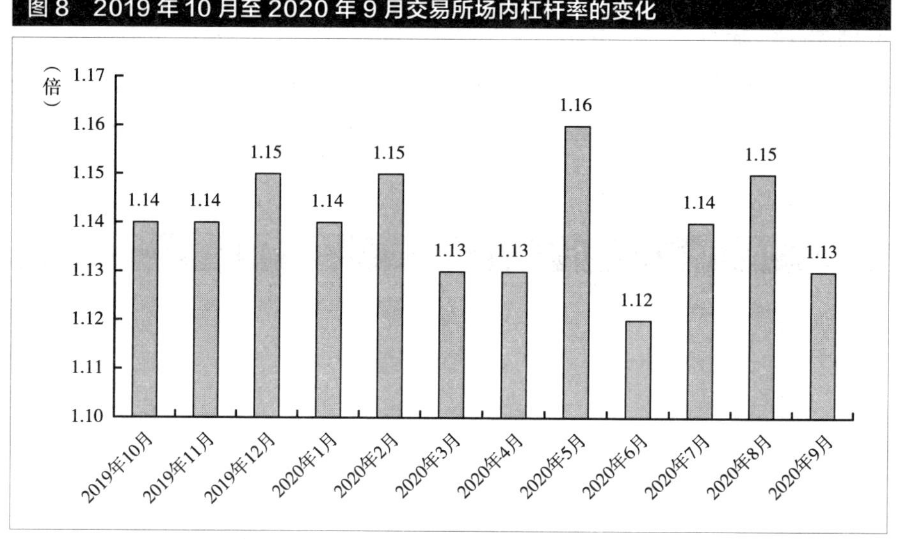

资料来源：Wind，第一创业证券研究所计算整理。

8.2-3　债券市场流动性分析

流动性是影响金融市场效率的一个重要因素。理论上，流动性越高，金融市场在资源配置、价格发现方面的功能会越强。流动性取决于市场的规模、产品结构、信用状况、市场状况等诸多因素。但是，在实践中如何测量流动性，到目前为止，也并无统一标准和方法。但无论使用哪种方法，如果交易具有即时性，并且具有显著的宽度、深度和弹性，则流动性就好。我们使用交易规模、换手率和债券剩余期限来刻画中国债券市场流动性。应当说，交易规模和换手率是衡量流动性较好的代理变量。在换手率既定的情况下，交易规模越大，则意味着市场的深度越好，流动性状况越强；在交易规模既定时，换手率越高，则意味着交投十分活跃，买卖双方能在极小的价差内迅速成交，这非常符合流动性的基本定义。基于这两个指标，我们发现，过去十多年里，中国债券市场的流动性在不断提高。无论是银行间债券市场，还是交易所债券市场的流动性，都有所改善。

第一，债券存量与交易规模。债券存量的规模对市场流动性有极大的影响，通常而言，存量越大，单个因素对债券交易价格的影响强度越弱，买卖之间的报价差会越低，市场流动性会越强。这即是说，一个有深度的债券市场，其流动性通常会越好。我们以全市场的未清偿债券余额占 GDP 的比例作为债券市场的深度指标。2001 年以来，中国债券市场以债券托管量显示的未清偿余额不断上升，债券余额占 GDP 的比例也从 2001 年的 27.6% 上升到 2020 年的 187%，上升约 160 个百分点。

由于债券存量规模不断扩张，债券市场的成交额也在大幅上升。正如我们在表 2 和图 1 看到的，2020 年前三季度中国债券市场现券交易量再创纪录，由 2019 年的 153 万亿元增至 197 万亿元。因此，中国债券市场正在朝着有深度和广度、交易不断活跃的方向发展，因而中国债券市场的流动性得到了不断提高。

第二，债券的剩余期限结构。除了交易规模与换手率外，债券的剩余期限结构也可以作为债券市场流动性的一个衡量指标。这是因为，期限越短，流动性往往越高，期限越长，流动性会越低。就债券而言，剩余期限越短，则意味着债券的市场价格会越接近于面值与应计利息之和，债券买卖之间的利差会越小，这也符合流动性的基本定义——将一种资产转换为现金而不遭受损失的能力。

当然，剩余期限的变化也直接影响了债券发行人在未来一段时间的偿债分布。剩余期限越短的债券占未清偿债券余额的比重越高，则未来面临的短期偿债压力也越大；剩余期限越长，则短期面临的偿债压力会越小。为了减轻短期的偿债压力，债券发行人通常倾向于发行期限较长的债券。但这样的发行期限安排会带来两个问题。首先是发行期限越长，则债券的利率通常会越高。其次是连续地发行较长期限的债券，经过若干年以后，债券的剩余期会缩短，同样会导致剩余期限较短的债券余额上升。因此，发行期限的安排，并不能从根本上解决剩余期限的分布，因而也无法根本消除债券的偿还义务。

正如前所述，债券的剩余期限分布，对债券市场的流动性具有重要的影响。中国存量债券的剩余期限呈现短期化的趋势，全市场短期债券存量有所上升，剩余期限较长的未清偿债券余额占比逐渐下降，这也表明，中国债券市场的流动性有逐渐上升的趋势。图 9 显示，从 2019 年 10 月到 2020 年 9 月，1 年期以下的债券存量占比从 24.78% 上升到 24.81%，1~3 年的债券存量占比由 27.5% 上升到 27.7%，3~5 年的债券存量占比由 20.7% 下降至 20.66%，5~10 年的债券存量占比由 21.53% 下降到 21.51%。整体来看各期限变动不大，呈现一定幅度的短期化趋势，与近期短债发行量上升有关。

图 9　2019 年 10 月至 2020 年 9 月全市场债券市场托管量期限结构

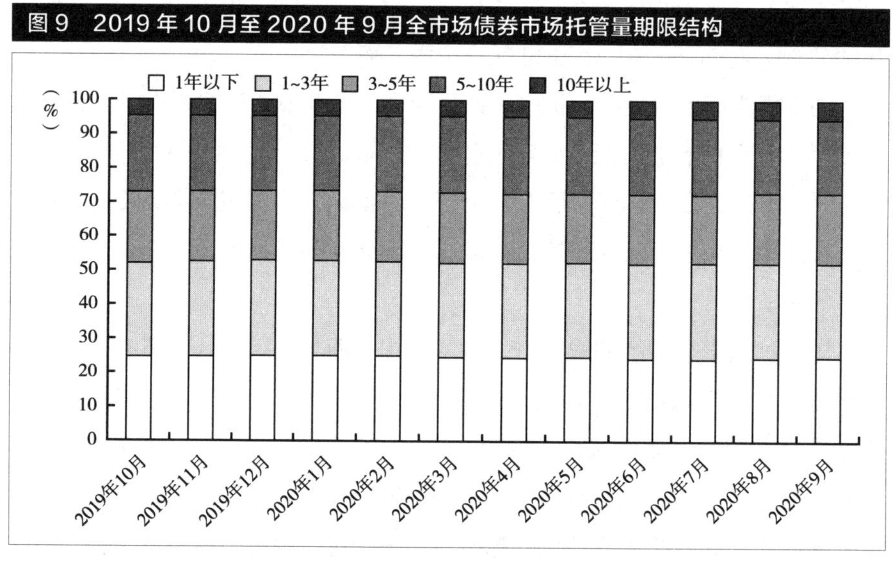

资料来源：Wind。

8.3　投资者数量分布和持仓结构

目前，我国债券市场按投资场所分为银行间债券市场、柜台市场、交易所市场和自贸区市场四大类。债券市场的投资者除特殊结算会员外，可分为银行类、非银行金融机构类、非金融机构类、个人类和境外机构五大类。随着非银行的债券投资者增多，2020 年以来我国债券市场的投资者结构呈现进一步多样化的趋势。

从中债登统计的持仓量结构上看（如表 4 所示），截至 2020 年第三季度末，持仓量占比由高到低分别为商业银行（63.87%）、非法人产品（17.99%）、境外机构（3.49%）、保险机构（2.91%）。从增速来看，全市场同比增速为 17.13%，其中银行间市场为 17.43%、柜台市场为 -11.04%、交易所市场为 20.66%。从银行间市场来看，增速最高的为基金公司及基金会（74.89%）。

表 4　中债登投资者截至 2020 年 9 月的持仓量结构　　单位：亿元，%

机构类型	2020 年 9 月 30 日		
	持仓量	占比	同比增速
一、银行间债券市场	715328.32	96.09	17.43
政策性银行	18720.24	2.51	-3.84
商业银行	475460.31	63.87	16.16
全国性商业银行	349360.30	46.93	13.22
城市商业银行	65583.42	8.81	18.55
农村商业银行	52513.35	7.05	34.96
农村合作银行	120.97	0.02	-9.22
村镇银行	226.76	0.03	56.67
外资银行	6567.21	0.88	20.02
其他	1088.31	0.15	37.13
信用社	8638.80	1.16	10.36
保险机构	21637.73	2.91	18.96
证券公司	9840.13	1.32	35.15
基金公司及基金会	116.14	0.02	74.89
其他金融机构	2469.57	0.33	62.85
非金融机构	13.89	0.00	-0.29
非法人产品	133929.99	17.99	20.03
境外机构	25960.55	3.49	44.66
其他	18540.98	2.49	16.33

表 4 中债登投资者截至 2020 年 9 月的持仓量结构			（续表）
机构类型	2020 年 9 月 30 日		
	持仓量	占比	同比增速
二、柜台市场	7679.19	1.03	-11.04
三、交易所市场	21431.47	2.88	20.66
四、自贸区市场	0.00	0.00	-100.00
合计	744438.9851	100.00	17.13

资料来源：根据中国债券信息网有关数据整理。

1．商业银行持仓结构分析

商业银行一直以来都是债券市场的主要参与者，主要包括全国性商业银行、外资银行、城市商业银行、农村商业银行、农村合作银行、村镇银行及其他。

从持仓结构上看（如表 5 所示），商业银行在 2020 年主要增持国债（15834 亿元）、国开债（2625 亿元）、进出口银行债（2606 亿元）、减持中期票据（-261 亿元）。总体来看，2020 年商业银行配置策略与 2019 年略有不同。与 2019 年相比，商业银行增持国债、金融债的力度均有所加大。信用债方面，对企业债由减持转为增持，对于中期票据的减持力度也有所减弱。

表 5 商业银行在中债登托管债券月增加量 单位：亿元

日期	国债	国开债	进出口银行债	农发债	金融债合计	中期票据	企业债	商业银行债
2019 年 1 月	763.89	926.38	439.08	-33.01	1332.46	-7.22	-31.65	-335.89
2019 年 2 月	228.48	440.46	-1.81	-41.46	397.20	3.16	-66.89	-7.99
2019 年 3 月	-1673.07	502.13	288.11	468.38	1258.62	-90.76	-20.84	281.89
2019 年 4 月	763.56	507.46	298.08	571.65	1377.19	-187.93	55.69	283.59
2019 年 5 月	947.53	95.84	18.21	265.75	379.80	-31.40	39.74	-17.69
2019 年 6 月	-356.70	542.47	55.74	257.48	855.68	-3.69	30.05	-44.16
2019 年 7 月	1850.80	-656.93	45.95	-601.70	-1212.68	-9.37	-3.19	102.62
2019 年 8 月	1538.04	-93.38	108.45	463.82	478.89	-3.85	5.02	-109.53
2019 年 9 月	19.63	-914.76	22.89	112.82	-779.05	-4.12	-30.60	205.69
2019 年 10 月	2017.71	370.64	287.32	140.84	798.80	-14.81	-78.13	-163.16

表 5　商业银行在中债登托管债券月增加量　（续表）

日期	国债	国开债	进出口银行债	农发债	金融债合计	中期票据	企业债	商业银行债
2019 年 11 月	1167.68	−537.38	125.83	717.95	306.41	8.85	−17.45	117.44
2019 年 12 月	3584.22	−331.04	247.88	33.28	−49.88	−1.15	−60.79	231.94
2019 年合计	10851.76	851.92	1935.71	2355.81	5143.44	−342.29	−179.02	544.76
2020 年 1 月	−1149.64	−792.95	−205.33	−74.45	−1072.74	−3.10	−86.55	−463.65
2020 年 2 月	1796.70	235.78	309.78	−203.07	342.49	−157.86	14.49	437.55
2020 年 3 月	−117.04	−1042.62	318.02	188.27	−536.34	−4.40	30.27	228.00
2020 年 4 月	1985.61	1098.20	68.71	477.68	1644.59	−6.60	45.14	311.86
2020 年 5 月	2550.90	1178.82	675.27	700.28	2554.37	−57.00	−19.29	−53.85
2020 年 6 月	4446.84	1161.19	711.78	896.58	2769.54	0.30	75.18	−383.18
2020 年 7 月	3008.04	616.56	29.81	−312.53	333.84	−19.00	−88.22	491.58
2020 年 8 月	1582.83	−341.97	593.71	20.61	272.35	−12.89	75.14	−226.95
2020 年 9 月	1730.09	512.08	105.00	614.61	1231.68	−1.12	−18.22	−60.52
2020 年 1~9 月合计	15834.35	2625.09	2606.74	2307.97	7539.79	−261.67	27.94	280.85

资料来源：根据中国债券信息网有关数据整理。

图 10　商业银行在中债登主要券种月度新增托管量走势

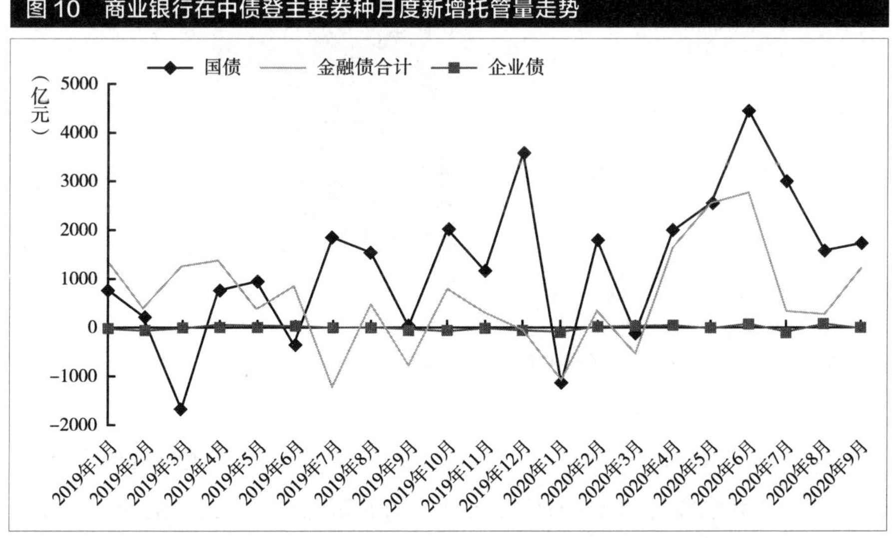

资料来源：Wind，第一创业证券计算整理。

商业银行在2020年的月度变化如图10所示（统计至2020年9月末），前三个季度商业银行对国债与金融债的持仓变动呈现相似趋势，均在6月前逐渐加大增持力度，而6月后又有所减弱。

2．广义基金持仓结构分析

截至2020年第三季度末，中国公募基金公司数量共有129家，资产净值接近17.8万亿元。从投资范畴上，可分为股票型基金、混合型基金、债券型基金、货币市场基金、另类投资基金等，其中货币市场基金净值最多，占比高达47%，混合型基金和债券型基金净值占比分别为23%和17%（如图11所示）。各类基金均可投资一部分资金到债券上，其中债券型基金投资债券占比达80%以上。按照中债登统计的广义基金口径，截至2020年第三季度末，广义基金的托管债券总量合计为13.4万亿元。

图11　公募基金公司净值占比

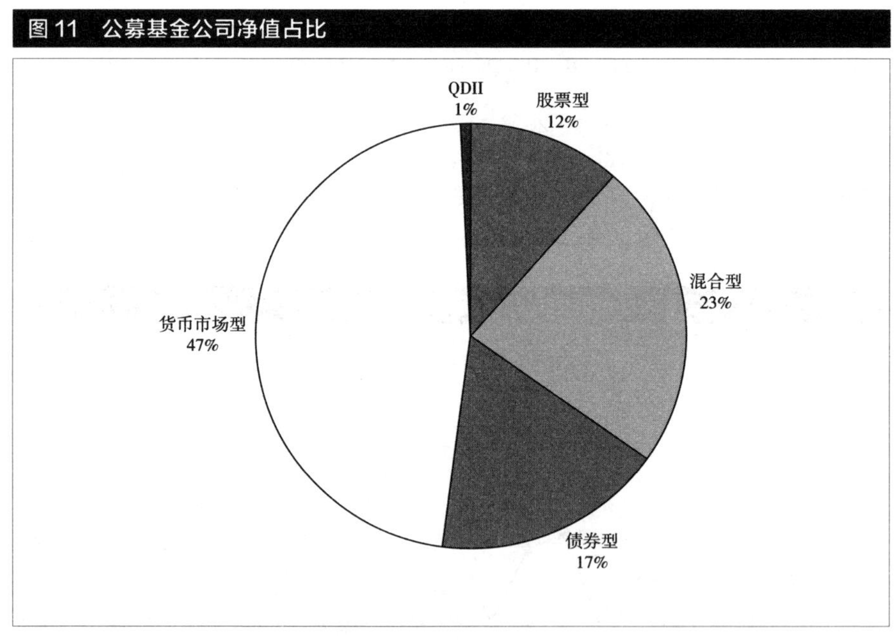

资料来源：Wind，第一创业证券研究所计算整理。

2020年的基金公司在债券市场的配置分化明显，主要增持国债（1518亿元）、政策性金融债（7491亿元）、商业银行债（1607亿元），减持企业债（-945亿元）、中期票据（-196亿元），与2019年相比，广义基金对大部分券种的持仓积极性明显提高，如政策性金融债、商业银行债等（见表 6）。

表 6 广义基金在中债登托管债券月增加量 单位：亿元

日期	国债	政策性金融债	中期票据	企业债	商业银行债	合计
2019 年 2 月	23	230	−1	−57	−86	109
2019 年 3 月	1244	−474	−64	−114	−69	523
2019 年 4 月	1	−877	−21	−112	−11	−1020
2019 年 5 月	159	528	−47	−47	−46	546
2019 年 6 月	562	1394	−5	−139	−3	1809
2019 年 7 月	−430	689	−29	−127	−247	−145
2019 年 8 月	36	1391	2	50	−21	1458
2019 年 9 月	845	901	−53	−41	90	1742
2019 年 10 月	−464	−354	−42	−208	49	−1019
2019 年 11 月	330	6	−23	−102	212	424
2019 年 12 月	−61	2194	−4	25	349	2502
2019 年合计	2245	5627	−288	−871	216	6929
2020 年 1 月	−535	294	−3	−132	421	45
2020 年 2 月	−486	1229	−2	−301	119	559
2020 年 3 月	806	2402	−34	−128	372	3419
2020 年 4 月	652	84	−21	74	96	885
2020 年 5 月	481	857	−18	−88	212	1443
2020 年 6 月	694	523	−79	−99	89	1128
2020 年 7 月	−1124	15	0	−231	−64	−1404
2020 年 8 月	226	1554	−12	−24	383	2127
2020 年 9 月	803	534	−28	−17	−22	1271
2020 年 1~9 月合计	1518	7491	−196	−945	1607	9474

注：由于中债登 2019 年更换了广义基金的统计口径，所以缺乏 2019 年 1 月的数据，从 2019 年 2 月开始统计。
资料来源：根据中国债券信息网有关数据整理。

在持有券种的结构方面，截至 2020 年第三季度末（如图 12 所示），广义基金持有国开债、进出口银行债、农发债共计 5.2 万亿元，约占总额的 40%；企业债存量 1.2 万亿元，占比 10%；记账式国债存量 1.2 万亿元，占比 10%。

图 12 广义基金在中债登托管券种的金额结构

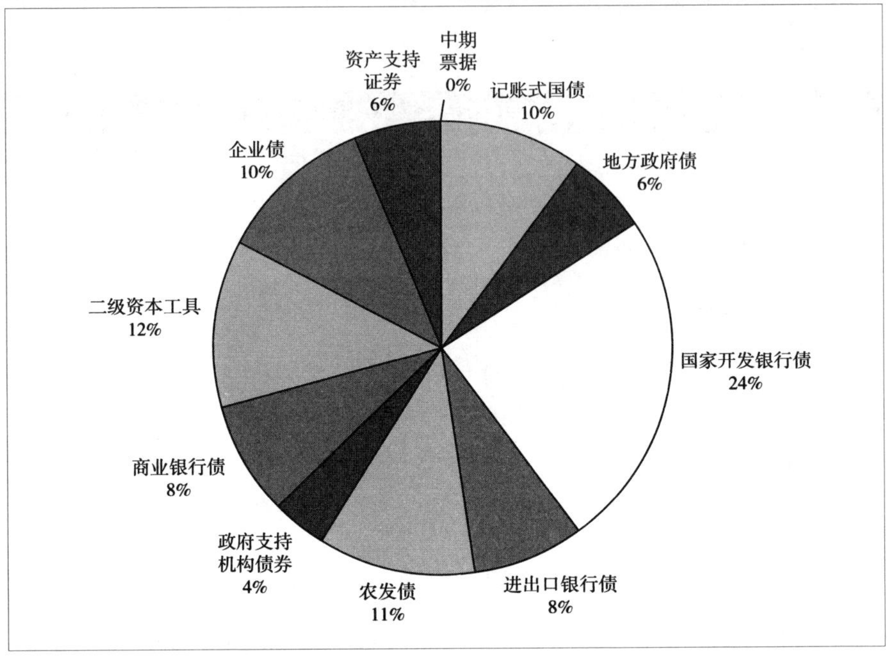

资料来源：Wind，第一创业证券研究所计算整理。

图 13 广义基金在中债登主要券种月度新增托管量走势

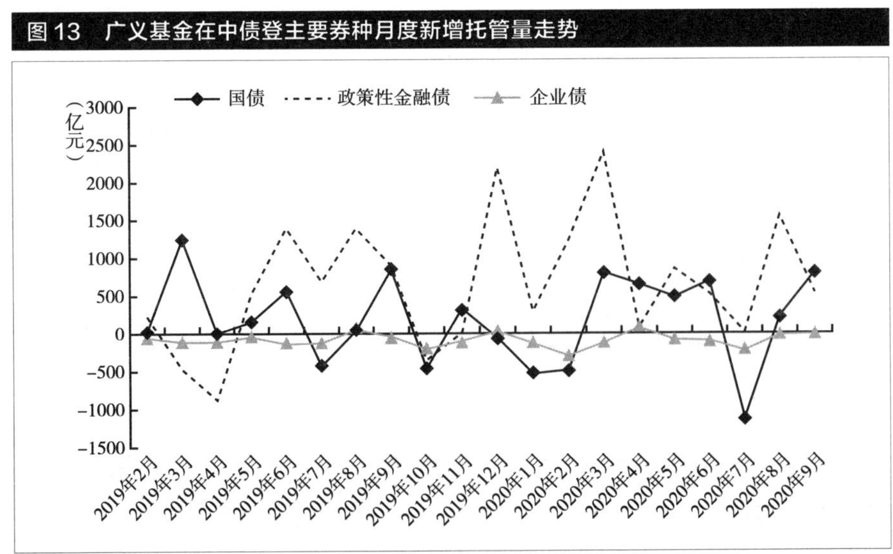

资料来源：Wind，第一创业证券研究所计算整理。

从 2020 年的月度变化来看（如图 13 所示），广义基金对利率债和信用债的配置情况明显分化。广义基金在 3~6 月、8~9 月对国债呈现明显增持，7 月明显减持。对于政策性金融债持续增持，增持量呈现上下波动的交替形态。

3．证券公司持仓结构分析

证券公司在中债登托管债券月增加量如表 7 所示。

表 7　证券公司在中债登托管债券月增加量　　单位：亿元

日期	国债	国开债	进出口银行债	农发债	政策性金融债	中期票据	企业债	商业银行债
2019 年 1 月	–505	44	31	–46	28	–5	35	–34
2019 年 2 月	–44	–36	–39	3	–72	1	32	7
2019 年 3 月	367	34	49	138	220	–3	34	–15
2019 年 4 月	–30	–94	–47	–93	–234	2	51	–7
2019 年 5 月	–44	131	25	–18	138	–9	5	3
2019 年 6 月	293	35	10	37	82	–1	–7	–17
2019 年 7 月	39	–15	9	27	20	–3	–16	9
2019 年 8 月	182	73	–22	23	73	–1	26	11
2019 年 9 月	–96	–41	19	53	31	–1	–45	–16
2019 年 10 月	16	–165	–50	–75	–289	–2	–49	0
2019 年 11 月	205	15	21	–39	–3	–1	–34	51
2019 年 12 月	–139	–134	39	–105	–201	1	28	87
2019 年合计	243	–154	43	–96	–207	–21	61	79
2020 年 1 月	55	102	3	25	131	–1	–16	–101
2020 年 2 月	257	65	43	67	176	1	–48	–10
2020 年 3 月	192	29	–5	33	58	0	91	23
2020 年 4 月	–24	–19	48	5	34	–1	–17	–6
2020 年 5 月	179	–74	–49	35	–88	–2	–23	3
2020 年 6 月	213	110	35	30	175	2	9	–15
2020 年 7 月	–339	193	22	–95	120	0	–20	–6
2020 年 8 月	354	–180	17	31	–132	0	34	52
2020 年 9 月	841	291	28	13	332	–3	36	6
2020 年 1~9 月合计	1730	516	143	145	805	–4	47	–54

资料来源：根据中国债券信息网有关数据整理。

证券公司持有债券主要以自营资金及资管项目为主，由于资金收益率要求不同，因而债券持有策略较为灵活多变。证券公司为债券市场加杠杆的主要投资者之一，因而对于流动性的变动反应更加灵敏。

在 2020 年 1~9 月累计主要增持了政策性金融债（805 亿元）、国债（1730 亿元）、企业债（47 亿元），略减持中期票据（-4 亿元）。与 2019 年相比，证券公司对于利率债的增持幅度明显上升，2020 年前 9 个月证券公司分别多增持 1496 亿元国债以及 1012 亿元政策性金融债。从证券公司的单月增持幅度来看，除 2020 年 8 月明显减持国债外，其他月份均保持一定幅度的增持力度（见图 14）。

图 14　证券公司在中债登主要券种月度新增托管量走势

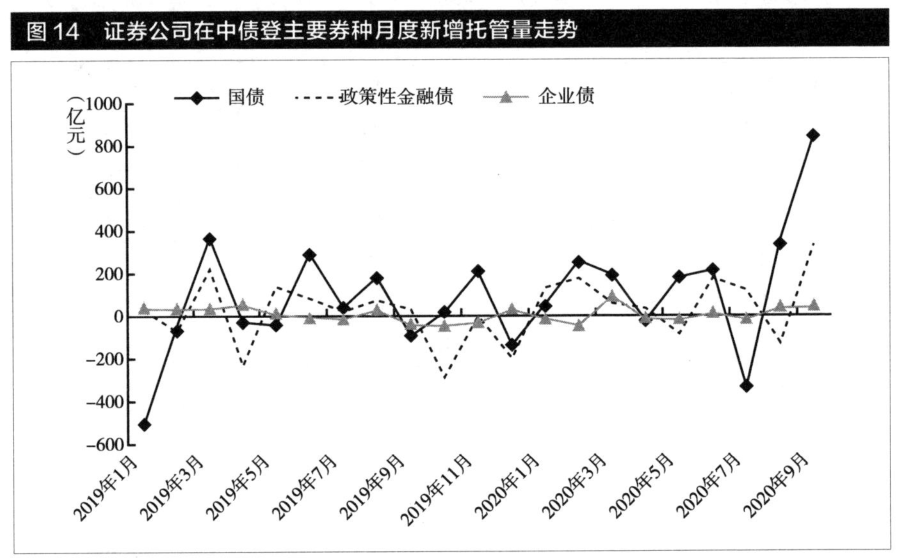

资料来源：Wind，第一创业证券研究所计算整理。

第 9 章　债券市场收益率*

● 2020 年，随着国内新冠肺炎疫情暴发并在全球各国蔓延，世界经济迅速陷入衰退。随着疫情得到遏制，5 月起国内经济逐步复苏。国际关系上，7 月起，中美紧张关系升级但并无进一步摩擦的趋势，随着美国大选结果揭晓，中美关系或一定程度地缓和。政策方面，随着国内基本面企稳，疫情期间的宽松政策逐步退出，货币政策逐步回归正常化，从逆周期转为跨周期。

● 全年债券收益率呈现“V”形走势，第一季度在疫情冲击下收益率迅速走低，第二季度起随着经济复苏与政策转向债市逐渐走熊。信用债方面，宽信用叠加无风险利率快速上行使得信用利差处于低位，2020 年新增违约主体数量明显下降，仍以民企为主，但随着去杠杆压力增大，信用风险或已经孕育。

● 海外市场方面，全球主要经济体在疫情暴发后货币政策转为极度宽松，并大量实践非常规货币政策，债券收益率普遍下行，中美利差快速扩大并创新高。伴随着人民币汇率走高，中国债券吸引力增强，或制约收益率继续上行。

---

* 本章作者：黄文涛，中信建投证券研究发展部董事总经理、联席行政负责人、宏观固定收益部首席分析师；曾羽，中信建投证券研究发展部总监、债券事业负责人、固定收益部联席首席分析师；高庆勇，中信建投证券研究发展部高级经理；付昊，中信建投证券研究发展部高级经理。

9.1 债券市场收益率波动总特征

9.1-1 收益率波动总述：牛熊交替之年，利率先下后上

2020 年我国债市正处于债牛转债熊的交替阶段，而又由于受新冠肺炎疫情影响，全球经济形势发生大变革，叠加非洲猪瘟、中美贸易战以及南方洪涝灾害等的影响，从而引发的国内一系列经济震荡以及国家对此进行的宏观调控形成了 2020 年国内债市 10 年期收益率先震荡下行后震荡上行的总体走势。

具体来说，可以把从 2020 年初至今的这段时间划分为三个阶段，分别为 2020 年 1 月至 2020 年 4 月、2020 年 4 月至 2020 年 7 月以及 2020 年 7 月至今（2020 年 10 月）（见图 1）。

第一个阶段为 2020 年 1 月 2 日至 4 月 9 日，该阶段中国国债 10 年期收益率呈震荡下行趋势，总降幅为 66.61BP。该阶段前期，先是非洲猪瘟、中美贸易战以及当时经济基本面的影响带动债市收益率持续下跌，而后新冠肺炎疫情在国内暴发，因此纷纷将资金投入债市避险，带动债市收益率由年初的 3.1485% 快速下跌至春节前的 2.9932%，形成一波短频快速的债牛，而节后开盘第一天股市大跌也同样带动债市收益率继续下行。随后几天债市避险情绪减弱使得收益率略有上行，但随着国外疫情暴发，叠加央行实行宽松的货币政策，国债 10 年期收益率持续走低。其间虽然国内经济数据持续好转和海外油价暴跌导致收益率出现震荡上行趋势，但货币政策总量宽松，且重心由“宽货币”向“宽信用”过渡的总方向未变。第一阶段 10 年期国债收益率的总体走势为震荡下行。

第二个阶段为 2020 年 4 月 10 日至 7 月 9 日，该阶段中国国债 10 年期收益率呈震荡上行趋势，总增幅为 59.85BP。该阶段前期，央行的降准降息政策超过市场预期，叠加美国 10 年期国债收益率自 2020 年开始持续下行，直到 4 月已基本稳定在近 10 年以来的最低水平小幅震荡，中美利差持续扩大，外资涌入中国债市带动 10 年期国债收益率下行，另外由于国内经济数据持续向好激发投资者信心，给债市收益率带来上行压力，因此该段时期债市整体维持震荡。之后 10 年期国债收益率始终维持震荡上行的趋势，总体来看，国债收益率的上行压力主要来自货币政策未出现进一步宽

松的趋势，叠加 5 月、6 月利率债供给大幅度放量，7 月初央行连续暂停逆回购操作回笼资金，央行货币政策开始出现边际收紧的趋势，同时 6 月经济数据好转超预期，股市大涨导致投资者避险情绪减弱，股债两方同时发力，奠定了该阶段 10 年期国债收益率上行的趋势，其间虽有如央行首次对未来 MLF 操作进行预告等利好债市的消息使债市收益率小幅走低，但收益率总体上行趋势未改。第二阶段 10 年期国债收益率的总体走势为震荡上行。

第三个阶段为 2020 年 7 月 10 日至 10 月 27 日，该阶段中国国债 10 年期收益率呈先短期震荡下行后震荡上行的趋势。关于震荡下行阶段，该阶段正处于 7 月，此时中美紧张关系升级，国内股市陷入调整提振避险情绪，大量资金涌入债券市场从而拉低债市收益率，而债市方面，由于 MLF 续作不及到期，整体资金面偏紧，给 10 年期收益率带来上行压力，二者结合形成该阶段震荡下行的走势。至于震荡上行阶段，该阶段国内疫情已基本得到控制，经济逐步回暖，8 月、9 月连续两个月高频金融数据超市场预期，且利率债大规模放量，同时伴随非洲猪瘟及南方洪涝灾害的影响消退，猪肉和蔬菜价格不断贴近历史基本面水平，叠加 8 月之后中美关系虽仍然紧张，但并无进一步摩擦的趋势，国内市场投资者风险偏好程度增加，市场情绪整体乐观，虽然其间美国继续释放货币政策鸽派信号、中国国债获准进入全球债市期间指数 WGBI 等因素利于债市从而拉动债市收益率小幅下行，但该阶段国债收益率总体维持震荡上行的趋势。第三阶段 10 年期国债收益率的总体走势为先震荡下行后震荡上行。

9.1-2　三阶段详解复盘 2020 年利率走势

1．第一阶段（2020.1.2~2020.4.9）：新冠肺炎疫情冲击下利率快速下降

国内宏观经济方面，受疫情影响，CPI 1~3 月同比分别上涨 5.4%、5.2% 和 4.3%。PPI 1~3 月同比分别上涨 0.1%、下降 0.4% 和下降 1.5%。1 月和 3 月货币政策工具操作分别净投放资金 2630 亿元和 1700 亿元，2 月货币政策工具操作净回笼资金 3800 亿元。债券市场方面，货币市场利率在 1 月小幅上行转而下行，甚至在 3 月大幅下行。债券收益率整体下行，中债新综合价格指数在 1 月小幅上涨后持续走高。债券市场交易结算量在 1 月受疫情影响有所减少，随后在 2~3 月持续增长。债券发行量在第一季度

图 1　2020 年国债收益率走势总览

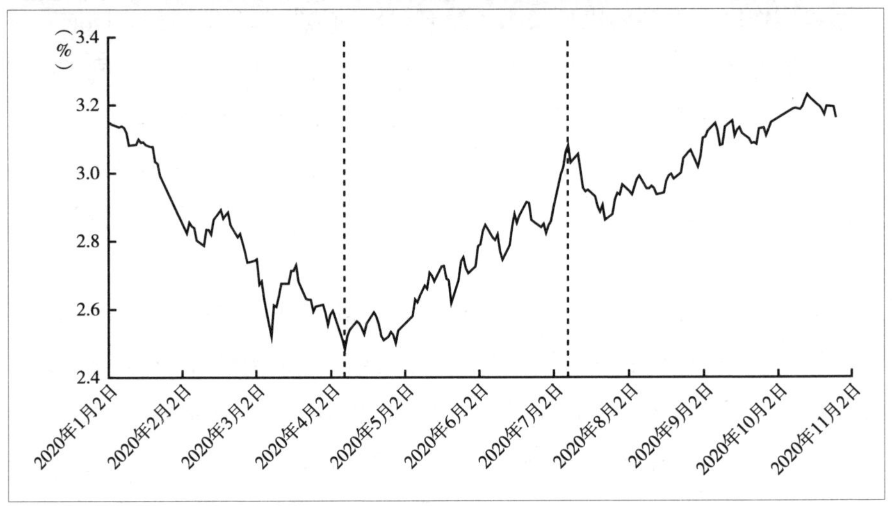

资料来源：Wind，中信建投证券研究发展部。

持续增加的同时债券存量稳步扩大。受 2019 年猪肉价格、资金、贸易战带来的后续影响以及 2020 年初疫情冲击、海外疫情持续扩散、海外油价暴跌、大幅度降准降息政策等因素影响，2020 年第一阶段债市呈现震荡下行的局面（见图 2）。

（1）1 月 2 日至 17 日：债市承接上月债券牛市格局呈现“下行—震荡”的局面

1 月 6 日，中国人民银行下调金融机构存款准备金率 0.5 个百分点。财政部放开外商独资银行、中外合资银行、外国银行分行加入地方政府债券承销团的资格限制。在该操作下，1 月 7 日 10 年期国债利率回升 0.27BP 至 3.1379%。1 月 9 日，国内疫情暴发。受疫情对经济冲击的影响，1 月 10 日 10 年期国债利率单日下降 3.6BP 至 3.0819%。随后的三日 10 年期国债利率小幅度上升后在一个很窄的区间（3.08%，3.10%）波动。

综合上述的债市重要事件以及 10 年期国债利率的变化来看，1 月 2 日至 17 日，10 年期国债利率波动区间在（3.08%，3.15%），利率呈现出“下行—震荡”的变化。从走势特征来看，1 月上旬，10 年期国债利率持续下行，从 1 月 2 日的 3.1485% 下降 3.01BP 至同月 9 日的 3.1184%。之后国内疫情暴发，1 月 10 日 10 年期国债利率单日下降 3.65BP 至 3.0819%。之后一周（1 月 10 日至 17 日），10 年期国债利率在一个很窄的区间（3.08%，

图 2　第一阶段复盘

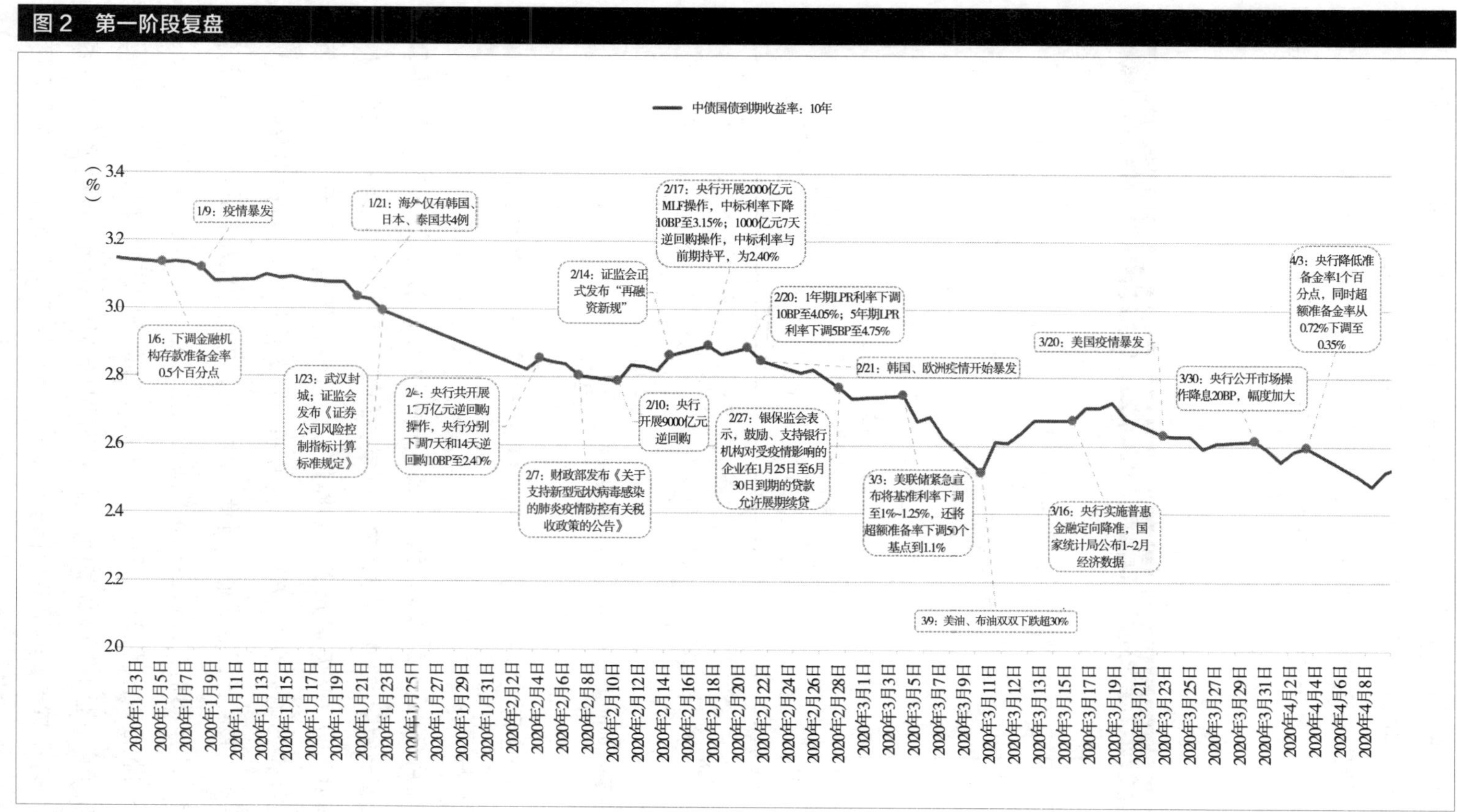

资料来源：Wind，中信建投证券研究发展部。

3.10%）波动（见图3）。这一时间段收益率下行的主要动因还是在于对我国经济基本面的担忧。自2019年末经济筑底确定以来，生产、库存逐渐向好，但向好趋势依然未基本确定。资金面方面，流动性处于持续宽松态势，充裕的流动性带动短期收益率的快速下行。政策方面，央行全面降准，短期利好债市。

图3　1月2日至17日中债国债10年到期收益率

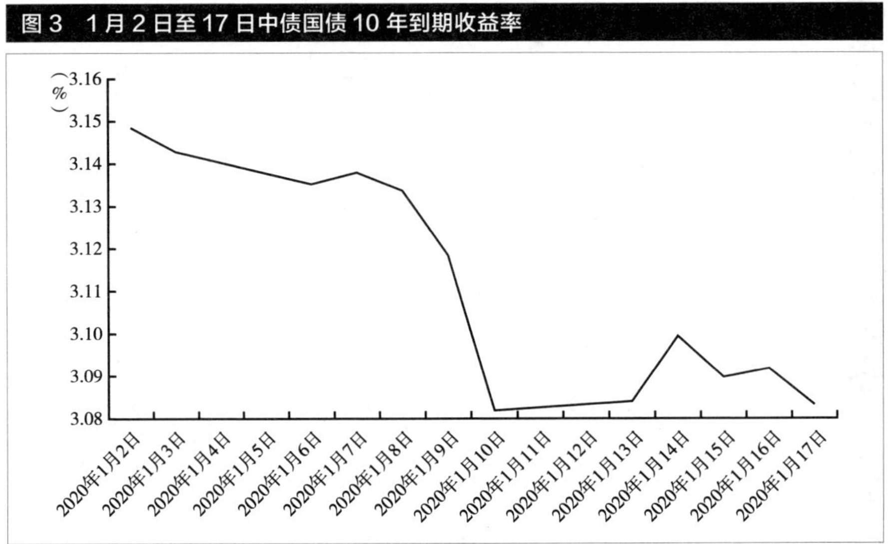

资料来源：Wind，中信建投证券研究发展部。

（2）1月17日至2月10日：疫情开始影响资本市场，债券利率大幅下降后小幅回调

1月23日，武汉因疫情封城。1月27日，国务院办公厅发布通知将延长春节假期。2月4日，央行开展了5000亿元逆回购操作。截至14日，央行共开展1.7万亿元逆回购操作，央行分别下调了7天和14天逆回购10BP至2.40%和2.55%。2月5日，财政部顺利开展春节假期后首场国债招标，共发行记账式附息国债440亿元；中国农业发展银行发行了全球市场首单1年期阻击疫情主题金融债券50亿元，发行利率为1.8833%，比上一日收益率水平低25个基点。2月6日，中国进出口银行发行30亿元抗击疫情主题1年期金融债，发行利率为1.61%，低于同期金融债券利率水平50个基点，所筹资金将全部用于疫情防控相关领域信贷投放。2月10

日，为对冲公开市场逆回购到期等因素的影响，央行以利率招标方式开展了9000亿元逆回购操作，中标利率与前期持平。

综合上述的债市重要事件以及10年期国债利率的变化来看，1月17日至2月10日，10年期国债利率波动区间在（2.75%，3.10%），利率呈现出“下行—震荡”的变化。从走势特征来看，1月下旬到2月初，10年期国债利率持续下行，从1月19日的3.0780%下降25.49BP至2月3日的2.8231%。2月4日，央行开展了5000亿元逆回购操作，10年期国债利率单日上升3.2BP至2.8551%。之后一周（2月4日至10日），10年期国债利率回降至2.7872%（见图4）。这一时间段收益率下行的主要动因在于新冠肺炎疫情的冲击使政府实行严格管控，春节假期延长、出行管控等措施使得消费生产无法及时反弹，避险情绪持续高涨。货币政策方面，维持宽松基调不变，春节后央行下调逆回购利率10BP，且投放大量资金保持市场流动性。

图4　1月17日至2月10日中债国债10年到期收益率

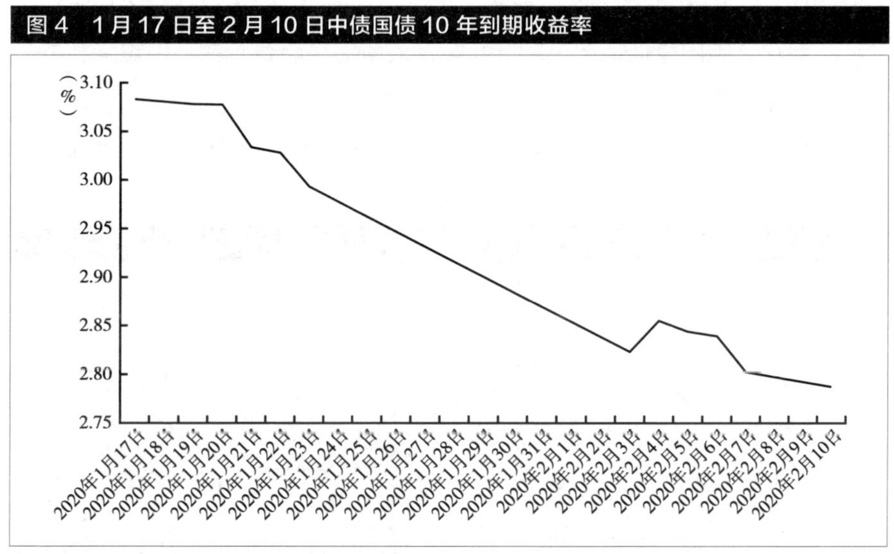

资料来源：Wind，中信建投证券研究发展部。

（3）2月10日至3月9日：债市小幅上行后因疫情开始在全球扩散而再次下行

2月11日央行以利率招标方式开展了1000亿元7天逆回购操作。2月14日，证监会发布了“再融资新规”，此次修改显著放宽了对主板（中小板）、创业板上市公司定向增发股票的监管要求。2 月 17 日，央行开展 2000 亿元 MLF 操作，以及 1000 亿元 7 天逆回购操作。2 月 20 日，1 年期 LPR 利率下调 10BP 至 4.05%；5 年期 LPR 利率下调 5BP 至 4.75%。2 月 28 日，湖北省交通投资集团有限公司发行 5 年期企业债券 30 亿元，发行利率 3.38%，申购倍数 3.16 倍。3 月 3 日，美联储紧急宣布将基准利率下调至 1%~1.25%，还将超额准备金率下调 50 个基点至 1.1%。美联储紧急降息后，次日人民币中间价报 6.9514，上调 2 点。3 月 7 日，OPEC+ 减产谈崩，国际油价出现恐慌性下跌，单日跌幅创近 10 年来新高。

综合上述的债市重要事件以及 10 年期国债利率的变化来看，2 月 10 日至 3 月 9 日，10 年期国债利率波动区间在（2.50%，2.90%），利率呈现小幅回升后震荡下行的局面。从走势特征来看，2 月中旬，10 年期国债利率小幅震荡上行，从 2 月 10 日的 2.7872% 上升 10.56BP 至 2 月 17 日的 2.8928%。2 月 17 日，央行开展 2000 亿元 MLF 操作和 1000 亿元 7 天逆回购操作，10 年期国债利率单日上升 2.97BP 至 2.8928%。2 月中旬的变动主要在于国内疫情情况持续好转，使避险情绪略有减弱。但短端利率受到货币政策持续宽松影响，依然维持下行趋势。2 月 17 日至 3 月 9 日，10 年期国债利率回降 37.23BP 至 2.5205%（见图 5）。国内方面，受内外需

图 5　2 月 10 日至 3 月 9 日中债国债 10 年到期收益率

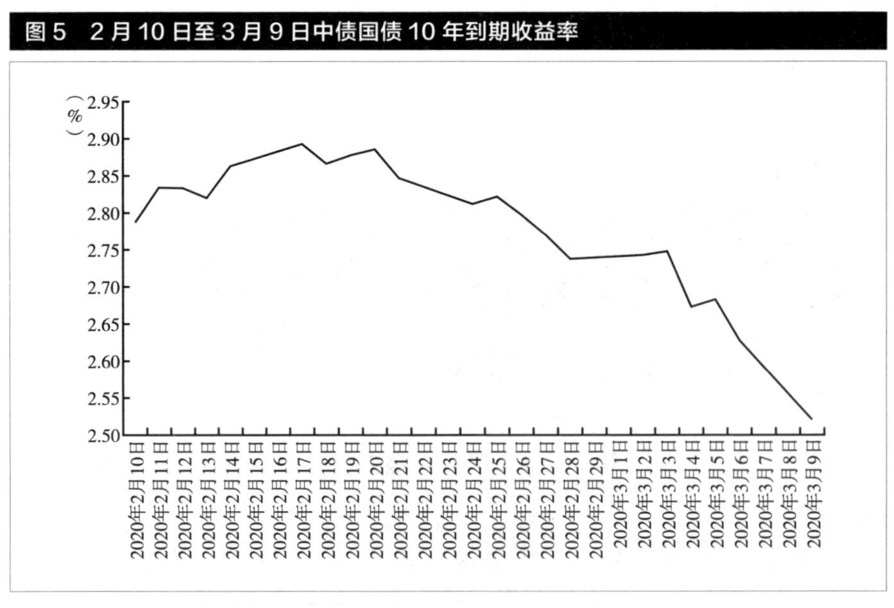

资料来源：Wind，中信建投证券研究发展部。

持续减少压力，供需双端也受抑，2 月中国 PMI 指数为 35.7%，较 1 月大幅回落 14.3 个百分点，因此长端利率持续下行。海外方面，美联储为应对疫情影响于 3 月 3 日紧急宣布降息 50BP，为收益率降低创造条件。短端方面，受资金面有所收敛及货币政策重心由“宽货币”向“宽信用”转移的影响而维持震荡。

（4）3 月 9 日至 4 月 9 日：债市收益率叠加海外油价暴跌的影响开始出现震荡

3 月 9 日，美油、布油双双下跌超 30%。3 月 11 日，中国农业发展银行发行了市场首单 1 年期支持生猪全产业链发展主题金融债券 30 亿元。3 月 15 日，美联储再度宣布紧急降息 100BP，同时重启 QE（量化宽松）进行 7000 亿美元资产购买。面对高度混乱的金融市场，美联储同时将超额准备金率（IOER）下调 50 个基点至 1.1%，并且将银行的紧急贷款贴现率下调了 125 个基点至 0.25%，并将贷款期限延长至 90 天。3 月 16 日，央行实施定向降准，对达到考核标准的银行定向降准 0.5~1 个百分点。3 月 30 日央行超预期下调公开市场操作利率 20BP，月末债市上涨，第二季度伊始债市延续了涨势，4 月 1 日当日 10 年期国债利率继续下调 3.5BP 左右至 2.555%，利率逼近前低。4 月 2 日市场“恐高”情绪升温，当日 10 年期国债利率回调 3BP 至 2.5854%。4 月 3 日，央行公告定向下调存款准备金率 1 个百分点，并时隔 12 年首次下调超额存款准备金利率从 0.72% 至 0.35%，10 年期国债收益率从 4 月 3 日收盘的 2.5965% 下调至 4 月 8 日收盘的 2.4824%，幅度达 11BP；同期 1 年期国债收益率从 1.6548% 下调至 1.2044%，幅度达 45BP。

综合上述的债市重要事件以及 10 年期国债利率的变化来看，3 月 9 日至 4 月 9 日，10 年期国债利率波动区间在（2.45%，2.75%），利率呈现出“震荡上行—震荡下行”的变化。从走势特征来看，3 月中旬，10 年期国债利率持续上行，从 3 月 9 日的 2.5205% 上升 20.94BP 至 3 月 19 日的 2.7299%。3 月 7 日，OPEC+ 减产谈崩。3 月 9 日，沙特开启石油战，全球资本市场陷入恐慌，美股再次大跌，疫情开始在全球大暴发，美元流动性问题开始显现。10 年期国债利率从 3 月 19 日开始震荡下行，从 2.7299% 下降 20.73BP 至 4 月 9 日的 2.5226%（见图 6）。国内供需双端逐步恢复，虽同比较差但环比正逐步提升，基建、房地产等投资的率先回升都从基本面上对债市造成一定压力。油价的暴跌加剧市场波动，海外流动性不足，国内也受此影响呈现流动性紧缺态势，外资流出、人民币贬值、债券等高流动性资产遭到抛售，从而使得债券收益率在短期出现波动。

图 6　3 月 9 日至 4 月 9 日中债国债 10 年到期收益率

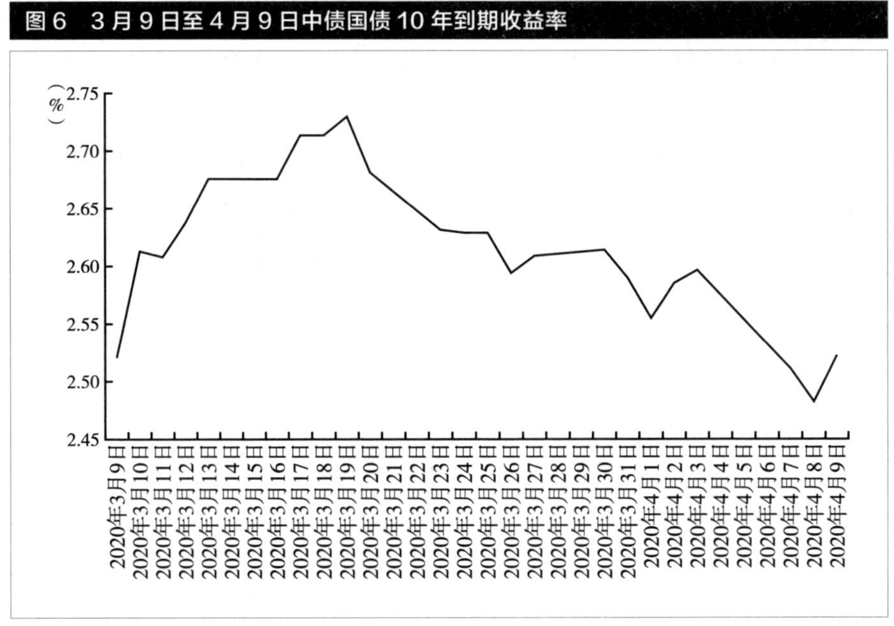

资料来源：Wind，中信建投证券研究发展部。

2. 第二阶段（2020.4.10~2020.7.9）：基本面复苏带动政策转向，债市由牛市转熊市

本时段 10 年期国债收益率从 4 月 8 日收盘的 2.4824%（最低）到 7 月 9 日收盘的 3.0809%（最高），调整幅度达 60 个 BP，影响这一时段利率走势的逻辑，主要是疫情防控常态化下经济基本面的复苏，以及在此基础上货币政策基调的转变（见图 7）。

（1）4 月 10 日至 4 月 29 日：政策利好出尽，利率震荡盘整

3 月底至 4 月初，央行的超预期宽松态度点燃了疫情牛市最后一波上涨行情，而进入 4 月中旬后，由于基本面低点已过，且政策利好出尽，未有进一步宽松信号，故本时段债市整体呈震荡态势，10 年期国债收益率起于 4 月 8 日收盘的 2.4824%，收于 4 月 29 日的 2.5009%，其间最低 2.4824%，最高 2.5920%，振幅为 11BP。

图 7　第二阶段复盘

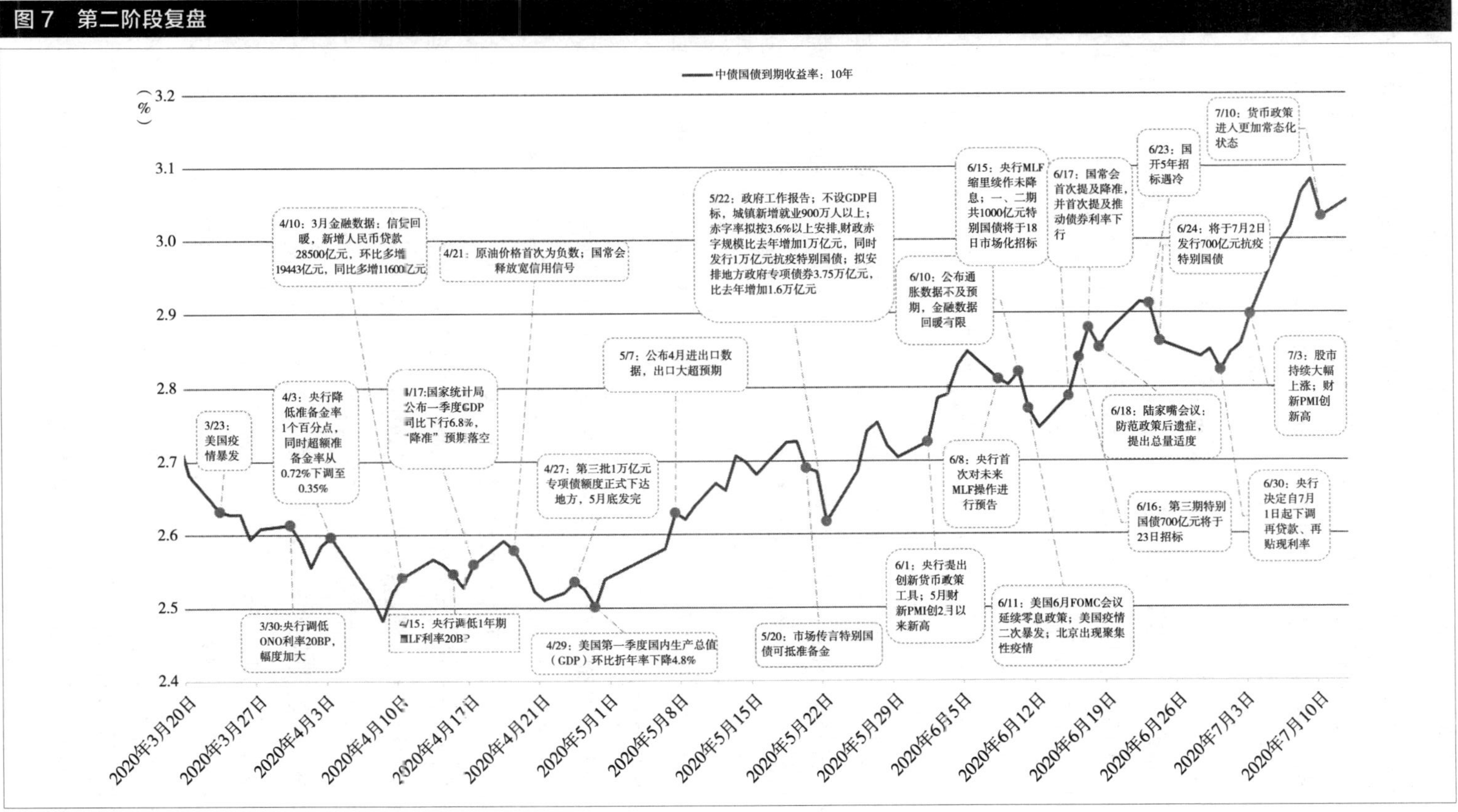

资料来源：Wind，中信建投证券研究发展部。

4月9日，由于债市成交火热，隔夜资金需求旺盛，叠加降准延迟落地（4月15日和5月15日分两批），资金面边际有所收敛，隔夜利率重新回到1%之上，且市场对第二天（4月10日）即将公布的信贷数据预期向好，当日债市利率有所回调，10年期国债收益率较前日上涨4个BP至2.5226%。4月10日至20日，债市整体呈震荡下行态势。4月15日央行下调MLF利率20BP。4月17日公布的经济数据显示第一季度GDP增长率首次为负值（-6.8%），但由于政治局会议，要以更大的宏观政策力度对冲疫情影响、积极扩大国内需求，导致连续两个交易日内（4月17日和4月20日）10年期国债利率上调幅度达6.5BP。综合来看4月10日至20日债市呈震荡下行态势。

4月21日至4月24日，由于此前一些国家未能与OPEC就原油减产达成一致，纷纷提升产量，导致油价大跌。负油价引起资本市场震动，全球风险偏好回落；同日，国务院常务委员会确定提升普惠金融考核权重至10%，并将中小银行拨备覆盖率监管要求阶段性下调20个百分点，释放出“宽信用”信号，债券收益率在随后的几个交易日内迅速下行，从4月21日起，10年期国债收益率连续下行8个BP，收于4月24日的2.51%。

4月26日至4月29日，资金利率小幅调整，债市整体也较为平稳，10年期国债收益率收于4月29日的2.5009%。

（2）4月30日至5月29日：空头信号频现，利率起步回升

进入5月后，一是基本面持续向好，国外疫情高峰逐步结束也进一步提振外需；二是5月利率债供给大幅度放量，债市承压；三是货币政策为打击空转套利，未有进一步宽松信号；故本时段债市收益率普遍上行，10年期国债收益率从4月29日收盘的2.5009%，上行20个BP至5月29日收盘的2.7053%，其间最低为2.5009%，最高为2.7527%，振幅为25个BP；1年期国债收益率从4月29日收盘的1.1177%，大幅上行48个BP至5月29日的1.601%，期限利差持续缩窄。

4月30日至5月6日：4月30日，资金面有所趋紧，隔夜和7天回购利率迅速抬升，叠加5月即将迎来利率债供给高峰，当日各期限收益率开始反弹，10年期国债利率迅速上行4个BP，节后首个交易日债市延续节前的调整，短短两个交易日内10年期国债收益率上行幅度达8个BP，最终收于2.5809%。

5 月 7 日至 5 月 11 日：5 月 7 日公布我国 4 月外贸数据，出口增速大超预期，市场开始大量抛售债券，随后的 3 个交易日内债市继续调整。5 月 7 日至 11 日的 4 个交易日内，10 年期国债收益率从 2.5809% 一路调整至 2.6698%，上行幅度达 9 个 BP。

5 月 12 日至 5 月 15 日：5 月 12 日市场资金面较宽松，当日公布的 4 月通胀数据回落幅度超预期，但此时市场情绪较弱，因此反应也较为平淡。5 月 13 日市场对周四 MLF 缩量续作担忧开始加剧，收盘时 10 年期国债利率上行近 5 个 BP。5 月 14 日，央行未宣布续作 MLF，多头拉涨，当日 10 年期国债利率较前日下行约 1 个 BP。5 月 15 日，央行平价缩量续作 1000 亿元 MLF，叠加之前（4 月 3 日）公布的定向降准第二步当天落地，释放约 2000 亿元，合计释放 3000 亿元，因此尽管降息预期暂时落空，利率整体有所下行，10 年期国债利率当天回落近 2 个 BP。

4 月，在央行货币政策超预期宽松下，银行间资金充裕，然而部分资金并未流入实体经济，而是停滞在金融体系内空转。5 月，质押式回购日均成交同比增长 37.6%。债市活跃度大幅提升，特别是回购金额快速放大，一定程度上引起了央行对债券市场加杠杆行为的关注。

5 月 18 日至 5 月 22 日：截至 5 月 18 日，央行已连续 32 个交易日未进行逆回购操作，叠加此前央行续作 MLF 缩量未降价，市场情绪较为脆弱，债市持续下跌，10 年期国债利率单日上行 4 个 BP 至 2.7253%。5 月 19 日，市场传言央行窗口指导大行少出隔夜，多出 7 天，当日隔夜加权平均利率大幅上行 50BP，资金面较为紧张，而长端收益率则变化不大。5 月 20 日市场传言特别国债可抵准备金，长端收益率大幅下行，10 年期国债收益率下行近 4BP 至 2.69%。5 月 21 日中美摩擦风险再度显现，带动风险偏好走弱，10 年期国债收益率小幅回落 0.5 个 BP。

5 月 25 日至 5 月 29 日：截至 5 月 25 日，央行已连续 37 个交易日未进行逆回购操作，而前一周地方债有 7700 亿元的供给，当天各资金利率均明显抬升，隔夜加权利率上行近 40BP，利率曲线大幅向上移动，10 年期国债收益率上行近 7 个 BP 至 2.6852%。5 月 26 日，央行重启逆回购操作，然而并未如期降息，于是债市继续暴跌。5 月 28 日，央行开展逆回购操作 1200 亿元，然而资金面依旧较紧，短端利率被制约而长端受中美关系担忧加剧、风险偏好回落的影响有所企稳，10 年期国债利率当日下行 3 个 BP 至 2.7201%。5 月

29 日，央行继续逆回购操作 3000 亿元，资金面边际有所缓和，然市场情绪仍趋谨慎，债市震荡，10 年期国债利率收于 2.7053%，较前日下行 1.5 个 BP。

（3）6 月 1 日至 6 月 30 日：政策信号不明，利率震荡上行

6 月 1 日至 6 月 5 日：6 月第一周，在经济持续复苏，宽信用、强监管政策信号强烈的影响下，宽松信仰破灭，债市暴跌。6 月 1 日公布 5 月财新 PMI 为 50.7%（见图 8），创疫情以来新高，当天风险资产大涨，10 年期国债收益率较前一个交易日上行 2 个 BP 至 2.7253%；6 月 1 日晚间央行推出创新货币政策工具，宽松预期难以延续，第二天债市暴跌，10 年期国债利率单日上涨 6 个 BP 至 2.7852%；整体来看，10 年期国债收益率在短短 5 个交易日内连续上行 14 个 BP，最终收于 6 月 5 日的 2.8475%。

图 8　经济回暖

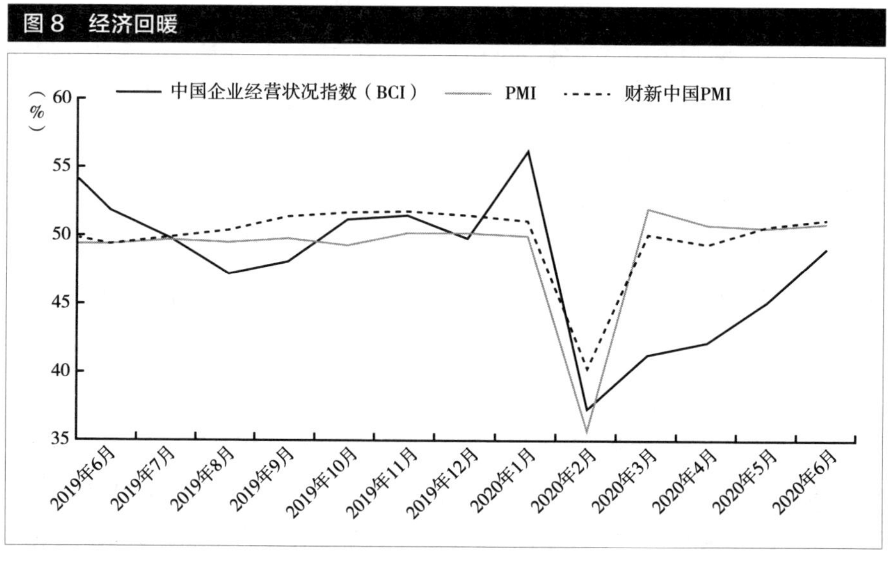

资料来源：Wind，中信建投证券研究发展部。

6 月 8 日至 6 月 12 日：央行出面安抚市场情绪，叠加市场风险偏好回落，债市快速反弹。6 月 8 日，央行首次对 MLF 操作进行预告，债市大涨，10 年期国债收益率较前日下行近 4 个 BP；6 月 11 日，美国疫情二次暴发，海外避险情绪升温，且当日的 6 月 FOMC 议息会议延续零息政策，债市迎来反弹行情。12 日，长短端收益率下行后有所回升，最终收于 2.7451%。整体来看，10 年期国债收益率全周下行 10 个 BP，收于 6 月 12 日的 2.7451%。

6 月 15 日至 6 月 22 日：央行态度再次趋紧，债市惨烈。6 月 15 日央行平价缩量续作 MLF，市场降息预期再次落空，债市暴跌，10 年期国债利率在三个交易日内上行 13.5 个 BP 至 6 月 17 日的 2.8802%。6 月 18 日，前一日的国务院常务委员会提及降准，并首次提及推动债券利率下行，早盘债市走强，随后陆家嘴论坛开幕，央行提及需要关注政策后遗症，总量要适度，并提前考虑政策工具的适时退出，债市转而下跌，并在随后的两个交易日延续弱势。整体来看，本时段 10 年期国债收益率大幅上行 17 个 BP，最终收于 6 月 22 日的 2.9153%。

6 月 23 日至 6 月 30 日：特别国债发行担忧消失，叠加海外疫情加剧，利率企稳回落。6 月 23 日至 24 日，资金利率边际转松，10 年期国债利率下行 5.39 个 BP；6 月 28 日资金面较为宽松，隔夜利率重新回落至 1% 附近，加之假期海外疫情加剧，风险偏好回落，债市有所回暖，10 年期国债利率回落 2.1 个 BP 至 2.8404%；6 月 29 日，央行暂停公开市场操作引发市场对资金面的担忧；30 日，受央行下调再贷款、再贴现利率影响，10 年期国债利率当日下行 2.74BP。整体来看，本时段 10 年期国债收益率累计下行 9.23 个 BP，最终收于 6 月 30 日的 2.823%。

（4）7 月 1 日至 7 月 9 日：债市与股市，冰火两重天

2020 年 4 月底开启的这轮熊市，于 7 月初达到高潮。7 月 1 日至 7 月 9 日，短短 7 个交易日内，10 年期国债收益率一路飙升至 3.0809%，上行幅度高达 25.79BP，其中 7 月 6 日跌幅最为惨烈，在股票市场大涨的背景下，10 年期国债收益率单日涨幅达近 10 个 BP。

步入7月后，债市与股市冰火两重天。7月1日，上证指数重回3000点，紧接着的几个交易日，股市一路高歌猛进，债市长端收益率迅速走高，股债跷跷板明显。7 月 3 日 10 年期国债收益率当日上行 4 个 BP。7 月 6 日股票市场大涨，跷动长端收益率迅速上行，10 年期国债收益率单日上行近 10 个 BP。7 月 9 日公布的通胀数据显示，CPI 与 PPI 双双回升，进一步对债市形成压制，10 年期国债利率继续上涨，最终收于 3.0809%。

3．第三阶段（2020.7.10~2020.10.27）：经济持续复苏，利率以震荡上行为主

2020 年第三阶段的 10 年期国债利率波动走势为“震荡下行—震荡上行”，其中震荡下行阶段的降幅为 21.97BP，震荡上行阶段的增幅为

29.97BP。在这一阶段，我国债市先后经历了国际关系上中美由紧张关系升级到维持摩擦而并无进一步紧张趋势，同时资金面上由 MLF 续作不及到期导致整体资金面偏紧到利率债大量放量，再到中国国债获准进入全球债市期间指数 WGBI 吸引大量外资进入市场，除此之外，宏观经济方面，伴随“非洲猪瘟”及南方洪涝灾害的影响消退，猪肉和蔬菜价格不断贴近历史基本面水平，同时随着疫情在国内的平息，居民收入已逐步恢复疫情前水平，叠加疫情下的部分消费管制日渐放开等因素，国内经济持续回暖，8 月、9 月连续两个月高频金融数据超市场预期，第二、第三季度 GDP 持续增长逐步接近疫情前的水平（见图 9~ 图 11）。

（1）7 月 10 日至 7 月 24 日：利率震荡下行

7 月 10 日，我国货币政策将持续总量宽松的预期降低，债市收益率迎来一波短暂上行，截至 13 日，增幅为 2.52BP。7 月 12 日至 16 日，国内多项金融数据公布。数据均显示出，虽然我国宏观经济基本面受到新冠肺炎疫情严重影响，但从第二季度开始，我国经济开始显著回升，投资者信心恢复而避险情绪减弱。此外，在此期间内政策性金融债和地方政府债均大量发行，在多重作用的相互叠加下，债市迎来一波短频快速的债牛，截至 16 日，收益率降幅为 5.98BP。截至 24 日，10 年期国债收益率降幅为 8.95BP。

（2）7 月 25 日至 10 月 27 日：利率震荡上行

在震荡上行阶段，又可根据 10 年期国债收益率的总体走势分为三个小区间，分别为 7 月 25 日至 8 月 14 日、8 月 15 日至 9 月 24 日、9 月 25 日至 10 月 27 日。

在 7 月 25 日至 8 月 14 日的小区间内，7 月 25 日至 8 月 10 日收益率整体趋势为震荡上行，上行幅度为 9.31BP。7 月 29 日，财政部下发《关于加快地方政府专项债券发行使用有关工作的通知》。7 月 30 日，中债登负责发行的 1 万亿元抗疫特别国债发行结束。8 月 10 日，国家开发银行开展了首次国开债做市支持双向多券操作，在为市场注入流动性的同时降低债券库存及风险敞口管理压力。在这一阶段，市场对国内经济恢复情况持乐观态度，虽然不断有货币政策推出以完善债市制度，但投资者对经济的良好预期成为主要驱动因素，拉动债市收益率震荡上行。

在 7 月 25 日至 8 月 14 日的小区间内，8 月 11 日至 8 月 14 日收益率整体趋势为震荡而略有下行，下行幅度为 1.74BP。7 月规模以上工业增加

图 9　第三阶段复盘

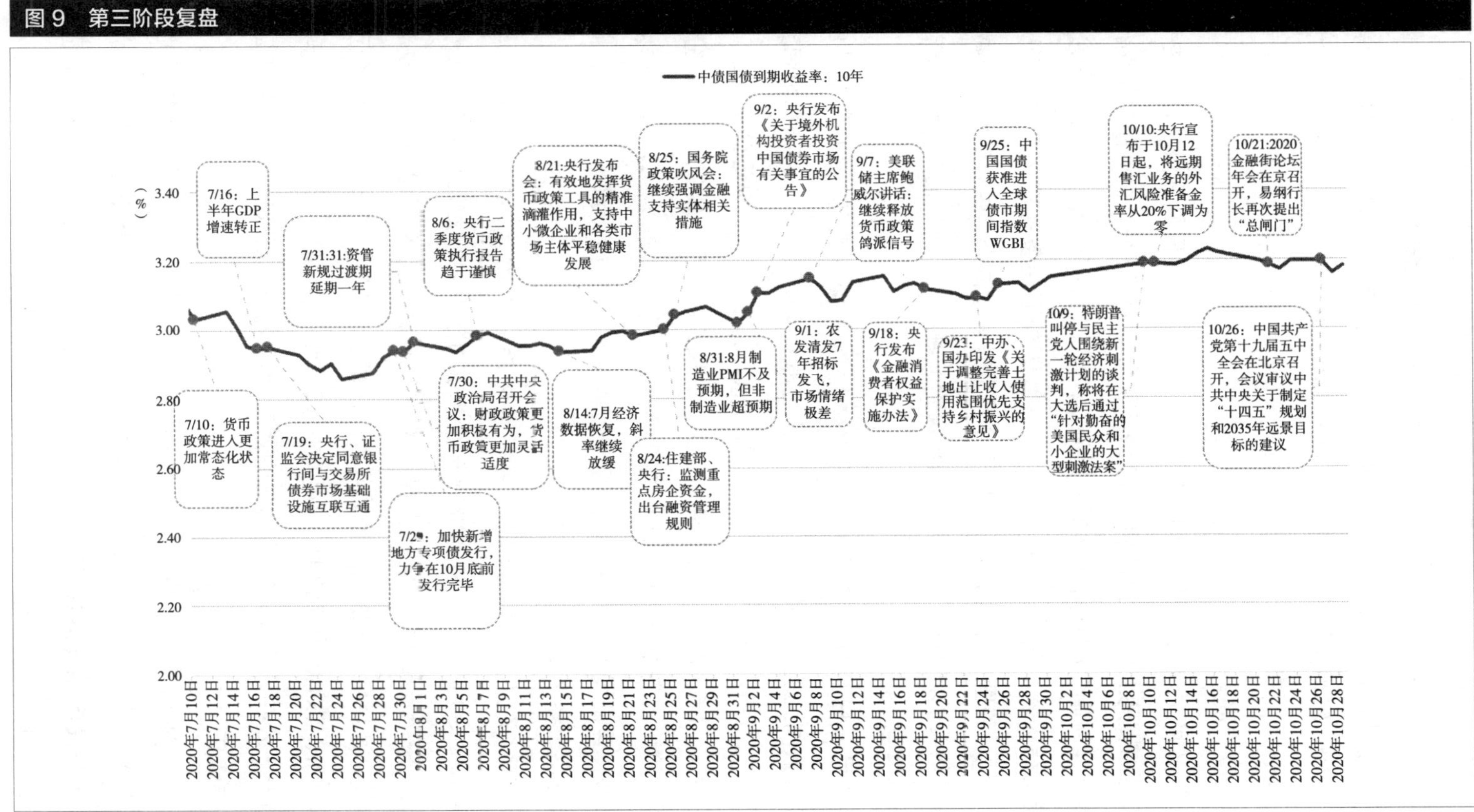

资料来源：Wind，中信建投证券研究发展部。

值同比实际增长 4.8%，增速与 6 月持平。消费方面，7 月社会消费品零售总额同比增长 -1.1%，相较于前值的 -1.8%，降幅虽然比 6 月收窄，但仍低于市场预期，结构上其增长主要由汽车销售带动。各项经济数据的斜率开始放缓，表明我国经济恢复势头虽然持续向好，但可能已进入增速放缓时期，而 8 月利率债，尤其是地方专项债开始大规模放量，导致债市收益率基本维持震荡而略有下行的趋势。

在 8 月 15 日至 9 月 24 日的小区间内，8 月 15 日至 9 月 7 日收益率整体趋势为震荡上行，上行幅度为 20.85BP。8 月 25 日，国务院政策例行吹风会继续强调金融支持实体相关措施。9 月 1 日，农发清发 7 年招标发飞，市场情绪极差。截至 2020 年 8 月末，我国外汇储备规模较 7 月末同比上升 0.3%，我国外汇储备实现连续五个月上升。国内经济恢复速度虽有减缓，但恢复势头仍持续向好，市场投资者风险偏好程度上升，债市资金外流带动收益率震荡上行。

9 月 8 日至 9 月 16 日收益率整体趋势为维持震荡。9 月 9 日，8 月 CPI 指数同比上涨 2.4%，相较于 7 月上涨 0.4 个百分点，PPI 指数同比下降 2.0%，相较于 7 月上涨 0.3 个百分点。9 月 14 日，央行公布的统计数据显示,8 月末 M2 余额同比增长 10.4%，增速比 7 月末降低 0.3 个百分点。在这一阶段，宏观经济数据虽然持续好转，但由于其增幅相较于第二季度明显减弱，且市场上的投资者一定程度上对该好转已有所预期，因此在这段时间内债市收益率基本维持震荡趋势。

9 月 17 日至 9 月 24 日收益率整体趋势为震荡下行，下行幅度为 4.94BP。9 月 17 日，中国银行在境外成功定价发行双币种蓝色债。9 月 18 日，央行发布《金融消费者权益保护实施办法》。9 月 21 日，财政部数据显示，8 月全国一般公共预算收入同比增长 5.3%，在 6 月、7 月分别增长 3.2%、4.3% 的基础上，8 月收入增幅比 7 月提高 1 个百分点，至此，我国一般公共预算收入已连续三个月实现正增长，反映出经济恢复驱动因素持续发力。

在 9 月 25 日至 10 月 27 日的小区间内，9 月 25 日至 10 月 15 日收益率整体趋势为震荡上行，上行幅度为 14.6BP。9 月 25 日，中国国债获准进入全球债市期间指数 WGBI。 9 月 30 日，央行和银保监会发布中国版 TLAC 规则。 10 月 10 日，央行决定自 2020 年 10 月 12 日起将外汇风险准备金率调降为 0。虽然 9 月中下旬国际新冠肺炎疫情再次大规模暴发，引发大量外资涌入国内债券市场，但由于目前我国经济持续复苏和央行货币政策边际收紧的大方向未变，随着时间的推移，市场对未来加息的预期仍将持续使债市收益率承压。

图 10　宏观经济基本面

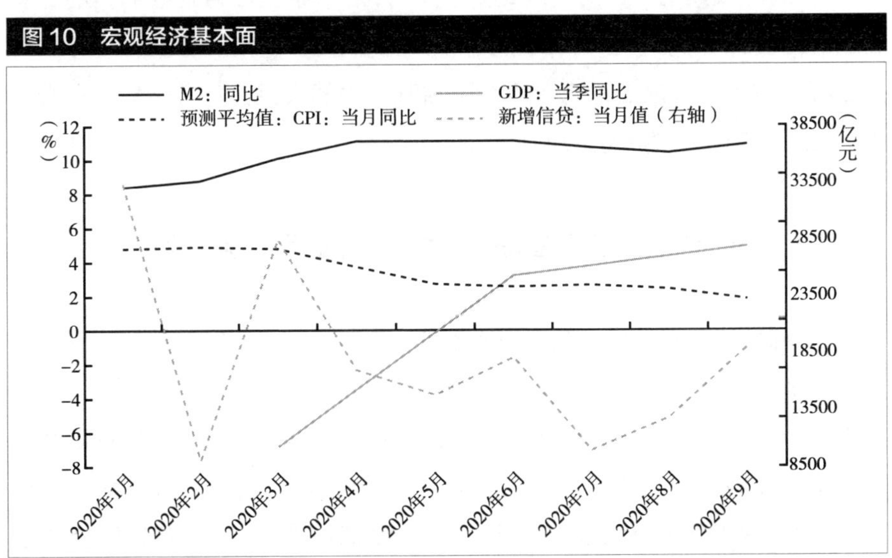

资料来源：Wind，中信建投证券研究发展部。

图 11　长、短端国债收益率

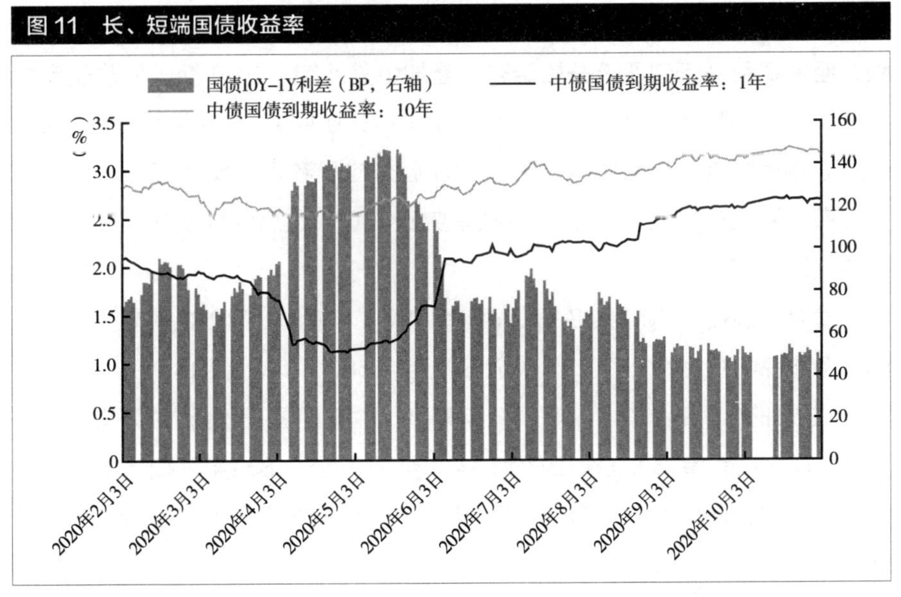

资料来源：Wind，中信建投证券研究发展部。

在 9 月 25 日至 10 月 27 日的小区间内，10 月 16 日至 10 月 27 日收益率整体趋势为震荡下行，下行幅度为 6.91BP。10 月 19 日，央行公布第三季度金融数据，其中，中国第三季度 GDP 同比增长 4.9%，低于预期增长值（5.5%），但高于前值（3.2%），中国 9 月工业增加值同比增长 6.9%，高于预期值（5.8%）和前值（5.6%），中国 9 月社会消费品零售总额同比增长 3.3%，较大幅度高于预期值（1.6%）和前值（0.5%）。10 月 21 日，2020 金融街论坛年会在京召开，中国人民银行行长易纲在会议中于 2020 年内首次提出“总闸门”。

9.2 债券收益率的期限结构与风险溢价

1. 利率债期限结构：从疫情冲击的“牛陡”到经济复苏的“熊平”

2020 年以来债市跌宕起伏，收益率走出“V”形。具体来看，2~4 月由于新冠肺炎疫情在国内外暴发，长端利率快速下移，同时在货币宽松政策下，短端下行更多。5~9 月的利率上行则分为几个阶段：第一阶段（5~6 月）来源于货币政策的边际收紧，短端快速上行，1 年期国债收益率从 4 月低点的 1.1% 攀升至 2.1%；强劲的经济修复预期也促使长端 10 年期国债收益率从低点的 2.5% 上行至 2.8%；第二阶段（7 月）收益率维持震荡向上趋势，源于月初股市大涨，股债跷跷板效应导致债市继续下跌，但是 7 月中下旬股市开始调整，叠加中美冲突，10 年期国债收益率在 2.9%~3.0% 震荡，中枢上移；第三阶段（8~9 月），由于利率债的放量，资金面持续紧张，且财政存款投放的滞后效应导致银行负债压力增大，存单利率大幅飙升，10 年期国债收益率突破 3.0% 之后继续攀升至 3.2% 的高位（见图 12）。

截至 2020 年 10 月 23 日，1 年期和 10 年期国债收益率较 2019 年底分别提高 31.9 个 BP 和 5.9 个 BP 至 2.6821% 和 3.1957%，处于历史分位数的 46.9% 和 21.3%，1 年期和 10 年期国开债收益率较 2019 年底分别提高 34.0 个 BP 和 14.1 个 BP 至 2.8374% 和 3.7174%，处于历史分位数的 41.4% 和 27.1%，收益率曲线呈现熊平趋势（见表 1）。

图 12　十年期国债走势

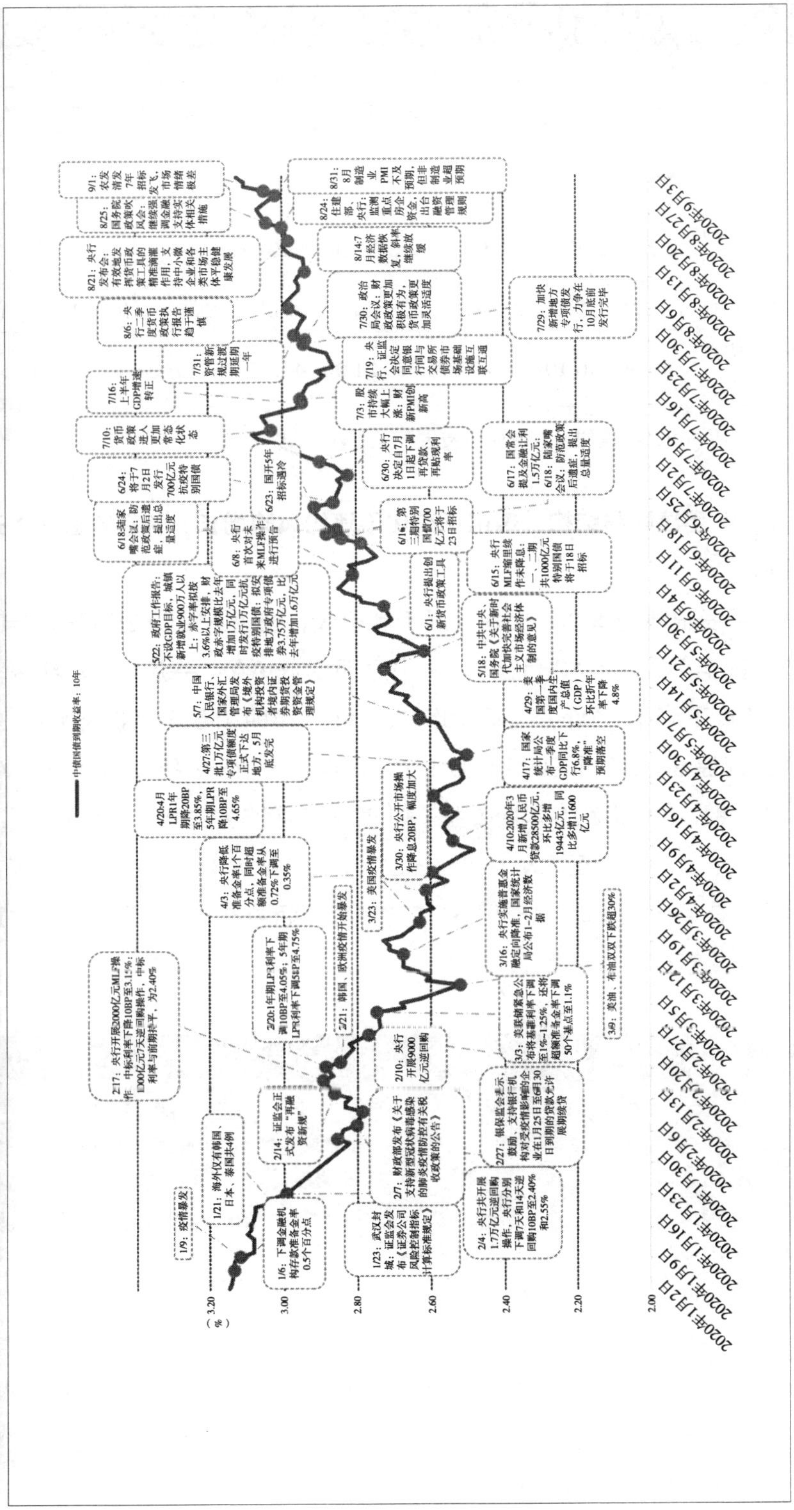

中债国债到期收益率：10年

（%）

3.20
3.00
2.80
2.60
2.40
2.20
2.00

1/6：下调金融机构存款准备金率0.5个百分点
1/9：疫情暴发
1/21：海外仅有韩国、日本、泰国共4例
1/23：武汉封城；证监会发布《证券公司风险控制指标计算标准规定》
2/4：央行共开展1.7万亿元逆回购操作，央行分别下调7天和14天逆回购10BP至2.40%和2.55%
2/7：财政部发布《关于支持新型冠状病毒感染的肺炎疫情防控有关税收政策的公告》
2/10：央行开展9000亿元逆回购
2/14：证监会正式发布“再融资新规”
2/17：央行开展2000亿元MLF操作，中标利率下降10BP至3.15%；1000亿元7天逆回购操作，中标利率与前期持平，为2.40%
2/20：1年期LPR利率下调10BP至4.05%；5年期LPR利率下调5BP至4.75%
2/21：韩国、欧洲疫情开始暴发
2/27：银保监会表示，鼓励、支持银行机构对受疫情影响的企业在1月25日至6月30日到期的贷款允许展期续贷
3/3：美联储紧急公布将基准利率下调至1%~1.25%，还将超额准备金率下调50个基点至1.1%
3/9：美油、布油双双下跌超30%
3/16：央行实施普惠金融定向降准，国家统计局公布1-2月经济数据
3/23：美国疫情暴发
3/30：央行公开市场操作降息20BP，幅度加大
4/3：央行降低准备金率1个百分点，同时超额准备金率从0.72%下调至0.35%
4/10：2020年3月新增人民币贷款28500亿元，环比多增19443亿元，同比多增11600亿元
4/17：国家统计局公布一季度GDP同比下行6.8%，“降准”预期落空
4/20：4月LPR1年期降20BP至3.85%，5年期LPR降10BP至4.65%
4/27：第三批1万亿元专项债额度正式下达地方，5月底发完
4/29：美国第一季度国内生产总值（GDP）环比折年率下降4.8%
5/7：中国人民银行、国家外汇管理局发布《境外机构投资者境内证券期货投资资金管理规定》
5/18：中共中央、国务院《关于新时代加快完善社会主义市场经济体制的意见》
5/22：政府工作报告：不设GDP目标，城镇新增就业900万人以上；赤字率拟按3.6%以上安排，财政赤字规模比去年增加1万亿元，同时发行1万亿元抗疫特别国债；拟安排地方政府专项债券3.75万亿元，比去年增加1.6万亿元
6/1：央行提出创新货币政策工具
6/8：央行首次对未来MLF操作进行预告
6/15：央行MLF缩量续作未降息；一、二期共1000亿元特别国债将于18日招标
6/16：第三期特别国债700亿元将于23日招标
6/17：国常会提及金融让利1.5万亿元；6/18：陆家嘴会议：防范政策后遗症，提出总量适度
6/18：陆家嘴会议：防范政策后遗症，提出总量适度
6/23：国开5年招标遇冷
6/24：将于7月2日发行700亿元抗疫特别国债
6/30：央行决定自7月1日起下调再贷款、再贴现利率
7/3：股市持续大幅上涨；财新PMI创新高
7/10：货币政策进入更加常态化状态
7/16：上半年GDP增速转正
7/19：央行、证监会决定同意银行间与交易所债券市场基础设施互联互通
7/29：加快新增地方专项债发行，力争在10月底前发行完毕
7/30：政治局会议：财政政策更加积极有为，货币政策更加灵活适度
7/31：资管新规过渡期延期一年
8/6：央行二季度货币政策执行报告趋于谨慎
8/14：7月经济数据恢复，斜率继续放缓
8/21：央行发布会：有效地发挥货币政策工具的精准滴灌作用，支持中小微企业和各类市场主体平稳健康发展
8/24：住建部、央行：监测重点房企资金，出台融资管理规则
8/25：国务院政策吹风会：继续强调金融支持实体相关措施
8/31：8月制造业PMI不及预期，但非制造业超预期
9/1：农发清发7年招标发飞，市场情绪极差

2020年1月2日
2020年1月9日
2020年1月16日
2020年1月23日
2020年1月30日
2020年2月6日
2020年2月13日
2020年2月20日
2020年2月27日
2020年3月5日
2020年3月12日
2020年3月19日
2020年3月26日
2020年4月2日
2020年4月9日
2020年4月16日
2020年4月23日
2020年4月30日
2020年5月7日
2020年5月14日
2020年5月21日
2020年5月30日
2020年6月4日
2020年6月11日
2020年6月18日
2020年6月25日
2020年7月2日
2020年7月9日
2020年7月16日
2020年7月23日
2020年7月30日
2020年8月6日
2020年8月13日
2020年8月20日
2020年8月27日
2020年9月3日

资料来源：Wind，中信建投证券研究发展部。

表 1 利率债收益率

	国债					国开债				
	1 年	3 年	5 年	7 年	10 年	1 年	3 年	5 年	7 年	10 年
2020 年 10 月 23 日（%）	2.6821	2.9600	3.0000	3.2421	3.1957	2.8374	3.2491	3.4708	3.6433	3.7174
2019 年 12 月 31 日（%）	2.3631	2.7321	2.8897	3.0353	3.1365	2.4979	2.9159	3.3717	3.5212	3.5767
变动（BP）	31.9	22.8	11.0	20.7	5.9	34.0	33.3	9.9	12.2	14.1
历史分位数（%）	46.90	46.10	29.70	34.60	21.30	41.40	35.30	27.90	23.30	27.10

资料来源：Wind，中信建投证券研究发展部。

2. 信用债期限结构：信用正常化下违约风险增长，长端收益率上升快于短端

信用债跟随利率债，但是滞后于利率债，在进入 9 月之后缺乏方向性走势。截至 2020 年 10 月 23 日，中短期票据 AAA 评级 1 年期收益率较 2019 年底下降 1.1 个 BP 至 3.1657%，而 3 年期和 5 年期收益率较 2019 年底分别提高 22.0 个 BP 和 26.1 个 BP 至 3.6523% 和 3.9735%；AA+ 评级 1 年期、3 年期和 5 年期收益率较 2019 年底分别提高 4.9 个 BP、27.0 个 BP 和 16.1 个 BP 至 3.3258%、3.8219% 和 4.1734%（见图 13、表 2）。宽信用在信用债短端仍有压低收益率的效果，而中长端则在为信用条件正常化以及未来潜在违约率上升定价。

表 2 中短票收益率历史分位数及变化（2008 年 9 月 1 日至 2020 年 10 月 23 日）

	1 年			3 年			5 年		
	收益率（10.23，%）	分位数水平（%）	年初变化（BP）	收益率（10.23，%）	分位数水平（%）	年初变化（BP）	收益率（10.23，%）	分位数水平（%）	年初变化（BP）
AAA+	3.1538	35.40	7.7	3.5421	30.40	19.3	3.6818	21.70	1.8
AAA	3.1657	33.00	−1.1	3.6523	27.80	22.0	3.9735	25.10	26.1
AA+	3.3258	29.40	4.9	3.8219	25.10	27.0	4.1734	21.00	16.1
AA	3.4658	24.50	7.9	4.0319	18.30	24.0	4.5234	17.60	10.1
AA−	5.5458	56.20	9.9	6.1219	51.70	28.0	6.6934	54.50	22.1

资料来源：Wind，中信建投证券研究发展部。

图 13 信用债收益率变化

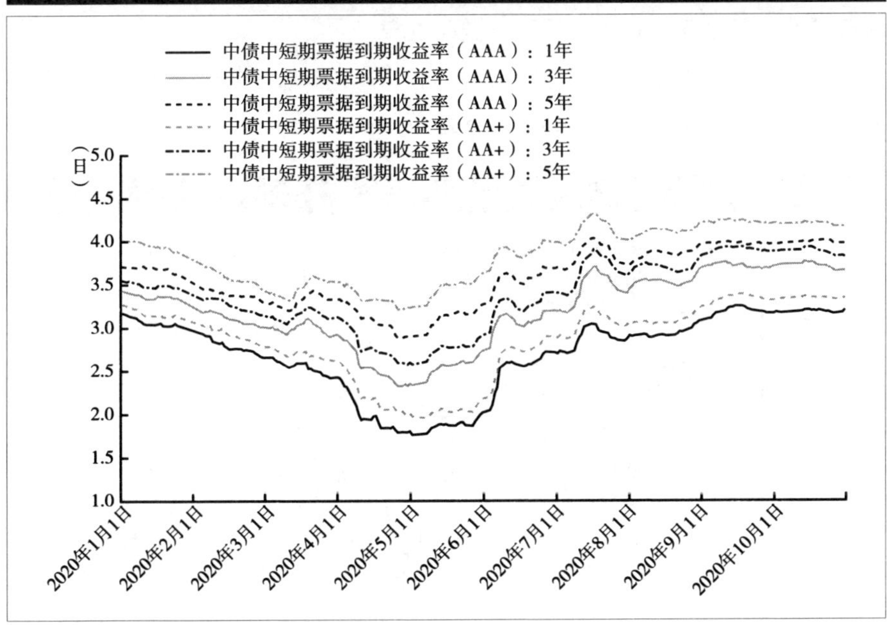

资料来源：Wind，中信建投证券研究发展部。

3．风险溢价复盘：宽信用下信用利差明显收窄，并在低位徘徊

从信用利差的角度看，2020 年以来走势分为五个阶段（见图 14～图 17、表 3）。

（1）疫情暴发之后的被动抬升阶段（1 月 23 日至 2 月 12 日）：疫情暴发后，我国经济处于停摆状态，市场避险情绪加大，但是在流动性保持充裕背景下，信用债并未遭受恐慌性抛售，利率债快速下移 20 个 BP，信用利差被动走阔。

（2）疫情初步控制下的宽信用（2 月 12 日至 3 月 6 日）：随着国外疫情发酵和我国货币政策的持续宽松，利率债长短端收益率中枢继续下移，信用债的票息价值逐步凸显，且我国疫情逐步得到有效控制，复产复工有序推进，风险偏好逐渐修复，信用利差快速收敛。

（3）海外流动性紧张情绪传导（3 月 6 日至 4 月 9 日）：国外疫情蔓延，3 月中上旬美股暴跌，全球流动性紧张，美债黄金等避险资产也难以幸免，中资美元债尤其是地产美元债大幅调整，海外流动性紧张情绪逐渐传导至国内，信用利差、期限利差以及评级利差同时走阔。

（4）从主动收窄转为被动收窄（4 月 9 日至 5 月底）：4 月初国务院常务委员会提出“引导 2020 年新增信用债净融资 1 万亿元，强化对中小微企

业普惠性金融支持”，市场情绪逐步修复，信用利差主动收窄。利率债收益率在 4 月之后快速上行，信用利差被动收窄。

（5）债市走熊，票息为王（6 月至今）：1 年期各评级信用利差被压缩至低位后波动逐渐加剧，截至 2020 年 10 月 23 日，1 年期各评级信用利差

图 14　AAA 中短期票据各期限信用利差

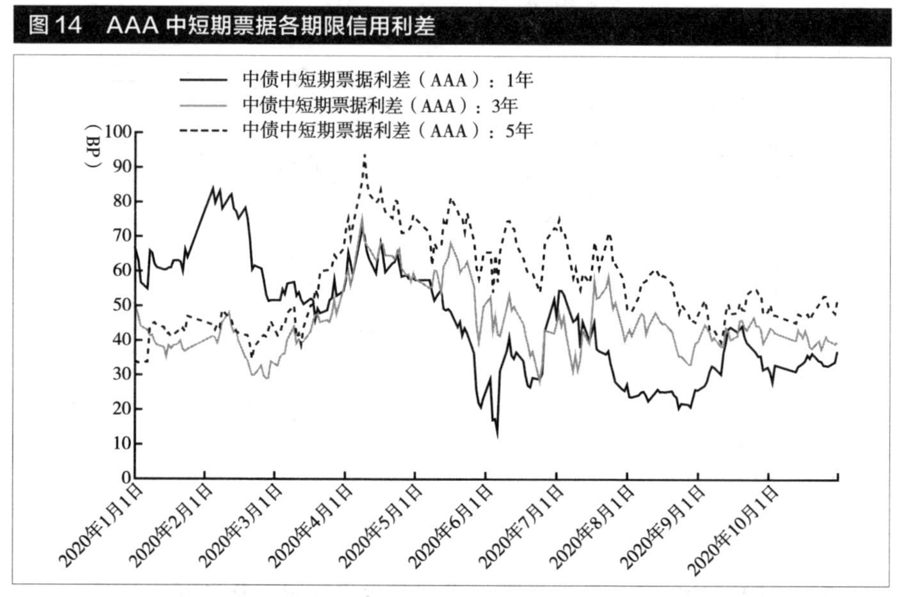

资料来源：Wind，中信建投证券研究发展部。

图 15　AA+ 中短期票据各期限信用利差

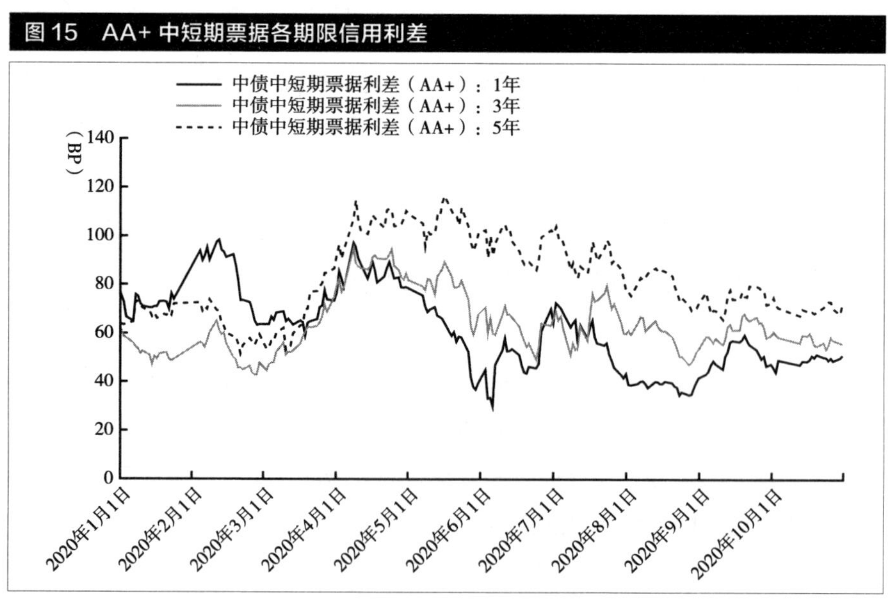

资料来源：Wind，中信建投证券研究发展部。

相较 2019 年底仍普遍下降 25~35 个 BP。由于震荡环境下机构对高票息的需求偏强，而短久期信用债利差收窄有限，资金逐渐对中高评级信用债拉长久期，3 年期 AAA 高评级信用利差相较年初下降 11 个 BP，中低评级 3 年期信用利差相较年初下降 6~9 个 BP。期限利差逐渐修复。

图 16　AA 中短期票据各期限信用利差

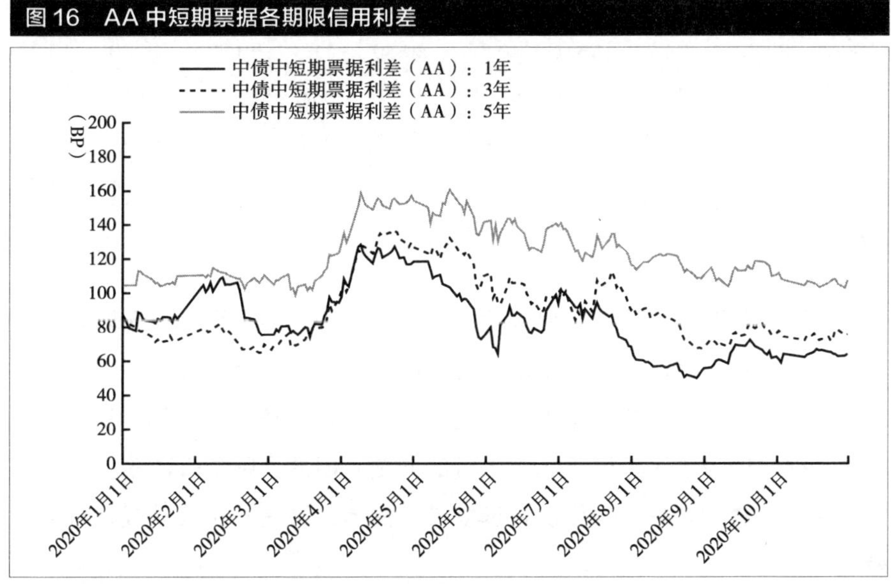

资料来源：Wind，中信建投证券研究发展部。

图 17　AA- 中短期票据各期限信用利差

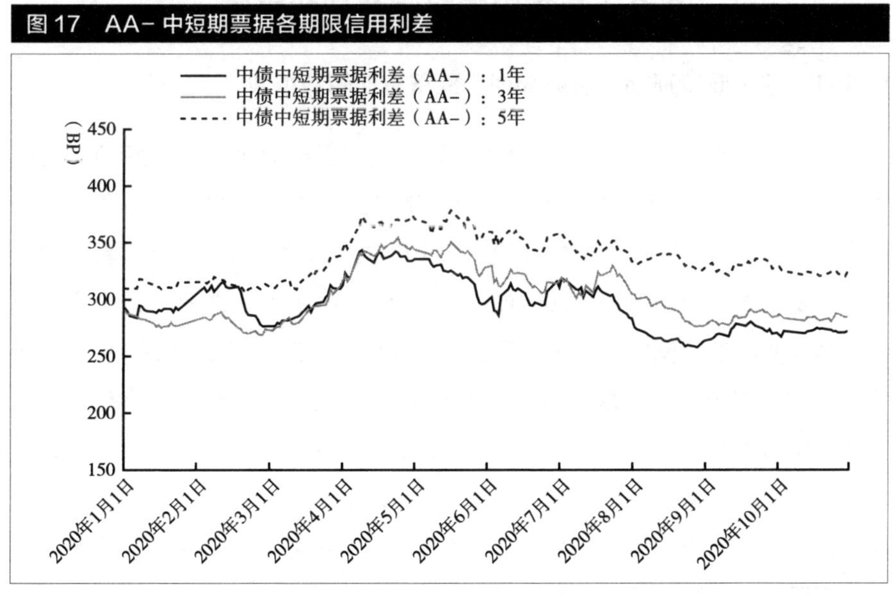

资料来源：Wind，中信建投证券研究发展部。

表 3　中短票信用利差历史分位数（国开债为基准，2008 年 9 月 1 日至 2020 年 10 月 23 日）

	1 年			3 年			5 年		
	信用利差（10.23，BP）	分位数水平（%）	年初变化（BP）	信用利差（10.23，BP）	分位数水平（%）	年初变化（BP）	信用利差（10.23，BP）	分位数水平（%）	年初变化（BP）
AAA+	31.64	18.80	−26.2	29.30	22.10	−14.0	21.1	17.30	−8.1
AAA	32.83	8.90	−35.0	40.32	20.30	−11.3	50.27	45.30	16.2
AA+	48.84	4.00	−29.0	57.28	8.50	−6.3	70.26	19.10	6.2
AA	62.84	1.80	−26.0	78.28	5.70	−9.3	105.26	15.80	0.2
AA−	270.84	73.00	−24.0	287.28	69.50	−5.3	322.26	77.90	12.2

资料来源：Wind，中信建投证券研究发展部。

从历史来看，流动性风险溢价是信用利差的主导因素，在无风险利率上升的过程中，信用利差通常呈现走阔趋势。当前正处于经济环比复苏阶段，下半年债市偏熊的背景下，信用债票息为王策略得以强化，利差被动收敛，很好地吸收了无风险利率上行的冲击。但是当前货币政策仅是宽松转为中性偏紧，未来一旦经济快速复苏，货币政策进一步收紧或将导致利差重新走阔。

9.3　政策周期对收益率的影响

9.3-1　我国政策周期、金融周期、经济周期轮动框架

在我国经济中，政府的逆周期调节扮演了重要角色，通常遵循“宽货币—宽信用—紧货币—紧信用”的传导链条。经济下行阶段，融资需求低迷，政策上往往采取货币宽松政策，即央行通过数量型和价格型工具，引导实体融资成本下行，提升各部门加杠杆意愿。但中小企业加杠杆的意愿受到未来预期的影响，宽货币对于信用扩张的作用被一定程度地削弱。而地方政府和房地产对于资金渴求强烈，信用扩张能力强，但始终被政策高度管控，因此“宽货币”向“宽信用”传导不畅时，围绕金融机构信用投放能力以及城投基建、地产信用需求的宽信用政策介入。之后随着经济企稳，企业融资需求回升，货币流动速度加快，政策为抑制杠杆扩张，往往采取紧货币以及紧信用调控等手段，加快信用收缩（见图 18）。

金融周期是政策周期的映射，通常政策周期领先于金融周期 1~2 个季度，而由于金融周期又领先于经济周期 1~2 个季度，因此金融周期和政策周期又在一定程度上对冲，起到平滑经济周期的作用（见图 19）。

图 18　政策周期变化时钟

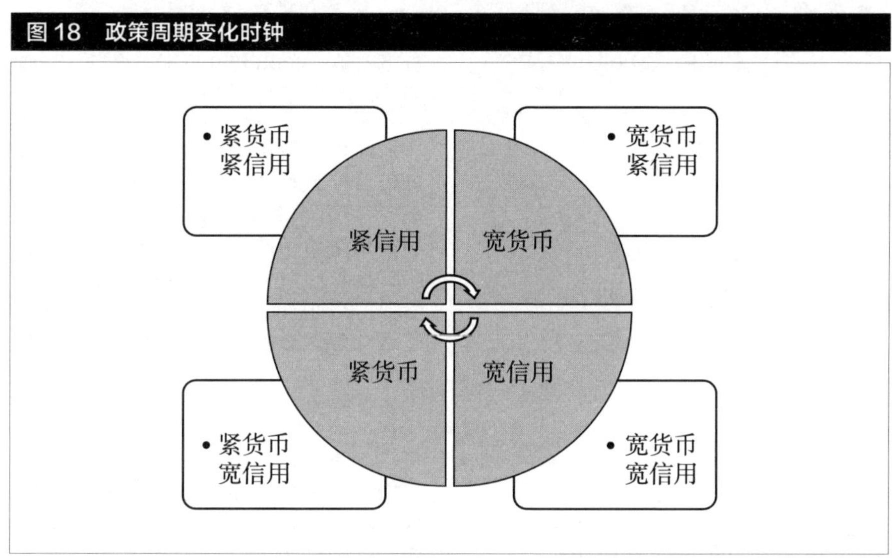

资料来源：Wind，中信建投证券研究发展部。

图 19　金融周期和经济周期

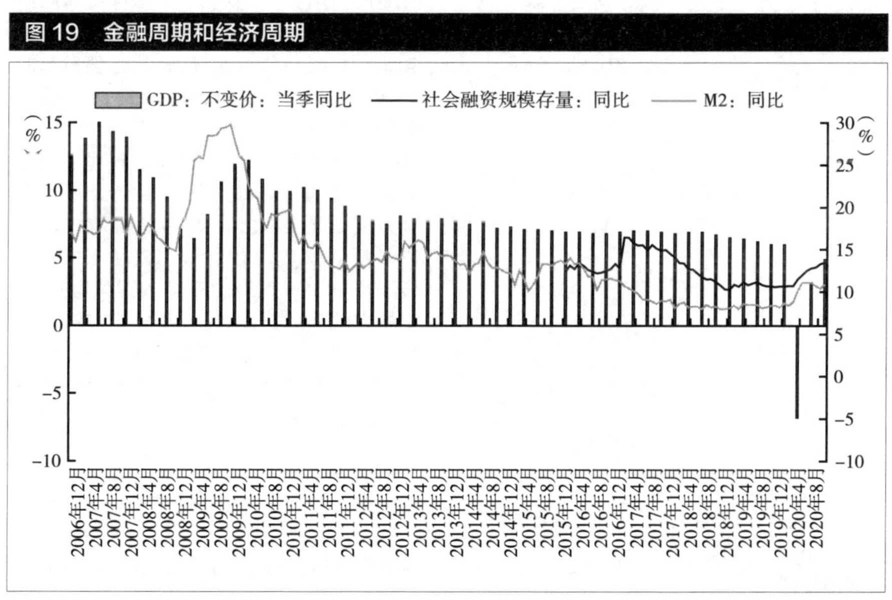

资料来源：Wind，中信建投证券研究发展部。

根据梳理，自 2008 年以来可基本划分为四个政策周期，当前正处于第四轮周期中“宽货币宽信用”向“紧货币宽信用”转换阶段（见表 4）。

表 4 政策周期

政策周期	政策时钟	时间段	持续时间	标志性政策事件
第一轮（2008.09~2011.10，38 个月）	宽货币，紧信用	2008.09~2008.10	1 个月	货币政策：2008 年 9 月开启降息、降准通道，货币政策转向
	宽货币，宽信用	2008.10~2009.07	9 个月	房地产信用政策：2008 年 10 月降低首套房首付比例为 20%，个人住房贷款利率下限调至贷款基准利率的 0.7 倍 城投基建信用政策：2008 年 11 月国务院出台进一步扩大内需政策，宽信用政策发力；2009 年 3 月《关于进一步加强信贷结构调整促进国民经济平稳较快发展的指导意见》，支持有条件的地方政府组建投融资平台
	紧货币，宽信用	2009.07~2010.04	9 个月	货币政策：2009 年 7 月，央行重启 1 年期央票发行，加大流动性回笼力度，2009 年第四季度，随着通胀预期的增强，央行加速回笼货币。2010 年 1 月上调存款类金融机构人民币存款准备金率 0.5 个百分点
	紧货币，紧信用	2010.04~2011.10	20 个月	房地产信用政策：2010 年 4 月首套房首付提升至 30%，二套房首付两次提升至 50%，二套房贷利率不低于基准利率的 1.1 倍。2011 年 1 月，二套房首付进一步提升至 60% 城投基建信用政策：2010 年 6 月《国务院关于加强地方政府融资平台公司管理有关问题的通知》，要求加强地方对融资平台的管理；2010 年 12 月《关于加强融资平台贷款风险管理的指导意见》，要求审慎发放贷款；2011 年 6 月银监会 191 号文《关于地方政府融资平台贷款监管有关问题的说明》，要求银行严控平台新增贷款
第二轮（2011.10~2014.04，30 个月）	宽货币，紧信用	2011.10~2012.03	5 个月	货币政策：2011 年 10 月下调了央票发行利率，表明了宽松的态度；2011 年 12 月下调存款类金融机构人民币存款准备金率 0.5 个百分点，2012 年两次降准，两次降息

表 4　政策周期　（续表）

政策周期	政策时钟	时间段	持续时间	标志性政策事件
第二轮（2011.10~2014.04）30 个月	宽货币，宽信用	2012.03~2013.06	15 个月	城投基建信用政策：2012 年 3 月，银监发 12 号文要求从“减存量，禁新增”放松为“缓释存量，控新增”，城投平台融资放松
	紧货币，宽信用	2013.06~2013.10	4 个月	货币政策：2013 年 6 月李克强主持召开国务院常务会议，明确指出“现在货币信贷增速偏高”
	紧货币，紧信用	2013.10~2014.04	6 个月	房地产信用政策：2013 年 10 月进一步提高二套房首付比例，上海、深圳、广州二套房首付比例提升至 70% 城投基建信用政策：2013 年 12 月中央经济工作会议将“防风险”作为来年主要任务之一；2014 年 4 月国务院发布《国务院转批发改委关于 2014 年深化经济体制改革重点任务意见的通知》，提出开明渠，堵暗道，剥离融资平台公司政府融资职能，建立考核问责机制
第三轮（2014.04~2018.01）45 个月	宽货币，紧信用	2014.04~2014.09	5 个月	货币政策：2014 年 4 月 25 日起下调县域农村商业银行人民币存款准备金率 2 个百分点，下调县域农村合作银行人民币存款准备金率 0.5 个百分点
	宽货币，宽信用	2014.09~2016.08	23 个月	房地产信用政策：2014 年 9 月，首套房贷付款比例降至 30%，贷款利率下限为贷款基准利率的 0.7 倍；2015 年 1 月，公司债开闸，非上市房企再融资渠道扩宽 城投基建信用政策：2015 年 5 月《关于妥善解决地方政府投融资平台公司在建项目后续融资问题的意见》，支持在建项目融资；2015 年 12 月《关于地方政府债务实行限额管理的实施意见》，明确债务置换，设置 3 年过渡期
	紧货币，宽信用	2016.08~2016.10	2 个月	货币政策：2016 年 7 月中央政治局会议首次提出“抑制资产泡沫”，8 月和 9 月，央行先后重启 14 天和 28 天逆回购，并通过拉长 MLF 期限缩短放长，提高了资金投放的成本

表 4　政策周期（续表）

政策周期	政策时钟	时间段	持续时间	标志性政策事件
第三轮（2014.04~2018.01，45 个月）	紧货币，紧信用	2016.10~2018.01	15 个月	房地产信用政策：2016 年 10 月，房地产企业发债政策收紧；2016 年 10 月之后，各地陆续出台四限政策，抑制房地产过快增长 城投基建信用政策：2016 年 10 月，《国务院办公厅关于印发地方政府性债务风险应急处置预案的通知》发布，中央开始处理地方债务风险；2017 年城投在政策打压下处于收紧状态，伴随 50 号文、87 号文陆续颁布，紧接着 2018 年 194 号文、23 号文出台，政策组合拳连续出击 金融监管：2017 年 1 月之后，表外理财正式纳入 MPA 监管；2017 年 11 月，《关于规范金融机构资产管理业务的指导意见（征求意见稿）》出台，要求打破刚兑，规范资金池，降低期限错配风险
第四轮（2018.01 至今）	宽货币，紧信用	2018.01~2018.08	7 个月	货币政策：2018 年 1 月普惠金融定向降准，2018 年全年 4 次降准
	宽货币，宽信用	2018.08~2020.05	21 个月	实际经济信用政策：2018 年 8 月，银保监会发布《关于进一步做好信贷工作提升实体经济质效的通知》，要求不盲目抽贷，加大对资本金到位、运作规范的基础设施补短板的信贷投放；2018 年 11 月，央行行长易纲首次提出利用"三支箭"纾困民企，表示将推动民企债券融资计划、民企股权融资支持计划以及运用再贷款等工具支持民企小微信贷投放 城投基建信用政策：2018 年 8 月，《中共中央国务院关于防范化解地方政府隐性债务风险的意见》提出债务化解期限和方向性建议；2018 年 10 月，《关于保持基础设施领域补短板力度的指导意见》要求聚焦基础设施领域，保持有效投资力度；2019 年 6 月，国办 40 号文允许平台公司和金融机构协商展期，避免项目资金断裂
	紧货币，宽信用	2020.05 至今		货币政策：5 月开始压降结构性存款，防范金融套利，同时李克强总理答记者问中表示放水养鱼但不能大水漫灌形成泡沫

资料来源：政府网站，中信建投证券研究发展部。

回顾前三轮政策周期，我们总结如下：

（1）政策周期遵循传导链条，各环节持续时间长短或许不一，但是任一环节不会缺失和错位，每一轮宽货币的起点往往都对应着 GDP 增速趋势性下行的起点。

（2）每一轮从“宽货币紧信用”向“宽货币宽信用”转变的时间拉长。第一轮周期中，宽货币到宽信用仅相距 1 个月，第二轮及第三轮相距 5 个月，第四轮则相距 7 个月（见表 5）。我们认为我国整体杠杆率攀升对宽信用的掣肘，导致金融周期对政策周期的时滞加长。

表 5　2008 年以来政策周期和金融周期

	政策周期				金融周期		
	宽货币	宽信用	紧货币	紧信用	起点	顶点	终点
第一轮	2008–09	2008–10	2009–07	2010–04	2008–11	2009–11	2012–01
第二轮	2011–10	2012–03	2013–06	2013–10	2012–04	2013–04	2015–04
第三轮	2014–04	2014–09	2016–08	2016–10	2015–01	2016–12	2018–12
第四轮	2018–01	2018–08	2020–05		2018–12		

资料来源：Wind，中信建投证券研究发展部。

（3）紧货币并不意味着上调准备金率或者抬高政策利率，例如 2013 年 6 月的“钱荒”，2016 年 7 月的缩短放长以及 2020 年 5 月压降结构性存款，主要侧重点在于金融去杠杆。

（4）紧货币向紧信用传递时间较短，基本在 3~4 个月，除了次贷危机之后的第一轮周期。当时货币政策在 2009 年 7 月转向趋紧之后，CPI 仍处于负增长区间，直至 2010 年 CPI 呈现快速上行趋势之后，紧信用政策才适时推出。

（5）通常“宽货币宽信用”的周期越长，后续“紧货币紧信用”的时间也越长。但是在缺少房地产宽信用的背景下（如 2012 年），经济修复动能惯性较弱，且 M2 增速见顶回落领先于紧货币政策，反映了经济动能已经出现收缩，因此后续“紧货币紧信用”的周期较短。

9.3-2　政策周期与债券收益率复盘

1．对利率债的影响：货币信用周期下的“牛陡—牛平—熊平—熊陡”转换

宽货币紧信用阶段，无风险收益率通常下行，且短端下行更为确定和明

显。唯一的例外是第三轮周期“宽货币紧信用”阶段（2014.04~2014.09），短端收益率反而在 2014 年 4 月降准之后上行，主要源于 2014 年 1 月之后流动性宽裕，短端收益率下行抢跑在降准之前。

进入货币信用双宽的阶段，短端利率降至低位后容易受到预期的影响，从而波动性加大。例如第二轮周期“宽货币宽信用”阶段（2012.05~2012.11），当时市场对欧债危机的疑虑增强，央行 2012 年在 5 月 12 日宣布下调法定准备金率 0.5 个百分点，之后 6~7 月连续两次降息，引爆了市场的做多气氛，但是 7 月之后逆回购到期量骤增，央行上调 7 天逆回购发行利率 10 个 BP，短端收益率又快速上行，演绎“过山车”行情。这也导致长端保持震荡，并未显著下行。

紧货币宽信用阶段，无风险收益率通常上行，短端上行幅度大于长端。长端由于受到通胀、基本面的影响，因此趋势上更加波动，尤其是第一轮周期“紧货币宽信用”阶段（2009.07~2010.04），短端在货币政策收紧后快速上行，带动长端上行，但是由于紧信用政策未见快速跟进，因此长端在通胀预期修正的影响下，2009 年底至 2010 年 3 月，收益率又开始见顶回落，呈现震荡走势。

进入货币信用双紧的阶段，长短端收益率继续上行，最终的结果是收益率曲线极度平坦化，在三轮周期的“紧货币紧信用”的末端，10 年期 -1 年期国债收益率的期限利差仅为 10~15 个 BP。从上行幅度来看，三轮周期中 10 年期国债收益率从底部到顶部上行幅度为 110~130 个 BP（见图 20）。

2．对信用债的影响：流动性主导下信用债成“有时滞的加强版利率债”

如图 21 所示，我国 AAA 高评级信用债利差过薄，近 10 年平均值仅有 50~60 个 BP，远低于美国投资级企业债 120~150 个 BP 的利差。源于之前我国信用债存在刚兑特性，信用风险定价机制尚未完全建立，而在 2014 年打破刚兑以及 2017 年资管新规之后，低评级弱资质主体信用风险频发，结构性分层导致高等级信用利差始终被压制在低位。在这种情况下，高等级信用债跟随利率债，但滞后于利率债，信用利差中流动性溢价占主导，信用风险溢价影响有限。

从宽货币向紧货币的切换过程中，高评级信用利差往往会经历先收敛再走阔的阶段。源于货币政策转向后，过低的无风险收益率快速上行导致高评级信用利差被动收敛，之后随着流动性趋紧，流动性溢价带动信用利差走

图 20 政策周期对无风险利率的影响

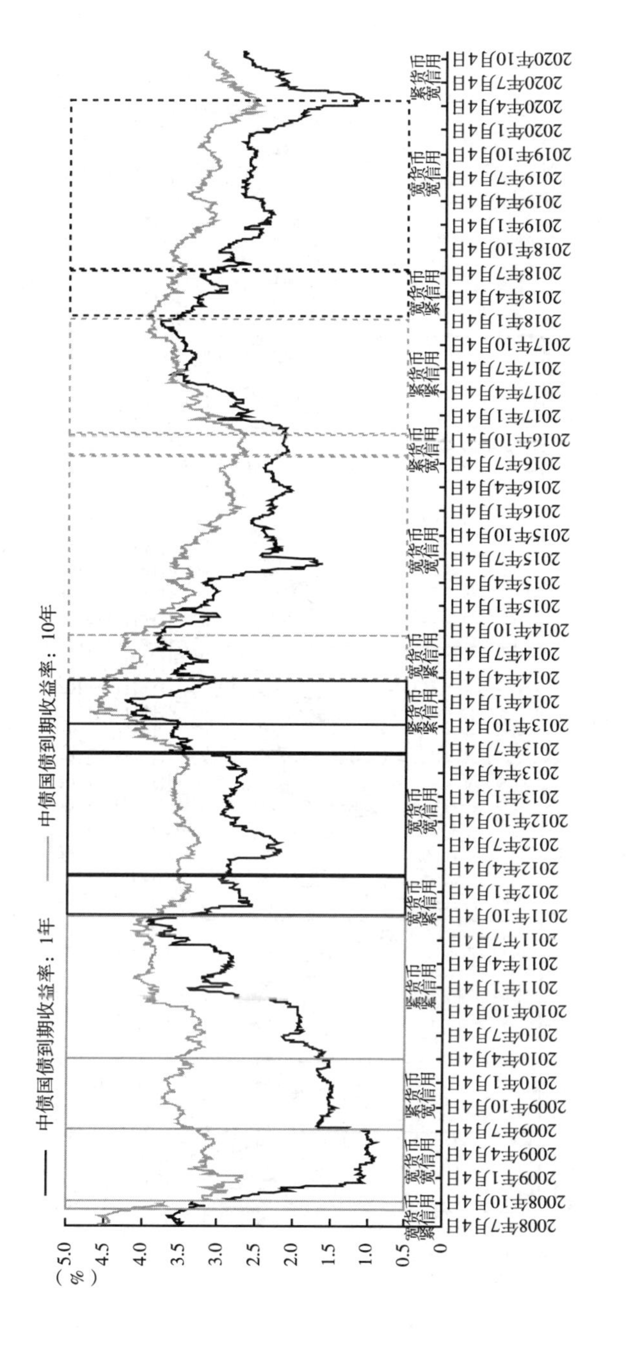

资料来源：Wind，中信建投证券研究发展部。

图 21 政策周期对高评级信用利差的影响

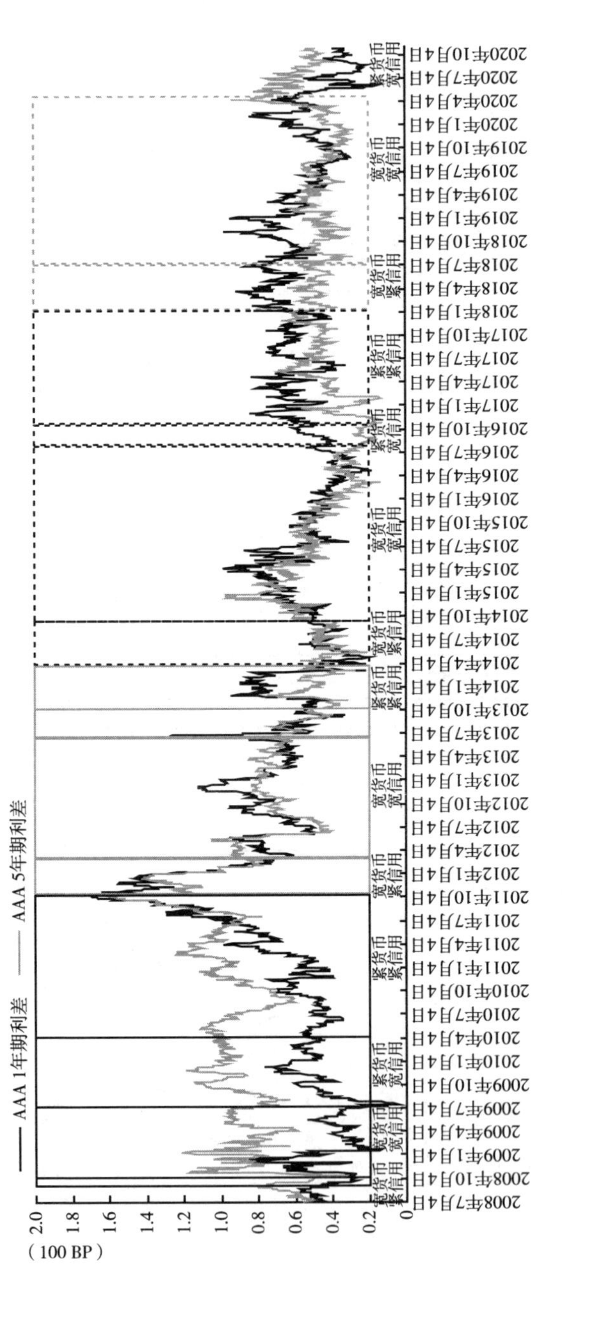

资料来源：Wind，中信建投证券研究发展部。

阔，利差中枢上升台阶。后续的紧货币紧信用阶段，经济基本面处于景气度高点，信用风险溢价收敛一定程度上对冲流动性溢价带来的走阔，利差震荡主要来源于与无风险利率的错配，因此利差中枢维持。唯一的例外是 2011 年下半年欧债危机发酵推高企业信用风险溢价，带动信用利差大幅走阔。

随着经济基本面触顶回落，紧货币紧信用开始向宽货币紧信用转变，此时高评级信用利差往往先走阔再收敛，本质上也是滞后于利率的反应，利差中枢逐渐下移。之后货币和信用双宽阶段，信用利差仍呈现先走阔再收敛的“过山车”行情，但利差中枢往往与期初持平。

如图 22 所示，在前两轮政策周期中，低评级信用利差与高评级信用利差走势较为一致，而在 2014 年之后的第三轮周期中，信用政策变化对于低评级信用利差走势影响在加大。例如 2016 年 10 月至 2018 年 7 月的紧信用阶段，低评级信用利差一路走高，而高评级信用利差呈现震荡趋势。我们认为低评级信用利差的主导因素正在从流动性向违约风险演进，且不同于高评级信用利差的风险溢价与基本面正相关，低评级信用利差中的违约风险溢价与再融资政策和债市本身情绪相关，因此负反馈效应更强。

9.3-3　本轮宽信用周期特点与债市展望

1．经济修复存疑下政策收紧幅度受限

这一轮从 2018 年 1 月开始的新政策周期，我们认为与之前三轮周期有如下不同点。

（1）前三轮周期中，宽货币政策通常伴随降准及降息，即数量型工具和价格型工具同时登场，宽货币和宽信用政策对于贷款利率的传导较为通畅。但是本轮宽货币过程中缺少价格型工具，即政策利率在 2018-2019 年基本按兵不动，我们认为主要源于此周期带来的 CPI 上行压力以及中美贸易摩擦带来的人民币贬值压力，直至 2019 年底以及 2020 年新冠肺炎疫情冲击下，政策利率才开始下调，这也导致 2019 年全年贷款利率下行低于预期（见图 23）。

（2）前三轮宽信用政策发力后，M2 增速基本在 1~2 个季度开始触底回升，但是本轮源自 2018 年 8 月开始的宽信用，社融增速及 M2 增速迟迟未见起色（见图 24），我们认为一方面源于 2019 年贷款利率下行有限，企业贷款意愿不足，且叠加中美贸易摩擦，谨慎心态更浓；另一方面也源于金融防风险带来的风险出清，风险事件频繁，资本市场避险情绪加重，商业银行

图 22　政策周期对低评级信用利差的影响

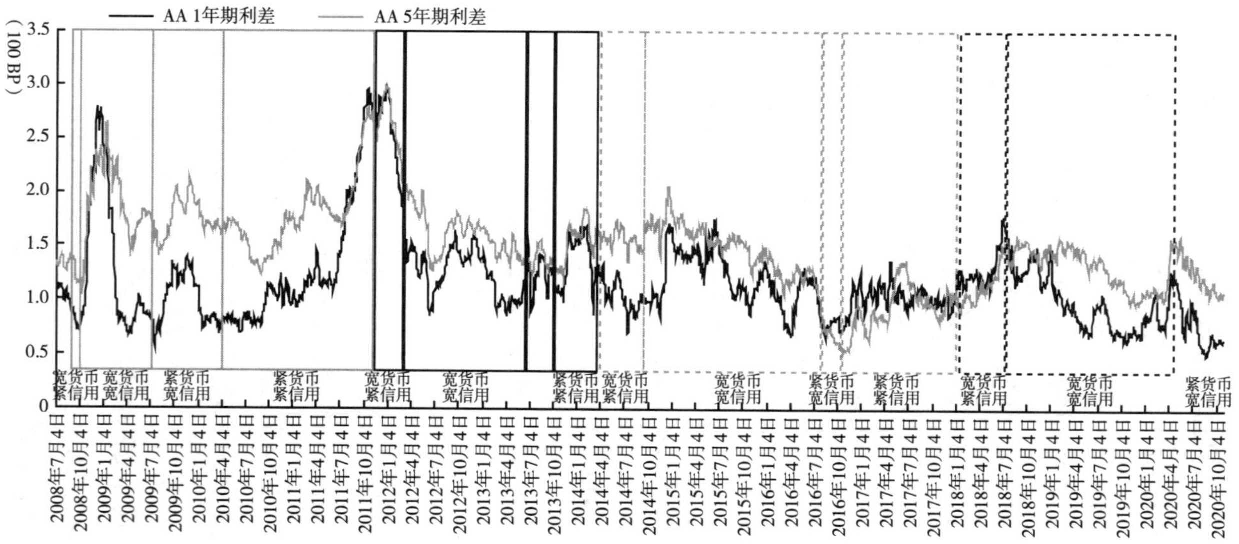

资料来源：Wind，中信建投证券研究发展部。

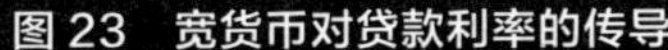

图 23　宽货币对贷款利率的传导

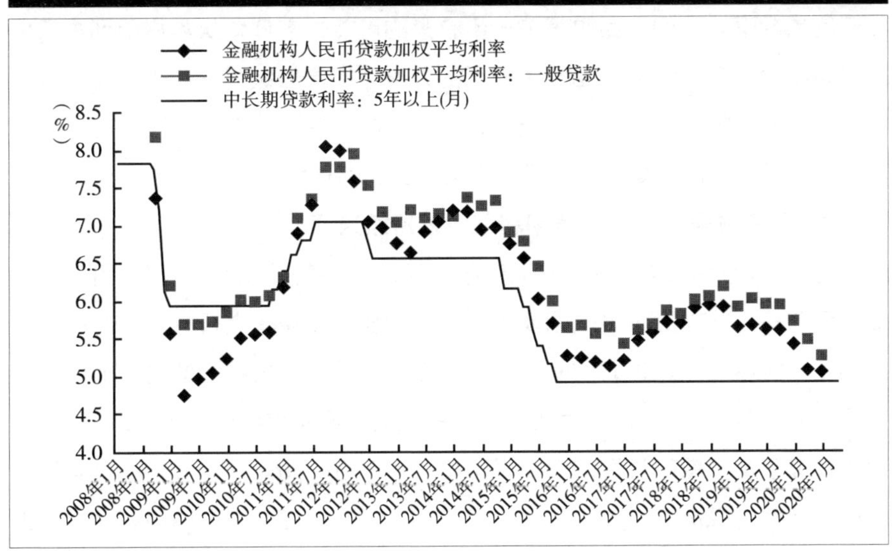

资料来源：Wind，中信建投证券研究发展部。

图 24　我国 M2 同比历史走势

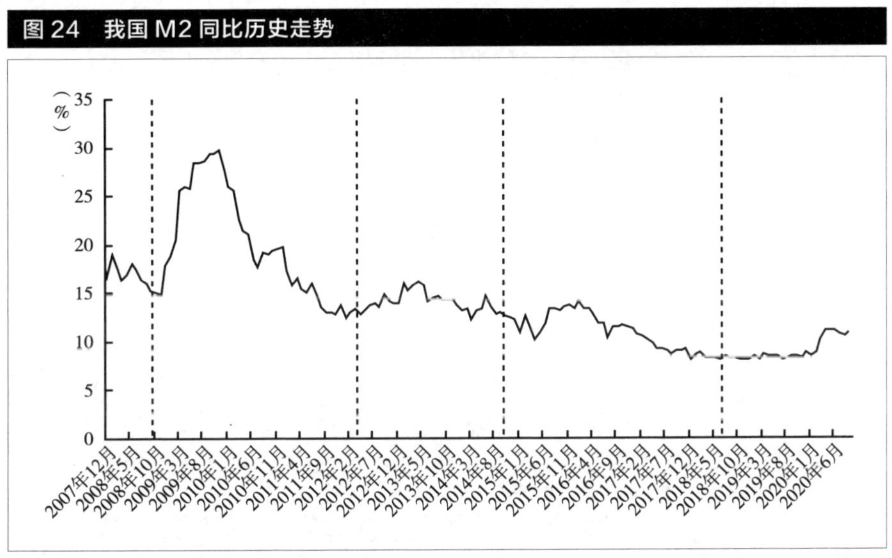

资料来源：Wind，中信建投证券研究发展部。

惜贷。这也导致 GDP 单季度增速从 2018 年 6 月的高点 6.9% 一路下探直至 2019 年 12 月稳在 6% 的位置。

（3）本轮周期中，对于房地产行业并未放松，同时不再设置经济增长目标，意味着对于经济增速降低的容忍度提高，聚焦于高质量的经济增长。

目前新冠肺炎疫情的二次暴发在全球范围内此起彼伏，在没有疫苗及特效药的情况下，我们认为政策进一步收紧的可能性较低，从紧货币到紧信用的过渡至少在 3 个季度。后续紧信用的力度可能更加缓释，源于本身对房地产坚持房住不炒，进一步收紧空间有限，且由于本轮周期中社融增速上行阶段较短，后续经济修复动能存疑，紧信用的时间长度也可能缩短。

2．利率或呈现熊陡，信用利差中枢持续走阔

对于利率债，这种情况下类似第一轮周期中的“紧货币宽信用阶段”，即货币政策收紧之后，短端国债收益率带动长端收益率上行，但是紧信用政策推出较为滞后，较长时间的紧货币宽信用阶段使得短端国债对于加息、提准具备了一定“免疫力”，而当时长端的主要矛盾聚焦通胀，2010 年上半年通胀程度不及预期给长端国债提供了阶段性下行空间。信用债方面，高等级信用债利差先经历被动收敛之后快速走阔，流动性溢价推升信用利差中枢上移。而低等级信用债信用利差基本维持震荡，当后续进一步紧信用政策跟进时，利差开始趋势性走阔。

第 10 章　债券衍生品市场*

● 2020 年，受新冠肺炎疫情冲击，全球经济发展和社会运行发生剧烈波动，资本市场波动加剧，各国为应对新冠肺炎疫情加大宏观政策调控力度，国内债券市场收益率先降后升，利率水平和期限利差波动均为历史罕见。在利率大幅波动的市场环境下，债券衍生品市场继续保持快速发展，各类衍生产品交易量继续快速增长，参与者结构进一步丰富，新品种不断推出。

● 2020 年利率互换成交量和成交笔数较去年同期均大幅增加，截至 2020 年 9 月末，利率互换市场达成交易 21.6 万笔，同比增长 22.2%；交易名义本金总额为 15.42 万亿元，同比增长 15.35%。债券市场对外开放进一步推进，利率衍生品市场对境外商业类机构开放有序推进落地。银行间市场 LPR 利率期权业务于 3 月 23 日正式上线，稳步发展。

● 2020 年国债期货做市机制运行日趋完善，市场流动性进一步改善。国债期货成交量和持仓量大幅增加，前三季度，国债期货总成交量达到 1848 万手，较 2019 年同期增长 111%；国债期货日均持仓量 15.22 万手，较 2019 年同期增长 64.5%。4 月 10 日商业银行参与国债期货业务正式启动。商业银行、保险机构入市，将进一步提高国债期货价格的有效性，更好地发挥风险管理功能，提升金融机构利率风险管理能力，健全国债收益率曲线。

● 2020 年前三季度信用风险衍生产品的发行规模与发行节奏整体放缓。2019 年四季度至 2020 年第三季度，银行间市场信用风险缓释凭证合计发行 79 只，创设规模 100.10 亿元，较 2018 年第四季度至 2019 年第三季度的发行数量 121 只、创设规模 161.46 亿元分别下降 34.71%、38.02%。在产品创新方面，银行间与交易所市场并未继续推出创新产品，深交所推出的信用保护凭证产品尚在试点状态。

---

* 本章作者：秦龙，中泰证券固定收益部总经理。中泰证券固定收益部吴世明、陈浩、蔡亚冬对本文亦有贡献。

2020 年初以来，新冠肺炎疫情给我国经济社会发展带来严重冲击。随着疫情逐步得到控制，经济逐步恢复，利率经历了年初的快速下行后，第二季度开始逐步反弹。在利率大幅波动的市场环境下，债券衍生品市场继续保持快速发展，参与者结构进一步丰富，新品种不断推出，利率衍生品交易量继续快速增长。衍生品与现货市场的关联度进一步提升，衍生品的价格发现和风险管理功能得到更有效的发挥。

2020 年，利率互换成交量和成交笔数较去年同期均大幅增加。前三季度，利率互换市场达成交易 21.6 万笔，同比增长 22.2%；交易名义本金总额为 15.42 万亿元，同比增长 15.35%。随着我国金融业对外开放进程加快，海外金融机构开始直接进入境内利率互换市场参与交易。2020 年 3 月 23 日 LPR 利率期权业务平稳推出，稳步发展。

2020 年，国债期货交投较去年同期更为活跃，持仓量和交易量均创国债期货上市以来新高。前三季度，国债期货总成交量达到 1848 万手，较 2019 年同期增长 111%；国债期货日均持仓量 15.22 万手，较 2019 年同期增长 64.5%。经国务院同意，商业银行参与国债期货业务正式启动，保险机构参与国债期货也在有序推进中。商业银行、保险机构是债券市场的主要参与者，其参与国债期货市场对形成统一高效的金融市场具有重要意义。

2020 年信用风险衍生产品的创设规模较去年同期有所减少。2019 年第四季度至 2020 年第三季度，银行间市场信用风险缓释凭证合计发行 79 只，创设规模 100.10 亿元，较 2018 年第四季度至 2019 年三季度的发行数量 121 只、创设规模 161.46 亿元分别下降 34.71%、38.02%。在产品创新方面，银行间与交易所市场并未继续推出创新产品，深交所推出的信用保护凭证产品尚在试点状态。

10.1 利率互换市场

10.1-1 利率互换市场运行情况

2020 年利率互换市场保持快速发展，新培育的品种逐步成长，成交笔数和交易量均大幅增加。截至 9 月底，利率互换市场达成交易 21.6 万笔，同比增长 22.2%；交易名义本金总额为 14.52 万亿元（见图 1），同比增长 15.35%。从期限结构来看，1 年期及以下交易最为活跃，名义本金总额达到 8.8 万亿元，占总量的 60.87%。从参考利率来看，利率互换交易的浮动端参考利率主要包括 7 天回购定盘利率和 Shibor，与之挂钩的利率互换名义本金占比为 81.22% 和 25.16%。LPR 形成机制改革后，以 LPR 为标的的利率互换成交逐步增加，前三季度，以 LPR 为标的的利率互换成交 1332 笔，名义本金 2204.98 亿元。利率互换交易的活跃，丰富了利率风险管理工具，一定程度上提高了货币政策向存款利率的传导效率，积极地配合了存款利率市场化改革。

图 1　中国利率互换年度名义本金成交量

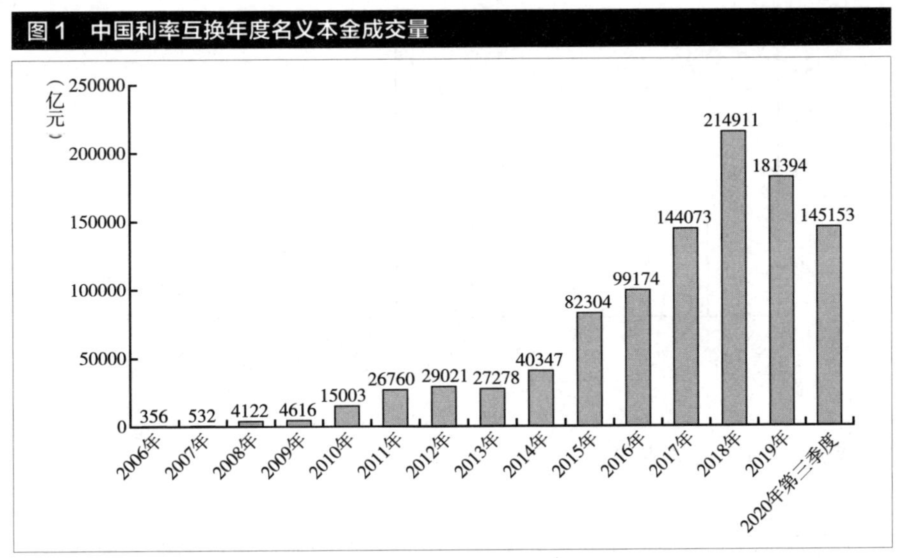

资料来源：中国外汇交易中心。

在市场保持稳步发展的同时，2020 年利率互换市场还呈现如下四个特点。

第一，随着利率市场化改革深化，挂钩 LPR 的利率互换日渐活跃，但仍限于短期品种。

2019 年 8 月开始的贷款市场报价利率（LPR）改革打破了原有的贷款利率隐性下限，启动了贷款利率市场的“最后一公里”改革。随着 LPR 改革深入推进，贷款利率市场化程度明显提高，波动性加大，市场风险管理需求开始增加，挂钩 LPR 的利率互换成交易日趋活跃。截至 2020 年第三季度，1 年期 LPR 较 2019 年 12 月下降 0.3 个百分点至 3.85%，5 年期以上LPR下降0.15个百分点至4.65%。挂钩1年期LPR的利率互换名义本金成交额2578.98亿元，较2019年大幅增加，而挂钩5年期LPR的利率互换只成交了54.16亿元，这与标的利率预期波动性相关（LPR1Y和LPR5Y月度名义本金成交量见图2）。未来随着LPR的重要性不断提高，出于风险管理的需求也会逐步增加。

图2　LPR1Y和LPR5Y月度名义本金成交量

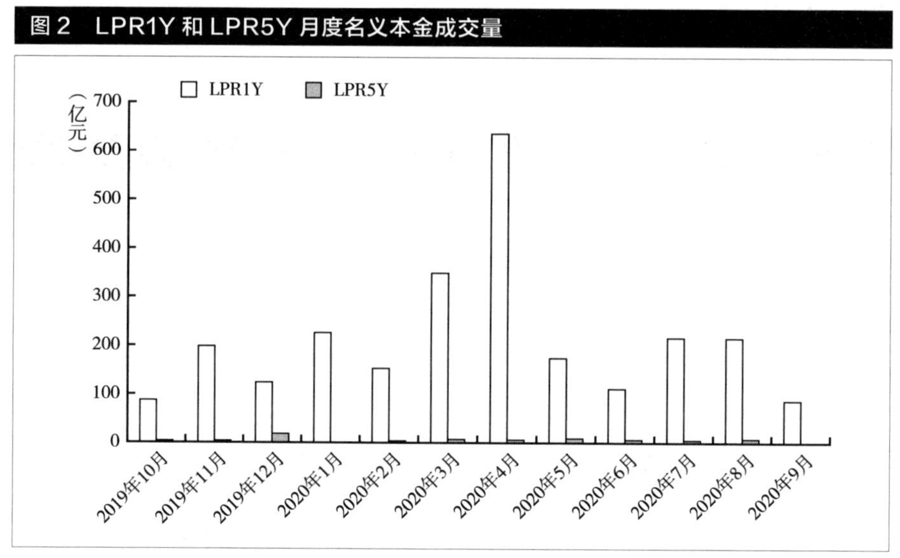

资料来源：中国外汇交易中心。

第二，市场参与者类型更加丰富，非法人产品账户快速增加，境外金融机构开始直接参与国内市场。

近年来债券市场快速发展，投资者数量不断增加，类型日趋多元化。相较现货市场，衍生品市场活跃程度相对较低，但增长更为迅速。截至2020年10月底，已经有421家机构和782家产品户签署《中国银行间市场金融衍生产品交易主协议》，其中562个主体已经在全国银行间同业拆借中心完成交易制度的备案并开展利率互换交易。交易后处理平台利率互换交易确认业务参与机构为547家，较2019年底的453家增加了94家。新增的94家主体中有82家为非法人产品户。随着银行、保险、券商、基金和私募基金等的各类理财产品数量的增加和规模的扩大，使用衍生产品管理利率风险及丰富交易策略的需求快速上升。

随着我国金融业对外开放进程加快，海外金融机构开始直接进入境内债券市场参与交易。截至 2020 年 9 月底，共有 21 家境外机构完成衍生品主协议签署备案。为进一步推进债券市场对外开放，满足境外投资者利率风险对冲的需求，落实中国人民银行关于开展利率互换集中清算业务的相关规定，上海清算所完成了鼎亚资本（新加坡）私人有限公司（以下简称“鼎亚资本”）旗下鼎亚中国绝对收益债券基金和鼎亚宏观（新加坡）私人有限公司两只非法人产品的备案工作。2020 年 1 月 22 日，上述两只产品正式完成上线，两家公司成为利率互换集中清算业务境外客户，汇丰银行（中国）是其银行间债券市场结算代理人，交通银行是其利率互换集中清算业务代理机构。鼎亚资本是人民币利率衍生品市场对境外商业类机构开放后的首家参与者，也是首家参与利率衍生品集中清算的境外投资者。鼎亚资本入市标志着人民币利率衍生品市场对外开放进入新的阶段。

第三，利率互换的成交期限进一步集中，结构仍有待优化。

从 2020 年前三季度的数据来看，与 2019 年比较，各品种在期限分布上表现出如下的特点：中短期限活跃度、集中度有进一步提升，长期限活跃度依旧不高。1 年以内期限品种成交占比较 2019 年基本持平，为 61%；其中 1 年期品种交易最为活跃，名义本金高达 67516 亿元，占比为 46.51%，较 2019 年提升 2.5 个百分点。1 年以上期限的品种成交占比增加主要体现在 5 年期品种上，5 年期品种累计成交 45214 亿元，占比较 2019 年提升 6.1 个百分点，为 31.15%。

5 年期以上品种成交依旧不活跃，截至 2020 年 9 月底累计成交 138 亿元（见图 3），较 2019 年同期增加 94 亿元。从实际交易和报价情况来看，5 年以内品种买卖价差贴近，基本在 0.5BP 以内，而 7~10 年期品种，买卖价差往往在 5BP 左右，这种报价结构进一步影响了市场参与度。相较于 10 年期国债期货 0.005 元的最小变动价位和现券 0.25BP 的买卖价差，利率互换的买卖价差过大，成交成本太高。而且商业银行开始试点参与国债期货，现券卖空也相对灵活，因此这种长久期品种做空工具的替代性较高。机构投资者更青睐成本更低、流动性更好的品种。

第四，利率互换标的结构开始发生微妙变化，LPR 标的开始增加。

2020 年前三季度，以 FR007 和 Shibor_3M 为参考利率的利率互换继续维持主力地位，合计占比为 97%（见图 4），比 2019 年下降 1.32 个百分点，其他标的品种占比小幅增加（见表 1）。

图 3　2020 年 1~9 月利率互换交易量期限分布

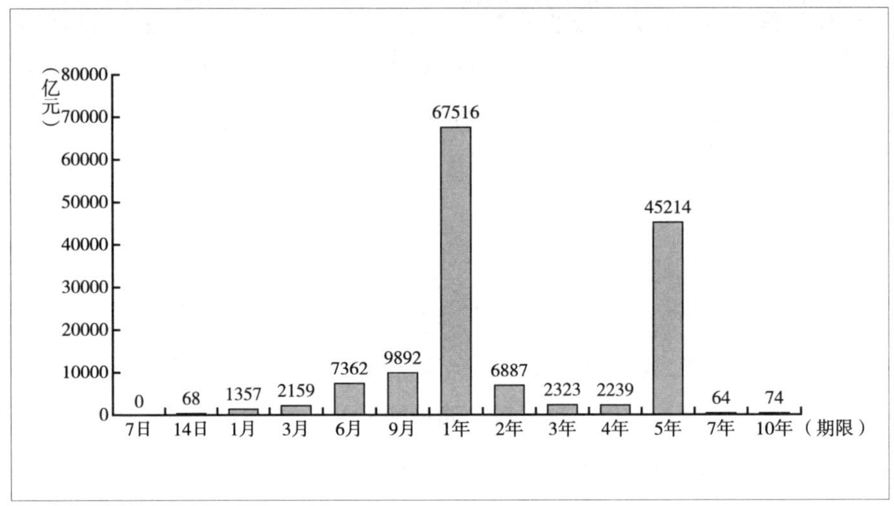

资料来源：中国外汇交易中心 。

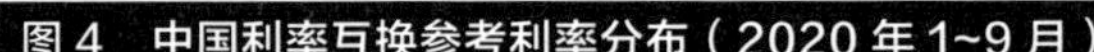

图 4　中国利率互换参考利率分布（2020 年 1~9 月）

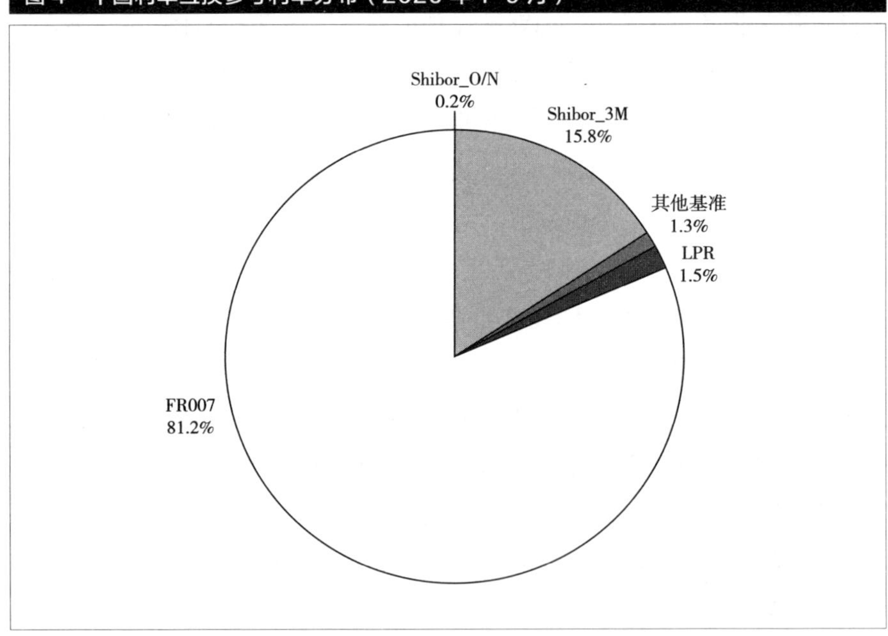

资料来源：中国外汇交易中心。

2020 年利率互换成交量较 2019 年大幅增加。国内经济伴随着新冠肺炎疫情的暴发和得到控制而波动。2020 年第一季度，中国 GDP 增长率

表 1　2020 年前三季度人民币利率互换业务名义本金成交规模　　单位：亿元

期限	FR007	FDR007	Shibor_3M	Shibor_O/N	LPR1Y	LPR5Y	GB10	CDB10	其他品种	合计
7 日	0	0	0	0	0	0	0	0	0	0
14 日	68	0	0	0	0	0	0	0	0	68
1 月	104	0	0	39	0	0	347	441	426	1357
3 月	1917	1	15	70	0	0	137	11	8	2159
6 月	4498	1	2369	24	319	0	50	51	50	7362
9 月	6014	1	3355	18	338	0	55	56	55	9892
1 年	53280	3	13220	183	818	12	0	0	0	67516
2 年	5535	0	813	0	512	19	0	0	8	6887
3 年	1908	0	260	0	152	3	0	0	0	2323
4 年	2003	0	216	0	9	0	0	0	11	2239
5 年	42431	0	2749	0	22	3	0	0	9	45214
7 年	63	0	1	0	0	0	0	0	0	64
10 年	70	0	4	0	0	0	0	0	0	74
合计	117891	6	23002	334	2170	37	589	559	567	145155

资料来源：根据全国银行间同业拆借中心数据计算。

为 -6.8%；第二季度由负转正，增长 3.2%；第三季度进一步恢复，增长 4.9%。前三季度，中国经济增长 0.7%，投资和进出口指标升势明显，消费指标发生积极变化，主要经济指标逐季度向好。经济“深蹲”后反弹，市场预期逆转，导致了利率市场的大幅波动，市场参与兴趣浓厚，市场活跃度随之提升。

10.1-2 利率互换利率走势及与其他利率相关性分析

从利率走势来看，2020 年前三季度利率互换利率呈现 V 形走势，利率在 3~4 月下行，5 月后逐步回升，波动较 2019 年明显增大。2020 年三季度末，1 年期 FR007 利率互换、1 年期 Shibor_O/N 利率互换、1 年期 Shibor_3M 利率互换利率分别较 2019 年末上行 17BP、下行 9BP、下行 19BP，5 年期 FR007 利率互换、5 年期 Shibor_3M 利率互换利率分别下行 16BP、上行 6BP。收益率曲线呈现分化趋势，FR007 走势年内先陡峭后趋向平坦化。第三季度末 5 年期减 1 年期利差基本保持于 38BP 附近，Shibor_3M 走势趋向陡峭化，5 年期减 1 年期利差从年初的 13BP 大幅走阔至 38BP（见图 5）。

图 5　2020 年利率互换利率走势

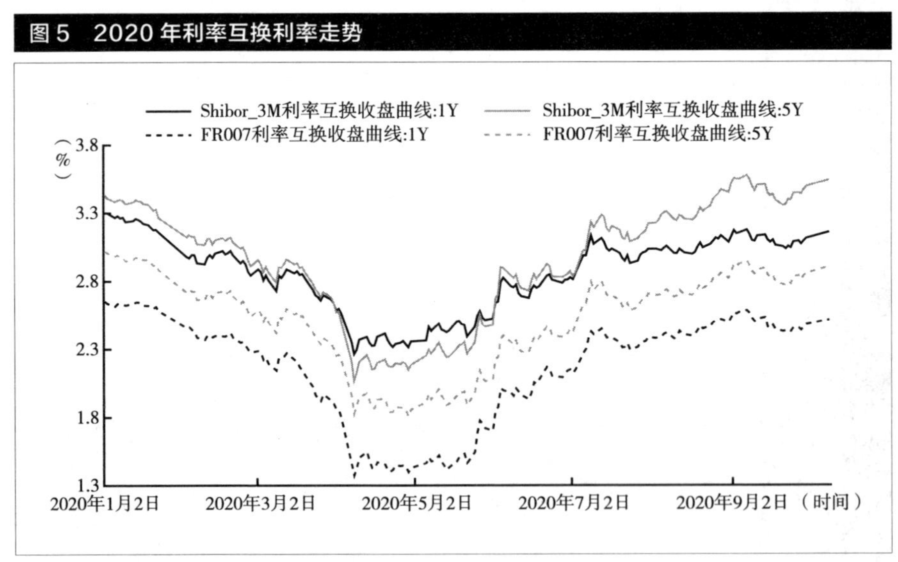

资料来源：全国银行间同业拆借中心。

2020 年前三季度，货币市场利率与利率互换利率的整体相关性较 2019 年大幅提升，尤其是 FR007 IRS 与 R007 相关性均在 0.85 以上，较 2019

年进一步增强。具体的相关性呈现出按照期限增加而逐步降低的特点，短期 1M 的相关性高达 0.99，长期端 5Y 的相关性降低至 0.85。FR007 IRS 的日变化与 R007 日变化的相关性较 2019 年略有回落，总体变动不大。Shibor_3M 与 Shibor_3M 利率互换的相关系数较 2019 年也大幅提高，各期限的相关性高达 0.9 以上，Shibor_3M 日变化与 Shibor_3M 利率互换日变化的相关系数也较 2019 年水平有较大幅度提高（见表 2）。

表 2　2020 年前三季度货币市场利率与利率互换利率的相关系数

期限	1M	3M	6M	9M	1Y	2Y	3Y	4Y	5Y
R007 与 FR007 IRS	0.99	0.90	0.89	0.88	0.88	0.87	0.86	0.85	0.85
Shibor_3M 与 Shibor_3M IRS	—	—	0.97	0.97	0.95	0.94	0.93	0.93	0.97
R007 日变化与 FR007 IRS 日变化	0.99	0.42	0.26	0.21	0.17	0.11	0.08	0.05	0.04
Shibor_3M 日变化与 Shibor_3M IRS 日变化	—	—	0.43	0.35	0.27	0.24	0.22	0.20	0.43

资料来源：根据全国银行间同业拆借中心数据计算。

2020 年以来，根据疫情防控和复工复产的阶段性特点，中国人民银行的货币政策更加灵活，实施逆周期调节，保持流动性合理充裕。为应对疫情对市场流动性的影响，稳定市场预期，2 月 3 日中国人民银行公开市场操作 7 天期逆回购和 14 天期逆回购的中标利率分别为 2.40% 和 2.55%，均较前期下行 10 个基点。市场情绪恢复稳定后，从 2 月中旬开始暂停公开市场逆回购操作，并通过逆回购到期适当回笼流动性，引导流动性总量向常态水平回归。4 月银行间参与者受发达经济体中央银行采取零利率和量化宽松货币政策影响，压低了货币市场利率，一度脱离了公开市场操作利率。5 月下旬以来市场预期回归理性，货币市场利率回升至公开市场操作利率附近。市场利率也在经济基本面和预期的引导下回归正常水平。利率互换更表现出了预期性，尽管海外市场利率一度大幅走低，但境内的利率互换没有简单地跟随海外 ND 市场走势而波动，发挥了对远期利率较好的价格发现功能。

2020 年前三季度，利率互换与国开债收益率的相关系数保持了较高水平，具体而言，5 年期利率互换与各期限国开债收益率的相关系数多数维持在 0.9 附近，各期限相关系数的平均值为 0.94，较 2019 年同期有进一步的提升。利率互换日变化与国开债收益率日变化的相关系数也维持在 0.6 附近

（见表 3）。这种相关性的提高，使得利率互换和国开债之间的各种策略组合更为有效，尤其是在利率风险管理方面的有效性得到了极大提高。

表 3　2020 年 1~9 月利率互换与国开债收益率相关系数

期限	1 年	3 年	5 年	7 年	10 年
5 年期 FR007 IRS 与国开债	0.90	0.94	0.94	0.89	0.91
5 年期 Shibor_3M IRS 与国开债	0.96	0.98	0.98	0.93	0.95
5 年期 FR007 IRS 日变化与国开债利率日变化	0.70	0.73	0.64	0.66	0.58
5 年期 Shibor_3M IRS 日变化与国开债利率日变化	0.70	0.73	0.63	0.64	0.56

资料来源：根据全国银行间同业拆借中心与中央结算公司数据计算。

10.2　国债期货市场

10.2-1　商业银行、保险机构获准参与国债期货市场

2020 年 2 月 21 日，中国金融期货交易所（以下简称中金所）发布公告称，经国务院同意，证监会、财政部、中国人民银行、银保监会发布联合公告，允许商业银行、保险机构在依法合规、风险可控、商业可持续的前提下，分批推进参与中金所国债期货交易。2020 年 4 月 10 日，商业银行参与国债期货业务启动活动在中金所举行，同日，商业银行正式开展国债期货交易。

截至 2020 年第三季度末，中国工商银行股份有限公司、中国银行股份有限公司、中国农业银行股份有限公司、中国建设银行股份有限公司、交通银行股份有限公司等 5 家商业银行成为中金所非期货公司会员。保险机构入市方面，中金所密切配合监管机构做好有关规则制度的制订，积极对接保险机构，做好入市服务工作，扎实稳妥推进保险机构入市进程。2020 年 7 月 1 日，银保监会发布《保险资金参与国债期货交易规定》，并同步修订《保险资金参与金融衍生产品交易办法》等，支持保险资金参与国债期货交易。上述办法和规定为保险机构参与国债期货提供了制度依据，保险机构可以据此正式向银保监会申请参与国债期货业务备案。银保入市，将提升金融市场配置资源的效率，完善我国金融市场体系，提升金融机构利率风险管理能力，健全国债收益率曲线，进一步提高国债期货价格的有效性和代表性。

10.2-2 国债期货市场运行及交割情况

2020年前三季度，国债期货市场交投较2019年同期更为活跃，持仓量和交易量均创国债期货上市以来的新高。2020年前三季度，受新冠肺炎疫情冲击，全球经济发展和社会运行发生剧烈波动，资本市场波动加剧，各国为应对新冠肺炎疫情加大宏观政策力度，国内债券市场收益率先降后升，利率水平和期限利差波动均为历史罕见情形。2020年前三季度，国债期货总成交量达到1848万手，较2019年同期增长111%；其中，10年期合约总成交量1226万手，较2019年同期增长74%；5年期合约总成交量435万手，较2019年同期增长265%；2年期合约总成交量187万手，较2019年同期增长281%。持仓量方面，2020年前三季度，国债期货日均持仓量15.22万手，较2019年同期增长64.5%。其中，10年期合约日均持仓9.05万手，较2019年同期增长34%；5年期合约日均持仓4.28万手，较2019年同期增长100%；2年期合约日均持仓1.90万手，较2019年同期增长397%。成交持仓比方面。2020年前三季度，国债期货总体成交持仓比为0.66，较2019年同期上升0.15。（见图6、图7、图8）

截至2020年第三季度末，国债期货当年共进行了3次交割，累计交割

图6 2年期国债期货成交量及持仓量

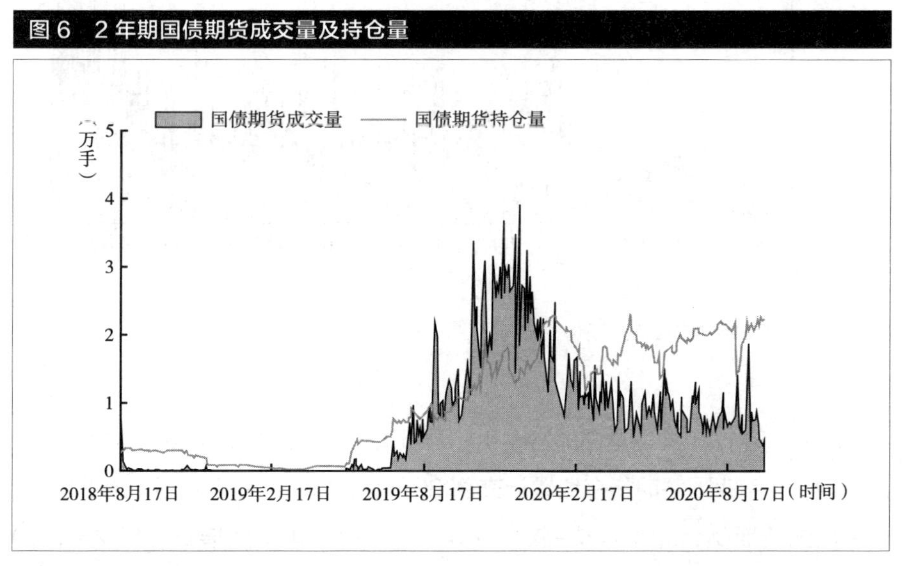

资料来源：中国金融期货交易所。

图 7　5 年期国债期货成交量及持仓量

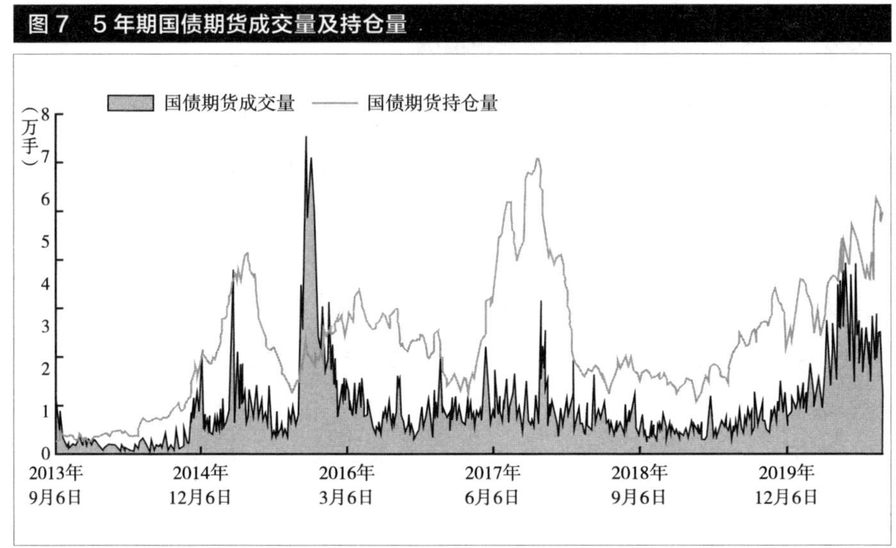

资料来源：中国金融期货交易所。

图 8　10 年期国债期货成交量及持仓量

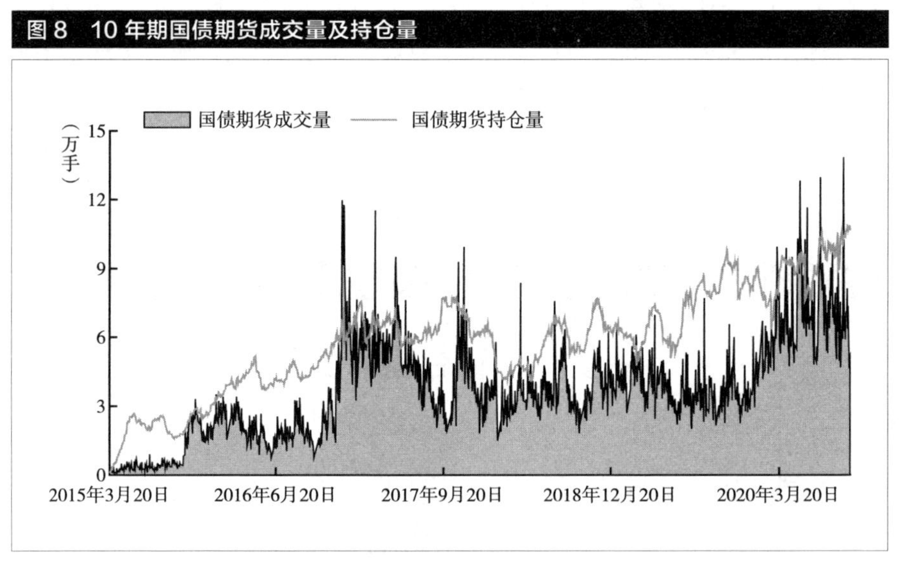

资料来源：中国金融期货交易所。

5722 手，较去年同期增加 1241 手，同比增长 27.7%。其中，2020 年前三季度，2 年期国债期货合约累计交割 833 手，较 2019 年同期下降 21.1%；5 年期国债期货合约累计交割 3621 手，较 2019 年同期增长 243.2%；10 年期国债期货合约累计交割 1268 手，较 2019 年同期下降 46.5%（见图 9）。

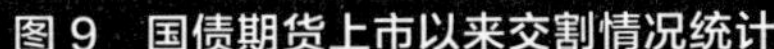
图 9　国债期货上市以来交割情况统计

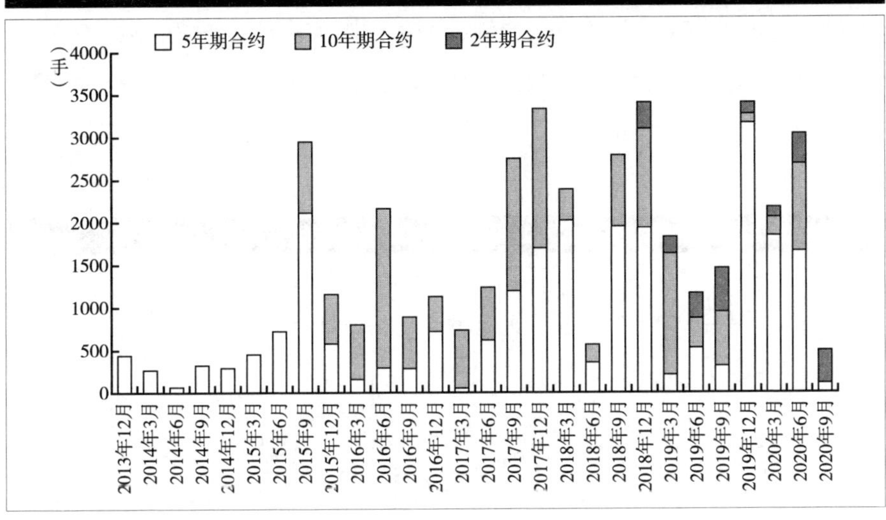

资料来源：中国金融期货交易所。

2020 年前三季度，国债期货市场运行主要呈现以下两个主要特点。

第一，国债期货合约持仓量和交易量均创历史最高水平，显著高于往年峰值。2020 年前三季度，国债期货日均持仓量 15.22 万手，日均交易量 10.10 万手，较历史最高年份（2017 年）分别高出 44% 和 67%。这一方面是因为前三季度，债券市场受到新冠肺炎疫情影响，利率水平和期限利差水平出现极端波动，波动幅度和速率甚至超过 2008 年金融危机期间的水平，国债期货市场的投机、套利、套保等各类策略交易需求激增；另一方面是由于 2019 年国债期货做市制度推出，国债期货做市机制运行日趋完善，市场流动性日益改善，特别是 2 年期国债期货合约和 5 年期、10 年期非主力合约的市场流动性改善显著，为日内投机、期现套利、跨期价差等策略提供了良好的市场流动性。

第二，隐含回购利率整体保持平稳，波动幅度较小。2020 年前三季度，2 年期、5 年期、10 年期国债期货合约最便宜可交割券的隐含回购利率平均值分别为 1.67%、1.07%、1.10%，较 2019 年有所下降（见图 10、图 11、图 12）。与此同时，国债期货隐含回购利率的波动率也有所降低，这主要是受国债期货做市机制熨平国债期货市场波动的影响。国债期货隐含回购利率处于较低水平，主要有以下几方面原因。第一，货币市场利率在上半年新冠肺炎疫情冲击期间显著下降，中国人民银行为应对冲击而采取多种货市政策工具投放流动性，货币市场利率处于极低水平，推动隐含回购利率中枢下行。第二，债市市场波动加剧，中长期限债券品种波动超过 100BP，市场机构管理利率风险、对冲套保需求显著增加。第三，国债期货交割期权价值上升，这一方面是由于 2020 年前三季度，10 年期和 5 年期国债在 3%

图 10　2020 年前三季度 2 年期国债期货合约隐含回购利率走势

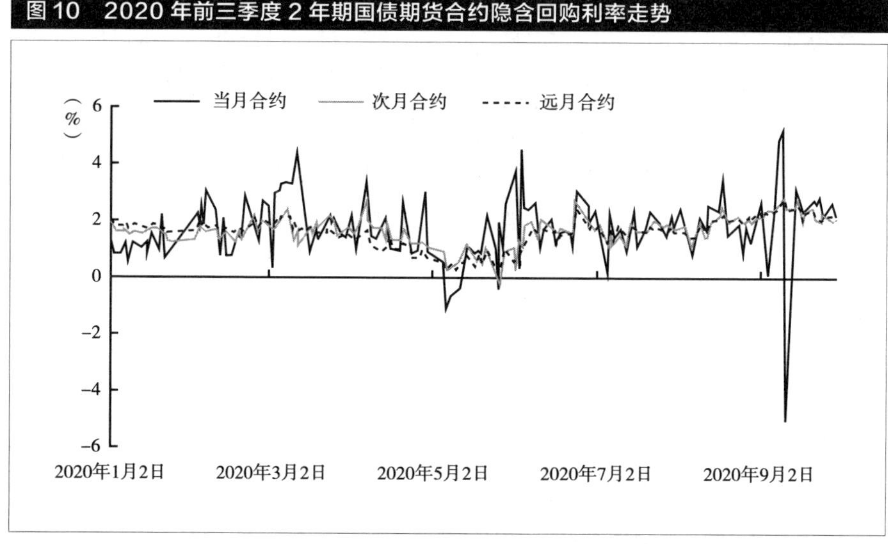

资料来源：Wind。

图 11　2020 年前三季度 5 年期国债期货合约隐含回购利率走势

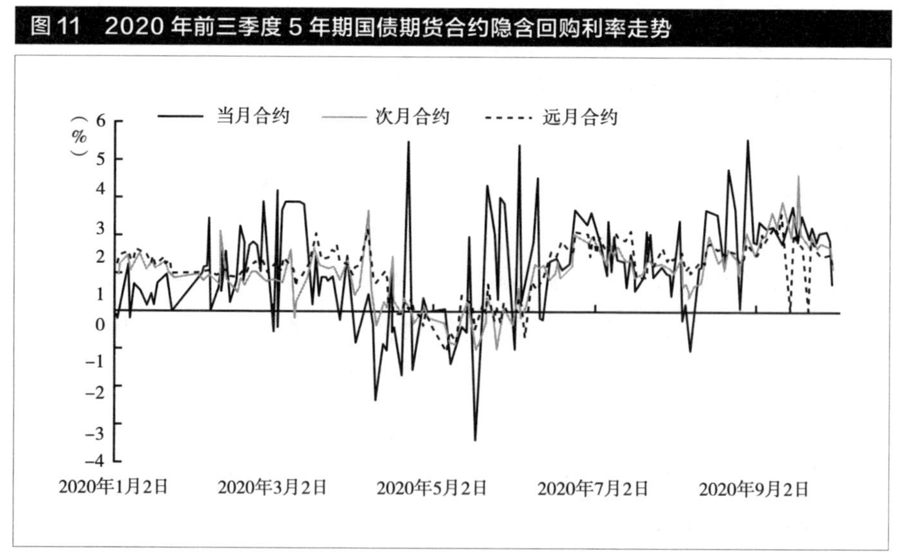

资料来源：Wind。

水平（即名义票面利率）上下波动，最便宜可交割券易发生切换，交割期权处于平值附近，期权价值最大；另一方面是由于市场波动加剧，个券相对价格波动加大，波动率亦推升期权价值上升。

图 12　2020 年前三季度 10 年期国债期货合约隐含回购利率走势

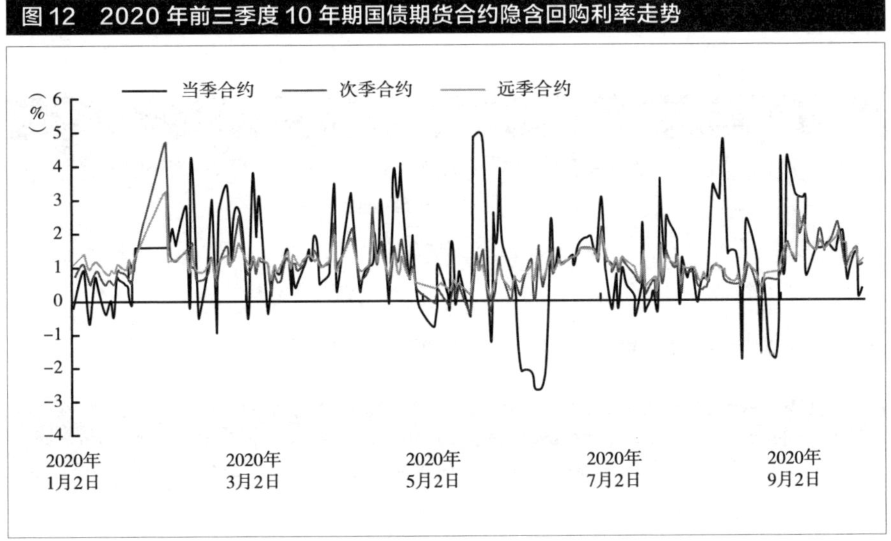

资料来源：Wind。

10.2-3　国债期货价格与国债收益率相关性分析

2020 年前三季度，国债期货结算价格与国债收益率之间的相关性高于 2019 年，两者的日度变动之间的相关性亦有所提高，表明国债期货合约对国债现货具有良好的价格发现和对冲作用。具体来看，2020 年前三季度，2 年期、5 年期和 10 年期国债期货与各自可交割范围内的国债现券收益率的相关系数均处于 -0.99 至 -0.97 水平，具有很强的负相关性；2020 年前三季度，2 年期、5 年期和 10 年期国债期货的结算价日度变动与各自可交割范围内的国债现券收益率日度变动的相关系数均处于 -0.90 至 -0.70 水平，而 2019 年同期这一数值处于 -0.75 至 -0.60 水平，表明 2020 年前三季度国债期货对国债现券的套保对冲效果较 2019 年同期有所提升（见表 4~ 表 8）。

2020 年前三季度，国债期货与国债现券相关性提升，主要有以下原因。第一，2019 年同期债券收益率运行平稳，大多数交易日处于窄幅波动状态，日变动较小且随机性较强，而 2020 年前三季度受新冠肺炎疫情和宏观政策调整影响，债券收益率波动幅度较大，短期的随机因素影响较小，因此相关系数会明显提升。第二，国债期货做市制度提升市场流动性，并促使隐含回购利率波动降低，期现联动更为紧密，相关性更强。

表 4　2 年期国债期货结算价变动与国债收益率变动的相关系数

	2 年期国债收益率		2 年期国债收益率变动
当季合约结算价	−0.99	当季合约结算价变动	−0.82
次季合约结算价	−0.98	次季合约结算价变动	−0.82
隔季合约结算价	−0.98	隔季合约结算价变动	−0.77

资料来源：根据中国金融期货交易所及中央结算公司数据计算。

表 5　5 年期国债期货结算价与国债收益率的相关系数

	4 年期国债收益率	5 年期国债收益率
当季合约结算价	−0.99	−0.99
次季合约结算价	−0.99	−0.99
隔季合约结算价	−0.98	−0.99

资料来源：根据中国金融期货交易所及中央结算公司数据计算。

表 6　5 年期国债期货结算价变动与国债收益率变动的相关系数

	4 年期国债收益率变动	5 年期国债收益率变动
当季合约结算价变动	−0.71	−0.76
次季合约结算价变动	−0.81	−0.88
隔季合约结算价变动	−0.78	−0.84

资料来源：根据中国金融期货交易所及中央结算公司数据计算。

表 7　10 年期国债期货结算价与国债收益率的相关系数

	7 年期国债收益率	8 年期国债收益率	9 年期国债收益率	10 年期国债收益率
当季合约结算价	−0.98	−0.98	−0.98	−0.98
次季合约结算价	−0.97	−0.98	−0.98	−0.98
隔季合约结算价	−0.97	−0.98	−0.98	−0.98

资料来源：根据中国金融期货交易所及中央结算公司数据计算。

表 8　10 年期国债期货结算价变动与国债收益率变动的相关系数

	7 年期国债收益率变动	8 年期国债收益率变动	9 年期国债收益率变动	10 年期国债收益率变动
当季合约结算价变动	−0.76	−0.81	−0.82	−0.82
次季合约结算价变动	−0.81	−0.87	−0.88	−0.87
隔季合约结算价变动	−0.78	−0.84	−0.85	−0.84

资料来源：根据中国金融期货交易所及中央结算公司数据计算。

10.3　其他债券衍生产品

2020 年前三季度，除利率互换和国债期货以外的其他利率类衍生产品交易主要包括标准债券远期和利率期权。

标准债券远期方面，2020 年前三季度累计成交面值 3144.8 亿元，较 2019 年同期增长 35.6 亿元（见图 13）。从标准债券远期各期限合约成交情况来看，3 年期、5 年期、10 年期成交面值比重依次递减，但差异较小（见图 14）。2020 年前三季度，3 年期合约成交笔数和成交金额分别占同期总量的 27.1% 和 36.8%，5 年期合约成交笔数和成交金额分别占同期总量的 24.8% 和 33.9%，10 年期合约成交笔数和成交金额分别占同期总

图 13　2020 年前三季度标准债券远期成交金额及成交笔数情况

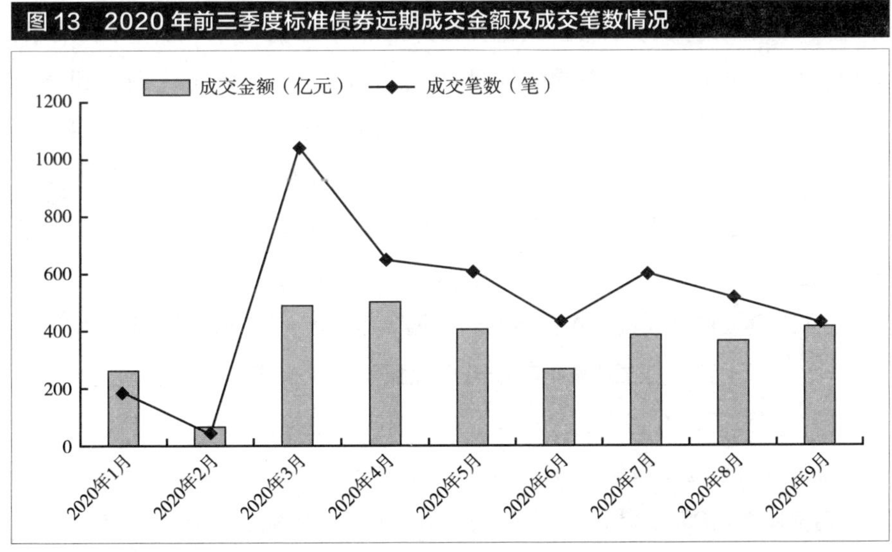

资料来源：中国外汇交易中心。

图 14　2020 年前三季度标准债券远期各期限合约成交金额情况

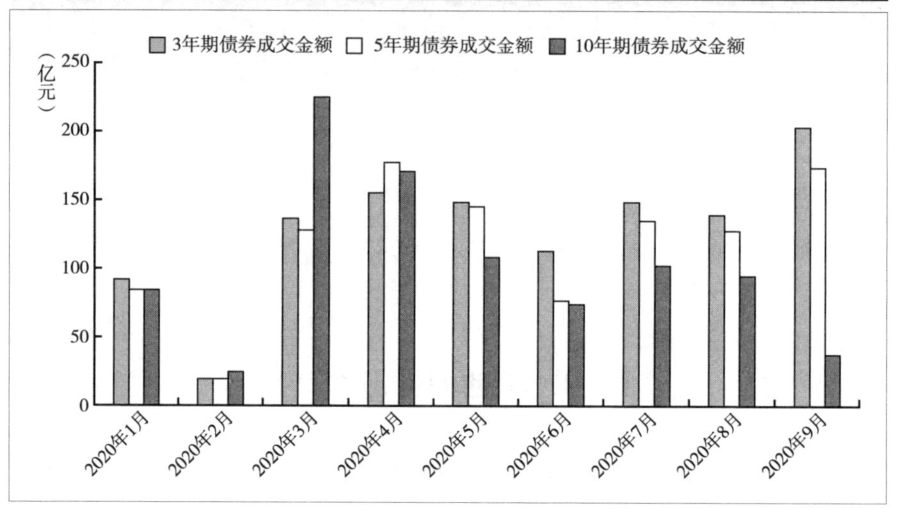

资料来源：中国外汇交易中心。

量的 48.1% 和 29.3%。

利率期权方面，2020 年 1 月 2 日，中国外汇交易中心发布《关于试点利率期权业务有关准备事项的通知》（中汇交发〔2019〕442 号），为更好地发挥银行间利率衍生品市场对实体经济支持作用，满足市场成员利率风险管理需求，完善利率风险定价机制，经中国人民银行批复同意，全国银行间同业拆借中心将试运行利率期权交易及相关服务。试点的交易品种为挂钩 LPR1Y/LPR5Y 的利率互换期权和利率上 / 下限期权，期权类型为欧式期权。3 月 23 日，银行间市场正式推出利率期权业务。上线首日，共有 35 家金融机构参与利率期权报价和交易，累计成交利率期权 154 笔，名义本金 127.8 亿元。其中，利率互换期权 80 笔，名义本金 68.9 亿元；利率上 / 下限期权 74 笔，名义本金 58.9 亿元。

2020 年 LPR 利率期权业务稳步发展。自银行间市场 LPR 利率期权业务 3 月 23 日正式上线以来，市场机构踊跃参与，机构类型覆盖大型商业银行、股份制银行、城商行、农商行、外资银行、证券公司等。3~6 月共计成交利率期权交易 266 笔、446.6 亿元。其中，LPR 利率互换期权成交 110 笔、名义本金 103.3 亿元；LPR 利率上 / 下限期权成交 156 笔、名义本金 343.3 亿元。

10.4　信用衍生产品

10.4-1　银行间市场信用风险缓释工具发展情况

2019 年四季度至 2020 年第三季度，银行间市场信用风险缓释凭证合计发行 79 只，创设规模约 100 亿元，较 2018 年第四季度至 2019 年第三季度的发行数量 121 只、创设规模约 162 亿元分别下降 34.71%、38.27%，发行规模与发行节奏整体放缓（见图 15）。

图 15　银行间市场信用风险缓释工具（CRMW）发行规模

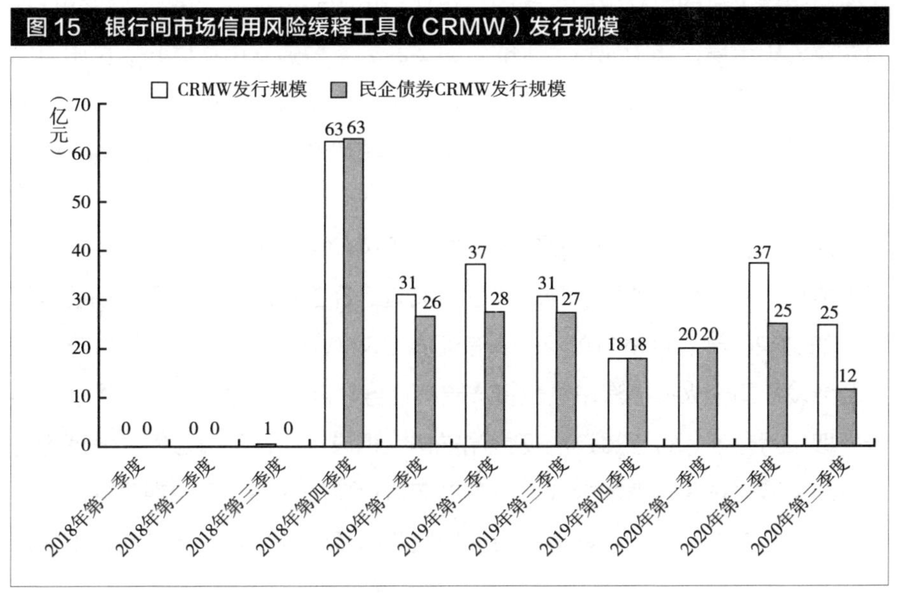

资料来源：中国银行间市场交易商协会。

2019 年第四季度至 2020 年第三季度，合计共有 34 家民营企业发债主体搭配信用风险缓释工具在银行间市场发行了新债券，同期合计有 178 家民营企业发债主体发行了新债，信用风险缓释工具覆盖比例达到 19.10%；搭配信用风险缓释工具发行的民营企业债券规模达到 250 亿元，同期民营企业债券合计发行 4760 亿元，信用风险缓释工具覆盖比例为 5.25%。相较于 2018 年四季度至 2019 年三季度，搭配信用风险缓释工具发行债券的民营企业的绝对数量、数量占比均有一定下降。

国有企业信用风险在近期却有所抬头。2019 年 12 月的北大方正、呼经开事件，2020 年 10 月的华晨集团事件，引发了市场对于周期性行业国企、平台企业的广泛关注。在这种环境下，部分面临转型压力、处于行业景气周期下行阶段的国有企业也受到市场关注，出现再融资困难等问题，企业面临债券强力去杠杆的风险。在这种情况下，金融机构通过信用风险缓释工具的运用，相机为部分有区域重要性、社会重要性但遇到阶段性流动性紧张的国有企业提供信用支持，帮助企业疏通融资渠道、降低融资成本，以恢复市场信心。2019 年第三季度以来，累计发行 13 只挂钩国有企业债券的信用风险缓释凭证，创设规模达到 13.10 亿元，撬动了 44.50 亿元债券成功发行。信用风险缓释工具的设立帮助这些国有企业拓宽了融资渠道，缓解了流动性压力，避免由于债务集中兑付带来的资金链断裂，增强了市场信心。且由于国有企业牵涉面广、社会影响力大，通过信用衍生工具等市场化方法进行信用增强和风险缓释，可以有效避免国有企业信用事件所引发的区域、行业的连锁反应，维持金融市场稳定。

随着以资产支持证券为参考债务的信用风险缓释工具的增多，资产支持证券多样化的现金流安排也带动了信用风险缓释工具定价与付费机制的多样化。如 2020 年 9 月发行的 20 中信证券 CRMW003，参考债务为奇瑞汽车金融发行的个人抵押汽车贷款资产支持证券“20 瑞泽质享 1 优先”。该证券采取按月付息、过手摊还的现金流安排，相应地，信用风险缓释凭证也创新性地采取了按季付费的模式，与参考债务付息频率高、到期期限不确定性大等特点相对应，可以更好地解决信用风险缓释凭证与参考债务期限不匹配的问题。

10.4-2　交易所市场信用风险保护工具的发展

在证券监督管理部门的推动下，交易所市场信用风险保护工具也在稳步发展。发轫于 2018 年底的交易所信用风险保护工具，在发展初期以一对一的信用风险保护合约等工具为主。2019 年 12 月 6 日，上海证券交易所发布《关于开展信用保护凭证业务试点的通知》（上证函〔2019〕2208 号），开展信用保护凭证业务试点。符合条件的信用保护合约核心交易商可向上交所备案成为凭证创设机构，并根据《上海证券交易所中国证券登记结算有限责任公司信用保护工具业务管理试点办法》的规定开展信用保护凭证创设的试点。

相较于信用风险保护合约，信用风险保护凭证主要有以下几个特点。第一，创设机构要求更高，需要首先成为信用保护合约核心交易商，其中“信用资质和风险管理能力突出的”可备案成为创设机构。第二，创设方式不同。信用风险保护凭证由凭证创设机构创设，面向多个投资者集中发行，而合约型工具需要一对一订立协议文本。第三，标准化程度更高。同一个创设机构针对同一参考主体 / 参考债务创设的同一信用保护凭证均是同质的。第四，定价方式更为市场化，主要是采取簿记建档等方式创设，市场化程度高。第五，流动性更好，由于凭证具有较强的同质性、更高的标准化程度，可以在交易所申请挂牌转让，转让采取报价、询价和指定对手方等方式，经交易系统确认后成交。第六，付费方式不同，信用风险保护合约可采取前段一次性付费或在季度标准保护费日支付等多种方式，信用风险保护凭证则采取买方在凭证创设时一次性向创设机构支付的方式。第七，信用风险保护凭证的信息披露要求更高，在凭证存续期间，创设机构需要定期披露年度报告、跟踪评级报告，并公告可能影响创设机构赔付能力的重大事项。

2019 年 12 月 17 日，上交所首批信用保护凭证落地，共 4 单，合计名义本金 1.33 亿元，有效支持债券融资 41.7 亿元。至 2020 年第三季度末，陆续又有 3 单信用风险保护凭证落地，名义本金合计 2.45 亿元，带动债券融资 55.15 亿元（见表 9）。信用保护凭证的发行，有效支持了部分平台企业、民营企业、小微企业的债券融资，发挥了金融支持实体经济的作用。

表 9　上交所信用风险保护凭证发行情况

参考实体	企业性质	参考债项	债项评级	凭证创设日	名义本金（亿元）	凭证费率	创设机构	支持债券发行规模（亿元）
兰考县城市建设投资发展有限公司	国企	S19 兰考 2	AA	2019/12/15	0.43	1.50%	海通证券	6.10
启东市城市建设投资开发有限公司	国企	19 启东 03	AA+	2019/12/19	0.30	0.80%	中信建投	15.00
深圳市百业源投资有限公司	民营	—	AA+	2019/12/19	0.30	0.50%	中信证券	10.00

表 9　上交所信用风险保护凭证发行情况　（续表）

参考实体	企业性质	参考债项	债项评级	凭证创设日	名义本金（亿元）	凭证费率	创设机构	支持债券发行规模（亿元）
海尔融资租赁股份有限公司	国有	19 海租优/19 海租次	—	2019/12/19	0.30	0.35%	华泰证券	9.60
平安国际融资租赁有限公司	合资	19 平三 A1/19 平三 A2/19 平三 B/19 平三 C	—	2019/12/24	0.55	0.30%	国泰君安	20.08
山西煤炭进出口集团有限公司	国有	20 山煤 D2	无	2020/5/7	1.00	1.50%	国泰君安	13.00
平安国际融资租赁有限公司	合资	平租 2A1/平租 2A2/平租 2B/平租 2 次	—	2020/6/23	0.90	0.19%	平安证券	22.07

资料来源：Wind 资讯、上海证券交易所。

2020 年 10 月 27 日，深交所公布了《关于开展信用保护凭证业务试点的通知》（深证上〔2020〕972 号），鼓励符合条件的合约核心交易商向深交所备案成为凭证创设机构，并开展信用保护凭证业务试点。预计深交所信用保护凭证相关业务也将很快开展，这将进一步提高金融市场、债券市场支持实体经济的能力。

2020 年，信用衍生品的整体发展速度有所放缓。在产品创新方面，银行间市场与交易所市场并未继续推出创新产品，深交所推出的信用保护凭证产品尚在试点状态。在市场参与者方面，仍然以银行、增信机构、少部分券商等为主要的发起者和参与者。在产品规模发面，信用衍生产品的发行规模、覆盖比例等也有一定程度的下降。债券市场信用风险仍然频发，投资者对信用风险对冲的衍生工具仍然是有需求的。但一方面，对冲信用风险并无法直接消除或减少信用风险。在恶意逃废债、财务造假等行为仍然屡见不鲜的市场中，单纯依靠衍生品只能使得信用风险在更多的市场参与者中进行分散，信用风险的损失依然需要市场参与者来共同承担。另一方面，由于投资者保护机制的不健全，各类债权人难以通过合法、健全、简便的渠道合理地维护自身权益，反而使得侵吞资产、转移资产、长期拖延等行为有了生存土壤。这使得我国债券市场违约回收率极低，违约损失非常高，创设机构将承担很大的风险，因此它们在开展业务时会尽可能选择自身熟悉、风险易于把控的主体，而真正需要进行风险对冲的风险偏高的主体则难以覆盖。因此，信用衍生工具的更大发展，不仅需要在工具、规则、市场基础设施等方面进行创新推进，更需要在债务人约束、债权人保护等方面进行改进，以促进市场信用环境的改善。

第 11 章　政府债券市场*

● 伴随国债、地方政府债券规模的持续上升，中国政府债务规模不断扩张，政府债务占 GDP 的比例在持续上升。不过从全球来看，这一比例仍显著低于发达国家的水平，也低于巴西和印度等新兴经济体的水平。2020 年新冠肺炎疫情暴发，多数经济体采取包括扩大债务规模在内的各项措施，全球政府债务占 GDP 的比例有望进一步提升。

● 经济持续下行与新冠肺炎疫情影响互相叠加，为支持疫情防控、复工复产和实体经济发展，我国国债发行规模快速增加，同时发行 1 万亿元抗疫特别国债；地方政府债券发行再度提速增量，充分发挥了专项债券稳投资、扩内需、补短板的作用。在 2020 年上半年市场融资环境较为宽松的时期，城投债的发行也出现一定程度的增加。但同时，随着市场频繁发生城投债券违约，“城投信仰”逐渐淡化。

● 以地方政府债券余额、PPP 投资额、城投债余额，结合 GDP、财政收入等多项指标，从不同角度衡量地方政府债务负担发现，各地方政府债务负担并不平衡，部分省份的政府债务负担实际上已相当沉重。面对地方政府潜在的债务风险，地方政府仍需做出诸多努力：转变政府职能，尤其是地方投资职能；加强风险约束，合理防控隐性债务风险；建立科学合理的债务监测体系；建立债务风险应急处置机制；强化债务风险的源头管控。

* 本章作者：韩梦彬，国家金融与发展实验室研究员。

11.1 政府债务总览

政府债务既是金融市场的重要组成部分，也是政府宏观经济调控的重要工具之一。近年来，在地方政府债务扩张的带动下，中国政府债务总量也开始出现大幅增长，而且政府债务结构也开始出现明显变化。截至 2020 年 9 月底，中国的国债余额为 191032 亿元，地方政府债券余额为 253907 亿元，存量地方政府债券比国债多出 6 万多亿元（见图 1）。实际上，早在 2017 年，地方政府债券余额就已经超过了中央政府债券余额。同时，中央政府债券占全部债券余额的比重也大幅下降，而地方政府债券余额占全部债券余额的比重则大幅上升。到 2020 年 9 月底，国债占全部债券余额的比例为 17.21%，地方政府债券占全部债券余额的比例则为 22.85%。

图 1　中国国债与地方政府债券余额

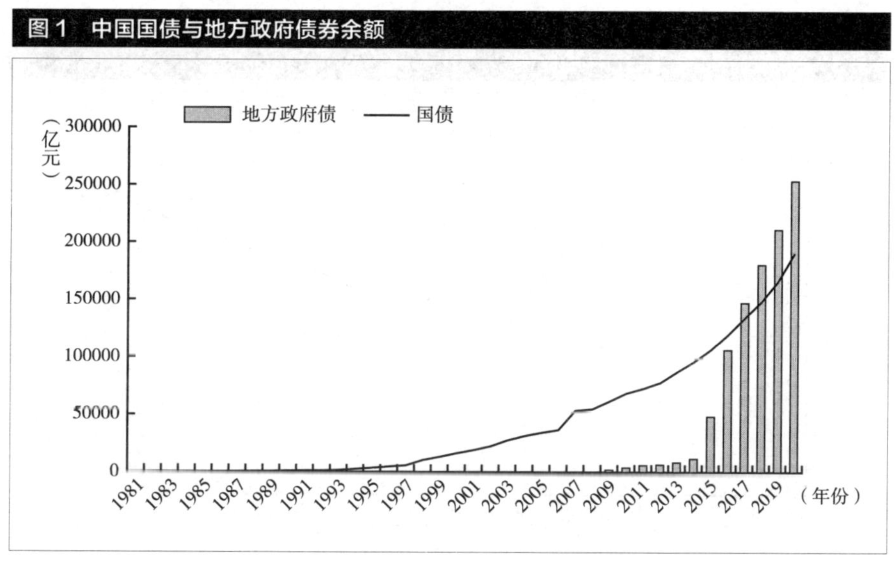

资料来源：Wind。

政府债务占 GDP 的比例是衡量一个国家债务负担的主要指标之一。从我国一般政府债务占 GDP 的比例来看，该比例在 2008 年以前长期处于 30% 以下，但在 2008 年后却出现了明显的上升，尤其是 2012 年以来的几年里，该比例的上升趋势更加明显。2012 年，我国一般政府债务占 GDP 的比例为 34.39%，2019 年已达到 52.63%，七年时间上升了约 50%（见图 2、图 3）。

图 2　国债与地方政府债券占全部债券余额的比例

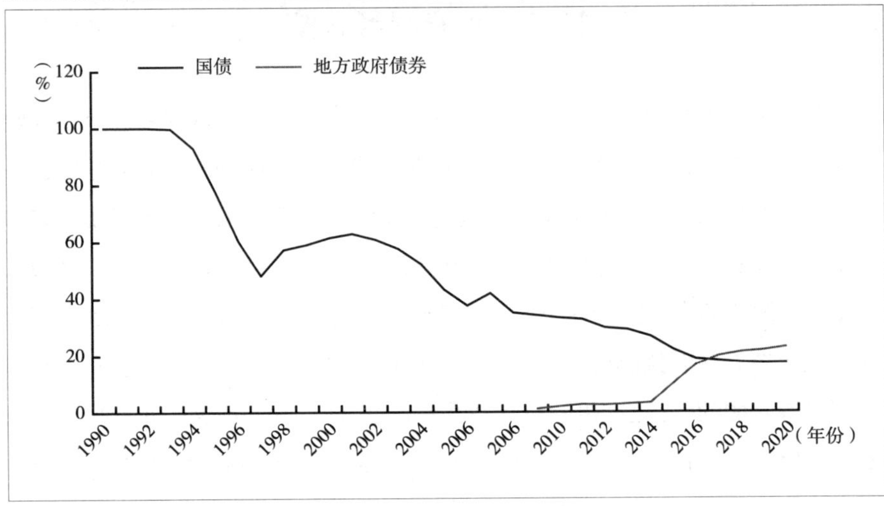

资料来源：Wind。

图 3　一般政府债务占 GDP 的比例

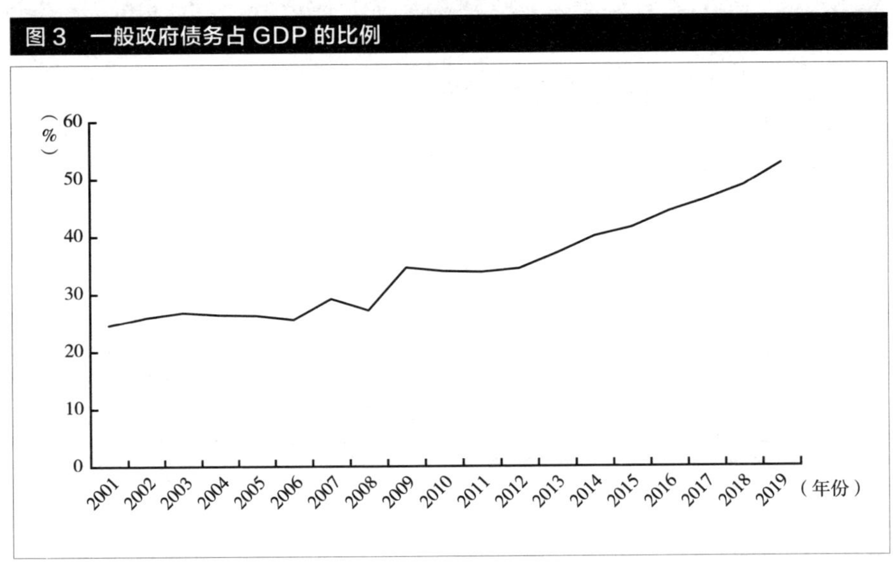

资料来源：根据 IMF 整理。

但从全球范围看，中国的政府债务占 GDP 的比例并不高。表 1 列出了包括主要新兴经济体和发达经济体在内 10 个经济体的一般政府债务占 GDP 的比例。从中可以看出，2008 年金融危机发生后，大多数国家的债务负担快速加重；总体来看，发达经济体的这一比例明显高于新兴经济体。2019 年，一般政府债务占 GDP 的比例最高的是日本，IMF 估计该比例为 237.96%；其次是美国，一般政府债务占 GDP 比例在 2019 年为 108.68%。我国政府的债务负担也在近些年持续上升，2019 年一般政府债务占 GDP 比例达到了 52.63%。俄罗斯的一般政府债务占 GDP 比例相对较低，2019 年仅为 13.92%。

2020 年新冠肺炎疫情暴发，各国政府为应对疫情冲击，采取包括扩大债务规模在内的各项措施，全球债务规模不断扩张。同时，新冠肺炎疫情也给原本处于下行趋势中的全球经济带来更大压力，多数国家的经济数据在 2020 年前三季度遭受不同程度打击，2020 年全球 GDP 负增长也已成定局。因此，可以预见主要国家的一般政府债务占 GDP 比例在新冠肺炎疫情的影响下有望进一步提升。虽然 IMF 预测我国将成为 2020 年唯一一个经济实现正增长的主要经济体，但是随着政府债务规模的扩大，政府债务占 GDP 的比例仍然难以改变上行趋势。

表 1　一般政府债务占 GDP 比例的国际比较　　单位：%

年份	中国	印度	巴西	俄罗斯	南非	美国	日本	德国	英国	法国
2001	24.58	78.73	70.05	44.44	42.40	53.15	146.83	57.94	34.02	58.34
2002	25.92	82.85	78.80	37.58	35.55	55.50	156.82	59.70	34.18	60.26
2003	26.80	84.24	73.82	28.33	35.43	58.62	162.73	63.31	35.43	64.42
2004	26.39	83.29	70.08	20.83	34.39	66.12	171.56	64.99	38.38	65.94
2005	26.31	80.89	68.59	14.85	33.21	65.47	176.63	67.35	39.58	67.38
2006	25.57	77.11	65.85	9.80	31.36	64.20	176.27	66.71	40.46	64.61
2007	29.16	74.03	64.14	8.03	27.06	64.67	175.32	63.99	41.52	64.54
2008	27.16	72.74	62.33	7.45	26.51	73.71	183.28	65.52	49.37	68.78
2009	34.57	71.09	65.46	9.92	30.08	86.75	200.88	72.99	63.31	83.04
2010	33.92	66.04	63.05	10.11	34.68	95.49	207.68	82.38	74.56	85.26
2011	33.77	68.29	61.20	10.34	38.23	99.83	221.88	79.80	80.06	87.84
2012	34.39	67.66	62.20	11.17	41.00	103.32	228.68	81.14	83.21	90.60
2013	37.04	67.38	60.19	12.35	44.10	104.85	232.24	78.72	84.16	93.41
2014	39.97	66.83	62.31	15.14	46.99	104.51	235.79	75.67	86.19	94.89
2015	41.49	68.78	72.57	15.29	49.34	104.64	231.34	72.21	86.92	95.58
2016	44.31	68.71	78.29	14.85	51.47	106.60	236.39	69.19	86.79	97.96

表 1　一般政府债务与 GDP 之比的国际比较　（续表）

年份	中国	印度	巴西	俄罗斯	南非	美国	日本	德国	英国	法国
2017	46.36	69.42	83.66	14.31	53.02	105.75	234.46	64.99	86.25	98.32
2018	48.80	69.58	87.07	13.52	56.71	106.89	236.57	61.63	85.72	98.06
2019	52.63	72.34	89.47	13.92	62.15	108.68	237.96	59.53	85.35	98.12
2020	61.70	89.33	101.40	18.94	78.82	131.18	266.18	73.28	108.03	118.74
2021	66.53	89.86	102.76	18.98	82.76	133.64	263.97	72.21	111.52	118.57
2022	71.20	89.52	103.47	18.53	85.68	134.50	263.05	68.49	113.44	119.96
2023	74.60	89.02	103.77	18.20	87.28	135.17	262.79	65.53	115.27	121.27
2024	76.83	88.55	104.21	18.05	86.92	135.99	263.02	62.57	116.39	122.27
2025	78.07	88.16	104.41	17.92	85.17	136.89	263.99	59.55	116.97	123.31

注：2020~2025 年为预测数据。

资料来源：IMF。

11.2　国债市场

11.2-1　国债市场运行

2020 年，突如其来的新冠肺炎疫情加剧了我国经济下行压力。为支持疫情防控、复工复产和实体经济发展，我国财政政策变得更加积极有为。2020 年 5 月，《政府工作报告》指出，2020 年财政赤字率拟按 3.6% 以上安排，财政赤字规模比去年增加 1 万亿元，同时发行 1 万亿元抗疫特别国债。在此推动下，我国国债发行规模在 2020 年又一次出现较快速度的增长（见图 4）。前 9 个月，我国国债发行量达 48007 亿元，已超 2019 年全年的国债发行规模；净融资额 24727.85 亿元，也超过 2019 年全年的数值。截至 2020 年 9 月末，国债市场存量债券数量为 269 只，总国债余额为 191031.7 亿元。

在 2020 年新发行的国债中，期限结构更加多样化、分布更为合理。1 年期及 1 年期以下的短期国债发行额占比接近 1/4；2 年、3 年、5 年、7 年和 10 年期的国债发行额总占比约为 2/3。值得注意的是，近几年 2 年期国债的发行规模和占比快速提升，并于 2020 年首次被纳入关键发行期限品种，这有助于提升 2 年期国债现货和期货的流动性，将进一步健全和完善国债收

图 4　中国国债发行额及净融资额

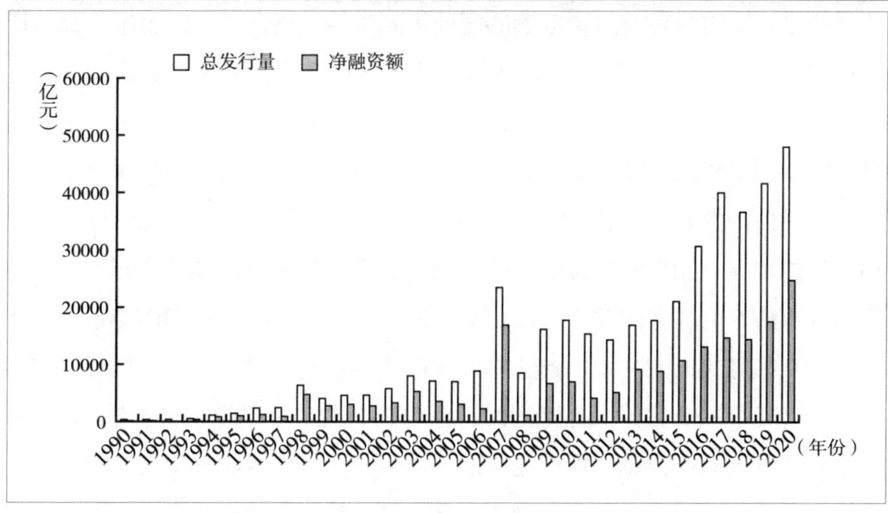

资料来源：Wind。

益率曲线。此外，30 年和 50 年期的国债发行占比分别为 6.76% 和 2.27%（见表 2）。国债发行期限结构的多元化，有利于形成更为完善的国债收益率曲线，也能够使国债更好地发挥基准债券的作用，便于债券市场更合理地定价，也有利于完善货币政策传导机制。

表 2　2020 年 1 月 ~9 月国债发行期限结构

期限结构	发行额（亿元）	占比（%）	数量（只）
0.25 年	5521.3	11.50	35
0.5 年	2353.2	4.90	12
1 年	3808.8	7.93	9
2 年	4120.5	8.58	9
3 年	4992.3	10.40	11
5 年	6662.9	13.88	14
7 年	4880.9	10.17	10
10 年	11332.7	23.61	19
30 年	3243.7	6.76	7
50 年	1090.7	2.27	2
总计	48007	100	128

资料来源：Wind。

2020 年，新冠肺炎疫情的暴发以及蔓延，使得安全性高、流动性强、收益稳定，同时具有避险特征的的国债得到市场普遍青睐，二级市场交易明显增加。2020 年 1 月至 9 月，我国国债二级市场现券交易总金额为 37.30 万亿元，与去年同期相比增加 78.88%。除了前两个月受春节因素影响，国债二级市场交易总规模偏低，其他月份的现券成交规模均保持在 4 万亿元左右。不过后来随着新冠肺炎疫情的发展，市场对经济的预期发生变化，避险情绪日益浓厚，加之央行全面定向降准以及下调超额存款准备金利率，流动性得到释放，促成了国债二级市场交易的活跃。伴随市场利率逐渐下行，债券市场交易量快速上升，现券交易规模在 4 月达到了高点，当月现券总交易额约为 56646.39 亿元。与此同时，金融机构资金空转套利现象增加。随着我国疫情得到有效控制，银保监会加强监管，央行放缓政策宽松节奏，市场利率在 5 月中下旬出现上行，债券交易也随价格上升而较高点有所回落。尽管在第三季度市场利率不断走高，但相对于境外疫情不断加重、经济增长不确定性较大，我国政府在抗击疫情中表现出色以及经济稳步持续复苏态势明显，我国国债在全球范围内表现出极大吸引力，7、8、9 三个月的国债现券交易规模仍维持在高位（见图 5）。

图 5　国债二级市场现券交易量

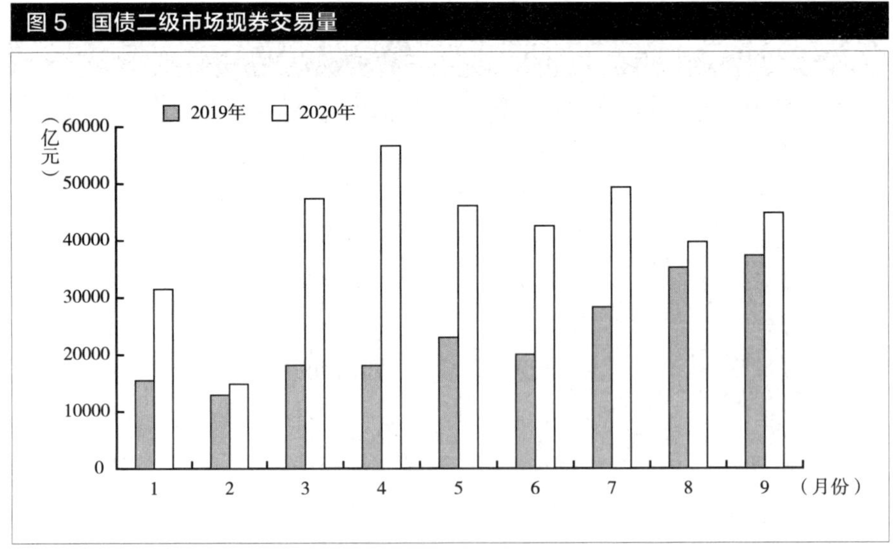

资料来源：Wind。

国债收益率在 2020 年先下降后上升。1~4 月，国债收益率整体下行。一方面，国内外市场利率下降引导债券收益率下行。为大力支持疫情防控、复工复产和实体经济发展，我国央行采取了一系列货币政策措施，引导市场利率下行；随着疫情在全球蔓延，多数国家在面对疫情冲击时，也纷纷采取紧急措施降低市场利率。另一方面，避险情绪增加和相对高收益压低我国国债收益率。新冠肺炎疫情暴发、原油价格暴跌给全球金融市场造成巨大冲击，市场避险情绪提升增加了投资者对固定收益类资产的需求，而我国国债在全球范围内具有较大吸引力，导致债券市场收益率的整体下行。进入 5 月，全面复工复产有序推进，国内经济复苏迹象明显，我国货币政策开始边际收紧，而债券市场供给不断增加，导致不同期限债券价格下跌、收益率上升。6 月以来，虽然北京、新疆出现局部疫情，但很快就得到有效控制，并且在经济基本面持续修复、货币政策保持稳健、债券供给继续增加等背景下，市场风险偏好增加，国债收益率不断上行（见图 6）。

图 6　国债招投标利率走势

资料来源：中国债券信息网利率债市场月报。

11.2-2　抗疫特别国债

特别国债是指为特定目标发行的、具有明确用途的国债。在 2020 年之前，我国曾有过两次特别国债的发行，分别是在1998年和2007年。1998年，财政部发行2700亿元特别国债，用于补充国有独资商业银行资本金，提高金融系统抗风险能力；2007年，财政部发行15500亿元特别国债，用于购买约2000亿美元外汇，作为中国投资有限责任公司的资本金。另外，2017年，由于2007年发行的6964亿元特别国债到期，财政部进行了全额续作。（特别国债发行信息见表3。）

2020年初，新冠肺炎疫情暴发，给经济生活带来诸多冲击，第一季度GDP同比下降6.8%，为季度GDP数据有统计以来的最低值。在此特殊历史时期，为支持实体经济发展，对冲疫情冲击，我国政府安排发行1万亿元特别国债。抗疫特别国债不计入财政赤字，但纳入国债余额管理，全部转给地方，主要用于有一定资产收益保障的公共卫生等基础设施建设和抗疫相关支出，并预留部分资金用于地方解决基层特殊困难。

表3　特别国债发行信息

发行日期	证券简称	发行规模（亿元）	发行期限（年）	票面利率（%）	发行方式
1998-08-18	98国债2	2700.00	30	7.20	市场化
2007-08-29	07特别国债01	6000.00	10	4.30	定向
2007-09-17	07特别国债02	319.70	15	4.68	市场化
2007-09-21	07特别国债03	350.90	10	4.46	市场化
2007-09-28	07特别国债04	363.20	15	4.55	市场化
2007-11-02	07特别国债05	349.70	10	4.49	市场化
2007-11-16	07特别国债06	355.60	15	4.69	市场化
2007-12-11	07特别国债07	7500.00	15	4.45	定向
2007-12-14	07特别国债08	263.18	10	4.41	市场化
2017-08-29	17特别国债01	4000.00	7	3.60	定向
2017-08-29	17特别国债02	2000.00	10	3.62	定向
2017-09-18	17特别国债03	360.00	5	3.59	市场化
2017-10-30	17特别国债03（续发）	340.00	5	3.59	市场化
2017-11-27	17特别国债03（续2）	264.00	5	3.59	市场化
2020-06-18	20抗疫国债01	500.00	5	2.41	市场化
2020-06-18	20抗疫国债02	500.00	7	2.71	市场化
2020-06-23	20抗疫国债03	700.00	10	2.77	市场化

表 3　特别国债发行信息　　（续表）

发行日期	证券简称	发行规模（亿元）	发行期限（年）	票面利率（%）	发行方式
2020-06-30	20 抗疫国债 01（续发）	500.00	5	2.41	市场化
2020-06-30	20 抗疫国债 03（续发）	700.00	10	2.77	市场化
2020-07-01	20 抗疫国债 02（续发）	500.00	7	2.71	市场化
2020-07-02	20 抗疫国债 03（续 2）	700.00	10	2.77	市场化
2020-07-07	20 抗疫国债 03（续 3）	700.00	10	2.77	市场化
2020-07-08	20 抗疫国债 01（续 2）	500.00	5	2.41	市场化
2020-07-09	20 抗疫国债 03（续 4）	700.00	10	2.77	市场化
2020-07-14	20 抗疫国债 01（续 3）	500.00	5	2.41	市场化
2020-07-15	20 抗疫国债 04	700.00	10	2.86	市场化
2020-07-21	20 抗疫国债 04（续发）	700.00	10	2.86	市场化
2020-07-23	20 抗疫国债 04（续 2）	700.00	10	2.86	市场化
2020-07-28	20 抗疫国债 04（续 3）	700.00	10	2.86	市场化
2020-07-30	20 抗疫国债 04（续 4）	700.00	10	2.86	市场化

资料来源：Wind。

综合来看，此次特别国债的发行具有以下特点。第一，发行节奏保持平稳。从 6 月 18 日第一笔发行到 7 月 30 日发行完毕，分 16 次完成 1 万亿元抗疫特别国债的发行，并且为避免扰动市场流动性、稳定市场预期，在特别国债发行时，适当放缓了一般国债、地方政府债券的供给量。第二，发行期限更加合理。本次特别国债发行期限有 5 年、7 年、10 年三种，较前两次特别国债的发行更加多元、合理，发行期限结构进一步得到优化，其中 5 年期发行 2000 亿元、7 年期发行 1000 亿元、10 年期发行 7000 亿元。第三，发行机制得到完善。本次共发行 4 期特别国债，累计进行 12 次续发行，续发行国债的起息日、兑付安排、票面利率、交易及托管方式等与之前发行的同期国债相同，有助于完善国债发行机制、提高二级市场流动性。第四，市场化公开发行。此次特别国债全部市场化公开发行，发行利率通过国债承销团成员招投标确定，各期限国债的发行利率在 2.41%~2.86%（见表 3），有助于促进国债市场化程度的提高，也有利于更好地发挥国债市场在金融体系中的作用。第五，适当缓解地方财政压力。本次抗疫特别国债纳入国债余额管理，全部转给地方，本金由中央财政偿还 3000 亿元、地方财政偿还

7000 亿元，并且利息全部由中央财政承担，这在一定程度上缓解了地方政府的债务压力，有利于带动地方投资，进而促进经济增长。

11.3　地方政府债券

11.3-1　地方政府债券行及余额

过去几年，国内地方政府债券迅速发展，规模不断扩张，尤其是 2015 年和 2016 年，为置换非债券形式的存量政府债务，地方政府债券发行量出现“井喷”。之后，随着非债券形式存量政府债务的减少以及发行成本的提高，2017~2019 年的地方政府债券发行规模趋于稳定，发行总额均位于 45000 亿元以下。进入 2020 年，经济下行压力加大叠加新冠肺炎疫情的冲击，为稳增长、保民生，地方政府债券发行明显提速。截至 2020 年 9 月末，地方政府债券发行总额已达 56789.09 亿元，地方政府债券余额为 253906.54 亿元（见图 7）。

图 7　中国地方政府债券各年发行额及余额

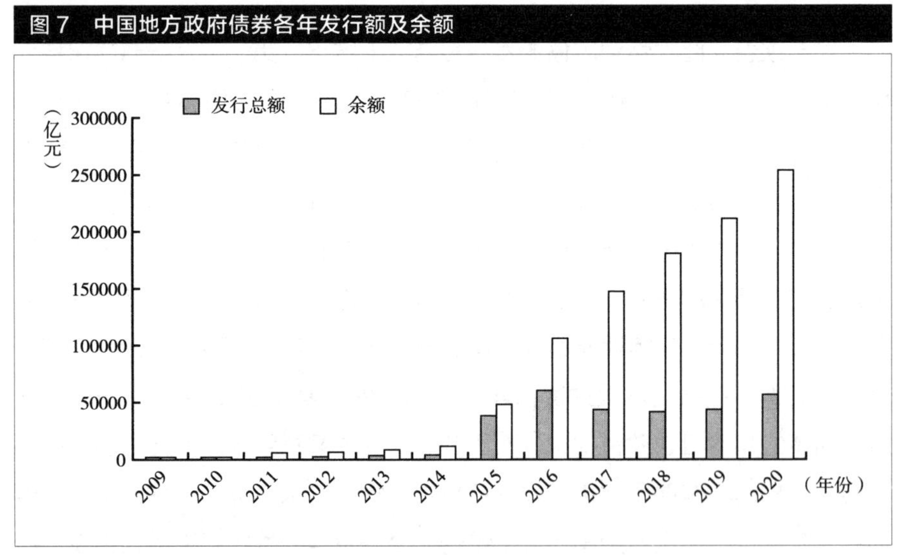

资料来源：Wind。

随着地方政府债券发行规模的扩张，地方政府债券余额也与日俱增。在债券市场存量中，地方政府债券余额在 2017 年末达到 14.74 万亿元，占全部债券余额的比重达到 19.72 %，超过国债成为仅次于金融债的第二大债券品种。近两年，地方政府债券存量规模继续上升，与金融债的差距越来越小。截至 2020 年 9 月末，地方政府债和金融债余额分别为 253906.54 亿元、260441.54 亿元，两者占全部债券余额的比重分别为 23.46%、22.87%（见图 8）。地方政府债券的发展，不仅为地方政府开辟了新的公开透明的融资渠道，也极大地改变了中国债券市场的供给结构，为众多机构投资者创造了新的资产配置途径。

图 8　地方政府债券与金融债占全部债券余额的比重

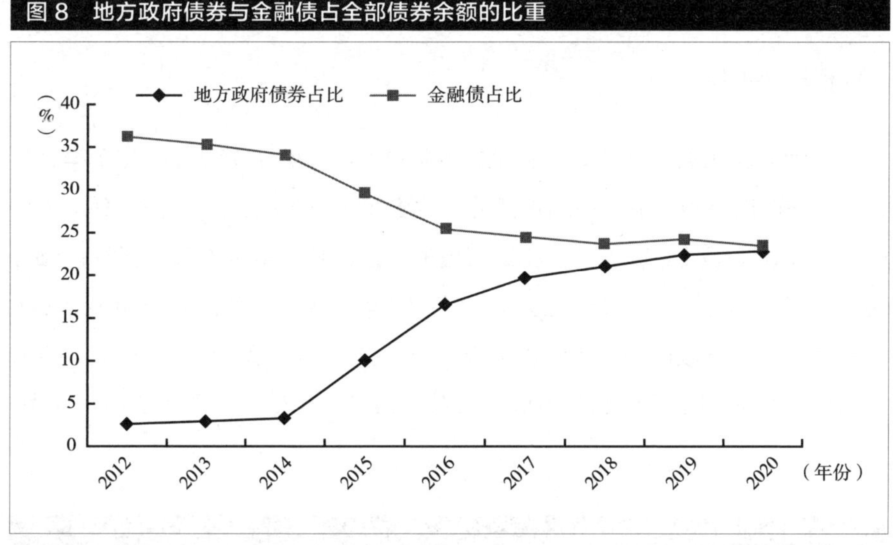

资料来源：Wind。

就地方政府债券的剩余期限而言，剩余期限在 5 年以内的占比达到 56.16%（见表 4）。这意味着，未来 5 年中，地方政府的到期偿还量将逐渐达到高峰，在经济下行中压力渐增的地方财政将面临新的考验。

表 4　2020 年 9 月末地方政府债券剩余期限结构

剩余期限	余额（亿元）	占比（%）	数量（只）
1 年期以内	29842.93	11.75	565
1~2 年期	24395.04	9.61	626
2~3 年期	38598.90	15.20	849
3~4 年期	27554.53	10.85	594

表 4 2020 年 9 月末地方政府债券剩余期限结构			（续表）
剩余期限	余额（亿元）	占比（%）	数量（只）
4~5 年期	22208.07	8.75	548
5~6 年期	21784.84	8.58	566
6~7 年期	15639.08	6.16	405
7~8 年期	7690.78	3.03	196
8~9 年期	12937.28	5.10	344
9~10 年期	17373.47	6.84	471
10 年期以上	35881.61	14.13	1031
总计	253906.53	100	6195

资料来源：Wind。

从绝对额来看，各个省份的地方政府债券余额差异较大。2020 年 9 月末，地方政府债券余额最高的是江苏，达到了 16820 亿元，较 2019 年末增长了 2000 多亿元。居第二位和第三位的山东及广东的地方政府债券余额分别为 16424 亿元和 15257 亿元。与 2019 年末相比，贵州、河北在 2020 年 9 月末的地方政府债券余额也突破了 10000 亿元（见图 9）。自此，地方政府债券余额超过万亿元的省份有江苏、山东、广东、浙江、四川、湖南、

图 9 国内地方政府债券余额比较

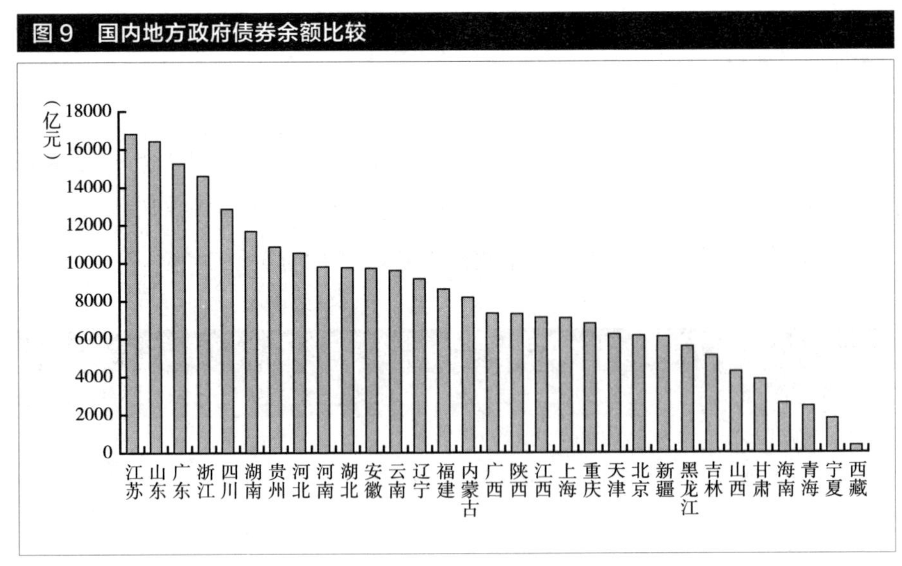

资料来源：Wind。

贵州和河北。另外，河南、湖北、安徽和云南的地方政府债券余额也超过了9500亿元。西藏的地方政府债券余额仅为363亿元，远低于其他省份。

11.3-2　2020年地方政府新发行债券

面对不断下行的经济压力，地方政府债券承担稳投资、稳就业、促消费等方面的功能更加突出。尤其是2020年，叠加新冠肺炎疫情的暴发，地方政府债券发行再度提速增量。在地方政府债券中，由于专项债券对稳投资、扩内需、补短板的作用明显，其在2020年的发行额再次增加，发行时间明显提前。

2019年11月底，提前下达了2020年部分新增专项债务限额10000亿元，较上年提前下达的8100亿元有所增加。2020年1月2日，河南、四川率先发行当年新增地方政府专项债券，较2019年首批发行时间提前了20天。在此影响下，1月专项债券的发行就达到较高水平。2020年2月，第二次提前下达2020年新增地方政府债务限额8480亿元，其中一般债务限额5580亿元、专项债务限额2900亿元。2020年5月6日，国务院常务会议确定再次提前下达部分2020年地方政府专项债务新增限额10000亿元，并提出力争5月底发行完毕。受此影响，5月地方政府专项债券迎来了年内第二个发行高峰（见图10）。

图10　2020年各月地方政府债券发行进度

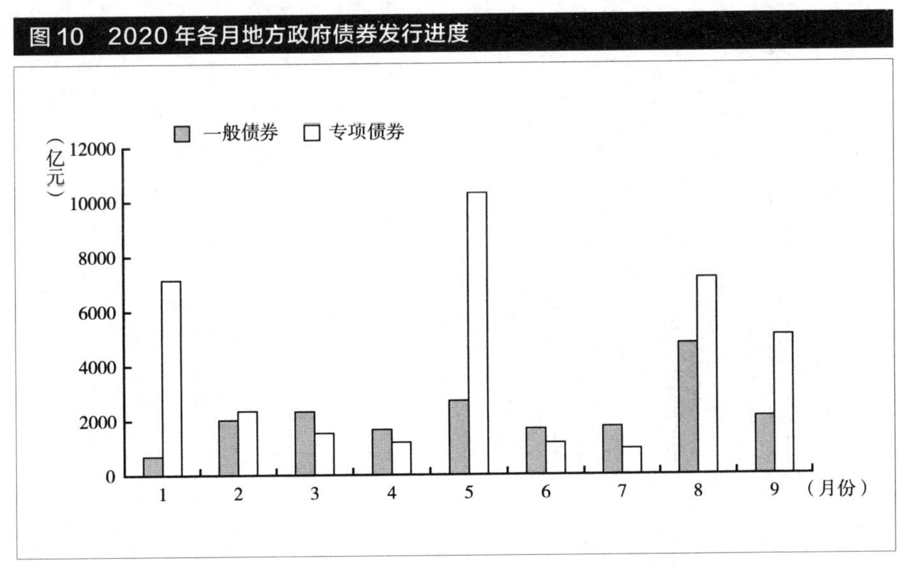

资料来源：Wind。

2020年5月22日，《政府工作报告》指出，2020年拟安排地方政府专项债券3.75万亿元，比去年增加1.6万亿元。同时指出，专项债券重点支持既促消费、惠民生又调结构、增后劲的“两新一重”建设，主要是新型基础设施建设、新型城镇化建设以及交通、水利等重大工程建设。虽然专项债券在两会期间被安排了具体额度，在提前下达的22900亿元基础上还可新增14600亿元，但是为了配合特别国债的发行，6月、7月地方政府并没有大量发行债券。

2020年7月27日，在特别国债接近发行完毕时，财政部发布《关于加快地方政府专项债券发行使用有关工作的通知》，提出要合理把握专项债券发行节奏，力争在10月底前发行完毕。另外，还提出要科学合理确定专项债券期限、优化新增专项债券资金投向、依法合规调整新增专项债券用途、严格新增专项债券使用负面清单、加快新增专项债券资金使用进度、依法加大专项债券信息公开力度、健全通报约谈机制和监督机制等要求。8月、9月，专项债券的发行又一次增量，同时一般债券的发行规模在8月也出现较大提升。

地方政府债券按用途划分，可分为新增债券、再融资债券和置换债券。随着非债券形式的存量地方政府债务逐渐减少以及前期发行的部分地方政府债券到期，2020年地方政府发行的债券以新增债券和再融资债券为主。另外，在财政刺激力度加强的情况下，新增债券发行规模加大（见图11）。

图11　2020年各月地方新增债券与再融资债券发行进度

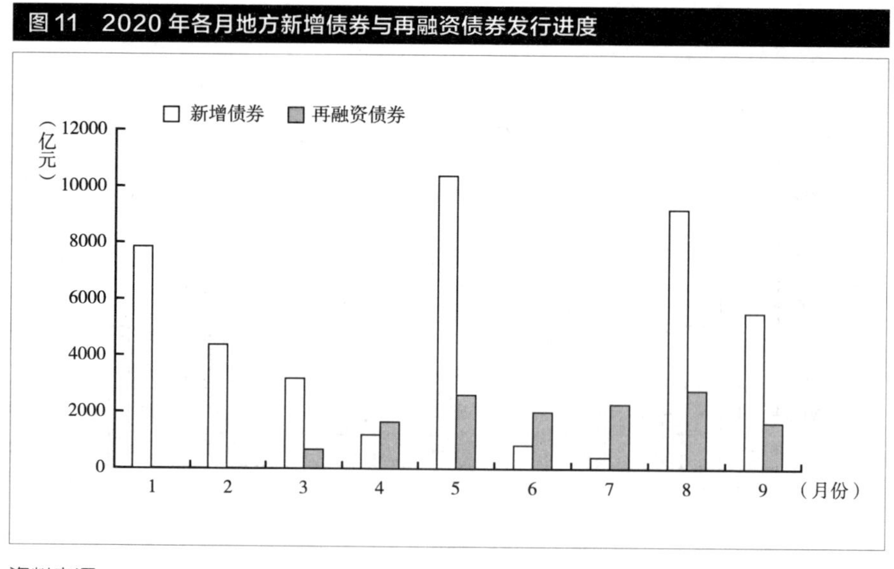

资料来源：Wind。

2020年1月至9月，地方政府新增债券累计发行43045.86亿元，累计发行再融资债券13743亿元。由于2020年新增专项债券额度较大，因此，新增债券也主要于1月、5月、8月发行。

从发行年限看，2020年地方政府债券的平均发行年限明显拉长。2009年刚开始发行地方政府债券时，发行年限全部为3年期；2010年至2015年，开始逐渐增加1年期、5年期、7年期、10年期；2018年，地方政府债券的发行期限更加丰富，不仅新增短期的2年期，更长期限的15年期、20年期、30年期地方政府债券也开始发行。由于近两年长期债券发行规模的加大，地方政府债券的发行年限逐渐拉长。2015~2018年，地方政府债券每年的平均发行年限略超6年，但到了2019年迅速攀升至10.26年，2020年更是达到15.00年。其中，2020年一般债券平均发行年限为14.99年，专项债券平均发行年限为15.01年（见图12）。地方政府债券发行年限的增长，表明地方政府投资偏向长期化。

图12　地方政府债券平均发行年限

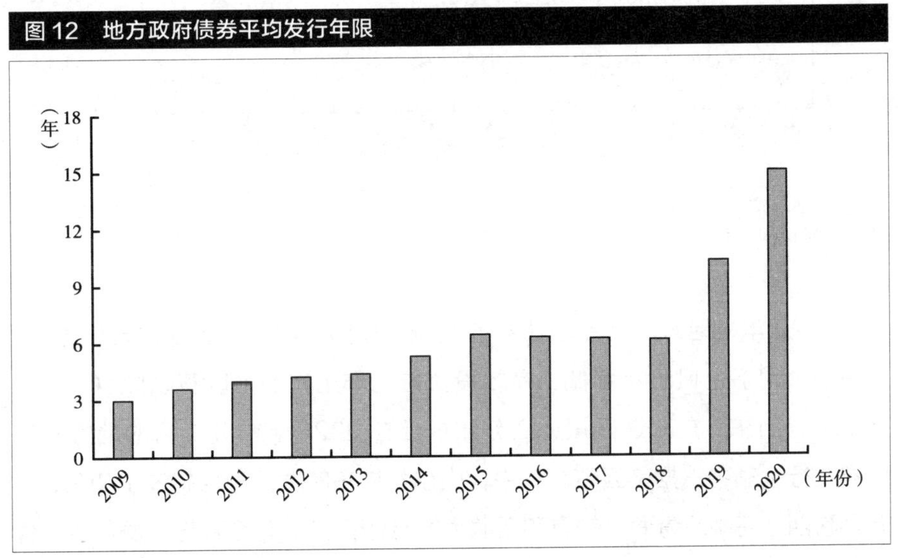

资料来源：Wind。

2020年地方政府债券的平均发行利率进一步下降。虽然2020年的地方政府债券发行年限有所拉长，但是债券发行利率并没有随之上升，反而出现下降，这与2020年市场利率的整体下行有关。在2020年特殊的时期，我国央行多次运用货币政策工具，引导货币市场利率下行，并通过“逆回购利率→MLF→LPR”利率传导渠道，引导贷款市场利率逐步下行。在此影响下，地方政府债券发行利率也出现下降。2019 年的地方政府债券平均发行利率为 3.47%，2020 年平均发行利率下降至 3.38%（见图 13）。其中，2020 年一般债券平均发行利率为 3.30%，专项债券平均发行利率为 3.42%。

图 13　地方政府债券平均发行利率

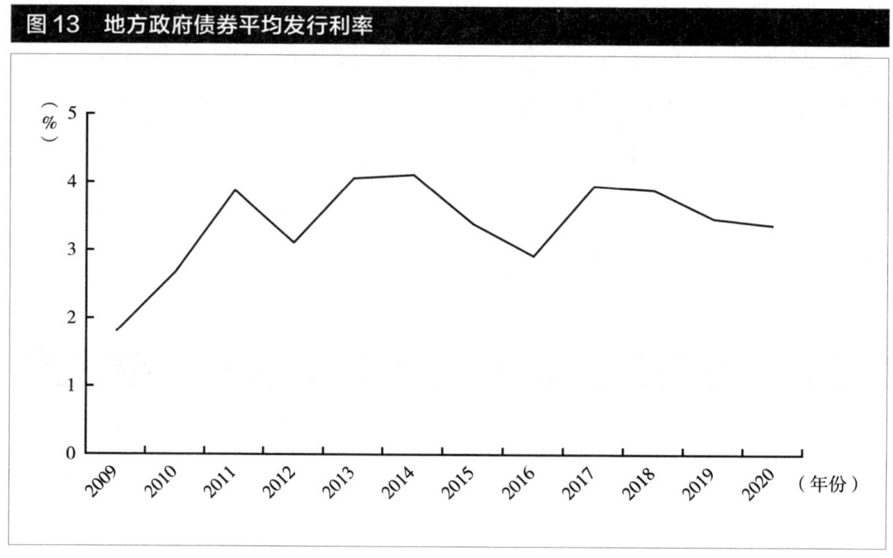

资料来源：Wind。

2020 年，地方政府专项债券的发行，按照“资金跟着项目走”原则，对重点项目多、风险水平低、有效投资拉动作用大的地区予以倾斜。在此带动下，山东、广东、四川、江苏和浙江在 2020 年前 9 个月的地方政府债券发行金额中占据前五位。其中，山东和广东的发行额均超过了 4000 亿元。陕西、海南、青海、宁夏和西藏为发行额最少的 5 个省份，发行额均低于 1000 亿元。就地方政府债券的净发行额来看，广东是地方政府债券净发行额最高的省份，超过了 3500 亿元；净发行额居第二位的是山东（见图 14）。

截至 2020 年 9 月末，在存量 253906.54 亿元地方政府债券中，地方政府一般债券余额为 126438.06 亿元，专项债券余额为 127468.48 亿元。不过，各个省份的情况又有所不同，经济发达区域的专项债券余额相对较

图 14 2020 年前 9 个月各省份地方债发行额与净发行额

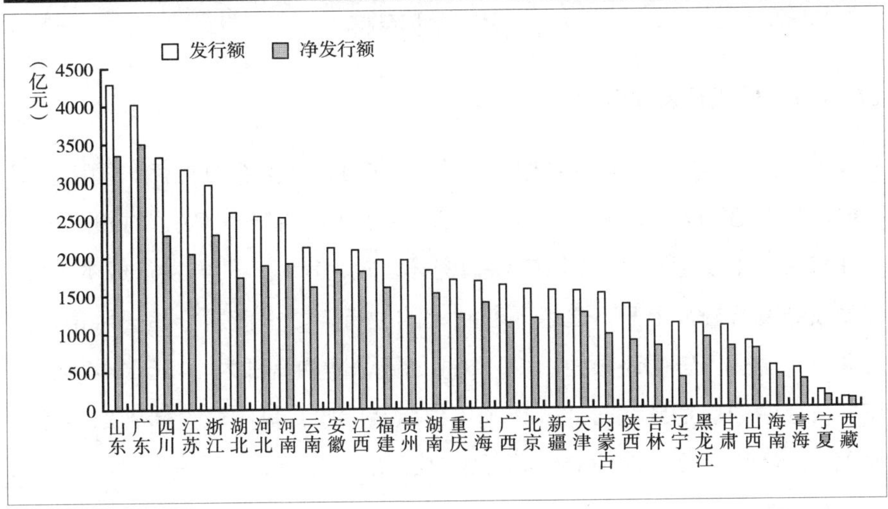

资料来源：Wind。

多，经济欠发达区域的一般债券余额相对较多。江苏、山东、浙江、广东、安徽、福建以及四个直辖市的专项债券余额明显高于一般债券，而辽宁、内蒙古、黑龙江、新疆、吉林、青海、宁夏等地的一般债券余额则要高于专项债券。四川、湖北、河南、陕西、甘肃、海南等地的一般债券余额与专项债券余额大致相等（见图 15）。

图 15 各省份的一般债券与专项债券余额

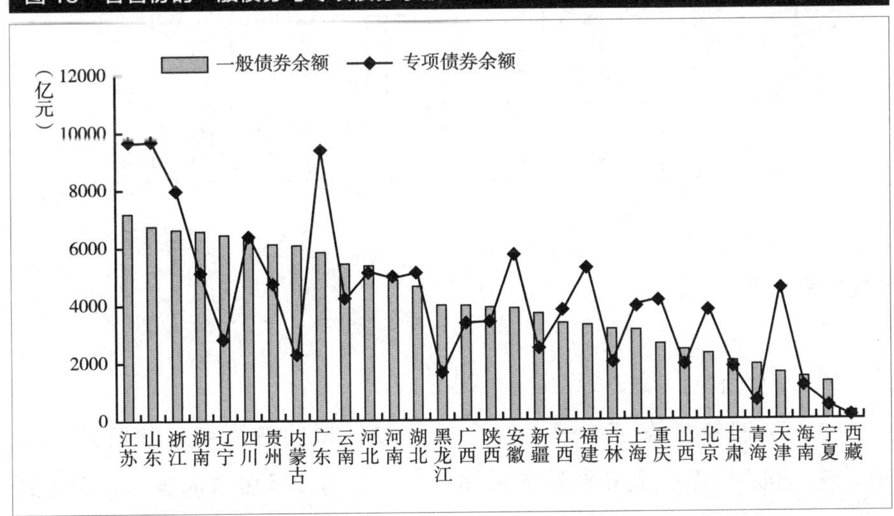

资料来源：Wind。

11.4 城投债

11.4-1 城投债发展分析

2020 年城投债市场发展相对平稳。2020 年 1 月至 9 月底，国内新发行城投债共 33474.05 亿元，与 2019 年同期相比增长 34%。城投债出现快速增长，主要源于 3、4 月市场融资环境较为宽松，债券发行成本下降，带动债券发行规模上升。之后随着利率的上行，城投债发行趋于平稳。前三季度，城投债总偿还额为 18917.61 亿元，净融资额为 14556.44 亿元。在总偿还额中包括到期偿还、提前兑付以及回售，其中城投债到期偿还额为 15856.90 亿元，提前兑付总额为 2280.82 亿元，回售总额为 779.89 亿元（见图 16）。

图 16　2020 年各月城投债总发行额与总偿还额

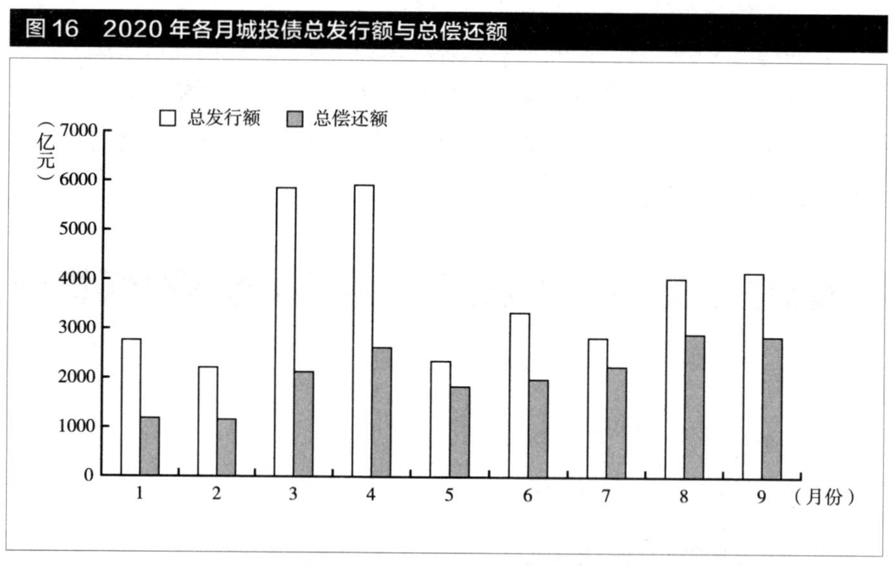

资料来源：Wind。

2020 年新发行城投债结构分析如下。

（1）从债券类型结构来看，以公司债、短期融资券、中期票据为主。在 33474.05 亿元新发行城投债中，公司债发行金额最多，总额达到 10758.23 亿元，占比约 1/3；短期融资券、中期票据、定向工具、企业债的发行金额依次递减，对应的发行金额分别为 9024.25 亿元、7076.70 亿元、4127.88 亿元和 2486.99 亿元（见图 17）。

图 17　2020 年的新发行城投债的类型结构

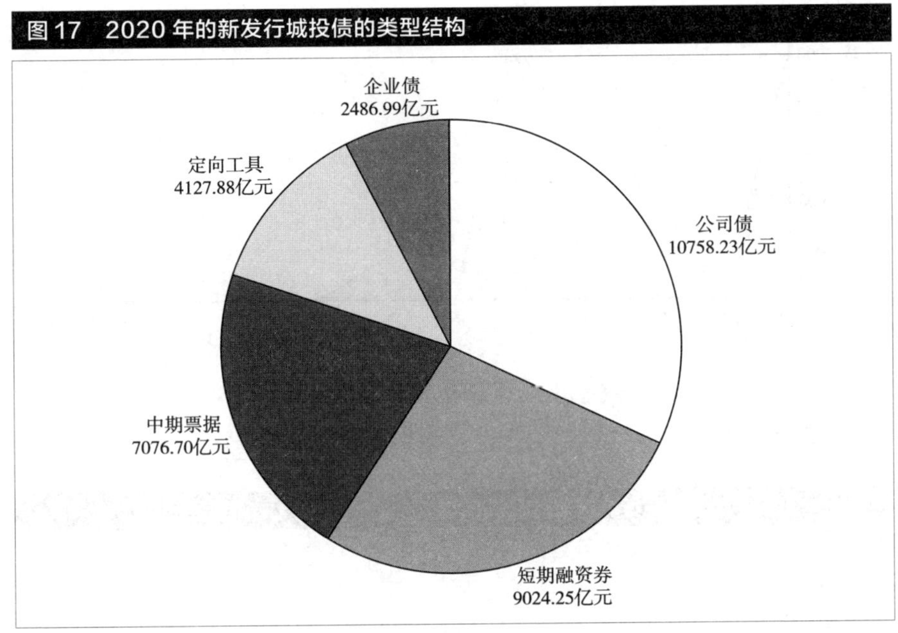

资料来源：Wind。

（2）从债券期限结构来看，新发行债券以中短期为主。发行金额多集中在 4~5 年期，金额达到 12891.82 亿元；期限在 1 年以内、2~3 年期的债券也相对较多，发行金额分别为 10103.14 亿元、7373.60 亿元；三者合计发行金额 30368.56 亿元（见图 18），占新发行总额的 90.72%。

（3）从债券的区域分布结构来看，经济越发达的地区，城投债发行量越大。江苏是城投债发行大省，2020 年新发行金额达到 7591.33 亿元，是第二名浙江发行金额的 2 倍有余；山东、四川、湖南以及北京、天津等地的发行额排名也相对靠前，发行金额均在 1500 亿元以上；甘肃、辽宁、黑龙江、宁夏、海南、内蒙古、青海、西藏等地的发行金额均在 150 亿元以下，相对靠后（见图 19）。

（4）从债券行业结构来看，城投债主要投向城市基础设施领域。2020 年新发行城投债投资于建筑业的金额为 14802.62 亿元，综合行业 9933.31 亿元，交通运输、仓储和邮政业 3977.43 亿元，三者合计占新发行城投债总额的比例达到 85.80%（见图 20）。

图 18　2020 年的新发行城投债的期限结构

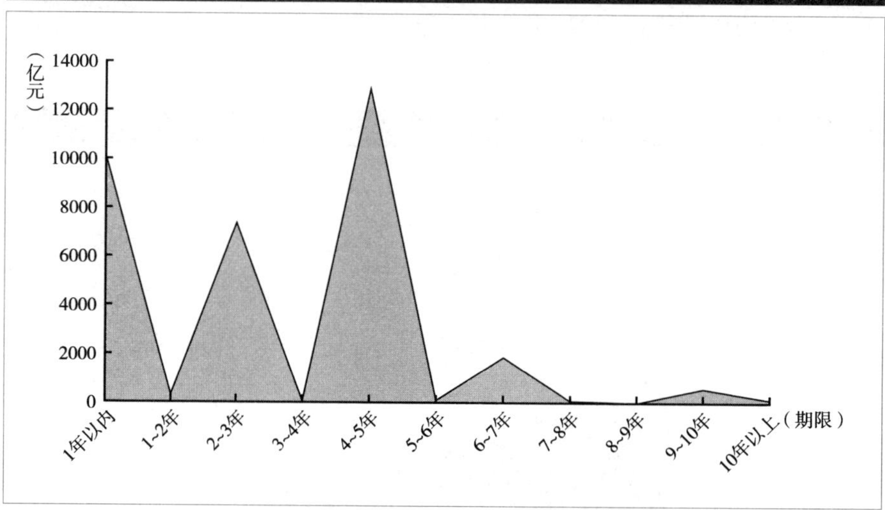

资料来源：Wind。

图 19　2020 年的新发行城投债的区域结构

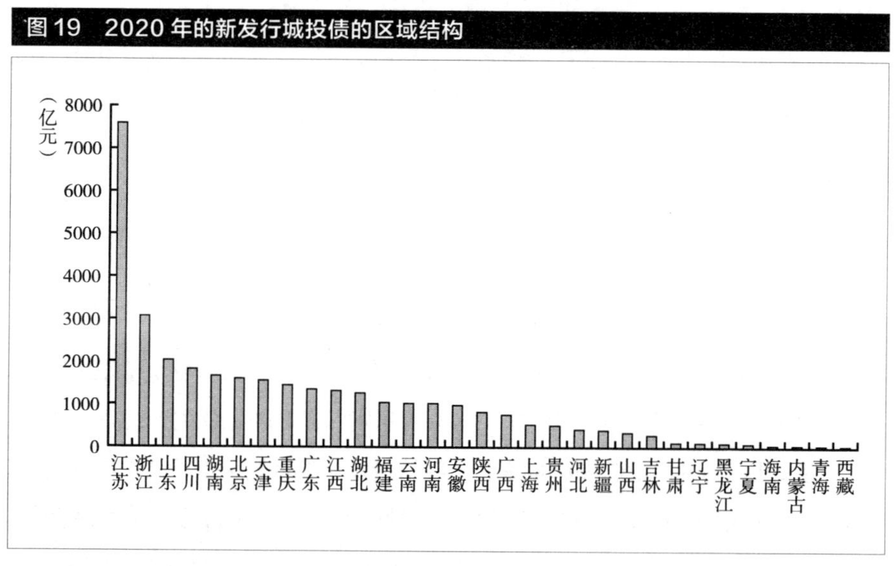

资料来源：Wind。

截至 2020 年 9 月末，存量城投债余额 104295.45 亿元。在结构上，存量城投债与新发行城投债存在诸多相同点，但也有个别差异。从类型结构来看，存量城投债以公司债、中期票据为主，二者合计占比达 60.66%；从剩余期限分布结构来看，5 年以内的债券占比 91.19%，加上近期新发行债券也偏向中短期，未来几年城投平台面临较大偿债压力；从区域结构来看，排

图 20　2020 年的新发行城投债的行业结构

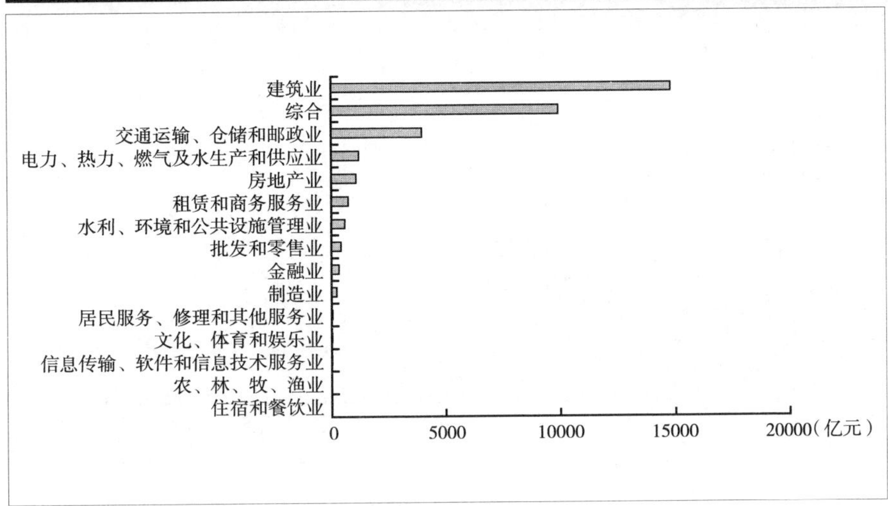

资料来源：Wind。

名前三的省份为江苏、浙江、四川，三省城投债余额占全国城投债存量规模的 34.25%；从行业结构来看，建筑业、综合行业以及交通运输、仓储和邮政业城投债余额排名靠前，三行业合计占比达到 84.95%（见图 21、图 22、图 23、图 24）。

图 21　存量城投债余额的类型结构

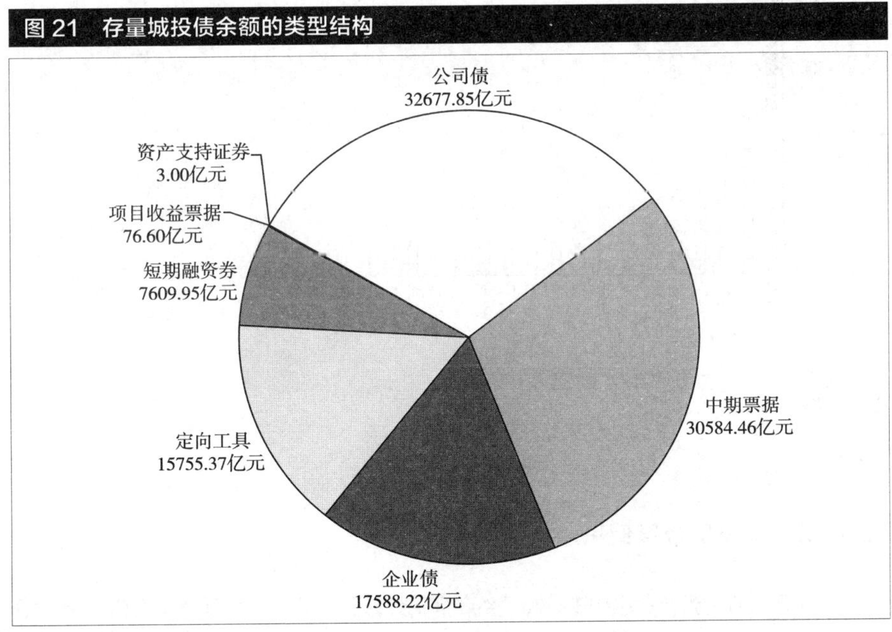

资料来源：Wind。

图 22　存量城投债余额的剩余期限结构

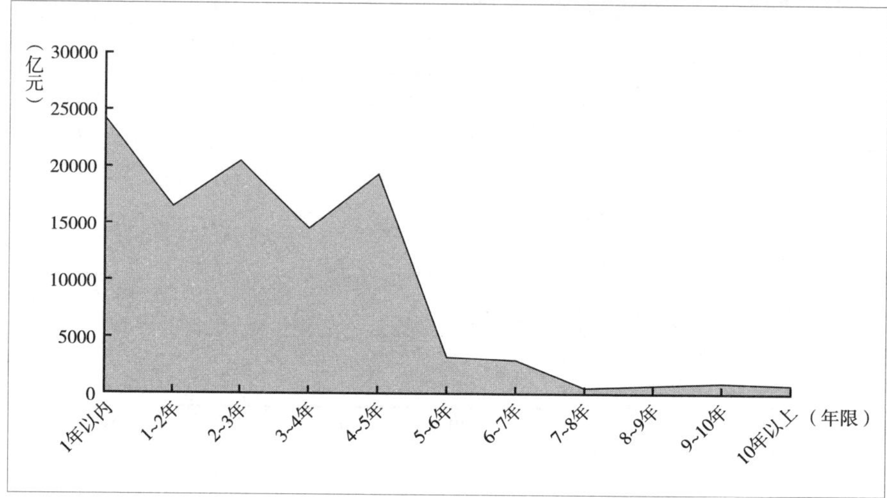

资料来源：Wind。

图 23　存量城投债余额的区域结构

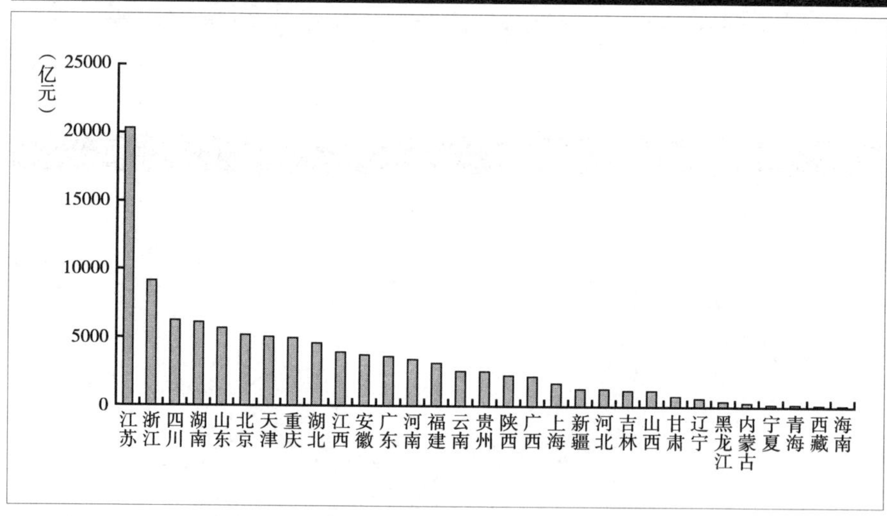

资料来源：Wind。

11.4-2　城投平台偿债风险

近年来，市场频繁传出城投债违约的消息，如“17 兵团六师 SCP002”“16 吉林交投 MTN001”“16 呼和经开 PPN”等。虽然主管部门并没有把它们划

图 24　存量城投债余额的行业结构

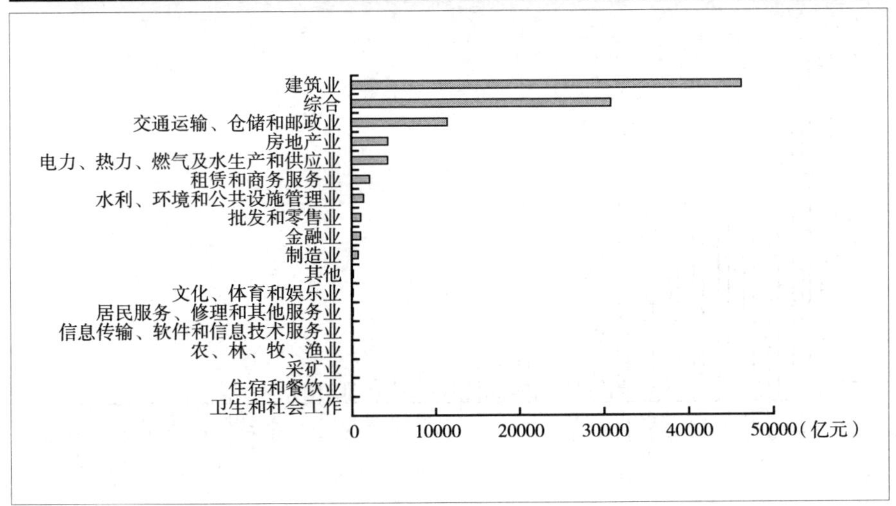

资料来源：Wind。

分为城投债，而且这些债券在违约后得到了技术性违约、展期等妥善处理，但由于这些债券的发行主体、实际控制人与地方政府均有密切联系，市场上有不少人士认为城投债已经出现违约。不管城投债是否已真正出现首次违约事件，“城投债信仰”逐渐淡化已成为事实，城投平台的偿债风险也逐渐得到市场的广泛关注。

城投债也属于信用债，从各地区债券余额违约率来看，部分地区的债券违约风险较高。自 2014 年债券市场出现违约以来，违约债券数量和违约债券余额均出现较快增长。尤其是近两年，更是不断出现新的违约高峰，也拉升了部分地区的债券余额违约率。截至 2020 年 9 月末，青海的债券余额违约率最高，达到 11.02%；宁夏、辽宁、黑龙江、海南的债券余额违约率也超过 5%（见图 25）。随着部分地区债券违约风险的增加，城投债的违约风险引起市场关注也在所难免。

债券余额违约率较高的地区，其城投平台数量相对较少，城投债余额也较少。截至 2020 年 9 月末，我国城投平台的数量达到 2319 家。江苏的城投平台数量最多，达到 409 家；浙江排名第二，平台数量为 223 家；四川、湖南、山东、湖北、安徽、重庆等地的城投平台数量也都超过了 100 家；宁夏、青海、西藏、海南地的城投平台数量相对较少，均为个位数；辽宁、黑

图 25 各地区债券余额违约率

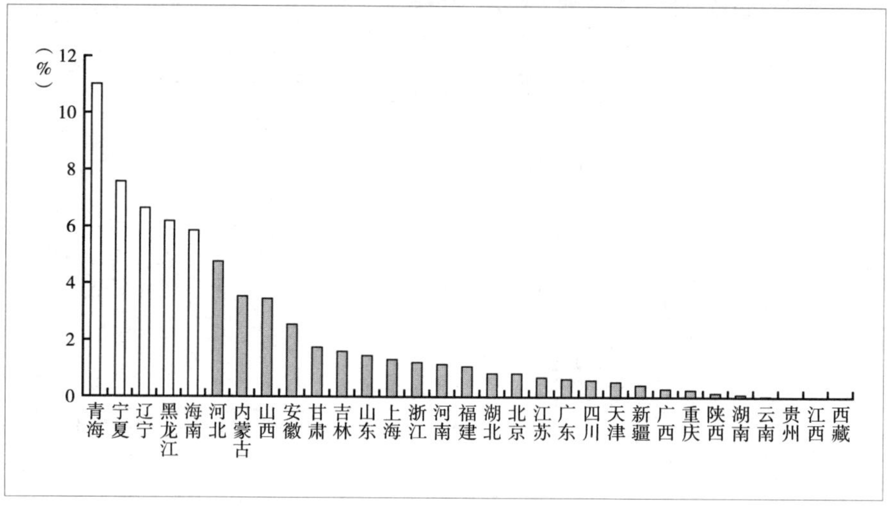

资料来源：Wind。

龙江的城投平台数量也都在 50 家以内。与城投平台数量的地区分布相比，城投债余额也出现类似情况，即债券余额违约率越高、存量城投债余额越少（见图 26）。

图 26 各地区城投平台数量

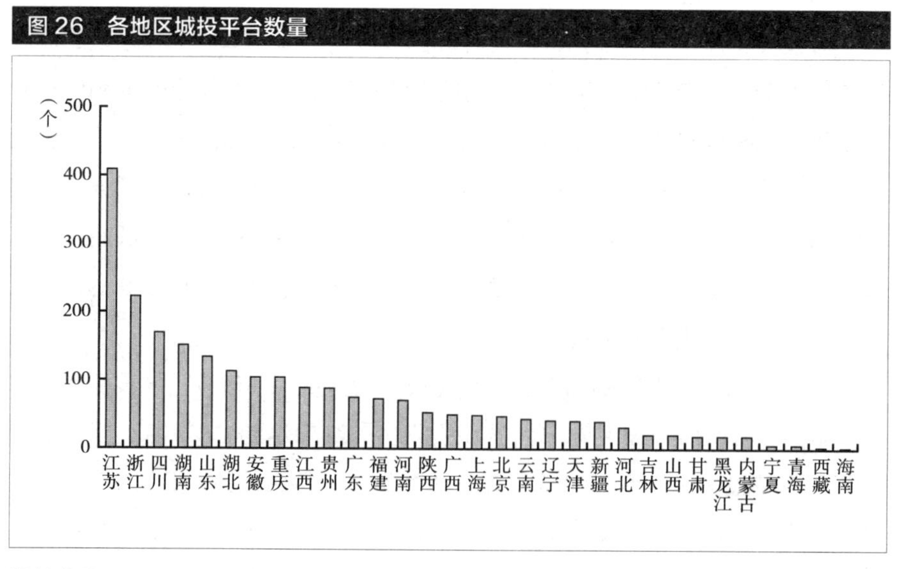

资料来源：Wind。

分析城投债的违约风险，就要考虑其发行主体城投平台的偿债风险，而与此相关的有盈利能力和偿债能力等评估指标。

城投平台的总体盈利能力较低，净资产收益率在5%以上的只有6.63%，总资产报酬率在5%以上的也仅有1.93%。就净资产收益率（ROE）而言，辽宁城投平台的ROE在0以下的占8/9，宁夏、黑龙江在0以下的也都达到2/3；辽宁、宁夏、海南的城投平台，ROE全部在1%以下；安徽、江西、湖南、吉林的城投平台，ROE在1%以下的占比达4/5以上。就总资产报酬率（ROA）而言，辽宁、宁夏、内蒙古城投平台的ROA均有1/3在0以下；辽宁、宁夏、海南的城投平台，ROA全部在1%以下；安徽、江西、湖南、吉林的城投平台，ROA在1%以下的占比达到4/5以上（见图27、图28）。

图27　城投平台净资产收益率情况

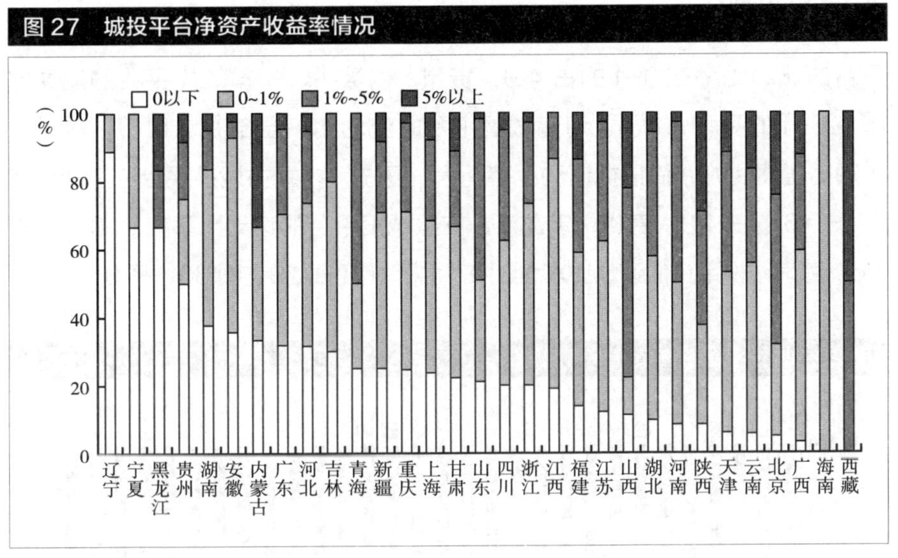

资料来源：Wind。

城投平台的总体偿债能力良好，资产负债率在60%以下的占比为44.83%，流动比率在2以上的占比为62.49%，速动比率在1以上的占比为64.34%。虽然总体偿债能力良好，但是部分地区城投平台的偿债能力相对较低。就长期偿债能力评估指标资产负债率而言，内蒙古城投平台的资产负债率达到80%以上的占1/3，黑龙江、陕西城投平台的资产负债率在80%以上的占1/6。就短期偿债能力评估指标流动比率而言，辽宁城投

图 28 城投平台总资产报酬率情况

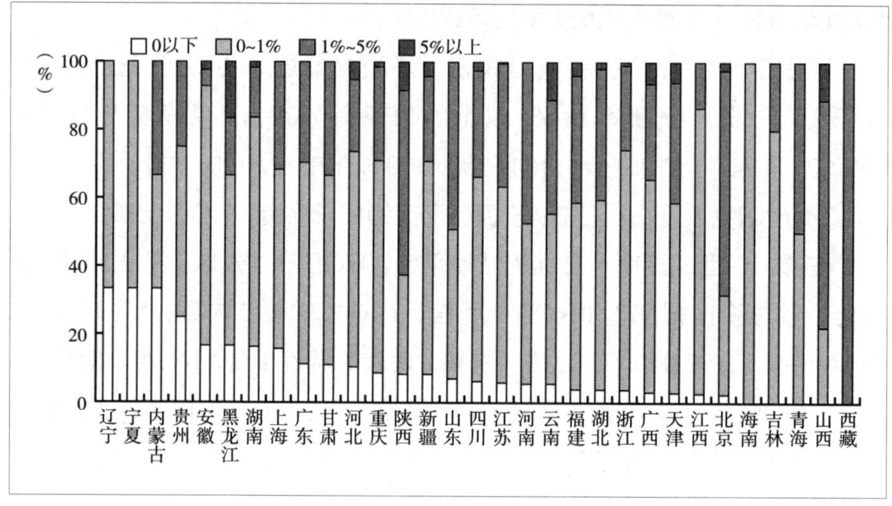

资料来源：Wind。

平台的流动比率在 0~1 的占 4/9，贵州、内蒙古、宁夏城投平台的流动比率在 0~1 的平均占 1/3，海南城投平台的流动比率全部在 2 以下。就另一个短期偿债能力评估指标速动比率而言，辽宁、内蒙古城投平台的速动比率在 0~0.5 的占 1/3，贵州、黑龙江、安徽城投平台的速动比率在 0~0.5 的占 1/6，海南城投平台的速动比率全部在 1 以下（见图 29、图 30、图 31）。

图 29 城投平台资产负债率情况

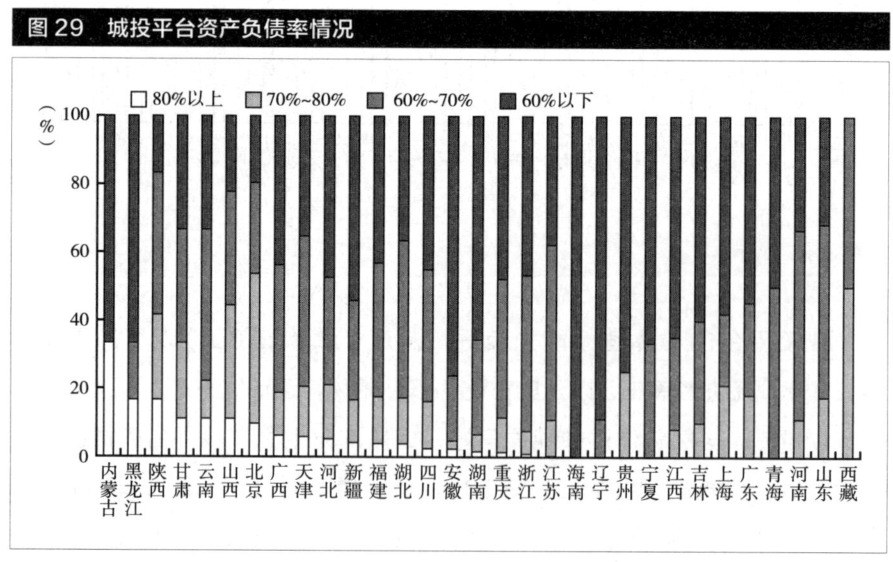

资料来源：Wind。

图 30　城投平台流动比率情况

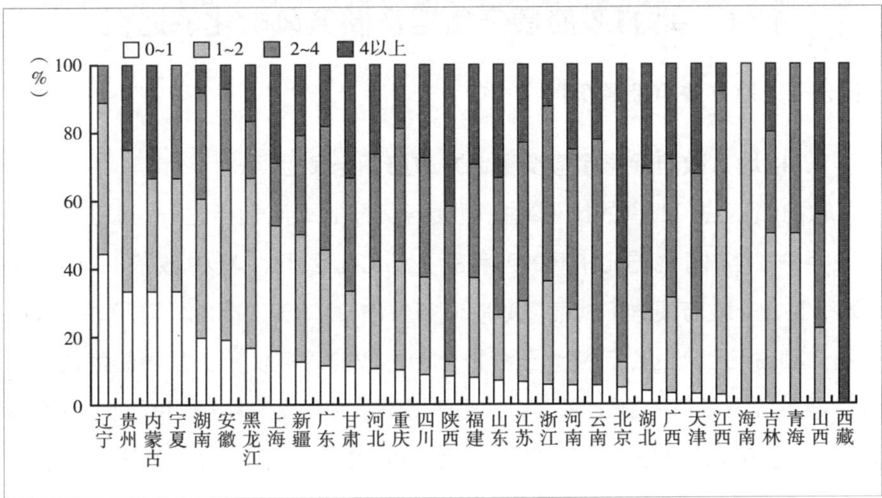

资料来源：Wind。

图 31　城投平台速动比率情况

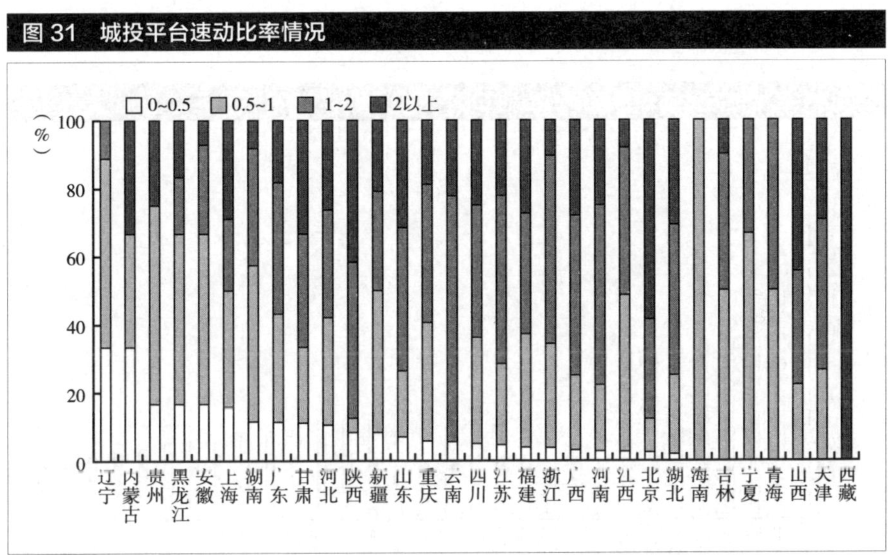

资料来源：Wind。

综合来看，目前城投平台存在一定程度的偿债风险。青海、宁夏、辽宁、黑龙江、海南等地区的债券余额违约率较高，辽宁、宁夏、海南、黑龙江、内蒙古、吉林等地区的城投平台盈利能力较低，内蒙古、黑龙江、辽宁、贵州、海南等地区城投平台的偿债能力较低，未来不排除城投债在这些地区出现违约的可能。

11.5 地方政府债务负担及债务风险化解途径

11.5-1 地方政府债务负担

1. 以地方政府债券余额衡量地方政府债务负担

政府债务占 GDP 的比例是衡量债务负担的常用指标之一。截至 2020 年 9 月末，全国地方政府债务余额 255821 亿元，其中政府债券占了 99.25%，非政府债券形式存量政府债务仅占 0.75%。因此，可用地方政府债券余额占 GDP 的比例来大致分析个地方政府债务负担。从中国各地方政府债券余额占 GDP 的比例来看，高于 60% 的有青海和贵州两地，其中青海达到 82.3%，贵州为 64.7%。其余各省份的该比例总体上处于较低的水平。许多省份，比如上海、河南、北京、江苏、广东，地方政府债券余额占 GDP 的比例在 20% 以下（见图 32）。

图 32 各地地方政府债券余额占当地 GDP 的比例

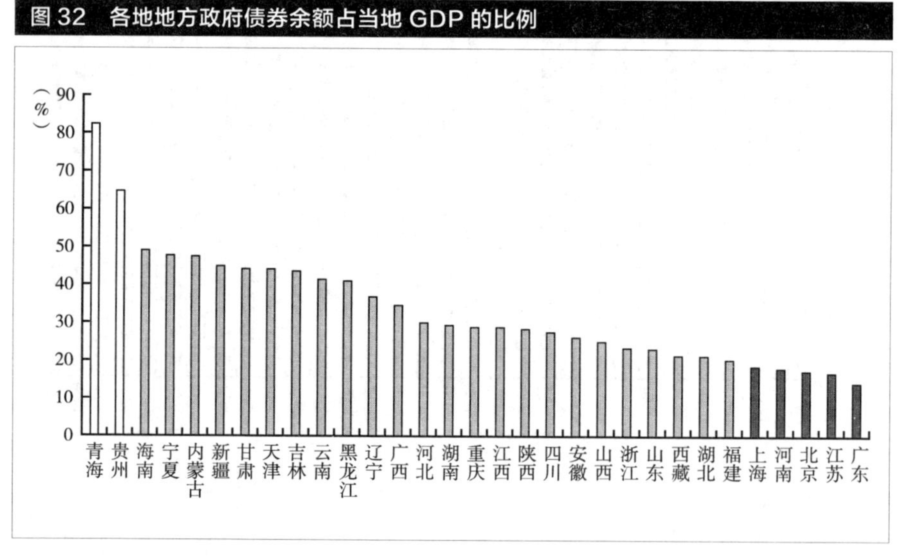

资料来源：Wind。

政府债务与财政收入的比例也是常用的衡量政府债务负担的指标。如果把一般公共财政收入、政府性基金收入、国有资本经营收入、社会保险基金收入之和当成广义政府财政收入，用地方政府债券余额与广义政府财政收入之比衡量地方政府债务负担，可以看到不少省份都在 100% 以上。青海、贵州、黑龙江的地方政府债券余额占财政收入的比例更是超过 200%，分别达到 242.3%、219.7% 和 206.9%；内蒙古、新疆、宁夏、云南和甘肃则在 150% 以上；低于 70% 的有西藏、江苏、浙江、广东、上海和北京（见图 33）。

图 33　各地地方政府债券余额占财政收入的比例

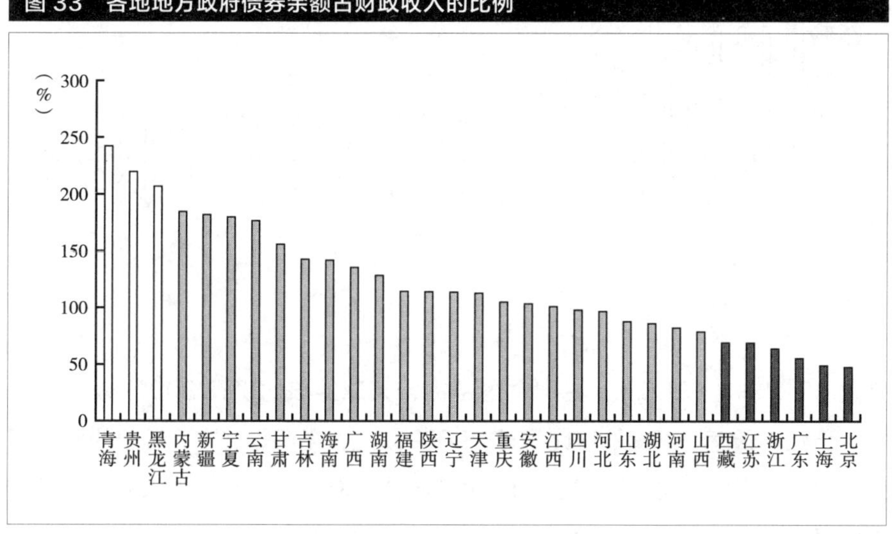

资料来源：Wind。

另外，还可以用一般债券余额占一般公共财政收入的比例、专项债券余额占政府性基金预算收入的比例来考察地方政府债务负担。

就一般债券余额占一般公共财政收入的比例来看，与前两个指标的结果差别不大。青海、贵州、黑龙江、宁夏的一般债券余额占一般公共预算收入的比例则较高，均超过 300%，青海更是达到了 672.0%。内蒙古、吉林、云南、辽宁、甘肃、新疆、广西、湖南则介于 200% 至 300% 之间。北京、上海、广东、天津、江苏和浙江都低于 100%，北京、上海和广东的该比例分别为 39.1% 、43.3% 和 46.1%，天津、江苏和浙江的这一比例分别为 66.6%、81.6% 和 94.1%（见图 34）。

但是，如果从专项债券余额占政府性基金预算收入的比例来看，各地方政府的债务负担出现了一些变化。新疆的这一比例排在了首位，为 456.3%；宁夏、黑龙江的专项债券占政府性基金预算收入的比例也在 400% 以上，分

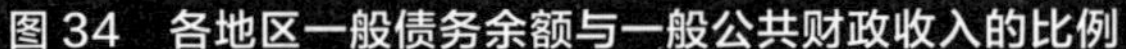

图 34　各地区一般债务余额与一般公共财政收入的比例

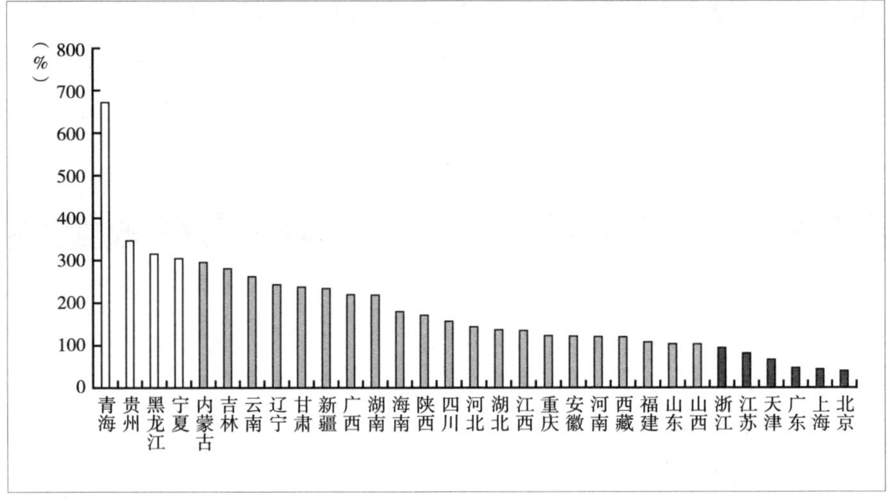

资料来源：Wind。

别为 421.1%、421.0%。甘肃、内蒙古、天津的该比例在 300% 以上，吉林、贵州、云南、海南的该比例在 250% 以上，青海、辽宁、福建的该比例则在 200% 以上。浙江、江苏的专项债券占政府性基金预算收入的比例是最低的两个省份，分别为 75.1%、104.2%（见图 35）。

图 35　各地区专项债务余额占政府性基金预算收入的比例

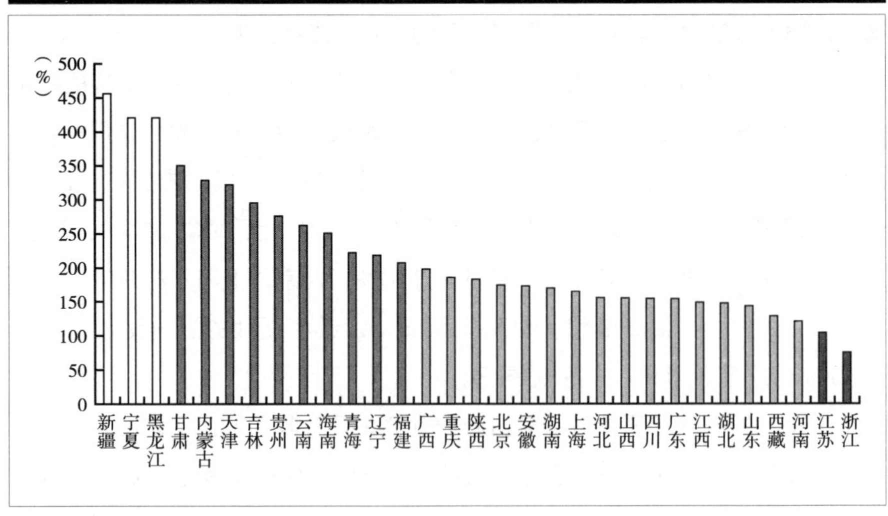

资料来源：Wind。

综合以上几个方面来看，北京、上海、广东、江苏、浙江等省份通过债券融资所产生的债务负担比较轻。债务负担比较重的几个省份包括青海、贵州、黑龙江、新疆等。不过，这里考察的只是各省份通过债券融资所产生的总体债务，由于各省份间存在不小的地区差异，因此，那些总体债务负担较轻的省份，也可能因辖区内的某个地市的债务超过其实际的承受能力而爆发债务风险。

2．以“债券 +PPP”衡量地方政府债务负担

过去几年，中国地方政府发展了大量的 PPP 项目，而这些投资基本上都形成了地方政府债务。根据财政部 PPP 中心，2014 年至 2020 年 9 月，管理库项目累计 9792 个，投资额 15.2 万亿元。管理库项目数前五位包括河南（794 个）、山东（764 个）、四川（571 个）、广东（564 个）、贵州（540 个），合计占入库项目总数的 33.0%。管理库投资额前五位的是云南（13333 亿元）、贵州（12062 亿元）、四川（10774 亿元）、河南（10226 亿元）、浙江（9853 亿元），合计占入库项目总投资额的 37.1%（见图 36）。

图 36　各地区 PPP 项目数及投资总额

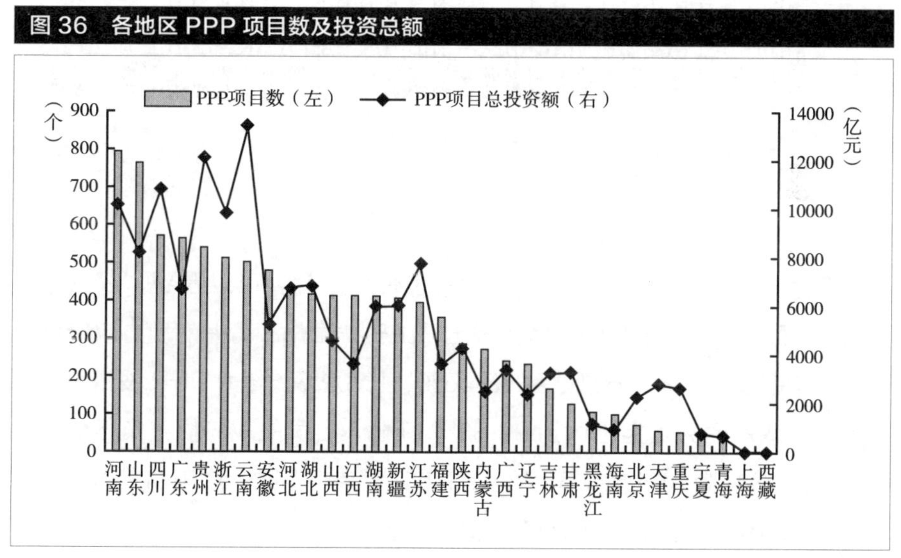

资料来源：根据财政部 PPP 中心数据整理。

若将 PPP 考虑在内，各地的债务负担排名会发生一点变化。就总额而言，山东排在全国之首，它的总额达到 24603 亿元，江苏、浙江、四川、云南、贵州、广东和河南则排在第二至第八位，它们的总额均在 2 万亿元以上。湖南、河北、湖北、安徽、福建、新疆、陕西、辽宁、江西、广西和内蒙古（降序排列）的总额在 1 万亿元至 2 万亿元之间；重庆、天津、山西、北京、吉林、甘肃、上海和黑龙江（降序排列）则介于 5000 亿元至 1 万亿元之间；海南、青海、宁夏和西藏分别只有 3515 亿元、3083 亿元、2562 亿元和 401 亿元（见图 37）。

图 37　各地区地方政府债券存量与当地 PPP 项目投资总额

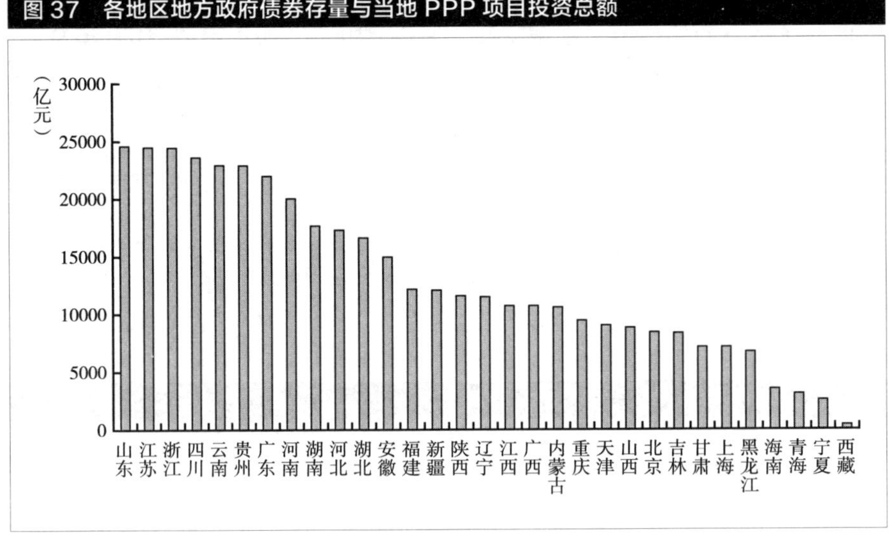

资料来源：Wind。

在地方政府债务中加入 PPP 项目投资额之后，可以看到，以债务占 GDP 比例衡量的地方政府债务负担出现上升。贵州和青海的地方政府债务负担率均超过 100%，分别达到 136.6%、103.9%；作为 PPP 投资大省的云南，其政府债务负担也达到 98.8%；新疆、甘肃的政府债务负担也超过了 80%，分别为 88.9%、81.7%；江苏、北京、西藏、广东和上海则控制在 25% 以内，低于 20% 的只有上海（见图 38）。

用地方政府债券余额与 PPP 投资额之和占地方财政收入的比例来看，也略有变化。贵州、云南、新疆和青海的债务占财政收入的比例均超过了 300%，贵州、云南则分别达到了 464.0%、421.9%。甘肃、宁夏、黑龙江、内蒙古和吉林分别为 289.1%、257.7%、249.3%、239.6% 和

图 38　各地区地方政府债券余额 +PPP 投资额占当地 GDP 的比例

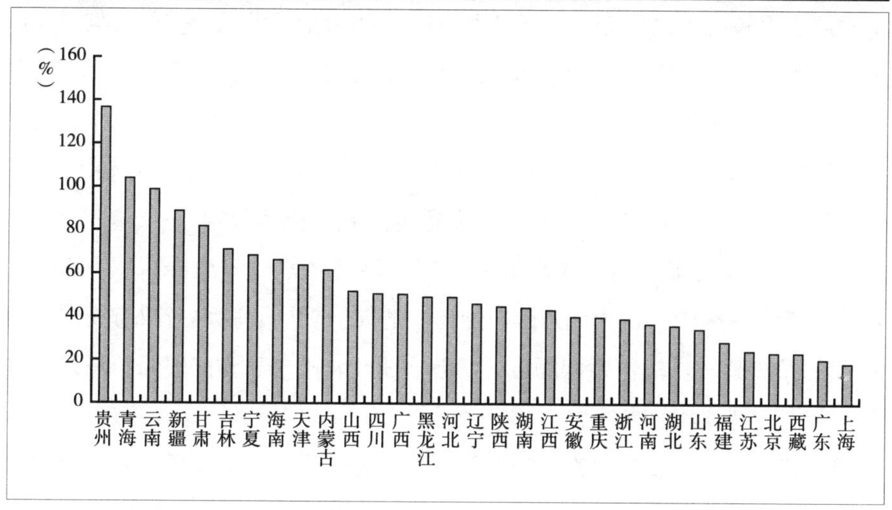

资料来源：Wind。

233.5%。浙江、江苏、广东、西藏、北京和上海的地方政府债券余额与PPP 总投资额之和占财政收入的比例则在 120% 以内（见图 39）。

图 39　各地区地方政府债券余额 +PPP 投资额占地方财政收入的比例

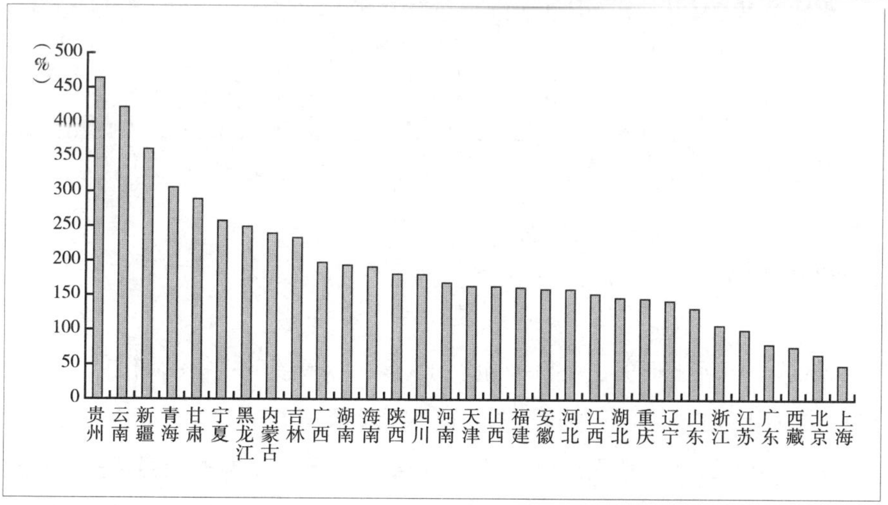

资料来源：Wind。

在考虑了 PPP 投资额之后，对于北京、上海、广东、江苏、浙江等经济发展水平较高的地区而言，债务规模与 GDP 的比例以及债务规模与财政收入的比例仍处于较低的位置，整体债务负担相对较轻。由于云南、贵州的 PPP 投资额较大，在考虑了 PPP 之后，这两个地区债务占 GDP 的比例以及债务占财政收入的比例排名靠前，青海、新疆、甘肃等地的债务负担也较重。

3．以"债券 +PPP+ 城投债"衡量地方政府债务负担

为更完整地衡量地方政府债务负担，可将地方政府债券、PPP 项目、城投债都考虑在内，作为地方政府更广义的债务规模。就地方政府债券余额 +PPP 投资额 + 城投债余额而言，江苏、浙江、山东三省的债务总额排名靠前，分别达到 44821 亿元、33598 亿元、30297 亿元。四川、广东、云南、贵州、湖南、河南和湖北的债务总额均在 2 万亿元以上。低于 1 万亿元的包括吉林、上海、甘肃、黑龙江、海南、青海、宁夏和西藏（见图 40）。

图 40　各地区地方政府债券余额 +PPP 投资额 + 城投债余额

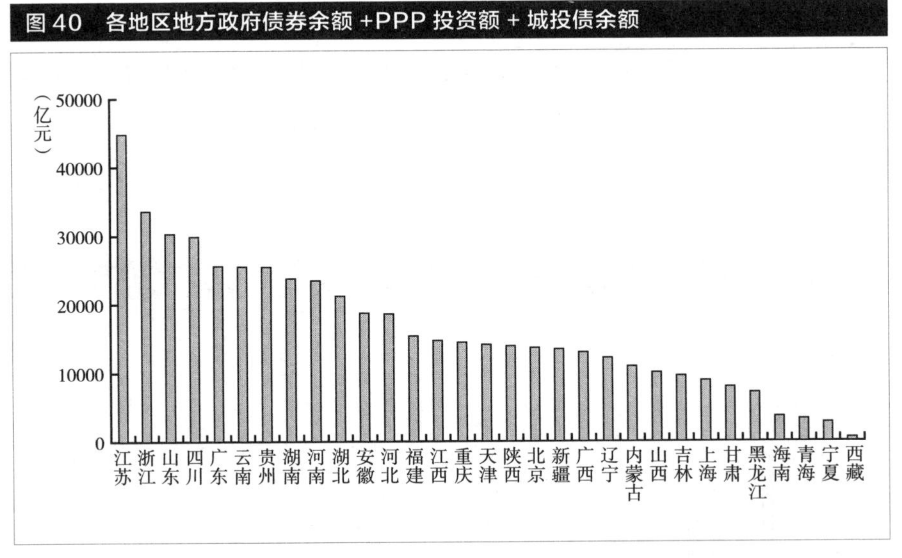

资料来源：Wind。

从这一口径下债务占 GDP 的比例来看，随着债务规模的增加，各省份的该比例出现了一定程度提升。贵州、青海、云南均超过 100%，分别达到 151.9%、110.0%、109.9%；天津、新疆、甘肃、吉林的债务负担率也达到 80% 以上；北京、福建、西藏、广东和上海在 40% 以内（见图 41）。

图 41 各地区地方政府债券余额 +PPP 投资额 + 城投债余额占当地 GDP 的比例

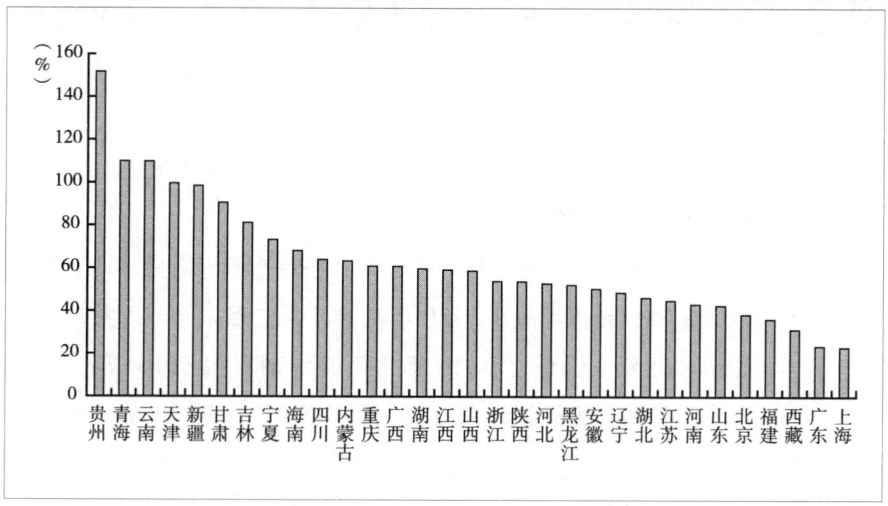

资料来源：Wind。

从这一口径下债务占财政收入的比例来看，贵州、云南、新疆均超过了400%，分别达到 516.0%、469.5%、400.1%；青海、甘肃的债务率也在300% 以上；浙江、北京、西藏、广东、上海则低于 150%（见图 42）。

图 42 各地区地方政府债券余额 +PPP 投资额 + 城投债余额占当地财政收入的比例

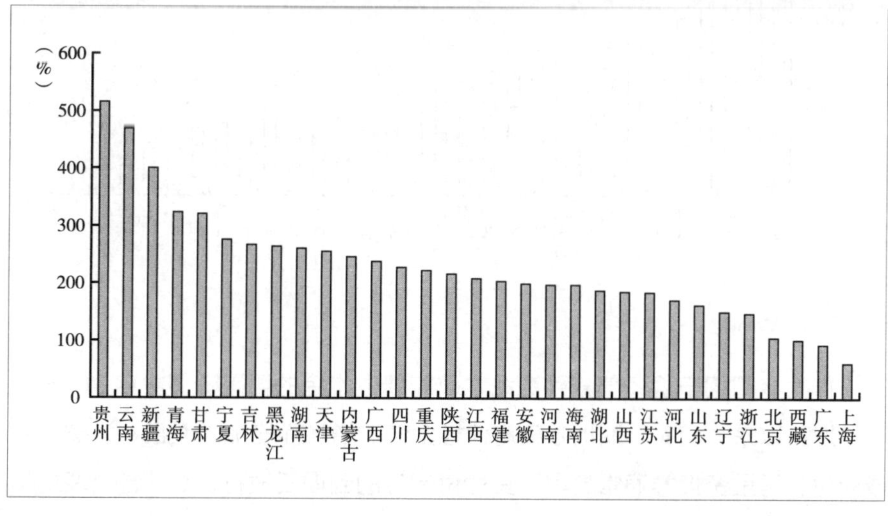

资料来源：Wind。

在地方政府债务中加入城投债之后，对地方政府债务负担的衡量又有一些变化。江苏的城投债余额相对较多，以债务占 GDP 的比例、债务占财政收入的比例衡量地方债务负担时，江苏的排名已经不属于债务负担最小的五个地区，并且排在了山东之后。综合考虑债务占 GDP 比例、债务占财政收入比例，贵州、云南、青海、新疆、甘肃等地的债务负担依然较重。

4．地方政府债务的接续比例

随着前些年发行的地方政府债券陆续到期，各地方政府需要偿还到期债券本金和利息的金额也越来越高。2020 年前 9 个月，各地方政府共偿还到期本金 14065.49 亿元，已超过 2019 年全年的到期本金 13151.87 亿元。其中，到期地方政府债券金额超过 1000 亿元的有江苏、四川两省，到期金额分别为1115.49亿元、1031.52亿元。2020年的最后3个月，仍有6691.47亿元债券到期。全年来看，2020 年地方政府债券金额达到 20756.96 亿元，江苏、四川、贵州的到期金额排在前三位，分别为 1805.12 亿元、1378.52 亿元、1207.85 亿元（见图 43）。

图 43　2020 年各地区地方政府到期债券金额

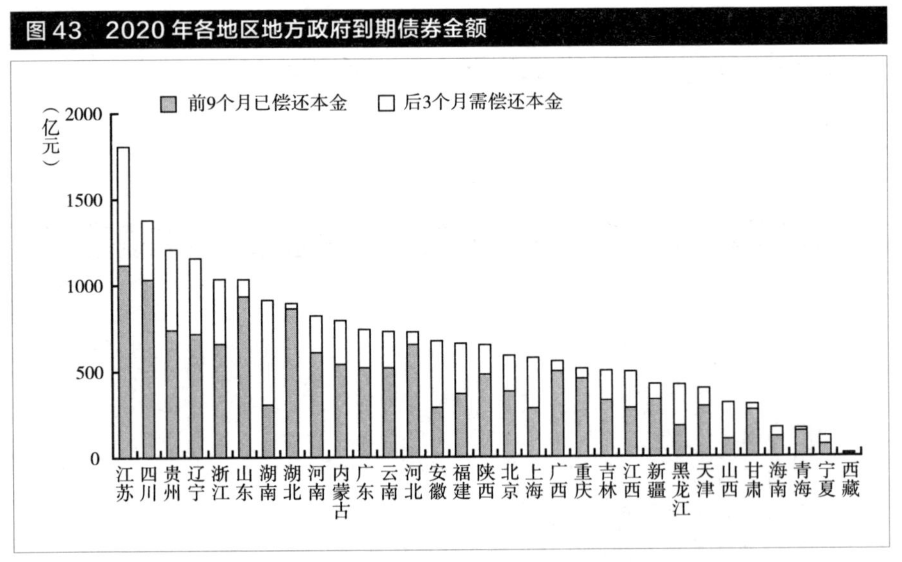

资料来源：Wind。

作为专门用于偿还部分到期地方政府债券本金的再融资债券自 2018 年开始发行以来，随着到期地方政府债券金额的增加而增加。而且，为按时完成兑付，再融资债券通常会早于其偿付债券的到期日发行。财政部 2020 年确定的再融资债券发行规模上限为 18358.8 亿元，前 9 个月各地方政府共发行再融资债券 13743.79 亿元，已完成发行限额的 74.86%。截至 2020 年 9 月末，各地方政府发行再融资债券的规模与各地方前 9 个月到期债券金额大体一致，江苏、四川发行的再融资债券排在前两名（见图 44）。

图 44　2020 年前 9 个月各地方政府发行的再融资债券

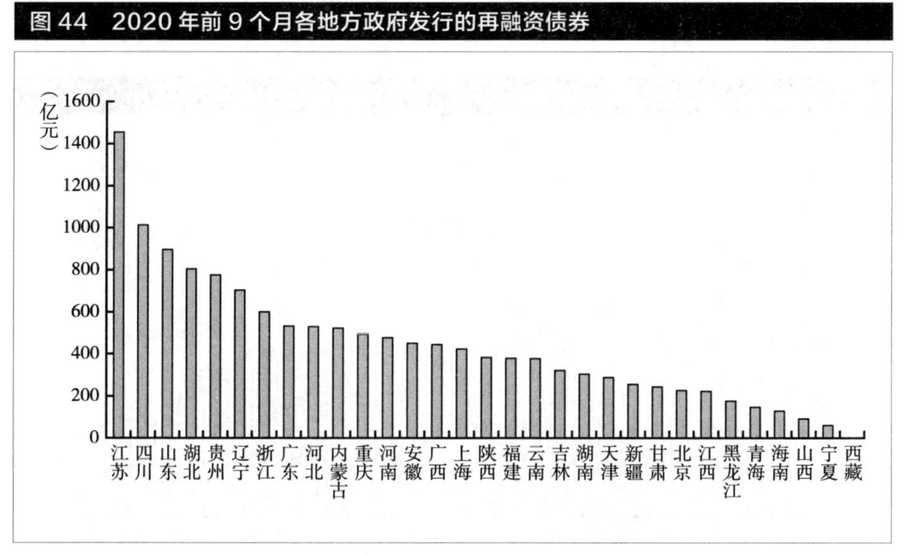

资料来源：Wind。

目前，我国对于地方政府债券到期后的资金偿付安排，除了发行再融资债券这种方式外，还使用安排财政资金的方式进行偿还。不过，由于再融资债券相当于“借新还旧”，本质上并未完成对到期债务的清偿，而只是对到期债务的重组安排。因此，根据各地方政府债券到期后的偿付资金来源不同，可以计算各地方政府的偿债意愿。如果发行再融资债券占到期金额的比例较高，则表明接续比例较大、偿债意愿较低。2018、2019 年全国发行的再融资债券分别为 6818 亿元、11469.34 亿元，当年的地方政府债券到期规模分别为 8839.37 亿元、13151.87 亿元，接续比例分别为 81.2%、87.3%。

2020 年，经济下行压力叠加新冠肺炎疫情的影响，各地方政府财政压力较大，财政部确定的地方政府再融资债券发行规模上限再次增加，接续比例有望达到 88.45%。截至 2020 年 9 月末，各地方政府已完成 74.86% 的再融资债券发行，接续比例达到 66.21%。债务接续比例超过 90% 的有重庆、青海、湖北，目前发行的再融资债券金额占全年到期债券金额的比例分别达到 96.76%、90.41% 和 90.04%。接续比例最低的是西藏，截至 9 月底已有 9.08 亿元债券到期，后 3 个月还有 10 亿元债券到期，但西藏自治区政府并没有发行再融资债券，而是安排财政资金完成对到期本金的偿付（见图 45）。

图 45　各地方政府债务的接续比例

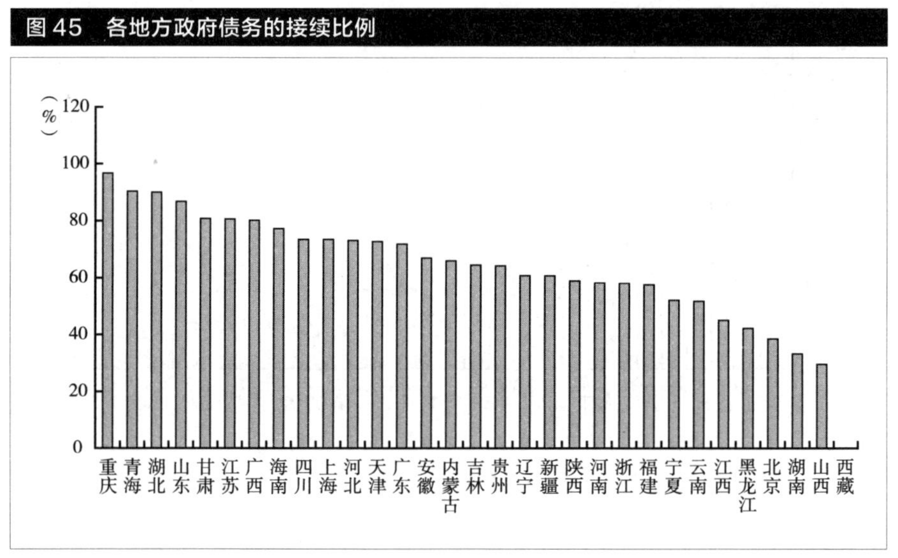

资料来源：Wind。

11.5-2　地方政府潜在债务风险及化解途径

经济增速放缓带来的地方政府债务偿付能力不断下滑的潜在风险，是债务信用风险的核心。地方政府作为举债主体，负有到期偿还债务本息的义务。地方政府债务的主要还款来源是地方政府预算收入或地方政府服务性项目的未来现金流。这两项收入的来源都同经济增速高度相关。如果经济进入下行周期，经济增速放缓，地方政府将直接面临偿债能力下降。分税制改革以来，地方政府过度依赖土地财政，房地产市场的高速发展是引发地方政府扩张债务的动力来源，地方政府以土地为载体进行投融资活动。体量庞大的地方融资平台多以房地产为抵押物开展系列融资，如果房地产市场出现大幅波动，以土地、房地产抵押的融资项目则可能出现严重的信用风险，进而层层传导放大，引发地方政府债务的连锁反应。特别是相对落后地区，房地产是其主要经济支柱。在国家相关政策和市场需求同时作用下，房地产经济的波动在所难免，若房地产市场下行，将会大幅加大地方政府的偿债压力。

实际上，虽然地方政府债务的偿还责任在地方财政，但在实际操作中，对地方融资平台公司的债务和下一级地方政府的债务，上一级地方政府一般采取同中央一样的做法，即“不救助”原则。具体体现在，在省级政府发行地方政府债券后，所筹集的资金以“逐级签订转贷协议”的形式发放到各级地方政府及融资平台公司。协议规定，采取“谁借谁换、风险自担”的方式落实偿还责任。尤其对财政收入不足的地方政府来说，偿还地方政府债务的责任最终还是落到各债务人上，偿还债务的方式也只能以“借新还旧”的方式进行。

在 PPP 模式中，地方政府对 PPP 项目承担股权投资承诺支出、配套事项承诺支出、可行性缺口补贴承诺支出和绩效付费承诺支出等财政承诺支出的兜底责任。PPP 项目定价机制和补贴机制不成熟，无法准确合理地确定项目付费标准、补贴基准和数额，使得难以在 PPP 项目入库时就准确预测和确定好 PPP 项目中的政府承诺支出责任，因此隐含着巨大的债务风险。

对城投债而言，由于融资平台债务基本属于公共基础设施项目融资所形成的建设性债务，地方政府在过去 20 年中往往设立多个地方政府融资平台公司，各兄弟公司之间存在错综复杂的关联关系，在融资和项目开展过程中存在相互担保的情况。由于相互担保的存在，如果一家平台公司的债务链接产生问题，而另一家兄弟公司没有能力补救，就会产生连锁反应。投融资平台公司目前处于市场化转型阶段，但其债务风险仍需关注。一方面，其举借的债务不完全用于政府基础设施建设，形成隐蔽性较强的隐性债务；另一方面，由于受本级国有资产监督管理委员会控股，与地方政府联系紧密，其债务的偿还与否关系到政府信用。这类或有债务一旦出现无法偿还的情况，就很可能牵连地方政府，从而演变为政府的直接显性债务。

为防范化解地方政府债务风险，各级政府还需要做出诸多努力。

一是要转变政府职能，尤其是地方投资职能。改变不合理的政绩观，努力提高可持续性和民生政绩观在政绩考核体系中的地位。基础设施作为准公共品，也应当充分和积极发挥市场在资源配置中的决定性作用。

二是加强风险约束，合理防控隐性债务风险。建立中央政府对地方政府的债务管理体系，明确各级主体责任，增强风险意识和偿债意识，加强政府承诺支出的管理和控制，消除隐性债务风险“兜底”的“财政幻觉”，持续加大问责整改力度。

三是建立科学合理的债务监测体系。完善地方政府性债务的监管机制，对多项债务风险指标进行全面监测和动态监控，并建立信息交流和共享的平台，持续开展风险评估预警，及时掌握地方政府负债情况，强化平台债务等隐性债务监测，消除风险真空地带。

四是建立债务风险应急处置机制。各地方政府应设立债务风险应急资金池，制定债务风险应急处置方案，对即将发生债务风险的地区，在主体责任人提出申请后，及时落实救助资金，帮助其化解偿债风险，牢牢守住不发生区域性系统性风险的底线。

五是强化对债务风险的源头管控。加强制度建设，规范政府举债融资行为。制订政府举债融资负面清单，对新增债务进行事前审批，开展财政承受能力及债务风险评估，加强对融资平台公司的融资管理，规范政府与社会资本方的合作，从源头管控各地区的债务风险。

第 12 章 资产支持证券市场*

- 2020 年，我国资产支持证券市场继续稳步发展，发行规模保持较快增长，品种创新力度不减，投资者结构持续完善。同时，新冠肺炎疫情对资产支持证券底层资产现金流冲击较大，消费类债权资产支持证券信用资质显著下降，部分品种发行受到影响。

- 前三季度资产支持证券发行规模为 1.67 万亿元，同比增长 13%。其中信贷资产支持证券发行规模同比下降 36.6%，企业资产支持证券与资产支持票据发行规模的高速增长弥补了信贷资产支持证券的发行规模下滑，企业资产支持证券发行规模增速为 40.3%，资产支持票据发行规模增速为 71%。

- 证监会、国家发改委联合发布《关于推进基础设施领域不动产投资信托基金（REITs）试点相关工作的通知》。资产支持商业票据（ABCP）的推出与标准化票据试点的扩容，为市场提供了新型货币市场工具。各种疫情防控类产品的发行，降低了新冠肺炎疫情对企业和社会的冲击力度。

- 银保监会发布《保险资产管理产品管理暂行办法》，将保险资管产品投资范围扩大到了企业资产证券化产品和资产支持票据。

- 2020 年新冠肺炎疫情的暴发对资产支持证券底层资产的负面影响较大，其中对消费类资产支持证券的冲击尤为显著。前三季度消费类资产支持证券发行 3211 亿元，同比下降 28%，其中信用卡贷款类资产支持证券无发行。2 月，各类资产首次逾期率增长且早偿率大幅下降；4 月，年化违约率大幅增长，大多数品种年化违约率处于历史高位。

---

* 本章作者：秦龙，中泰证券固定收益部总经理。中泰证券固定收益部肖奕辰对本文亦有贡献。

12.1 资产支持证券市场运行情况

2020 年，资产支持证券发行规模较快增长，二级市场成交额持续攀升。受疫情影响，信贷资产支持证券（ABS）发行规模出现大幅下降，但由于企业资产支持证券与资产支持票据（ABN）的继续扩容，前三季度资产支持证券整体发行规模同比增长 13%。同时市场创新力度不减，推出资产支持商业票据，启动基础设施领域不动产投资信托基金（REITs）试点，基础资产日渐丰富。供应链资产支持证券继续快速发展，商业地产资产支持证券和 REITs 产品热度上升、消费金融资产支持证券和融资租赁资产支持证券供需均衡。资产支持证券市场对支持疫情防控工作、帮助企业复工复产、加快盘活存量资产、提升金融服务实体经济效率发挥了积极作用。

12.1-1 资产支持证券一级市场

2020 年前三季度，新发行资产支持证券共计 1381 只，发行数量接近 2019 年全年新发 96% 的水平。发行规模达 1.67 万亿元（见图 1），较 2019 年同期增长 13%，为 2019 年全年发行规模的 74%。单只证券平均发行规模为 12.07 亿元，较 2019 年单只证券平均发行规模减小 23%。

图 1 资产支持证券历年发行数量及发行规模

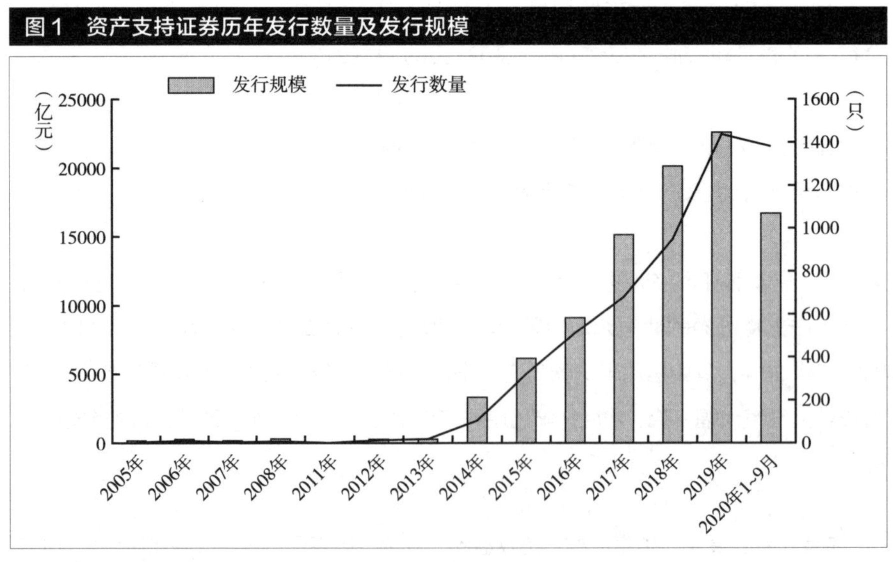

资料来源：Wind。

分品种看，截至2020年第三季度末，信贷ABS发行规模为40450.28亿元，发行数量为869只，存量规模为13375.18亿元，存量数量为441只；企业ABS发行规模为36028.40亿元，发行数量为3854只，存量规模为24266.05亿元，存量数量为2402只；ABN发行规模为8305.07亿元，发行数量为715只，存量规模为6806.45亿元，存量数量为645只。资产支持证券发行规模分布与存量规模分布分别如图2和图3所示。

图2 资产支持证券发行规模分布

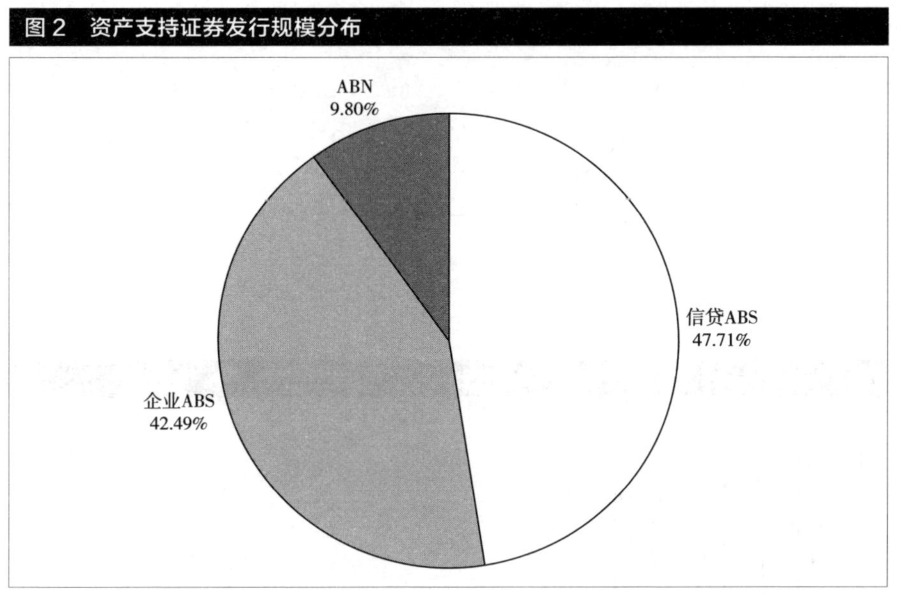

资料来源：Wind。

2020年，信贷ABS前三个季度发行规模分别为1081.68亿元、995.55亿元以及1645.16亿元，受到疫情影响，前三季度总发行规模为3722.40亿元，较2019年同期大幅下降36.59%，第三季度发行规模较第二季度大幅提升。从结构来看（见图4），个人住房抵押贷款仍为信贷ABS发行规模最大底层资产品种，对应ABS发行规模较2019年同期下降46%，占比也下降7.72个百分点至43.78%。企业贷款ABS发行规模占比小幅下滑至10.45%，汽车抵押贷款ABS发行规模占比继续保持快速增长，从2019年同期的21.24%增至本期的38.87%，而信用卡贷款ABS品种，2020年尚未发行。

企业ABS前三个季度发行规模分别为2495.66亿元、3196.98亿元

图 3　资产支持证券存量规模分布

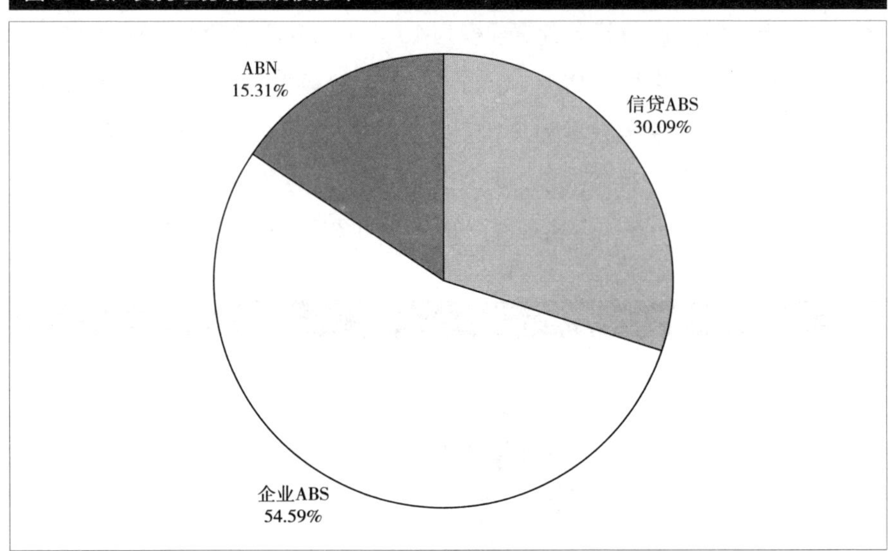

资料来源：Wind。

图 4　信贷 ABS 发行规模分资产类型统计

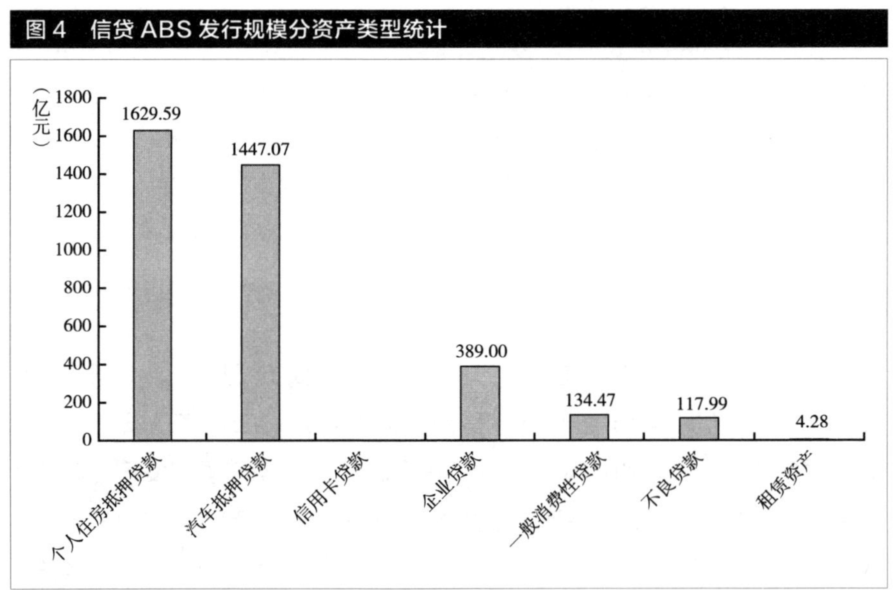

资料来源：Wind。

以及 4068.37 亿元，前三季度总发行规模为 9761.01 亿元，较 2019 年同期增长 40.25%。从结构来看（见图 5），发行规模占比最大的仍然是应收账款类 ABS，且占比较 2019 年同期增长 12.39 个百分点至 46.19%。

租赁租金类 ABS 发行规模占比从 2019 年同期的 13.91% 下滑至本期的 11.34%，排名第二。企业债权类 ABS 发行规模占比从 2019 年同期的 24.93% 下滑至 10.42%，排名则从第二下滑至第三。其他资产类型 ABS 发行规模均有较为稳定的提升。

图 5 企业 ABS 发行规模分资产类型统计

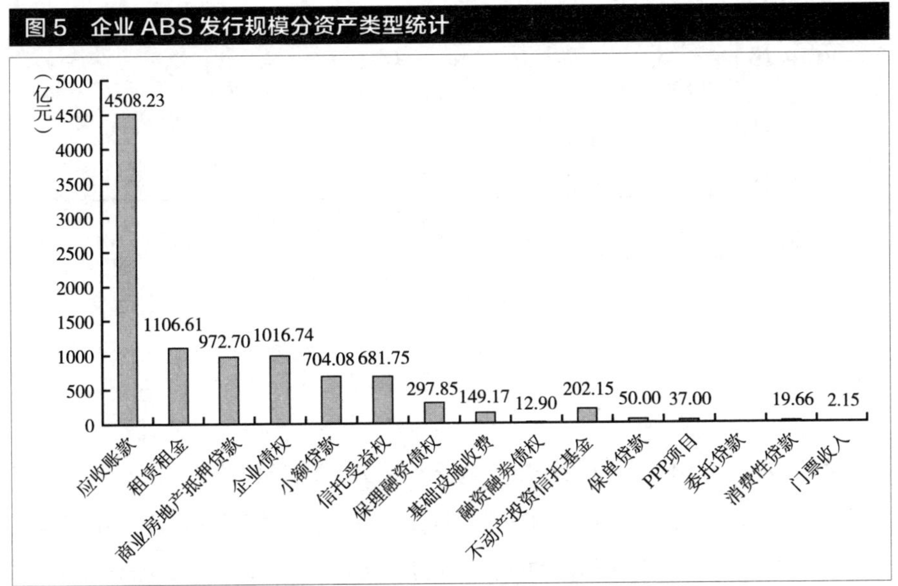

资料来源：Wind。

ABN 前三个季度发行规模分别为 672.11 亿元、1005.29 亿元以及 1518.36 亿元，前三季度总发行规模为 3195.76 亿元，较 2019 年同期增长 71%。从结构来看（见图 6），票据收益类 ABN 2019 年同期发行 827 亿元，2020 年前三季度发行规模继续攀升至 2107.55 亿元，成为发行规模最大的资产类别，占比也从 44.4% 升至 65.95%。而 2019 年新增的消费性贷款与 PPP 项目债权类 ABN 今年均无发行，应收债权类 ABN 增长 400 亿元至 678.74 亿元，增幅 1.43 倍，排名第二。其他资产类型 ABN 前三季度发行规模较 2019 年同期保持稳定。

12.1-2 资产支持证券二级市场

2020 年前三季度，我国 ABS 二级市场总成交额为 7543 亿元，较 2019 年同期增长 25.98%。其中银行间债券市场信贷 ABS 与 ABN 的总成

图 6　ABN 发行规模分资产类型统计

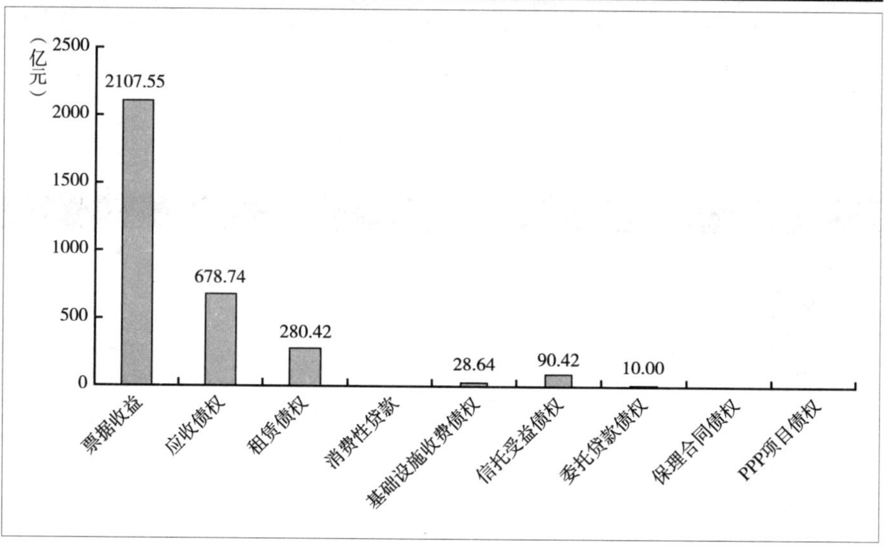

资料来源：Wind。

交金额约为 4401 亿元（同比增长 482.6 亿元，增长率约为 12.31%）。交易所市场企业 ABS 总成交金额约为 3142 亿元（同比增长 1073 亿元，增长率约为 51.94%）。交易所品种成交额的快速增长大幅改变了 ABS 二级市场的流动性水平，随着二级市场货币中介和撮合商的报价增多，ABS 品种定价的合理性大幅增强。

2020 年前三季度，信贷 ABS 各资产类型成交额统计如图 7 所示。成交额前三的资产类型分别为住房抵押贷款，占比 74.7%；个人汽车贷款，占比 15.8%；以及个人消费贷款，占比 3.59%。

2020 年前三季度，企业 ABS 各资产类型成交额统计如图 8 所示。成交额前三的资产类型分别为供应链，占比 31.12%；个人消费金融，占比 14.41%；以及融资租赁，占比 11.40%。

12.1-3　资产支持证券发行利率和期限情况

2020 年前三季度，ABS 整体发行利率跟随债券市场利率变动呈现先下后上走势，受到疫情冲击影响，发行利率在 4 月降至最低位置，随后跟随货币政策边际收紧，发行利率中枢逐步抬升。不同类型 ABS 发行利率走势有所分化。信贷 ABS 与企业 ABS 发行利率均呈现先降后升走势，但是前者

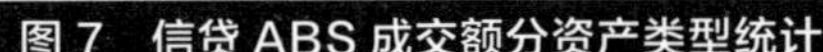
图 7　信贷 ABS 成交额分资产类型统计

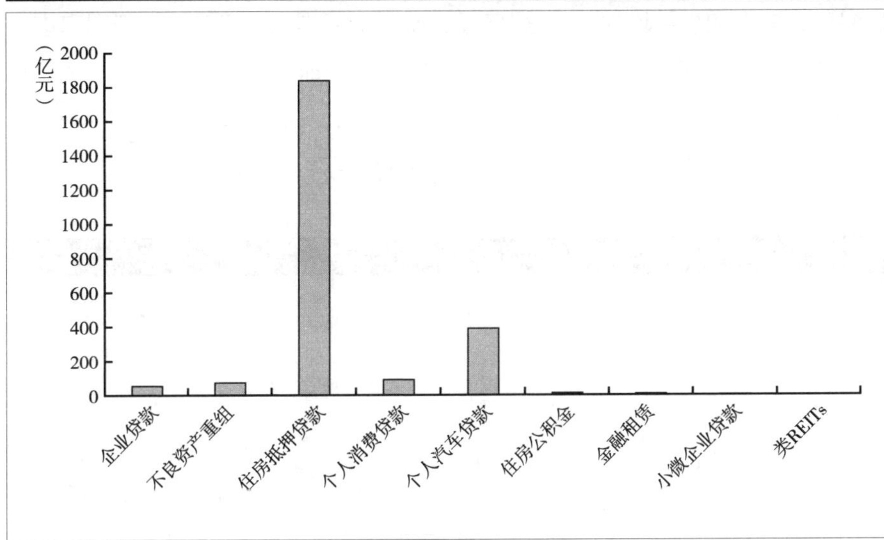

资料来源：CNABS。

图 8　企业 ABS 成交额分资产类型统计

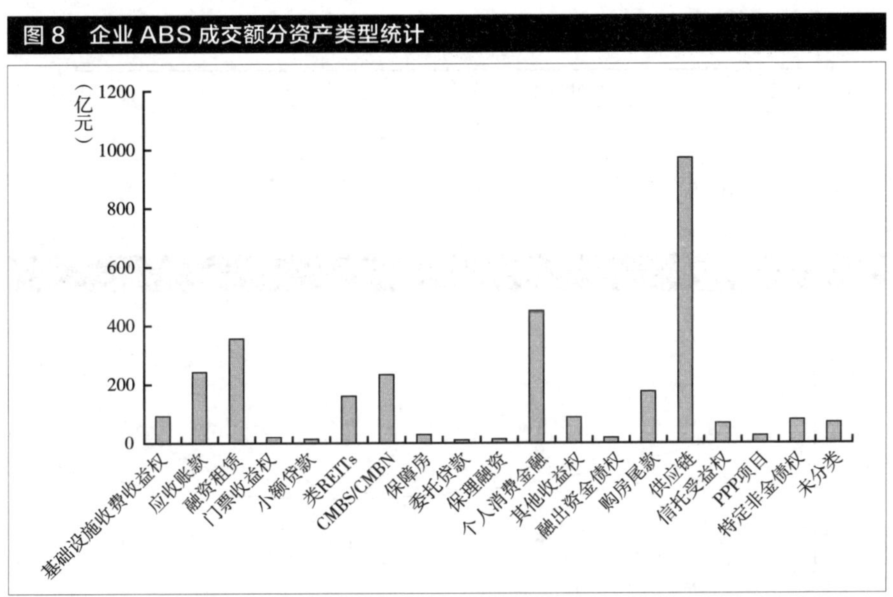

资料来源：CNABS。

波动幅度明显大于后者。而 ABN 发行利率则呈现持续上升走势，未出现年初发行利率明显下行情况。

AAA 评级信贷 ABS 的发行利率集中位于 2.8%~3.5%（见图 9），整体较 2019 年同期下行 30BP 左右。发行利率中位数为 3.14%，平均利率为 3.11%，期限加权平均利率为 3.37%。AA+ 评级信贷 ABS 的发行利率集中在 3%~5%（见图 10），整体持平于 2019 年同期水平，中位数为 4%，平均利率为 3.91%，期限加权平均利率为 3.88%，与 AAA 评级信贷 ABS 利差约为 51BP，较 2019 年同期 25BP 走阔 26BP。

图 9　AAA 评级信贷 ABS 发行利率

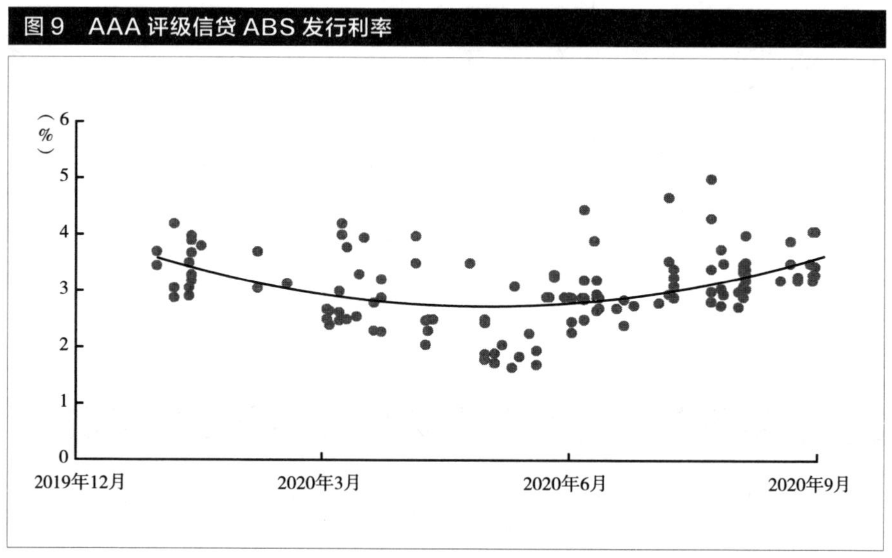

资料来源：Wind。

图 10　AA+ 评级信贷 ABS 发行利率

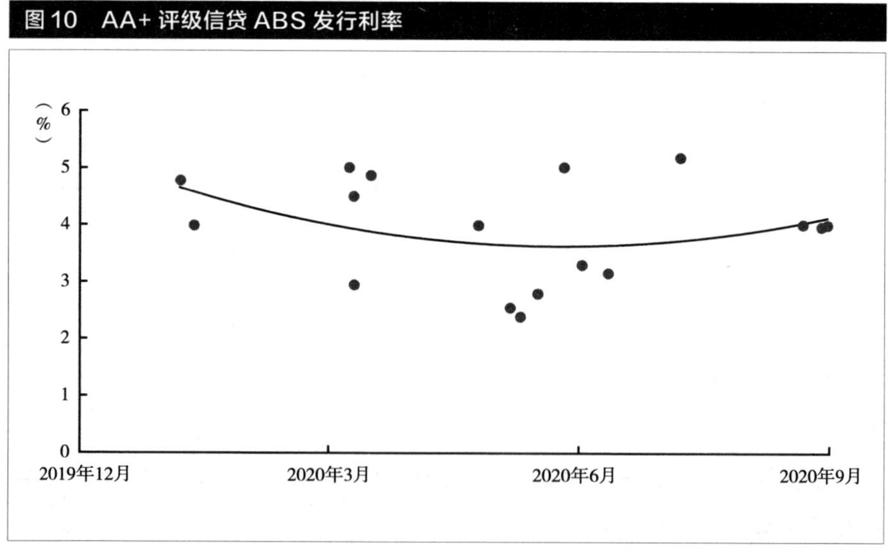

资料来源：Wind。

发行期限方面，AAA 评级信贷 ABS 中 80% 以上的发行期限在 6 年以内，51% 的发行期限在 3 年以内（见图 11），AAA 评级信贷 ABS 的加权平均发行期限为 4.43 年。AAA 评级信贷 ABS 发行期限的中位数为 1.67 年，平均发行期限为 3.36 年，相比 2019 年同期增加 0.8 年左右。AA+ 评级信贷 ABS 中 95% 的发行期限在 2 年以内（见图 12），AA+ 评级信贷 ABS 的加权平均发行期限为 1.32 年。AA+ 评级信贷 ABS 发行期限的中位数为 1.25

图 11　AAA 评级信贷 ABS 发行期限

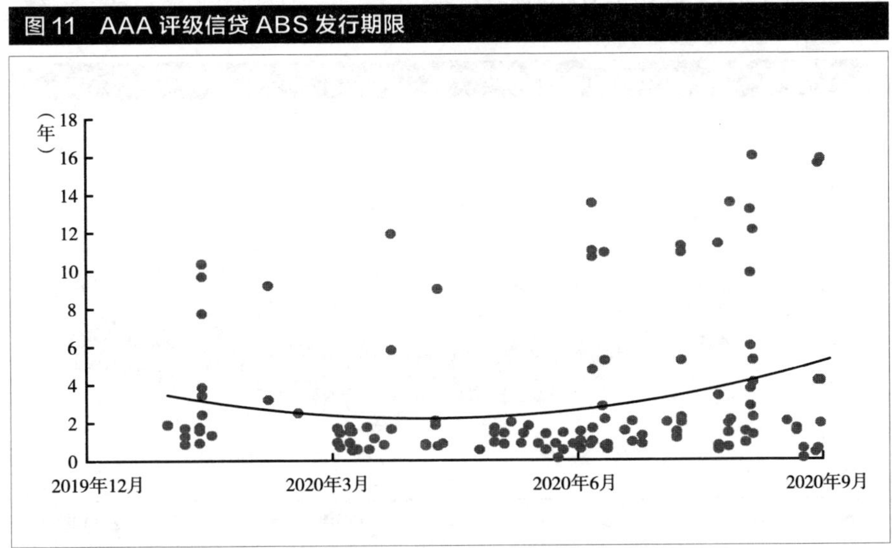

资料来源：Wind。

图 12　AA+ 评级信贷 ABS 发行期限

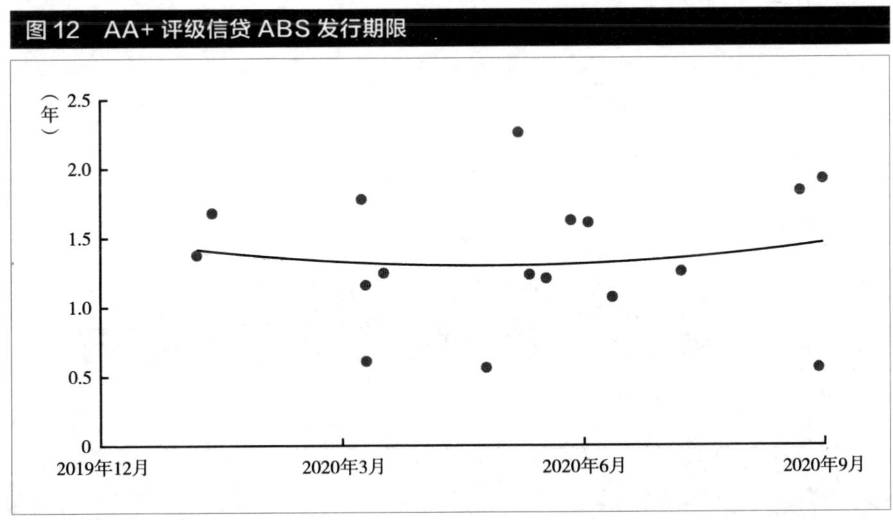

资料来源：Wind。

年，平均数为 1.35 年，期限明显短于 AAA 评级信贷 ABS。

AAA 评级企业 ABS 的发行利率集中位于 3%~4.5%（见图 13），发行利率区间幅度明显宽于信贷 ABS，发行利率中位数为 3.8%，平均利率为 4.0%，期限加权平均利率为 4.28%，相比 2019 年同期下降 100BP，与 AAA 评级信贷 ABS 发行利率中位数、平均数和期限加权平均利率相比，分别高出 66BP、89BP 和 91BP，差距较 2019 年同期有 60BP 左右收窄，说明企业 ABS 认可度和流动性在逐步提升。AA+ 评级企业 ABS 发行

图 13　AAA 评级企业 ABS 发行利率

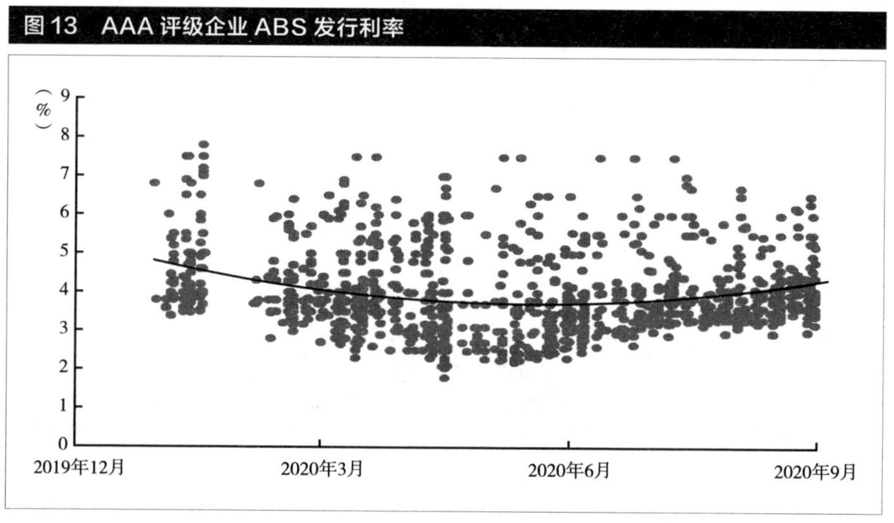

资料来源：Wind。

图 14　AA+ 评级企业 ABS 发行利率

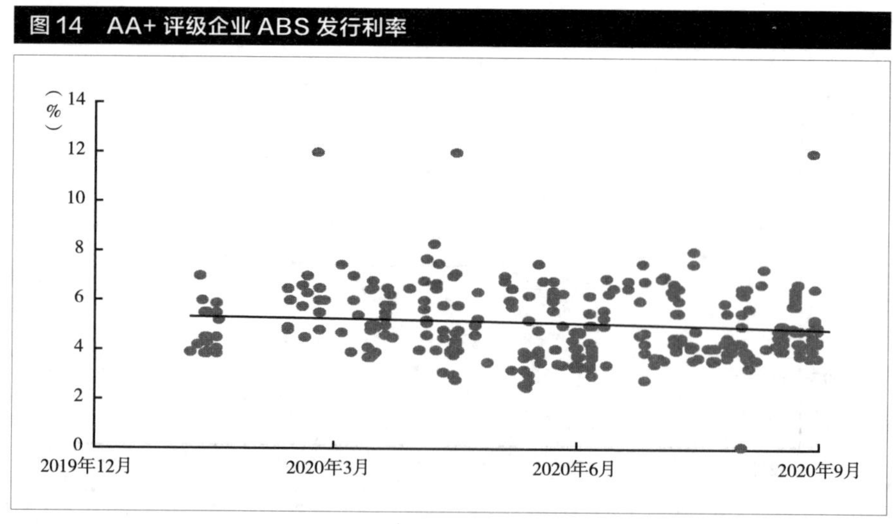

资料来源：Wind。

利率大部分位于 4%~6%（见图 14），发行利率中位数为 4.8%，平均数为 5.08%，期限加权平均利率为 5.25%，利率水平高于 AAA 评级。

发行期限方面，AAA 评级与 AA+ 评级企业 ABS 发行期限主要集中在 0~4 年（见图 15 和图 16）。AAA 评级企业 ABS 中 55% 的发行期限在 2 年以内，65% 的发行期限在 3 年以内，发行期限中位数为 1.07 年，平均发行期

图 15　AAA 评级企业 ABS 发行期限

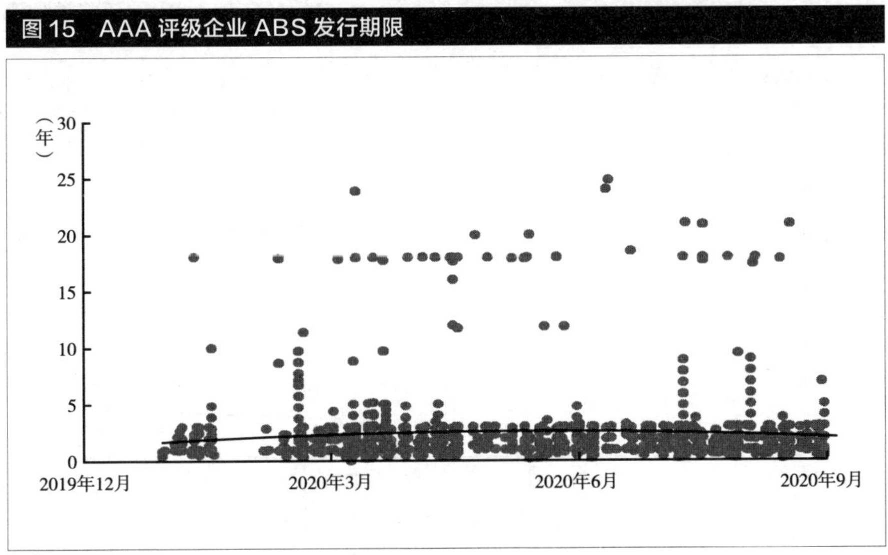

资料来源：Wind。

图 16　AA+ 评级企业 ABS 发行期限

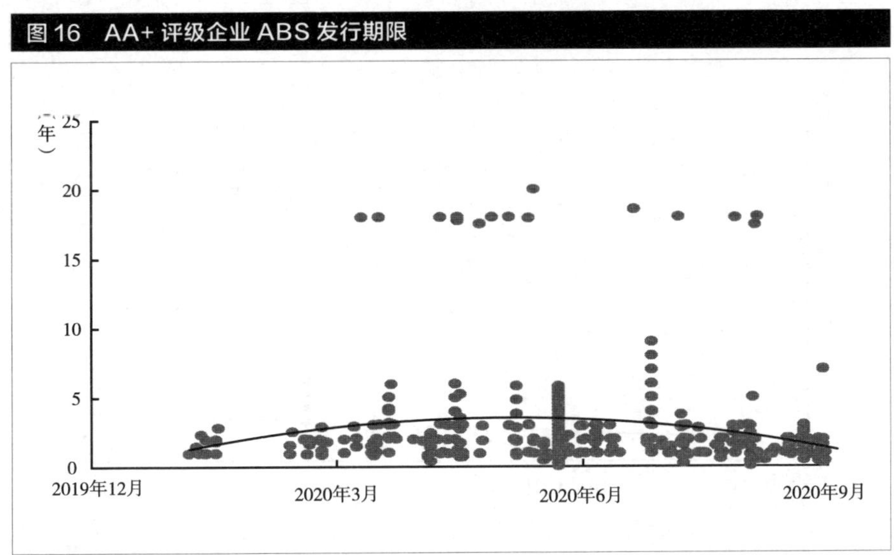

资料来源：Wind。

限为 2.34 年。AA+ 评级企业 ABS 中 50% 的发行期限在 2 年以内，72% 的发行期限在 3 年以内，发行期限中位数为 1.08 年，平均发行期限为 2.77 年。

AAA 评级 ABN 的发行利率集中于 3%~5%（见图 17），发行利率中位数为 3.70%，平均利率为 3.78%，期限加权平均利率为 3.96%，整体利率水平较 2019 年同期下降约 100BP，平均利率与 AAA 评级企业 ABS 相比低

图 17　AAA 评级 ABN 发行利率

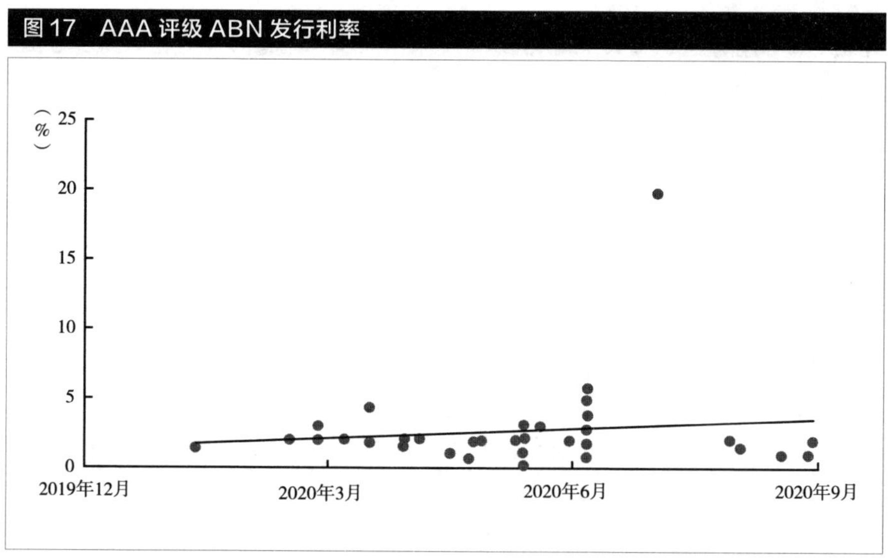

资料来源：Wind。

图 18　AA+ 评级 ABN 发行利率

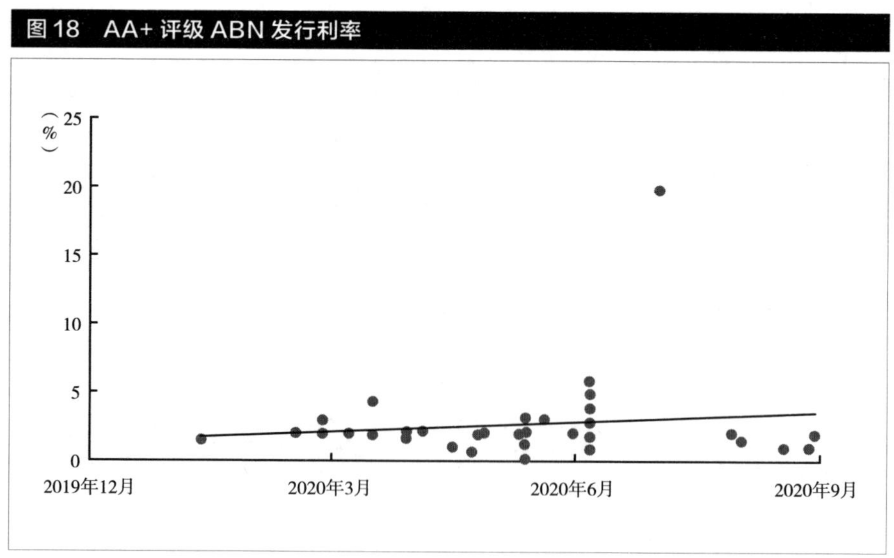

资料来源：Wind。

22BP。AA+ 评级 ABN 的发行利率主要位于 3%~5%（见图 18），发行利率中位数为 4%，平均利率为 4.50%，期限加权平均利率为 4.92%，利率水平较去年同期下降约 90BP。

发行期限方面，ABN 的发行期限大部分小于 4.5 年（见图 19 和图 20）。其中，AAA 评级 ABN 中 40% 的发行期限不超过 2 年，71% 的发

图 19　AAA 评级 ABN 发行期限

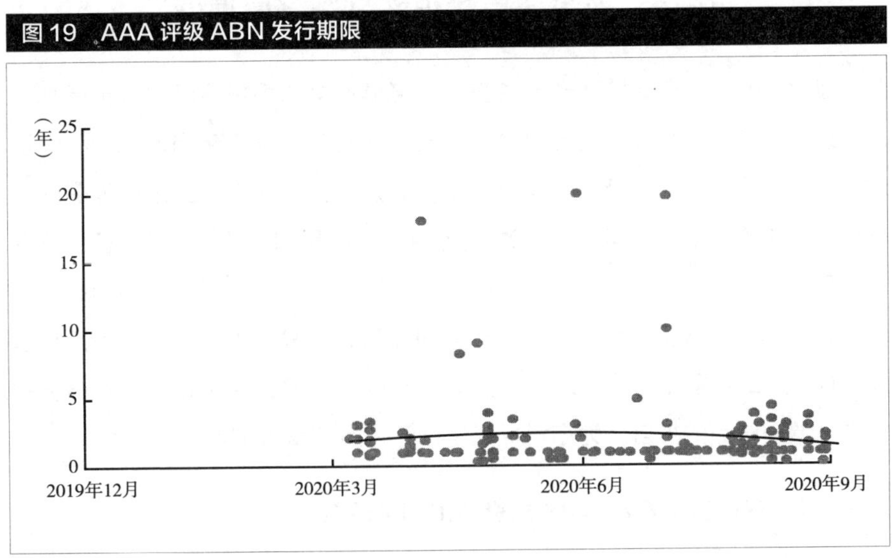

资料来源：Wind。

图 20　AA+ 评级 ABN 发行期限

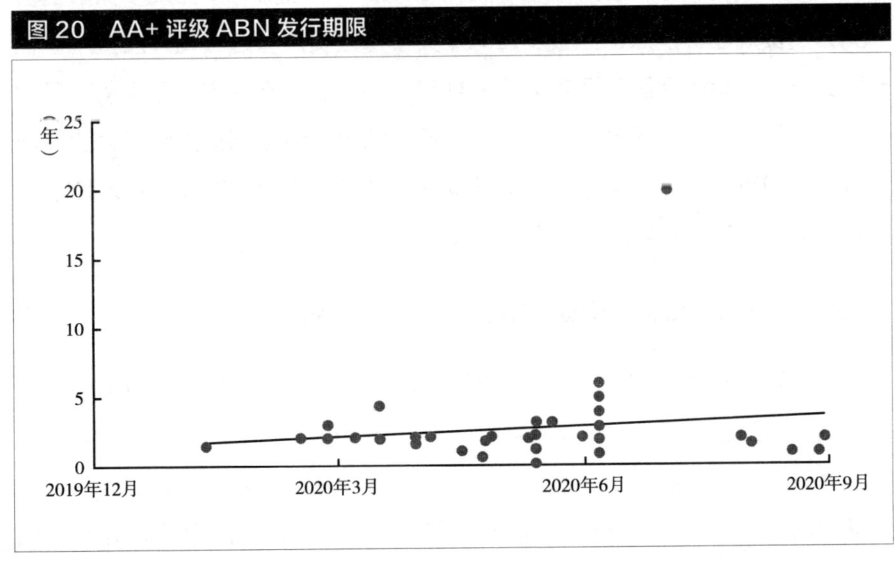

资料来源：Wind。

行期限不超过 3 年，发行期限中位数为 1.01 年，平均发行期限为 2.32 年，相比 2019 年同期缩短了 1.3 年；AA+ 评级 ABN 中 45% 的发行期限不超过 2 年，85% 的发行期限不超过 3 年，发行期限中位数为 2.01 年，平均发行期限为 2.67 年，发行期限相比 AAA 评级 ABN 整体延长。

12.2 监管政策和市场规则发展情况

2020 年，资产支持证券市场在面对疫情冲击的情况下仍保持了近几年的快速发展态势。为了应对疫情冲击，相关机构在不断完善市场规则和监管政策以促进市场平稳健康发展。2020 年 2 月 1 日，中国人民银行等多部门推出多项措施，确保金融服务畅通，支持各地疫情防控；《保险资产管理产品管理暂行办法》将保险资管产品的投资范围扩大到了企业资产证券化产品；证监会、国家发改委联合发布《关于推进基础设施领域不动产投资信托基金（REITs）试点相关工作的通知》。资产支持商业票据（ABCP）的推出和标准化票据试点的扩容，为市场提供了证券化类的货币市场工具。

12.2-1 保险资管产品 ABS 投资范围相关政策

3 月 18 日，银保监会发布《保险资产管理产品管理暂行办法》，明确在银行间市场或者证券交易所市场等交易市场发行的证券化产品属于保险资管产品的投资范围。按照保监会发布的《关于保险资产管理公司开展资产管理产品业务试点有关问题的通知》中的规定，保险资管产品资产证券化产品的投资范围仅限于信贷资产支持证券。暂行办法将投资范围扩大到了企业资产支持证券和资产支持票据，这将提升保险资管产品参与资产证券化产品的活跃度，促进资产证券化市场的积极发展。

12.2-2 基础设施领域公募 REITs 试点相关政策

2020 年 4 月，证监会、国家发改委发布《关于推进基础设施领域不动产投资信托基金（REITs）试点相关工作的通知》（证监发〔2020〕40 号，以下简称《试点通知》）。8 月，证监会正式发布《公开募集基础设施证券投资基金指引（试行）》（证监会 2020〔54〕号公告，以下简称《指引》），就基础设施领域 REITs 的募投管退以及对应基础设施及基础设施资产支持专项计划的相关内容做出了更为细化的规定。国家发改委两次就试点申报发布通知，沪深交易所也就公开募集基础设施证券投资基金业务管理办法、发售指引等文件面向社会征求意见。

从文件的推出背景来看，融资端可通过 REITs 实现权益份额公开上市交易，这能有效盘活存量资产，提升直接融资比重，降低企业杠杆率。对于投资端，REITs 作为中等收益、中等风险的金融工具，具有流动性高、收益稳定、安全性强等特点，有利于丰富资本市场投资品种。因此，面对 2020 年疫情的冲击，为了降低企业杠杆率、保持基础设施补短板力度，提升资本市场服务实体经济能力，促进基础设施高质量发展，证监会、国家发改委联合推出了基础设施 REITs 品种。本次试点也为未来 REITs 产品扩展更多类型的基础资产打下了良好的基础。

《试点通知》对基础设施 REITs 项目的聚焦重点进行明确，聚焦的重点区域优先京津冀、长江经济带、雄安新区、粤港澳大湾区以及海南和长江三角洲等。聚焦的重点行业方面优先支持：基础设施补短板行业，包括仓储物流（如物流园）、收费公路等交通设施，水电气热等市政工程，城镇污水垃圾处理、固废危废处理等污染治理项目。鼓励信息网络等新型基础设施（如 IDC/ 数据中心），以及国家战略性新兴产业集群、高科技产业园区、特色产业园区等开展试点。

《试点通知》同时对融资的用途进行了限制，明确并要求原始权益人通过转让基础设施取得资金的用途应符合国家产业政策，鼓励将回收资金用于新的基础设施和公用事业建设，重点支持补短板项目。

产品交易结构上，根据《指引》第 2 条规定，基础设施 REITs 需同时符合以下特征。（1）“80% 以上基金资产投资于基础设施资产支持证券并持有其全部份额；基金通过基础设施资产支持证券持有基础设施项目公司全部股权”。此条规定是对基金及基金投资标的投资集中度的明确要求。（2）“基金通过资产支持证券和项目公司等载体（以下统称特殊目的载体）取得基础设施项目完全所有权或经营权利”。此条规定是对穿透持有基础设施核心权益的要求。（3）“基金管理人主动运营管理基础设施项目，以获取基础设施项目租金、收费等稳定现金流为主要目的”。此条规定强调须以不动产未来现金流实现收益。（4）“采取封闭式运作，收益分配比例不低于合并后基金年度可供分配利润的 90%”。此条规定明确封闭运作和高比例分红的要求。

通过以上描述我们不难得出试点产品的基础特征。投资品种上，除投资基础设施资产支持证券外，其余资金应投资利率债、AAA 信用债或货币市场工具。基础设施 REITs 直接或间接对外借款，借款总额不得超过基金资产的 20%，借款用途限于基础设施项目维修、改造等。

基础设施 REITs 的发行与 IPO 打新的发行机制类似。（1）公开发售 3 日前，披露基金发行材料。（2）原始权益人战略配售比例不低于 20%，锁定期 5 年；专业投资人可以参与战略配售，锁定期 1 年。（3）基金份额的认购价格通过向网下投资者询价决定，网下投资者为包括合格境外投资者在内的专业机构投资者。扣除战略配售部分后，网下发售比例不低于公开发售数量的 80%。（4）基金管理人公布认购价格，公众投资者以该价格参与认购。（5）符合上市要求的基金均可以申请上市交易。

最后对"如何对基础设施基金做资产评估"这一市场讨论的热点问题进行了明确规定："基础设施基金份额首次发售，评估基准日距离基金份额发售公告日不得超过 6 个月；基金运作过程中发生购入或出售基础设施项目等情形时，评估基准日距离签署购入或出售协议等情形发生日不得超过 6 个月。同时要求资产评估机构对基础设施项目每年至少进行 1 次评估，并要求为同一只基础设施基金提供评估服务不得连续超过 3 年。"

中国版 REITs 在监管机构连续几年的努力推动下，优先以基础设施 REITs 的形式进行试点，符合我国当前的国情和面对疫情冲击的国际困难环境，有益于在实践中不断探索中国特色的 REITs 制度。与以往的"类 REITs"不同，基础设施 REITs 是权益型公募基金，与海外标准 REITs 一致。日后更多的基础资产类别定能够纳入 REITs 的体系中，使得我国的 REITs 产品结构逐步向发达市场靠拢。

12.2-3 资产支持商业票据（ABCP）相关政策

2020 年 6 月 2 日，中国银行间市场交易商协会发布公告称，在现行资产支持票据（ABN）的规则体系下，研究推出资产支持类融资直达创新产品——资产支持商业票据（Asset-Backed Commercial Paper，ABCP），并已成功推动首批 5 单试点项目落地。ABCP 是指单一或多个企业（发起机构）把自身拥有的、能够产生稳定现金流的应收账款、票据等资产按照"破产隔离、真实出售"的原则出售给特定目的载体（SPV），并由特定目的载体以资产为支持进行滚动发行的短期证券化类货币市场工具，是能为企业提供兼具流动性和资产负债管理特性的新型工具。ABCP 的推出有助于丰富短期限资产证券化产品类型，既是服务供给侧结构性改革、满足多元化融资需求的有益探索，也是提升企业盘活存量资产的灵活性、便利性和效率，畅通金融资源进入实体经济的重要举措。

目前首批 5 单 ABCP 试点项目已完成审批落地，首批项目合计发行规模为 33.24 亿元，对应支持和服务供应链上游约 270 家小微企业，帮助它们实现融资 14.11 亿元。ABCP 的可滚动发行、流动性和安全性满足了供应链体系中小微企业融资快速、精准以及可得性的现实需求，会大大缩短票据期限，进而降低发行利率水平，减小中小企业融资成本。同时可解决常规资产证券化产品盘活存量资产效率不足的痛点，并可通过出售资产来优化财务报表，提升资金周转效率，实现流动性管理与资产负债管理。

12.2-4 标准化票据相关政策

2020 年 2 月 14 日，中国人民银行起草了《标准化票据管理办法》，并向社会公开征求意见。意见反馈截止时间为 2020 年 3 月 14 日。随后于 2020 年 7 月 28 日，《标准化票据管理办法》正式实施。同时 2020 年 7 月 3 日，中国人民银行会同银保监会、证监会、国家外汇管理局等部门根据《关于规范金融机构资产管理业务的指导意见》（银发〔2018〕106 号）（下称“资管新规”），正式发布《标准化债权类资产认定规则》（下称《认定规则》）。《认定规则》已于 2020 年 8 月 3 日起施行，更加明确了标准化票据的认定问题和日后的“非标”转“标”的趋势。

《标准化票据管理办法》（下称《管理办法》）的出台背景主要是监管机构希望进一步推动票据业务的规范化和标准化发展。从 2016 年之前的纸票发展至 2016 年 12 月票交所成立后的电票时代，票据业务从线下转到了线上。随之而来的是规模的迅猛增长，自 2018 年以来，承兑和贴现余额稳步抬升。截至 2020 年 1 月底，汇票承兑余额合计 12.9 万亿元，其中银行汇票 11 万亿元，商业汇票 1.9 万亿元；汇票贴现约 8.3 万亿元，其中银行汇票 7.6 万亿元，商业汇票 0.7 万亿元。同样截至 2020 年 1 月 31 日，同业存单存量为 10.4 万亿元，短期融资券存量为 2.2 万亿元，ABS 存量为 3.6 万亿元。可以看到当前票据市场体量庞大，且随着规模不断增长，投资者关注度也在抬升。

从《管理办法》的主要内容来看，一是明确标准化票据的定义，即存托机构归集商业汇票组建基础资产池，以基础资产产生的现金流为偿付支持而创设的受益证券，这是与 ABS 类资产属性很相似的一点。同时明确标准化票据属于货币市场工具，央行依法对其实施宏观调控和监督管理，由央行调控和监管，这是很重要的一点。

二是标准化票据的参与机构包括委托机构（原始持票人）、存托机构、经纪机构、投资人、票交所、清算托管机构、资金保管机构以及承销机构。原始持票人指根据存托协议约定将合法持有的符合要求的商业汇票完成存托，从而取得相应对价的商业汇票持票人。存托时以背书方式将基础资产权利完整转让，不得存在虚假或欺诈性存托，不得作为投资人认购或变相认购以自己存托的商业汇票为基础资产的标准化票据。存托机构指为标准化票据提供基础资产归集、管理、创设及信息服务的机构，需熟悉票据和债券市场业务方面的商业银行和证券公司，且具有与开展标准化票据存托业务相适应的从业人员、内控制度和业务设施等，最近三年内无重大违法、违规行为。这与此前试点的标准化票据资产不同（票交所为存托机构），征求意见稿将符合条件的商业银行和证券公司归为存托机构，票交所的角色定位为基础设施服务商，不再作为存托机构存在。经纪机构指受存托机构委托，负责归集基础资产的金融机构。经纪机构的票据经纪业务与票据自营业务应严格隔离。

三是明确了票据资产需要满足的基本要求，首先承兑人、贴现行、保证人等信用主体的核心信用要素相似、期限相近（核心要求）。其次需要依法合规取得，权属明确、权利完整，无附带质押等权利负担。再次可依法转让，无挂失止付、公示催告或被有关机关查封、冻结等限制票据权利的情形。最后需要承兑人、贴现行、保证人等信用主体和原始持票人最近三年内无重大违法、违规行为。

四是标准化票据资产的创设上，存托机构可直接或通过票据经纪机构定向归集或向市场公开归集基础资产，符合条件后方可发行，并需要向央行报告。

五是标准化票据资产的信息披露责任单位为存托机构，信息披露内容包含存托协议、基础资产清单、信用主体的信用评级、认购公告及票据可能涉及的各类风险等。基础资产的信用主体为非上市公司，且在银行间债券市场无信用评级的，存托机构应向投资人提供对标准化票据投资价值判断有实质性影响的信息。

标准化票据与 ABS 有很多相似之处。例如，标准化票据要求承兑人、贴现行、保证人等信用主体的核心信用要素相似、期限相近，与目前市场上流行的供应链 ABS 产品有相似之处；如果以某一非银信用主体的多个商业汇票打包发行标准化票据，实际上就实现了票据版的供应链 ABS 产品。但是最大的不同之处也比较明显，标准化票据的认定终究是“非标资产”而 ABS 的认定是“标准化资产”，这对市场参与机构尤其是投资类型机构的参与行为形成明显的限制。《管理办法》将标准化票据定义为货币市场工具，由此可以将之归为货币市场基金投资范围，由此货币基金的配置障碍已经被扫除，这与监管的初衷也是相同的。未来如果标准化票据被认定为标准化债权，那么对于非银机构而言，也将逐步进入这个市场，因为票据资产可能会逐步从银行的投资工具扩展成为各类型金融机构的投资工具，而且鉴于票据市场规模比较大，非银金融机构对这块资产具备较大的投资需求和兴趣。

标准化票据是否能够被认定为类似于 ABS 的“标准化资产”是需要《认定规则》最终稿的发布确认的。但是在 2019 年 10 月 12 日发布征求意见稿之后，直到 2020 年 7 月 3 日《认定规则》才正式发布，且于 2020 年 8 月 3 日起施行，距离反馈截止日近 9 个月的时间。从具体认定细则来看，标准化票据已经满足了标准化债券资产的认定标准，但是仍然没有被列举进来，主要是由于标准化票据仍是个新兴事物，需要在实践当中不断完善和发展，从而与走向成熟的标准化债权资产看齐。但是在关于《认定规则》的答记者问中，中国人民银行有关部门负责人指出，《认定规则》中只是列举了部分标准化债券资产，并没有完全排除其他未列明资产，并同时给出了动态调整机制，未来也存在可以根据实际情况来调整认定范围的可能。所以标准化票据的认定是 2020 年资产证券化市场的一项重要推进进程，随后也必然会加快将标准化票据纳入标准化债券资产的步伐。

12.3 疫情冲击下的消费类资产支持证券表现

2020 年新冠肺炎疫情的暴发对中国消费类 ABS 底层资产的负面影响是前所未有的，对信贷类 ABS 下的消费类资产的负面影响尤为明显。一方面是发行速度明显放缓，另一方面是资产质量有所下降，带动部分 ABS 信用利差走阔。

12.3-1 消费类 ABS 发行速度放缓

第一季度，个人房贷、信用卡贷款、消费贷款等银行信贷资产生成速度下降，导致存量资产出表需求不足，信贷 ABS 发行速度明显放缓。个人住房抵押贷款支持证券（RMBS）发行规模下降较大，前三季度发行 1629 亿元，同比下降 46%，占信贷 ABS 发行规模的 44%，仍是最大的品种；汽车抵押贷款支持证券（Auto-ABS）发行规模略小于 RMBS，成为发行规模第二大的信贷 ABS 品种，共发行 1447 亿元，同比增长 15%，占信贷 ABS 发行规模的 39%；一般消费性贷款 ABS 共发行 134 亿元，同比下降 13%，占信贷 ABS 发行规模的 4%，信用卡贷款 ABS 未发行。

12.3-2 消费类 ABS 资产质量下降

2020 年 2 月，首次逾期率增长幅度和早偿率下降幅度空前，主要由于居民收入减少、催收效率降低及居民增加现金储备等原因导致整体资产质量迅速恶化。进入 3 月后，随着复产复工带动经济一定程度回暖，各类消费贷款逾期率有明显下降，逾期转化率虽然上升但是相对稳定。5 月时违约率出现了较大增长，进入 6~7 月违约率也出现下降。时至 9 月，大多数品种年化违约率仍高于历史水平，信贷 ABS 的各类逾期转化率均在高位波动，存量风险依然较大。以下从 442 单消费类信贷 ABS（173 单 Auto-ABS，38 单信用卡贷款 ABS，43 单一般消费性贷款 ABS，188 单 RMBS）[1] 的 8000 余份偿付报告中观察信用风险指标自 2019 年 2 月到 2020 年 8 月的变化。

1．个人住房抵押贷款支持证券（RMBS）

从 RMBS 样本池看，2020 年 8 月，RMBS 的年化违约率为 0.52%，同比增长 0.30 个百分点，2020 年 5 月出现明显抬升，至 0.58%，但整体年化违约率仍处于较低水平（见图 21）。主要因 RMBS 品种受益于个人住房抵押贷款充分的抵押担保特征，借款人违约成本较高。借款人还款能力方面，受居民可支配收入波动、房地产二级市场成交下滑因素影响，早偿率处于较低水平（见图 22），2020 年前 8 个月平均早偿率为 8.41%，较 2019 年的 10.4% 回落近 2 个百分点。逾期率方面，2020 年 8 月，RMBS 的

1 资料来源：CNABS。

图 21　RMBS 和 Auto-ABS 年化违约率

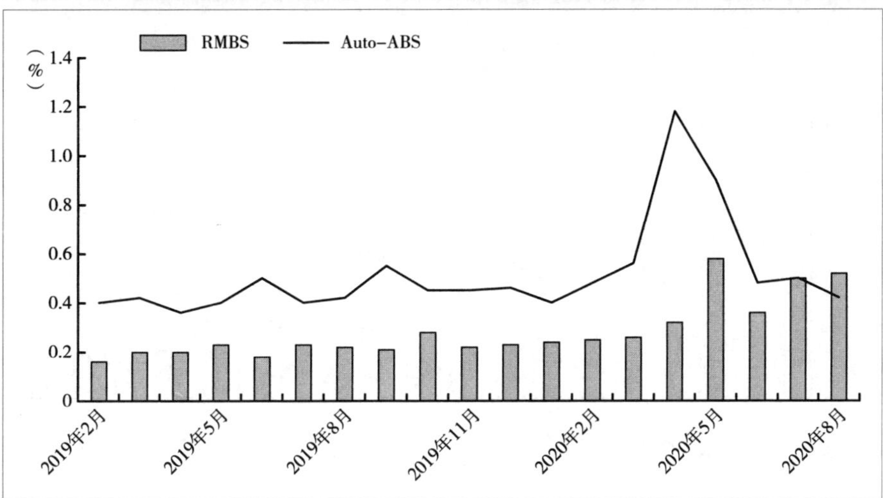

资料来源：CNABS。

图 22　RMBS 和 Auto-ABS 早偿率

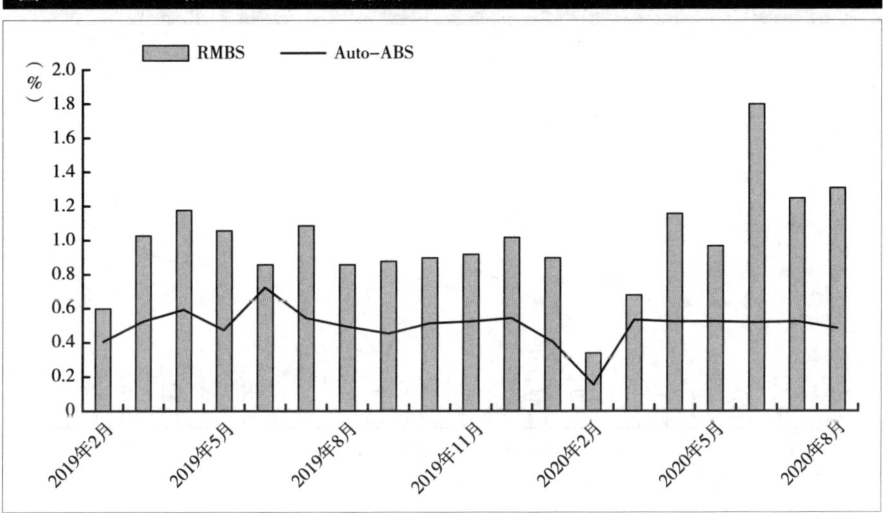

资料来源：CNABS。

1~30 天逾期率为 0.25%，环比下降 0.01 个百分点，1~8 月整体处于较低位置（见图 23）。2 月疫情刚刚暴发时，RMBS 各项逾期率均有所上升（见图 23 和图 24），且在春节（2020 年 1 月）后仍处于快速上升阶段，这与历史同期春节后逾期率回落（2018 年 2~3 月，2019 年 2~3 月）的情况明显不同，1~30 天逾期率环比增长 78%，处于历史高位，随后该指标保持平

图 23　RMBS 和 Auto-ABS 1~30 天逾期率

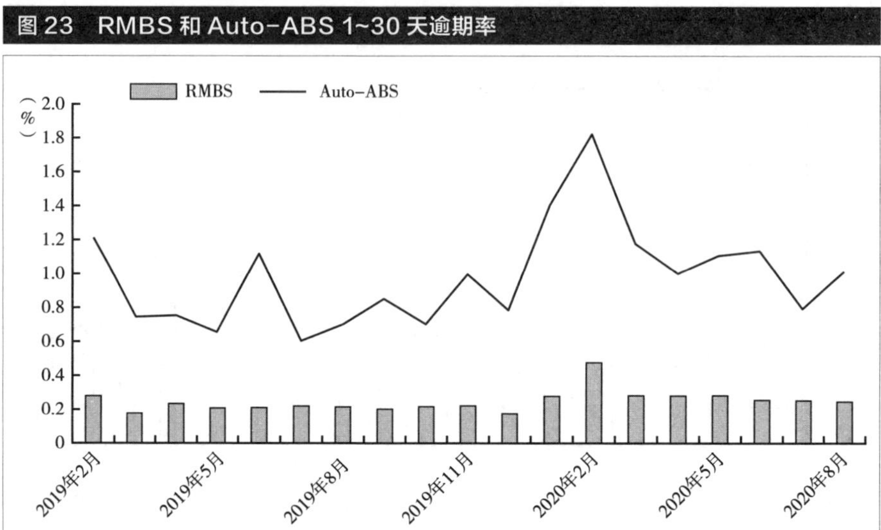

资料来源：CNABS。

图 24　RMBS 和 Auto-ABS 首次逾期率

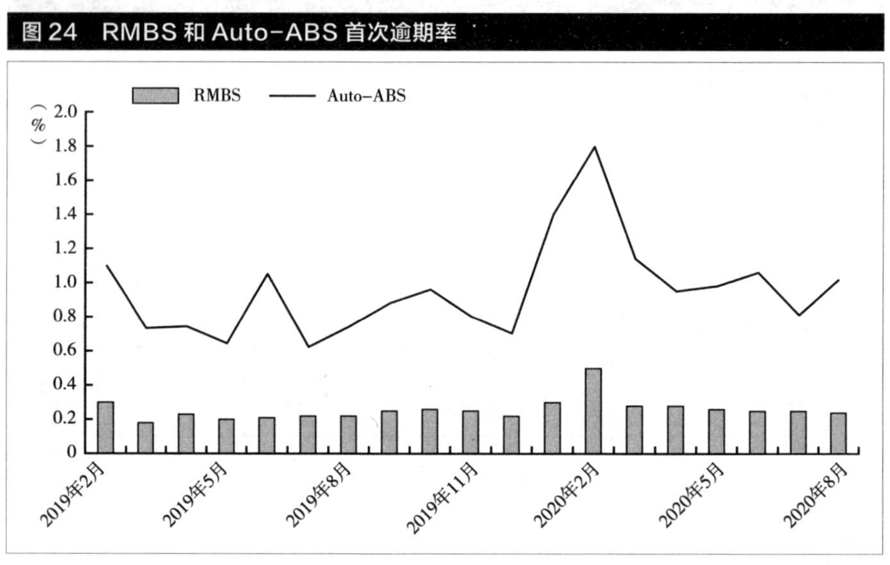

资料来源：CNABS。

稳下降趋势。另外一个观察指标为 30 天逾期转化率，30 天逾期转化率是指 1~30 天贷款转化为逾期 31~60 天贷款的概率，反映资产质量的恶化趋势。2020 年 8 月，RMBS 的 30 天逾期转化率为 34%，同比增长 7 个百分点（见图 25）。2020 年前 8 个月的平均 30 天逾期转化率为 35.13%，较 2019

图 25　RMBS 和 Auto-ABS 30 天逾期转化率

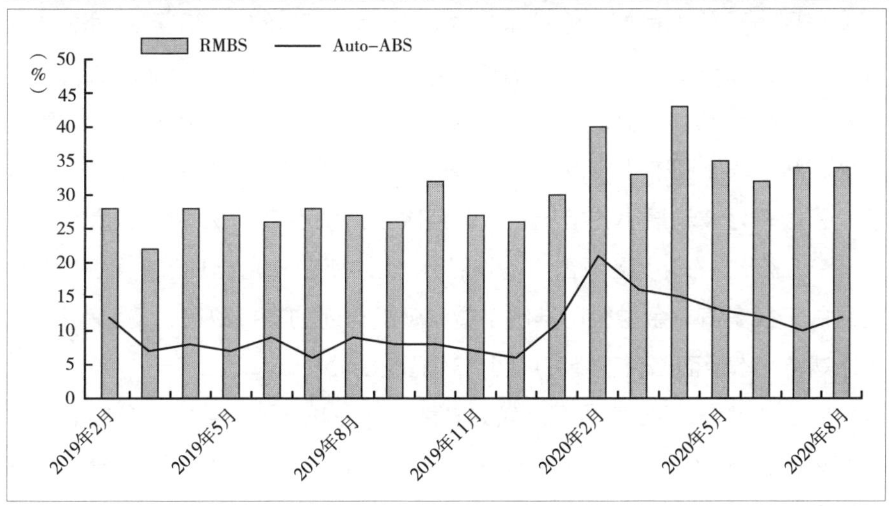

资料来源：CNABS。

年的 27.25% 明显提升近 8 个百分点。

疫情期间各项指标均显示 RMBS 为信贷类 ABS 中抗压性较强的品种，整体信用风险水平较低，尤其是年化违约率。一是因为借款人违约成本较高，二是 RMBS 资产账龄较长，抵押物价值普遍受益于 2015 年以来的房价上涨，保障程度较高。后续国内经济回升势头仍受到疫情较大影响，但同时也可以看出疫情影响的方面，首先发行规模大幅下降，其次首次逾期率和早偿率均显示资产质量恶化趋势，最后 7~8 月年化违约率出现回升态势并处于历史高位。疫情仍然对全年就业形势和居民可支配收入增长形成较大压力，预计后续 RMBS 资产的违约上升速度将有所加快，需持续关注逾期转化率指标显示的逾期迁移情况。信用利差方面，5 年期 AAA 评级 RMBS 与 5 年期固定利率国债信用利差累计扩大 48BP。

2．汽车抵押贷款支持证券（Auto-ABS）

2020 年前 8 个月，受市场利率下行及 RMBS 发行规模大幅回落影响，Auto-ABS 一度成为信贷类资产证券化产品发行规模最大的品种；汽车金融公司、汽车财务公司和商业银行为 Auto-ABS 产品主要发起机构。2020 年前 8 个月，从 Auto-ABS 基础资产信用表现来看，年化违约率在 0.4%~1.2% 波动（见图 21），平均值为 0.52%，较 2019 年平均值 0.47%

提升 0.05 个百分点。总体来看，Auto-ABS 产品年化违约率略有提升，但整体信用表现依然良好。逾期率方面，Auto-ABS 的 1~30 天逾期率 2 月触及年内最高点 1.82%，环比增长 0.42 个百分点，随后逐步回落至 0.9% 左右，8 月为 1%（见图 23）。30 天逾期转化率方面，2 月触及年内高点 21%，随后稳步回落 10% 左右（见图 25），说明借款人的还款压力得到缓解。早偿率为波动最小的指标，除 2 月降至最低点 0.15% 外，其余月份稳定在 0.53% 左右（见图 22）。虽然年化违约率在 4 月出现了短暂的峰值，但是由于很多汽车金融公司推出了贷款延缓偿还的支持政策，逾期率和 30 天逾期转化率反而略有下降（见图 23~ 图 25）。

由于 Auto-ABS 底层资产较为分散，产品基础资产绝大部分由借款人以汽车提供抵押担保，且抵押车辆以新车为主，抵押担保较为充分，虽然累计违约率和累计逾期率略有提升，整体信用风险仍处于较低水平。另外，Auto-ABS 一般设置 1~2 年内触发加速清偿事件条款，当累计违约率达到 1.5%~3.5% 时会触发加速清偿机制，而各单产品累计违约率距离加速清偿事件触发阈值尚有较大的安全空间。综上所述，Auto-ABS 在疫情冲击下各项信用风险指标均表现较好，韧性很强，而且汽车金融公司已将资产证券化作为一种常态化融资方式，未来其发行规模仍将保持稳定增长。

3．个人消费贷款支持证券

受消费贷款无抵押、质押、担保等还款保障措施影响，个人消费贷款支持证券基础资产的违约率明显高于 RMBS 和 Auto-ABS 等产品，受到疫情影响也更为明显。2020 年 8 月，信用卡贷款 ABS 年化违约率为 7.5%，一般消费性贷款年化违约率为 9.7%，相比 2019 年同期上升 3.70 个和 4.70 个百分点（见图 26）。相比于 RMBS 的增长 0.30 个百分点和 Auto-ABS 的几乎持平较高。但是大部分产品均未触发加速清偿事件，个人消费贷款支持证券一般设置为某一时点累计违约率在 5%~10% 范围内触发加速清偿事件，持牌消费金融公司发行产品相应设置范围为 10%~20%。2020 年 2 月，产品累计违约率迅速攀升，主要受新冠肺炎疫情暴发影响，居民固定收入下降，还款能力不佳。2019 年 11 月 ~2020 年 5 月，个人消费类 ABS 的年化违约率环比增速分别为 0.16 个百分点、0.20 个百分点、0.70 个百分点、0.90 个百分点、0.75 个百分点、1.75 个百分点和 3.5 个百分点，2019 年 12 月以来累计违约率增速上升较快。借款人的累计违约回收率也处于较低水平，因底层借款人主要集中在建筑业和制造业等受疫情影响较大行业，疫情期间停工停产导致偿债能力下降，同时催收机构无法现场催收导致违约后回收金额较少。

图 26　个人消费贷款支持证券年化违约率

资料来源：CNABS。

首次逾期率方面，信用卡贷款 ABS 的波动幅度小于一般消费性贷款 ABS，信用卡贷款品种的首次逾期率在 2 月触及 1.60% 高点后稳步回落，4~8 月在 1% 上下小幅波动。而一般消费性贷款品种的首次逾期率则在 2 月迅速攀升至 5.5% 的绝对历史高位，随后回落至 2.5%~3.2%（见图 27）。30 天逾期转化率方面，一般消费性贷款产品则表现得优于信用卡贷款产品（见图 28）。一般消费性贷款品种的 30 天逾期转化率在 2 月触及 52% 后，随后在 45% 上下窄幅波动。而信用卡贷款品的 30 天逾期转化率 2 月攀升至 78% 的历史高位，几乎近八成的转化率显示借款人资质迅速恶化，随后一直维持在 60% 上下的历史相对高位。

早偿率方面，信用卡贷款 ABS 的这一指标自 2019 年 11 月开始明显下降，并延续至 2020 年 8 月保持在 0~0.03% 的低位波动（见图 29），这也是信用卡贷款 ABS 前三季度仍无新品种发行的原因之一。资产生成速度明显下降，资产出表需求严重不足。一般消费性贷款 ABS 的早偿率指标则表

图 27　个人消费贷款支持证券首次逾期率

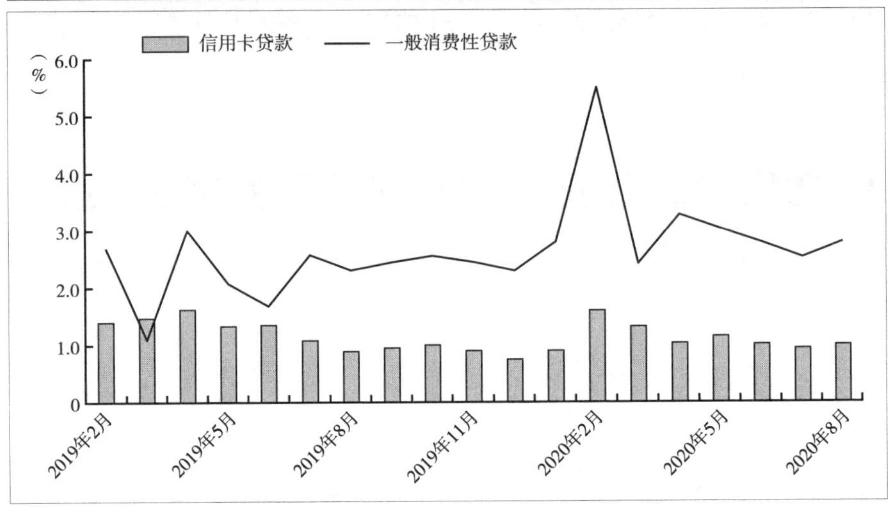

资料来源：CNABS。

图 28　个人消费贷款支持证券 30 天逾期转化率

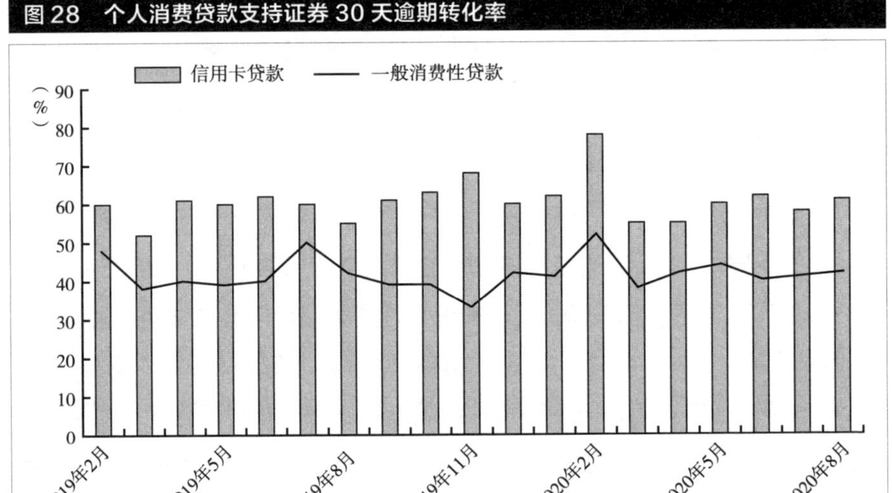

资料来源：CNABS。

现出不同的走势，2 月降至低点 1.64% 后，3 月和 6 月分别攀升至 10.72% 和 19.36%，虽然波动性较大，但同时显现出借款人还款能力在逐步恢复。值得注意的是，近年来我国居民消费支出、居民消费贷款及居民部门杠杆率不断增长。目前，我国居民债务占可支配收入的比重达 90%，经过不断加

图 29　个人消费贷款支持证券早偿率

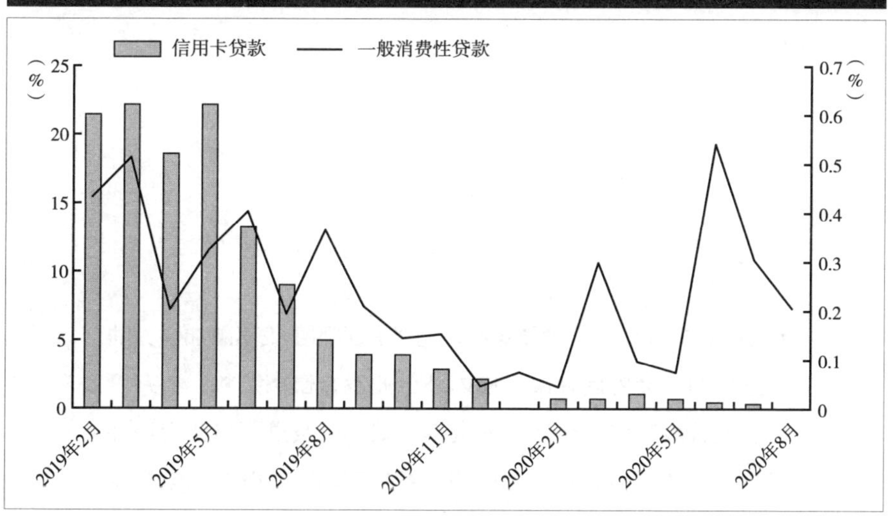

资料来源：CNABS。

杠杆，居民债务率处于较高水平。因信用贷款性质的个人消费贷款违约成本较低，叠加疫情影响，预计短期内基础资产质量难以改善。

综上数据可见，新冠肺炎疫情给中国消费类 ABS 底层资产的负面影响是前所未有的，尤其是 2 月幅度空前的首次逾期率增长和早偿率下降。随着复工复产的有效恢复，以及其他种种刺激经济的有效措施，4~8 月，各类贷款质量在持续改善，资产质量正在逐步向疫情前正常水平靠拢，疫情带来的影响正在减弱。但值得注意的是，一些长期逾期的贷款，如住房抵押贷款、信用卡贷款、一般消费性贷款，90 天逾期向违约的转化率均在 80% 以上，信用卡贷款更是达到了 91%。随着疫情防控常态化，后续 ABS 资产质量的恢复还要依靠经济内生动力走强和刺激政策妥善退出节奏的合理配合。

第 13 章　中国债券市场对外开放*

● 2020 年以来，中国债券市场对外开放的步伐不断加快，陆续出台的政策先后解决了境内外企业发行惯例接轨、放开境外投资者投资境内金融资产规模上限，以及进一步便利境外投资者投资境内债券的程序等一系列问题。对既有政策机制的完善，有效提高了市场效率，进一步提升了中国债券市场的国际化水平。

● 在债券市场对外开放实践中，中国债券依次纳入彭博巴克莱全球综合债券指数和摩根大通旗舰全球新兴市场政府债券指数系列，熊猫债券发行管理制度进一步完善，通过债券通和结算代理渠道进入中国债券市场的境外投资者延续大幅增加态势，境外机构和个人对中国的债券投资规模继续迅速增长，中国国债及地方政府债和政策性金融债持续受到境外投资者青睐，境外机构参与中国债券市场的力度和深度继续明显提升。

● 下一步，应继续推动债券市场对外开放。继续加强顶层设计推动与协调发展；促进市场定价合理有效，提升市场流动性；加强信息披露机制、信用评级机制以及交易、托管、清算等核心环节的金融基础设施建设；丰富债券市场产品体系，优化发行机制及市场结构；完善风险缓释、风险分担与风险处置机制；注重金融科技和监管科技应用，加强自主研发以维护金融安全。

---

* 本章作者：刘康，经济学博士，中国工商银行金融市场部副研究员，国家金融与发展实验室特聘高级研究员；杨成元，经济学博士，华夏银行总行计划财务部。

中国债券市场对外开放，对于金融改革、宏观金融稳定以及国家综合金融实力的提升都具有重大战略意义。本章从债券市场对外开放的制度和实践角度，描绘中国债券市场一年来取得的成效及尚待提升之处，最后就进一步推进债券市场对外开放提出若干建议。

13.1　2020 年中国债券市场对外开放的政策

2020 年以来，相关部门持续出台政策推进债券市场对外开放进程（见表 1）。一是加快自贸区金融开放试点建设。比如，2 月 14 日颁布的《关于进一步加快推进上海国际金融中心建设和金融支持长三角一体化发展的意见》，旨在立足上海自贸试验区试点更加开放、便利的金融政策，推进金融业对外开放。二是加强金融基础设施建设以及境内外金融政策相关制度衔接。比如，7 月 19 日颁布的《中国人民银行中国证券监督管理委员会公告（〔2020〕第 7 号）》就银行间与交易所债券市场相关基础设施机构开展互联互通合作做出安排；又如，9 月 30 日颁布的《境外非金融企业债务融资工具分层分类管理细则》《境外非金融企业债务融资工具注册文件表格》，对非金融企业熊猫债券实行相应的分层分类管理及机制安排，进一步加强了境内外制度衔接。三是进一步放宽准入及推动一系列便利境外投资者投资境内债券的制度建设。比如，1 月 13 日颁布的《关于完善银行间债券市场境外机构投资者外汇风险管理有关问题的通知》、5 月 7 日颁布的《境外机构投资者境内证券期货投资资金管理规定》、8 月 18 日颁布的《关于试运行直投模式下境外机构投资者直接交易服务的通知》以及 9 月以来颁布的《中国人民银行中国证监会国家外汇管理局关于境外机构投资者投资中国债券市场有关事宜的公告（征求意见稿）》《境外机构投资者投资中国债券市场资金管理规定（征求意见稿）》及《合格境外机构投资者和人民币合格境外机构投资者境内证券期货投资管理办法》等相关制度。通过完善对外开放的制度基础，有效提升了我国债券市场的效率，有利于境外投资者进一步在中国债券市场加大投资。

表 1　2020 年以来中国债券市场对外开放政策汇总

时间	发布部门 / 机构	文件	主要内容
1 月 13 日	国家外汇管理局	《关于完善银行间债券市场境外机构投资者外汇风险管理有关问题的通知》	为银行间债券市场境外机构投资者提供更多外汇对冲渠道，同时，简化境外机构投资者开展外汇衍生品交易的展业流程，进一步完善外汇衍生品交易机制，优化外汇交易信息采集，降低市场主体交易成本
2 月 14 日	中国人民银行、银保监会、证监会、国家外汇管理局、上海市人民政府	《关于进一步加快推进上海国际金融中心建设和金融支持长三角一体化发展的意见》	要立足上海自贸试验区临港新片区功能定位和产业体系，试点更加开放、便利的金融政策，推进金融业对外开放。健全金融法治环境，对内外资金融机构适用同等监管要求，对接国际高标准规则。对于符合条件的临港新片区优质企业，临港新片区内银行可在“展业三原则”基础上，凭企业收付款指令直接办理跨境贸易人民币结算业务，直接办理外商直接投资、跨境融资和境外上市等业务下的跨境人民币收入在境内支付使用
5 月 7 日	中国人民银行、国家外汇管理局	《境外机构投资者境内证券期货投资资金管理规定》	落实取消合格境外机构投资者和人民币合格境外机构投资者境内证券投资额度管理的要求，对合格投资者跨境资金汇出入和兑换实行登记管理；实施本外币一体化管理，允许合格投资者自主选择汇入资金币种和时机；大幅简化合格投资者境内证券投资收益汇出手续；取消托管人数量限制；完善合格投资者境内证券投资外汇风险及投资风险管理要求
7 月 19 日	中国人民银行、证监会	《中国人民银行中国证券监督管理委员会公告（〔2020〕第 7 号）》	同意银行间与交易所债券市场相关基础设施机构开展互联互通合作，拓展了多类资金在债券市场中的可及边界。境外投资机构亦可以充分享受到上述便利性，提高中国债券市场对境外投资机构的吸引力
8 月 18 日	全国银行间同业拆借中心	《关于试运行直投模式下境外机构投资者直接交易服务的通知》	全国银行间同业拆借中心将于 2020 年 9 月 1 日起试运行境外投资者直接交易服务，进一步便利境外机构投资者投资银行间债券市场

表 1　2020 年以来中国债券市场对外开放政策汇总　（续表）

时间	发布部门 / 机构	文件	主要内容
9 月 2 日	中国人民银行、证监会、国家外汇管理局	《关于境外机构投资者投资中国债券市场有关事宜的公告（征求意见稿）》	一方面规定通过直接入市渠道及债券通渠道进入银行间债券市场的境外机构无须重复申请，可直接或通过互联互通投资交易所债券市场；另一方面对不同渠道下境外投资者参与人民币债券交易的投资范畴、资金托管、信息登记等环节做了统一规范，有利于明确中国债券市场对外开放的整体性制度安排，进一步便利境外机构投资者配置人民币债券资产
9 月 21 日	中国人民银行、国家外汇管理局	《境外机构投资者投资中国债券市场资金管理规定（征求意见稿）》	对投资资金信息登记进行规范，明确统一资金管理和外汇风险管理，取消即期结售汇限制，此举有利于推动中国债券市场整体开放，进一步便利投资交易
9 月 25 日	证监会、中国人民银行及国家外汇管理局	《合格境外机构投资者和人民币合格境外机构投资者境内证券期货投资管理办法》	从进一步扩大开放、放宽准入、便利投资、扩大投资范围、加强持续监管等方面完善相关措施，此举有助于进一步便利境外机构投资银行间债券市场，提升债券市场流动性，推动我国债券市场对外开放
	证监会	《关于实施〈合格境外机构投资者和人民币合格境外机构投资者境内证券期货投资管理办法〉有关问题的规定》	
9 月 30 日	中国银行间交易商协会	《境外非金融企业债务融资工具分层分类管理细则》《境外非金融企业债务融资工具注册文件表格》	对非金融企业熊猫债券实行分层分类管理，优化注册发行流程，明确信息披露安排，完善投资人保护机制，加强境内外制度衔接

资料来源：根据公开资料整理。

13.2　2020 年中国债券市场对外开放实践

中国债券市场在 2020 年对外开放的实践，既包括中国政府、企业和金融机构等在海外金融市场进行投融资，也包括海外政府、企业及金融机构等在中国金融市场进行的投融资。其中，推动相关制度和基础设施建设，吸引更多海外主体到中国金融市场进行投融资，是近年来中国债券市场对外开放的主要努力方向。

2020 年以来，在中国债券市场对外开放的实践中，中国债券进一步被纳入国际指数，熊猫债券发行管理制度进一步完善，通过债券通和结算代理渠道进入中国债券市场的境外投资者持续大幅增加，境外机构和个人对中国的债券投资规模增长迅速，中国国债及地方政府债和政策性金融债持续得到境外投资者青睐，境外机构参与中国债券市场的力度和深度均有明显提升。

13.2-1　中国债券被纳入国际指数的情况

中国债券市场的国际化程度伴随中国债券被进一步纳入国际指数而不断深化。当前国际债券三大指数已尽数将中国债券纳入旗下。2020 年 2 月 4 日，摩根大通宣布将自 2 月 28 日起把中国政府债券纳入摩根大通旗舰全球新兴市场政府债券指数（GBI-EM Global Diversified Index），全部纳入工作将在10个月内分步完成。此后,2020年9月25日，富时罗素公司宣布，中国国债将于 2021 年 10 月被纳入富时罗素全球政府债券指数（WGBI），纳入时间仍有待富时罗素咨询委员会成员和其他指数用户在 2021 年 3 月正式确认。据市场多家机构测算，一旦被纳入富时罗素全球政府债券指数，未来 18~24 个月我国债券市场有望吸引外资流入约 1250 亿 ~1500 亿美元，这将远超出我国债券被纳入彭博巴克莱全球综合债券指数（BBGA）及被纳入摩根大通旗舰全球新兴市场政府债券指数系列所带来的流量规模。全球市场参与者已开始将中国政府债券视为全球性储备资产，随着我国债券市场对外开放程度的不断提高，将吸引更多国际资本进入我国债券市场。

13.2-2　境外机构在中国发行熊猫债券情况

2005 年以来，随着中国债券市场对外开放力度的增大，境外机构的境内债券融资渠道不断拓宽，主体类型日益丰富，熊猫债券的发行制度也不断完善。2019 年 1 月 17 日，中国银行间市场交易商协会发布《境外非金融企业债务融资工具业务指引（试行）》，对境外非金融企业发行债务融资工具的要求、资金用途、信息披露做出了系统性规定，更有利于境外机构在境内发行债券。

发行定价市场化程度高。2005~2009 年发行的熊猫债券，发行人主要是开发性金融机构，债券发行利率具有一定政策性色彩。2014 年以后，随着发行数量不断增大，发行利率也更加随行就市，综合反映了发行人信用资质和发行时市场整体状况，定价基本实现了完全市场化。

发行节奏再度加速。截至 2020 年 9 月末，熊猫债券累计发行 254 只，发行规模为 4297.7 亿元（见表 2），继 2019 年发行节奏有所放缓后，2020 年再度加速，2020 年 1~9 月，共发行熊猫债券 38 只，较上年同期增加 9 只；发行规模为 538 亿元，较上年同期增加 112.6 亿元。

表 2　熊猫债券历年发行情况

时间	发行数量（只）	发行规模（亿元）
2005~2009 年	4	40
2014~2015 年	16	160
2016 年	63	1262
2017 年	51	835.9
2018 年	57	948.9
2019 年	40	598.4
2020 年 1~9 月	38	538
截至 2020 年 9 月末	254	4297.7

资料来源：Bloomberg。

发行主体较为多元，从 2005 年以来的累计发行统计来看（见表 3），中央国有企业、外商独资企业、民营企业为熊猫债券市场上重要发行人，发行规模占比依次为 20.31%、18.75% 和 16.09%。从发行期限来看，以 3 年期和 5 年期为主，最长期限为 10 年，发行人可以根据自身财务安排和市场情况，自由选择债券期限，发行条款市场化程度也在持续提高。

表 3　熊猫债券发行人结构情况

发行人类型	发行数量（只）	发行数量占比（%）	发行规模（亿元）	发行规模占比（%）
地方国有企业	25	9.84	294	6.84
公众企业	23	9.06	331.3	7.71
民营企业	35	13.78	691.4	16.09

表3　熊猫债发行人结构情况　（续表）

发行人类型	发行数量（只）	发行数量占比（%）	发行规模（亿元）	发行规模占比（%）
其他企业	2	0.79	60	1.40
外商独资企业	40	15.75	806	18.75
外资企业	18	7.09	258	6.00
中外合资企业	2	0.79	50	1.16
中央国有企业	53	20.87	873	20.31
其他	56	22.05	934	21.73
总计	254	100.00	4297.7	100.00

资料来源：Bloomberg。

13.3　境外机构在中国债券市场投资情况

近年来，境外机构参与中国债券市场的力度和深度持续明显提升。本部分从投资中国债券市场的境外机构数量、境外机构（和个人）投资中国债券市场的规模和境外机构在中国债券市场的资产配置结构三个角度，尝试勾勒出境外机构在中国债券市场投资的全景。

13.3-1　境外机构开户情况

为加快债券市场开放，逐步放开境外投资限制，加快建设“沪港通”“深港通”以及“债券通”，推动投资逐步便利化，我国自2002年开始实施合格境外机构投资者（QFII）制度并逐步放开境外投资限制，至2019年9月10日，国家外汇管理局取消了QFII和RQFII（人民币合格境外机构投资者）相关投资额度、备案及审批等限制。此后，我国债券市场的大门基本向全球投资者敞开。

2020年以来，境外机构在中国人民币资产配置总量上的增长，既是存量机构对中国人民币资产配置增加的结果，也是新进入中国金融市场的境外机构数量扩张的结果。中国外汇交易中心数据显示，境外机构数量在疫情影响下仍旧稳步增长，按照法人机构统计口径，截至2020年6月末，共有1018家境外机构投资者进入银行间债券市场。其中，455家机构通过直投模式入市；563 家机构通过债券通模式入市，分别较年初增加 6 家和 75 家（见图 1）。

图 1 境外机构在银行间债券市场开户数量（法人口径）

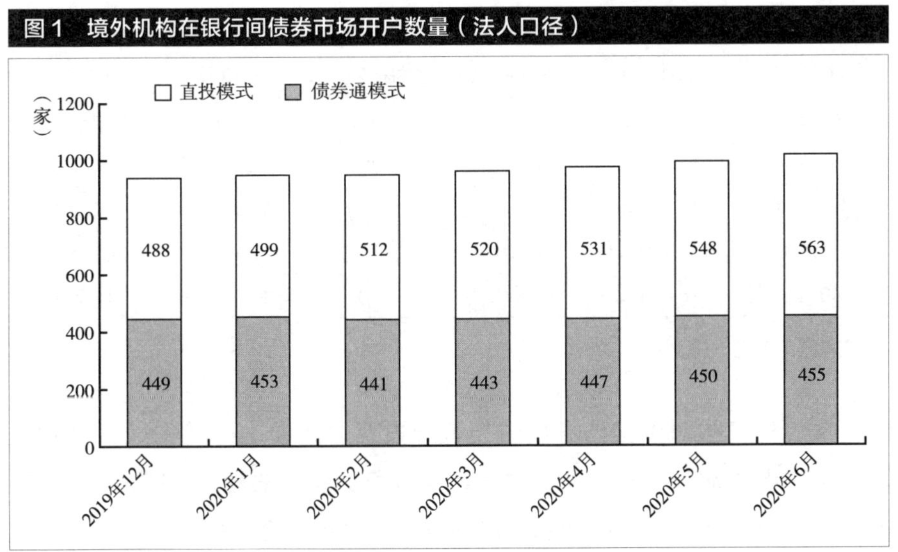

资料来源：中国外汇交易中心。

13.3-2 境外机构和个人对中国的债券投资规模

近年来，境外机构不断加大对中国债券的投资规模是由多方因素促成的。首先，中国政府近年来大力推动债券市场对外开放，为境外机构和资本进入提供了更加便利化的条件。其次，在发达经济体目前普遍的低利率甚至负利率环境下，境内债券资产能够满足境外机构平衡收益和风险的要求，境内债券被纳入国际主流指数的进程提速也加强了中国债券市场的吸引力。最后，随着人民币汇率走向更健康的双向波动，人民币汇率弹性显著增强，境外机构投资中国债券市场的步伐也明显加快。

对于境外机构和个人在中国的证券投资及人民币债券在其资产配置中地位的变化，我们可以从中国人民银行公布的“境外机构和个人持有境内人民币金融资产情况”报表数据来观察。截至 2020 年 6 月，境外机构和个人持有境内股票合计 2.4568 万亿元，持有境内债券合计 2.5724 万亿元，分别较 2019 年末增长 3548.85 亿元、3094.91 亿元（见表 4），增速分别为 16.88%、13.68%，境内金融资产对国外投资者的吸引力在不断增强。

表 4　境外机构和个人持有境内人民币金融资产情况					单位：亿元
时间	债券	股票	贷款	存款	合计
2013 年	3989.81	3448.43	5309.80	16049.10	28797.14
2014 年	6715.80	5555.41	8190.46	24413.00	44874.67
2015 年	7517.06	5986.72	8515.55	15380.65	37399.98
2016 年	8526.24	6491.85	6164.35	9154.73	30337.17
2017 年	11988.32	11746.70	7390.00	11734.72	42859.74
2018 年	17115.94	11517.35	9246.53	10591.55	48471.37
2019 年	22629.32	21018.75	8331.64	12148.67	64128.38
2020 年 6 月	25724.23	24567.60	9720.51	11824.48	71836.82

资料来源：中国人民银行。

从境外机构对中国债券投资与股票投资之比看（见图 2），2020 年 6 月末二者之比为 104.7%，这一数字在 2018 年末触及 148.6% 高点，其后，逐步下降，直至境外机构对债券与股票的投资规模基本持平，尤其是近年来，股权的投资在加快。中国目前正通过多种途径吸引境外机构投资中国债券市场，包括积极推动中国债券被纳入国际债券指数，通过与香港债券市场互联互通实现全球接入，同时考虑债券与股票的风险收益特征和全球大类资产配置实践，境外机构投资中国债券规模仍有较大提升空间。

图 2　境外机构持有债券资产 / 股票资产变化趋势

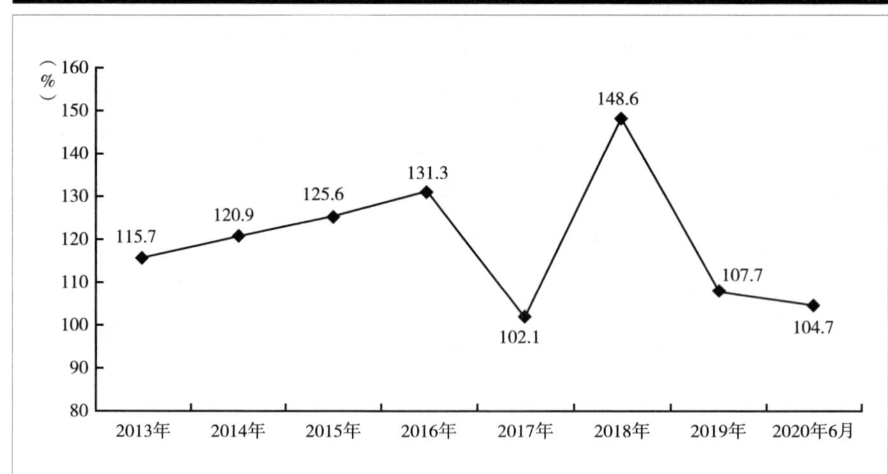

资料来源：中国人民银行。

13.3-3 境外机构投资境内债券市场的配置结构

不同类型的境外机构，在人民币资产配置偏好中存在显著的差异。比如，境外央行、国际金融组织和主权财富基金类机构投资者，以及其他注重收益稳健的投资产品类账户，较为看重资产的安全性和流动性，更多倾向于投资债券，尤其是高流动性的政府债券和高等级的信用债券。与之相反，QFII、RQFII 则更为偏好股票资产，该类机构所持债券资产占比整体较小。在境外机构对中国境内债券的配置结构中，国债及地方政府债、政策性金融债始终是近年来境外投资者重仓的配置品种（见图 3），近年来，中国大型商业银行发行的同业存单也备受国际投资者青睐。

图 3 境外投资者在境内债券市场持有债券品种配置结构

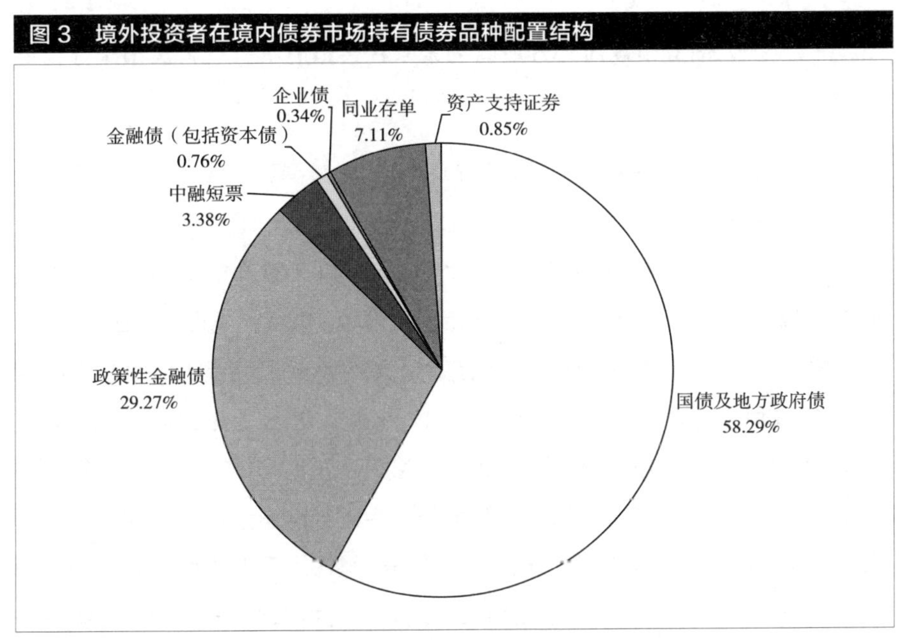

资料来源：中国债券信息网、上海清算所。

从境外投资者在中央结算公司、上海清算所的托管品种来看，截至 2020 年 9 月末，托管余额合计 28904.61 亿元。投资品种以国债及地方政府债和政策性金融债为主，分别为 16848.37 亿元和 8460.02 亿元，分别占境外投资者托管余额的 58.29% 和 29.27%；同业存单占比也在逐步上升，2017 年以来，中国大型商业银行发行的同业存单，以高票息、低信用风险的优势，吸引了境外大量商业机构对其进行投资，截至 2020 年 9 月末，境外机构投资同业存单 2055.52 亿元，占比为 7.11%。

境外机构对境内非金融性公司信用类债券的投资以高信用等级、高流动性品种为主，但境外投资者投资信用债的整体占比较小。究其原因，一方面，由于信用类债券在中国债券市场中占比较小，且整体流动性弱于国债和政策性金融债，加之国内外在财务会计、信用评级、信息披露等金融基础设施建设及规则方面尚存在较大差异，无法满足境外机构资产配置的相关要求；另一方面，境外投资者进入中国债券市场时间尚短，对国内非金融性公司的信用状况研究尚待加强，仍需时间来逐步熟悉和认可相关投资标的。

13.4　未来的中国债券市场对外开放

13.4-1　扩大债券市场对外开放将为未来在合适时机推动人民币国际化奠定良好基础

人民币作为国际贸易的计价与结算货币的总量得到了快速增长，但在全球计价与结算中的占比仍然不大，在国际储备与国际价值贮藏方面的功能则更弱，人民币国际化的发展任重道远。根据 SWIFT 公布的数据，人民币在贸易与结算中所占的比例在近几年保持了第五位的排名，截至 2020 年 9 月末，占比达 1.91%，较 2019 年同期有所下降；从外汇储备占比来看，截至 2020 年 6 月末，人民币在外汇储备中的占比为 2.05%（见图 4），较 2019 年同期有微幅提升。总体来说，人民币无论是在贸易与结算还是在储备功能上占比仍然较小，这与人民币的国际地位与中国经济总量仍极不相称。人民币的国际化是中国金融体系国际影响力的一个缩影，只有人民币高度融入国际体系并成为对国际金融与货币体系的重要影响因素之一，中国金融体系才会在全球资本配置、定价中发挥与经济总量相称的、更大的作用。

人民币国际化需要成熟的境内资本市场和离岸金融市场，需要增加更多的在岸金融资产选择、更顺畅的交易渠道以及更为充沛的市场流动性，在岸债券市场的对外开放是其中的重要一环。相较股票市场，债券市场安全性更高，这对于境外央行和清算行等机构投资者来说至关重要。2020 年以来，在党中央、国务院的领导下，中国金融领域的对外开放进一步扩大和深化。一方面，一系列金融业进一步对外开放的政策

图 4 国际支付及外汇储备币种结构

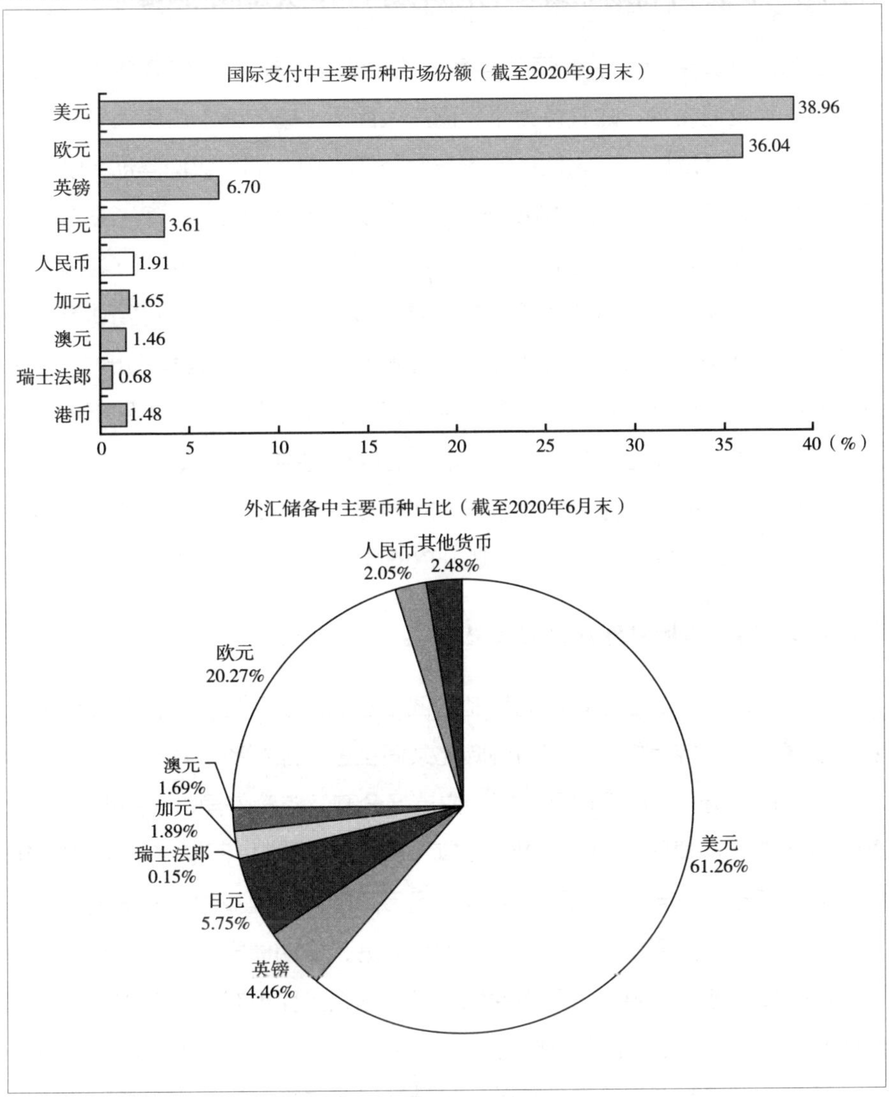

国际支付中主要币种市场份额（截至2020年9月末）

美元 38.96
欧元 36.04
英镑 6.70
日元 3.61
人民币 1.91
加元 1.65
澳元 1.46
瑞士法郎 0.68
港币 1.48
0 5 10 15 20 25 30 35 40（%）

外汇储备中主要币种占比（截至2020年6月末）

人民币 2.05%
其他货币 2.48%
欧元 20.27%
澳元 1.69%
加元 1.89%
瑞士法郎 0.15%
日元 5.75%
英镑 4.46%
美元 61.26%

资料来源：SWIFT、国际货币基金组织 COFER 数据库。

措施不断出台；另一方面，中国债券市场的供给也在不断丰富，随着地方政府债和专项债的规模进一步增大，境内外投资者投资人民币资产的选择也更加多元。吸引越来越多的境外投资者参与境内债券市场及不断丰富境外人民币用途，会为在未来合适时机进一步推动人民币的国际化发展奠定坚实的基础。

13.4-2 扩大中国债券市场对外开放有助于维护人民币汇率稳定

在新冠肺炎疫情、中美贸易摩擦等多方因素影响下，2020 年人民币汇率一度呈现贬值走势，尤其是上半年离岸人民币（兑美元）汇率大多在 7 以上运行，第三季度以来，人民币汇率升值至 7 以内、汇率双向浮动弹性不断增强，境外投资者对境内金融资产的投资规模也在不断上升，2020 年 1~9 月，境外投资者净增持国内债券 6461 亿元。

当前，中国 GDP 增长率仍位居全球主要经济体前列，中国 10 年期国债收益率处于 3% 以上区间，较同期美国 10 年期国债收益率高出 240BP 以上。同时，欧洲与日本零利率及负利率债券规模不断扩大，人民币资产在全球的吸引力不断增强。2020 年以来，在疫情防控、经济增长压力下，全球主要经济体不断放松本国货币政策。我国坚持稳健的货币政策取向，维持了正常的货币政策空间，在扩大金融开放的同时保持了汇率稳定。

13.4-3 债券市场对外开放的展望

第一，进一步加强监管协调机制与健全宏观审慎管理，坚持离在岸市场协调发展，并坚持使之与人民币国际化共同推进。加强跨市场统一监管与信息共享，建立统一的市场规则，减少由市场分割及监管差异带来的市场风险；不断完善宏观审慎管理框架，平滑跨境资本流动，维护国家经济金融安全；促进离岸债券市场与资本项目开放、人民币国际化进程战略协调推进，推动离在岸市场各有所侧重、明确分工并相互促进；推动债券市场进一步开放以吸引境外投资者持有更多人民币金融产品，增强人民币在全球范围内的价值贮藏职能，进而推进人民币国际化。

第二，促进市场定价合理有效，提升市场流动性。持续完善货币政策框架，强化货币政策的宏观调控作用，进一步理顺货币政策调控机制；继续完善发行机制建设，持续优化国债、地方政府债的期限结构；建立做市商分层机制，逐步形成以做市商为核心的多层次债券市场，明确做市商的权责利，做好激励机制安排，丰富做市交易对冲操作手段，增强做市商化解风险和承担风险的能力，提升市场流动性。

第三，注重金融科技和监管科技应用，加强自主研发以维护金融安全。注重金融科技和监管科技的应用，以云平台、大数据和人工智能的基础技术为支撑，降低实施成本和周期，使我国金融机构尤其是中小金融机构能跨越式地使用最先进的资本市场技术手段；加强自主研发，维护金融数据安全，金融机构可与本土掌握国际先进技术的公司合作，加强自主研发风险控制及信息管理平台，维护金融机构数据安全。

第四，进一步加强债券市场信息披露机制、信用评级机制，以及金融基础设施建设。首先，加强信息披露机制。统一信息披露的平台和要求，增强信息的可获得性、规范性、时效性和提高信息的透明度；加强监管督导与行业自律，强化交易信息保密约束，提高信息发布频率，统一经纪商信息披露标准。其次，完善信用评级体系。以国际评级机构进入中国市场为契机，增加评级市场竞争，减少评级黏性及客户承揽等诸多因素对债券评级国际化的阻滞，增强评级机制的权威性和公信力；有序开放信用评级市场，充分发挥信用评级在风险揭示和风险定价方面的作用，进一步推动中国债券评级的国际化进程。最后，在前期对债券市场基础设施互联互通机制做出安排的基础上，进一步明确统一交易托管结算系统等基础设施的相关细则。进一步推动法律、会计等相关制度建设，提升资源配置效率与市场流动性，持续推进中国债券市场的对外深层次开放。

第五，完善发行机制，丰富债券产品，优化投资者结构。首先，完善发行机制，丰富债券市场产品。提升债券发行规模，可借鉴国际债券产品体系多元化特点，继续完善发行机制，提升非金融类企业债券发行规模及其在债券市场余额中的比重；优化债券发行品种，增加非金融类企业债长期限品种占比，提升企业从债券市场直接融资的比例，支持实体企业融资；建立地方政府公开透明的发债机制。其次，优化投资者结构。提高国际大型债券投资基金、保险机构、银行理财子公司等长期投资者的比重，改善目前银行间市场投资者中商业银行占比较大，倾向于银行账户配置将债券持有至到期，导致二级市场流动性较差的情况；同时，做好相关投资者教育及风险防范安排，有序引导个人投资者提升投资比重。

第三篇 | 专题

第 14 章　绿色债券*

● 党的十八届五中全会将绿色金融发展提升至新的高度，此后中国的绿色债券政策开始“自上而下”由政策层陆续出台。2020 年以来，监管机构针对绿色债券进行的顶层设计、规范文件及激励政策陆续颁布，绿色金融改革创新试验区及各地方政府也出台了一系列支持绿色债券的配套政策，进一步促进了我国绿色债券市场的发展。

● 近年来，我国绿色债券发行场所覆盖境内外、发行数量稳步增长、品种逐步丰富、结构趋向合理。2020 年以来，受新冠肺炎疫情影响，绿色债券发行速度有所放缓，境内外发行规模均有所下降。从发行结构来看，发行评级以 AAA 级为主，在利率下行环境下，发行期限趋于缩短、以中短期为主；发行人主要为地方国有企业和中央国有企业，民营企业占比仍较小；发行行业主要集中在工业和公用事业，金融业占比有所下降；北京及东部沿海地区仍为主要的发行区域，但总体占比有所下降，区域结构逐步合理。从绿色债券二级市场投资交易情况来看，投资者以非法人机构和商业银行为主；绿色债券收益率低于市场整体收益率。

● 未来，可进一步完善市场规则，推进国内绿色债券定义及标准与国际接轨。推进绿色金融标准的国际合作和互认，提高绿色债券信息披露要求，规范第三方评估机构的认证流程和认证标准。进一步加大对发行端的政策支持力度，加强产品优化与创新。加强绿色金融基础设施建设，增加绿色债券产品供给，解决绿色债券期限错配问题，引入更多国际机构发行绿色熊猫债。进一步加大对投资端的支持力度，优化投资者结构及风险补偿机制。加强绿色投资者网络建设，持续优化投资者结构，健全绿色债券的风险分担补偿机制，推动绿色债券指数纳入国际指数，推动绿色债券市场的进一步开放。

---

* 本章作者：刘康，经济学博士，中国工商银行金融市场部副研究员，国家金融与发展实验室特聘高级研究员；杨成元，经济学博士，华夏银行总行计划财务部。

14.1 2020 年绿色债券发展的政策背景

自党的十八届五中全会将“绿色发展”作为五大发展理念之一以来，我国绿色金融体系建立并不断发展完善，绿色债券即为其重要组成部分并吸引了众多投资者，成为我国债券市场不可或缺的重要组成部分。

与国际市场通过市场实践和行业性自律组织“自下而上”地推动绿色债券相关政策制定不同，中国的绿色债券政策主要由政策层“自上而下”推动形成。2015 年 12 月，中国人民银行和国家发改委相继颁布绿色债券相关政策引导。[1]之后，政府部门支持绿色债券市场发展的一系列政策相继出台。自 2016 年开始，中国的绿色债券市场迅速崛起并吸引了众多投资者，成为境内债券市场上不可或缺的重要组成部分。2020 年以来，中央和地方政府针对绿色债券进行的顶层设计、规范文件及激励政策陆续出台，进一步促进了我国绿色债券市场的发展。

在顶层设计方面，习近平总书记 9 月 22 日在第七十五届联合国大会一般性辩论上宣布了中国将在 2030 年前碳排放达峰和 2060 年前碳中和的愿景。之后，监管机构积极出台相关应对气候变化政策。2020 年 10 月 26 日，生态环境部、国家发改委、中国人民银行、银保监会、证监会五部门联合发布《关于促进应对气候变化投融资的指导意见》，首次从国家政策层面将应对气候变化投融资提上议程，并从多个角度进一步强调了气候投融资与绿色金融的协同，提出要加强气候投融资与绿色金融的政策协调配合，支持和激励各类金融机构开发包括绿色债券在内的各类气候友好型的绿色金融产品。

在规范文件方面，进一步推动了绿色债券的标准统一。比如，2020 年 7 月 8 日，中国人民银行、国家发改委、证监会就《关于印发〈绿色债券支持项目目录（2020 年版）〉的通知（征求意见稿）》公开征求意见，旨在建立绿色债券支持项目的分类标准体系，推动我国绿色债券标准趋向统一并逐步与国际接轨。

在激励政策方面，持续加强对金融机构开展绿色金融业务的激励约束机

1 中国人民银行公告〔2015〕第 39 号，《关于印发〈绿色债券发行指引〉的通知》（发改办财金〔2015〕3504 号）。

制建设。比如，2020 年 7 月 21 日，中国人民银行发布《关于印发〈银行业存款类金融机构绿色金融业绩评价方案〉的通知（征求意见稿）》（以下简称《方案》），对 2018 年 7 月发布的《关于开展银行业存款类金融机构绿色信贷业绩评价的通知》（银发〔2018〕180 号）进行了更新，明确了绿色金融业绩评价的实施原则、覆盖的业务范围等内容，并将此前对商业银行绿色业绩的评价从绿色信贷拓展至绿色债券等新的业务领域。

2020 年以来，绿色金融改革创新试验区及各地方政府也出台了一系列支持绿色债券发展的配套政策。如，深圳市在 6 月印发《深圳经济特区绿色金融发展条例（草案）》，拟对在深注册上市公司强制要求披露环境信息，按照规模大小对金融机构和实体企业分步骤开展强制性环境信息披露，加强信息透明化。这有利于资本市场识别绿色企业，更好地促进资源向绿色企业倾斜。7 月，深圳市人大常委会办公厅发布《深圳经济特区绿色金融条例（征求意见稿）》，要求金融机构建立完善的绿色金融制度体系。这是绿色金融政策首次上升到法律制度层面，有利于营造绿色金融发展的优良法治环境，并将为其他国家和地区提供中国地方绿色法律建设探索的有益经验。

14.2　绿色债券市场发展现状

14.2-1　一级市场发行情况

我国绿色债券于 2016 年开始发行，起步较晚但发展较快，我国绿色债券发行场所覆盖境内外、发行数量稳步增长，已成为全球第二大绿色债券发行国。2020 年以来，受新冠肺炎疫情影响，绿色债券发行速度放缓，境内外发行规模均有所下降。从发行结构来看，绿色债券发行品种基本覆盖主流债券品种，以固定利率为主，发行评级以 AAA 级为主，在利率下行环境下，发行期限趋于缩短、以中短期为主；发行人主要是地方国有企业和中央国有企业，民营企业占比仍较小；发行行业主要集中在工业和公用事业，金融业占比有所下降；北京及东部沿海地区仍为主要的发行区域，但总体占比有所下降，区域结构逐步合理。

1．外币债券占比逐步上升，发行场所覆盖境内外

绿色债券发行币种方面，以人民币发行的绿色债券占绝大部分，以外币发行的绿色债券占比仍然较小（见表 1）。2020 年 1~9 月，本外币绿色债券发行 238 只（其中，人民币债券 226 只、外币债券 12 只），较 2019 年减少 35 只、下降 12.82%。具体来看，2020 年 1~9 月，我国总共发行人民币债券 1927.74 亿元，较 2019 年减少 772 亿元、下降 28.60%；外币绿色债券共发行 35.5 亿美元债、5 亿欧元债，其中，欧元绿色债券为首次发行，前期外币绿色债券中比重较大的港币绿色债券 2020 年未发行。

表 1　2017 年 ~2020 年 9 月我国境内外绿色债券发行情况

时间	货币（亿）						发行数量（只）
	人民币	港币	美元	欧元	加拿大元	新加坡元	
2017 年	2676.59	—	—	—	—	5.00	165
2018 年	2314.35	26.00	6.00	—	6.00	—	215
2019 年	3602.47	80.00	51.50	—	—	—	355
2020 年 1~9 月	1927.74	—	35.50	5.00	—	—	238

资料来源：Wind。

绿色债券的发行场所覆盖境内外，以银行间市场、上海证券交易所及深圳证券交易所为主，2020 年 1~9 月，三者发行规模分别为 883.82 亿元、832.18 亿元和 211.74 亿元，发行数量分别为 87 只、110 只和 29 只。按照发行规模占比大小排序，各发行市场发行规模排序依次为（见图 1）：银行间市场（占 46.22%）、上海证券交易所（占 36.55%）、深圳证券交易所（占 12.18%）、香港联合交易所（占 2.52%）和新加坡证券交易所（占 2.52%）。

2．发行品种以金融债为主，发行结构逐步均衡

绿色债券发行品种不断丰富，基本涵盖我国债券市场主流品种，逐渐向多元化、均衡化方向转变。从具体品种看，金融债发行规模占比逐步下降，占比从 2017 年的 61.05% 下降至 2020 年 1~9 月的 7.37%，企业债和公司债发行规模占比上升，合计占比从 2017 年的 31.15% 上升至 2020 年 1~9 月的 67.24%。另外，中期票据发行规模也在增长，2020 年 1~9 月占比为 14.78%，较 2019 年提高 6.56 个百分点；资产支持证券发行规模占比从 2017 年的 3.61% 上升至 2020 年 1~9 月的 9.41%（见图 2），说明直接进入实体的绿色资金占比在持续上升，同时，通过资产证券化等方式盘

图1　2020年1~9月我国绿色债券在境内外发行场所发行规模情况

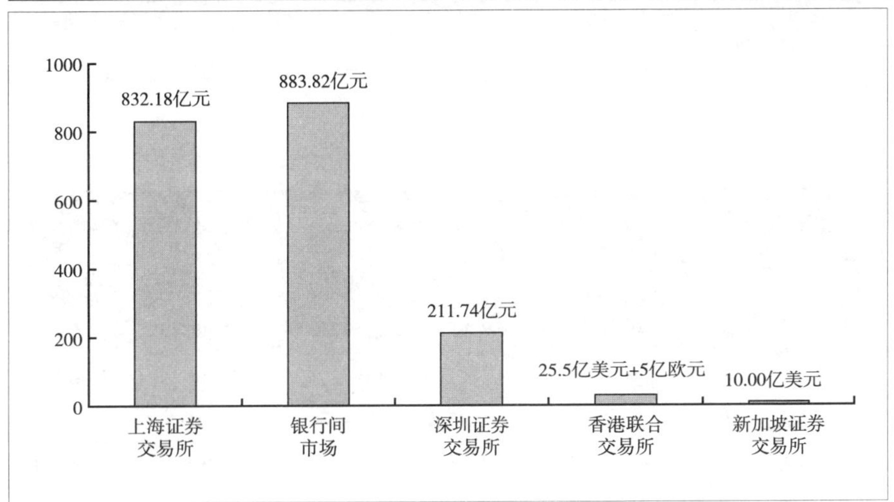

资料来源：Wind。

图2　2017年~2020年1~9月人民币绿色债券发行品种结构情况

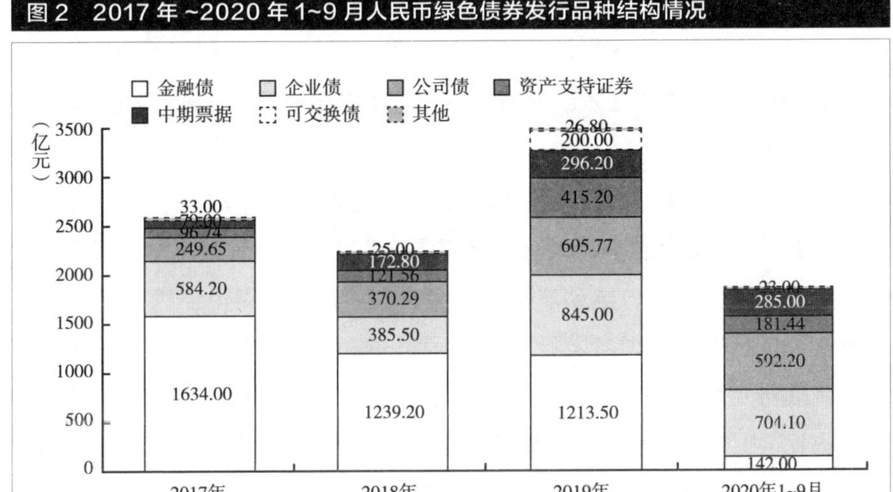

资料来源：Wind。

活绿色项目的资金占比也有所上升，绿色债券发行结构逐步合理。

3．发行期限以中短期为主，长期绿色债券发行数量较少与发行规模较小

从发行期限看，在利率下行环境下，绿色债券以中短期品种为主，长期限品种发行数量较少，3年期及以内数量占比有所上升，10年期以上占比在下降。具体来看（见表 2），2020 年 1~9 月，3 年期及以内债券发行 88 只，占比为 38.94%，发行规模为 701.92 亿元；10 年期以上债券发行数量仅为 6 只，占比为 2.65%，发行规模为 87.53 亿元，绿色债券的发行期限趋于短期化。

表 2　2017 年 ~2020 年 1~9 月人民币绿色债券发行期限结构情况

期限结构	2020 年 1~9 月			2019 年		2018 年		2017 年	
	规模（亿元）	数量（只）	数量占比（%）	数量（只）	数量占比（%）	数量（只）	数量占比（%）	数量（只）	数量占比（%）
1 年期以内	28.60	10	4.42	0	0.00	1	0.48	0	0.00
1~3 年期	673.32	78	34.51	115	33.53	87	41.43	56	35.22
3~5 年期	546.76	60	26.55	119	34.69	63	30.00	43	27.04
5~10 年期	591.54	72	31.86	83	24.20	46	21.90	53	33.33
10 年期以上	87.53	6	2.65	26	7.58	13	6.19	7	4.40
合计	1927.74	226	100.00	343	100.00	210	100.00	159	100.00

资料来源：Wind。

4．发行主体集中在东部沿海，以地方国有企业为主，发行行业集中在工业和公用事业领域

2020 年 1~9 月，从发行区域来看，绿色债券主要集中在广东、北京、江苏、浙江、湖北和湖南等地（见图 3），其中，由于受到建设粤港澳大湾区绿色金融合作平台、推动广州绿色金融创新经验向粤港澳大湾区复制推广影响，广东的绿色债券发行规模位居第一。整体来看，东部沿海区域仍为绿色债券主要的发行区域，前六大省份合计发行规模为 1274.81 亿元，合计占比 66.13%，较 2019 年同期下降约 4 个百分点。此外，中西部省份绿色债券发行规模占比有所上升，其中，四川、贵州发行规模占比由 2019 年同期的 3.90%、1.16% 上升至 5.39%、2.39%。整体来看，绿色债券的发行区域集中度有所下降，发行区域结构渐趋合理。

从发行企业性质来看，地方国有企业和中央国有企业发行规模占比最大（见图 4），发行规模分别为 1380.56 亿元和 334.07 亿元，发行规模占比分别为 71.62% 和 17.33%；民营企业发行规模依然较小，为 63.51 亿元，占比为 3.29%。从发行主体所在行业来看，前三大行业合计规模占比为 92.01%，

图 3　2020 年 1~9 月人民币绿色债券发行区域及其规模占比情况

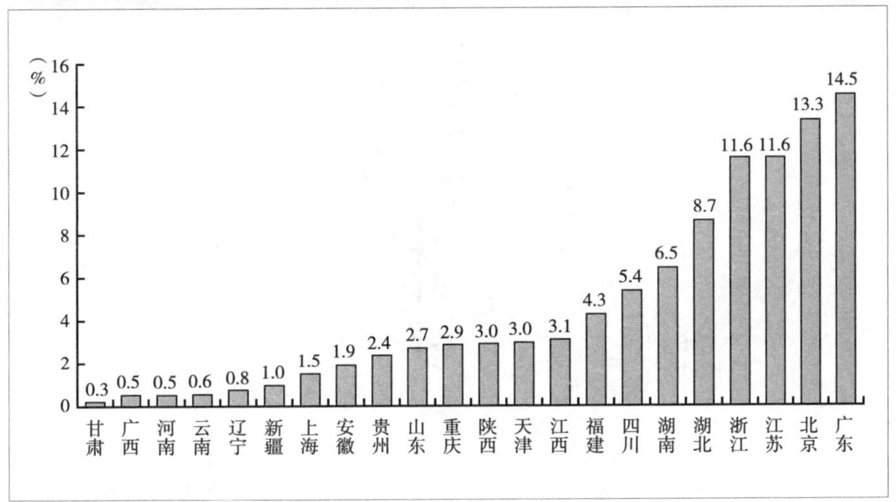

资料来源：Wind。

依次为工业、公用事业和金融，发行规模占比分别为 61.46%、18.43% 和 12.12%（见图 5），其中，工业发行规模占比较 2019 年同期上升 26.90 个百分点，金融行业发行规模占比较 2019 年同期下降 20.57 个百分点。

图 4　2020 年 1~9 月人民币绿色债券发行主体性质情况

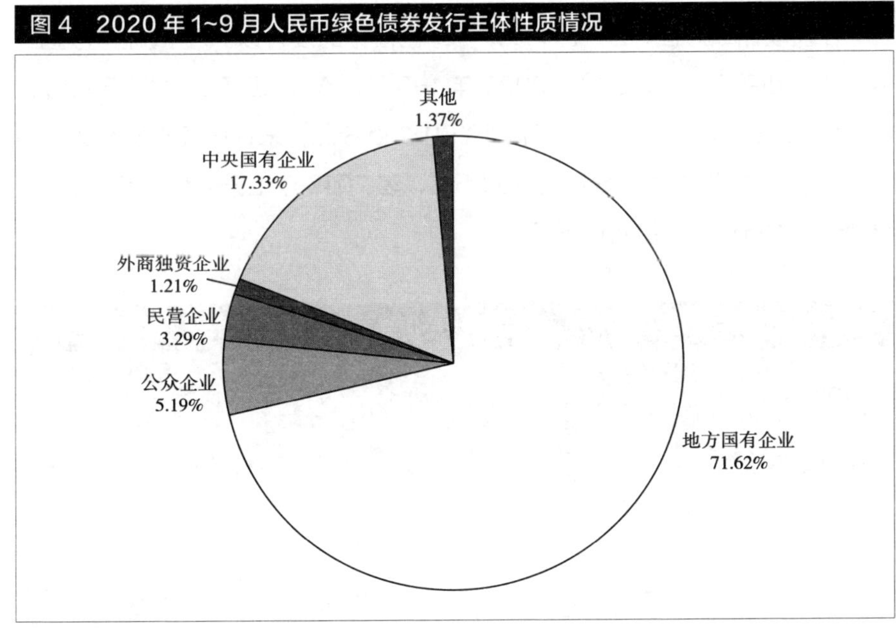

资料来源：Wind。

图5　2020年1~9月人民币绿色债券发行行业分布情况

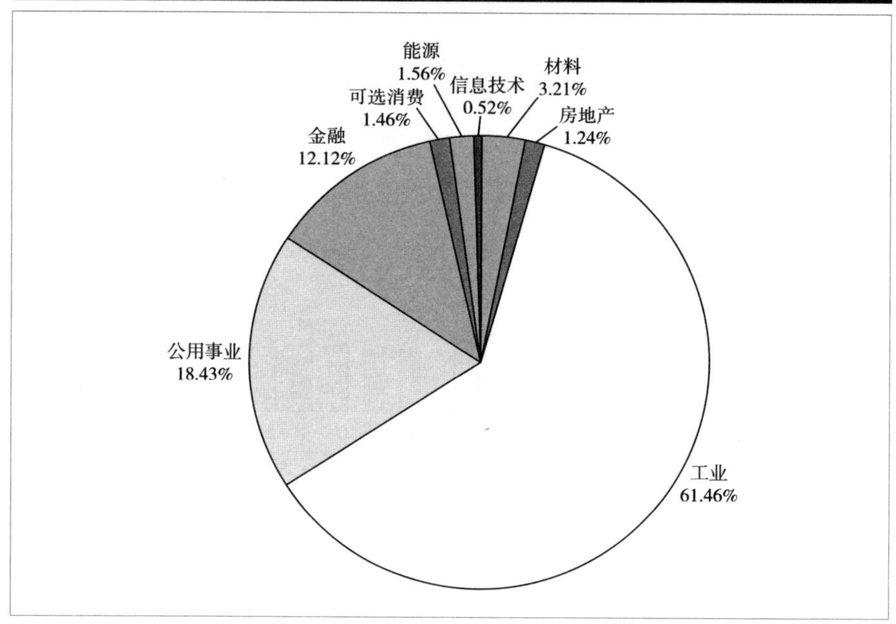

资料来源：Wind。

5. 债券发行评级有所下沉，国际评级占比仍较小

在债项评级方面，2017年以来，绿色债券的发行以AAA级债券为主，但占比有所下降（见表3）。2020年1~9月，AAA级债券共发行98只，占比为43.36%，较2017年下降18.90个百分点；未评级债券发行数量为60只，占绿色债券发行数量的26.55%，较2017年上升13.34个百分点，绿色债券发行信用评级有所下沉。

表3　2017年~2020年1~9月人民币绿色债券发行债项评级情况　单位：只，%

债项评级	2020年1~9月		2019年		2018年		2017年	
	发行数量	占比	发行数量	占比	发行数量	占比	发行数量	占比
—	60	26.55	67	19.53	31	14.76	21	13.21
A+	0	0.00	2	0.58	2	0.95	1	0.63
AA	17	7.52	25	7.29	10	4.76	18	11.32
AA-	1	0.44	1	0.29	4	1.90	1	0.63

表3　2017年~2020年1~9月人民币绿色债券发行债项评级情况								（续表）
债项评级	2020年1~9月		2019年		2018年		2017年	
	发行数量	占比	发行数量	占比	发行数量	占比	发行数量	占比
AA+	50	22.12	66	19.24	35	16.67	19	11.95
AAA	98	43.36	182	53.06	128	60.95	99	62.26
总计	226	100.00	343	100.00	210	100.00	159	100.00

资料来源：Wind。

在国际评级方面，从本外币所有绿色债券发行情况来看，2017年拥有国际评级的绿色发债主体为34家，在2019年升至61家，2020年1~9月仅为19家（见表4）。整体来看，拥有国际评级的绿色发债主体在减少，在发债主体总量中的占比仍然较小。

表4　2017年~2020年1~9月本外币绿色债券发行主体国际评级情况

单位：家，%

国际评级	2020年1~9月		2019年		2018年		2017年	
	发行数量	占比	发行数量	占比	发行数量	占比	发行数量	占比
A+	0	0.00	2	0.56	0	0.00	5	3.03
A1	9	3.78	43	12.11	8	3.72	13	7.88
A2	0	0.00	4	1.13	2	0.93	4	2.42
A3	6	2.52	4	1.13	9	4.19	7	4.24
Aa3	0	0.00	1	0.28	0	0.00	0	0.00
B1	1	0.42	0	0.00	0	0.00	0	0.00
Ba3	2	0.84	0	0.00	0	0.00	0	0.00
Baa1	0	0.00	1	0.28	0	0.00	0	0.00
Baa2	0	0.00	1	0.28	2	0.93	0	0.00
Baa3	0	0.00	3	0.85	3	1.40	3	1.82
BBB+	1	0.42	2	0.56	1	0.47	2	1.21
BBB−	0	0.00	0	0.00	0	0.00	0	0.00
未评级	219	92.02	294	82.82	190	88.37	131	79.39
总计	238	100.00	355	100.00	215	100.00	165	100.0

资料来源：Wind。

6．免税情况

2020 年 1~9 月，共有 12 只绿色债券在境外发行，其中 6 只来自香港联合交易所，另外 6 只来自新加坡证券交易所，均为免税债券（见表 5）。在境内发行的人民币绿色债券，目前尚无免税债券，我国绿色债券境内发行免税方面的政策支持力度亟须加大。

表 5　2017 年 ~2020 年 9 月我国境内外本外币绿色债券免税情况

单位：只

免税情况	2020 年 1~9 月	2019 年	2018 年	2017 年
否	226	263	210	164
是	12	10	5	1
合计	238	273	215	165

资料来源：Wind。

14.2-2　二级市场交易投资情况

1．绿色债券成交逐步活跃

从现券交易来看，2020 年 1~9 月，人民币绿色债券成交金额累计为 4879.88 亿元（见图 6），同比增长 9.44%。其中，银行间债券市场成交总金额为 4545.34 亿元，占比为 93.14%；上海证券交易所成交总金额为 281.79 亿元，占比为 5.77%；深圳证券交易所成交总金额为 52.75 亿元，占比为 1.08%。总体来看，二级市场成交金额稳步增长。

2．绿色债券投资者以非法人机构和商业银行为主

绿色债券投资分布较为广泛，投资者以非法人机构和商业银行等类型机构为主。根据上清所托管情况[1]，以 2019 年末托管结构来看（见图 7），包括企业年金计划、保险产品、社保基金、信托产品等在内的非法人机构投资余额占比为 61.49%，较 2018 年末下降 0.21 个百分点；商业银行投资余额占比为 21.35%，较 2018 年末提升 0.45 个百分点；政策性银行及国家开发银行投资余额占比为 5.04%，较 2018 年末下降 0.06 个百分点；境外机构及外资银行投资余额占比为 3.98%，较 2018 年末上升 3 个百分点。

1　上清所负责托管非金融企业绿色债务融资工具。

图 6　2017 年 ~2020 年 9 月绿色债券市场现券成交金额

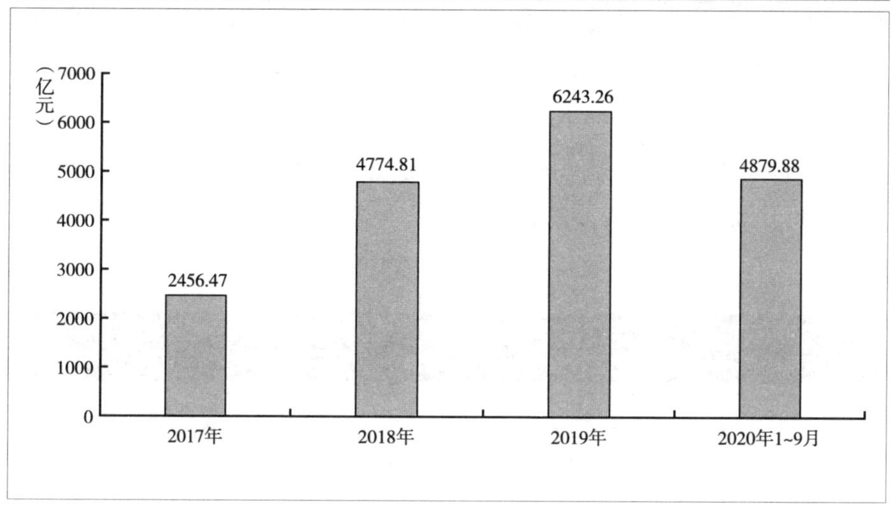

资料来源：Wind。

图 7　2019 年末非金融企业绿色债券投资者结构分布

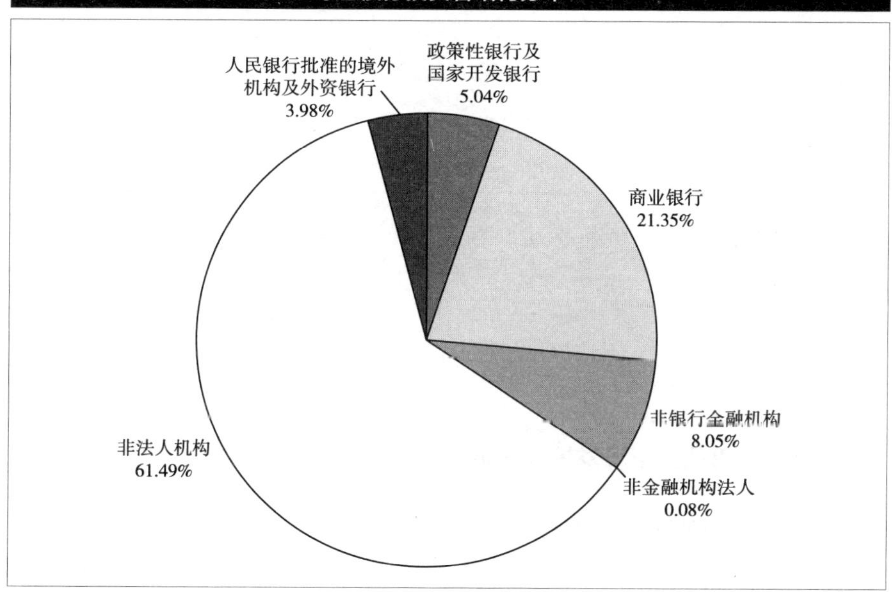

资料来源：Wind。

3．绿色债券收益率低于市场整体收益率

将绿色债券发行年份（2016 年）各指数的数值确定为基数 100，得到相同基数的中国绿色债券指数、金融债券总指数、企业债总指数以及高信

用等级债券指数（见图 8），从指数走势分析来看，截至 2020 年 9 月，绿色债券、金融债券、企业债和高信用等级债券累计涨幅分别为 18.99%、17.39%、24.06% 和 21.78%，年平均收益率（平均收益率指：对 2016 年 ~2020 年 9 月的总收益率进行算术平均）分别为 4.00%、3.66%、5.06% 和 4.58%。绿色债券收益率较低，低于企业债和高等级信用债券，略高于金融债券，说明绿色债券发行得到市场投资者认可。

图 8　2016 年 ~2020 年 9 月经修正后的中国绿色债券指数与金融债券总指数、企业债券及高信用等级债券指数对比

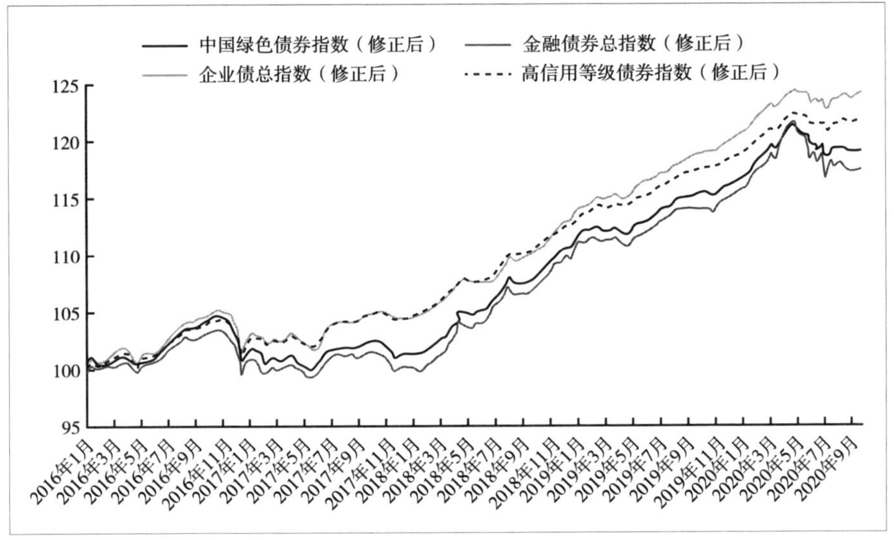

资料来源：Wind。

14.2-3　绿色债券市场发展面临的挑战

第一，国内外绿色债券定义及标准差异有待进一步缩小。中国人民银行等三部门在 7 月发布的《关于印发〈绿色债券支持项目目录（2020 年版）〉的通知（征求意见稿）》中，已建立了绿色债券支持项目的分类标准体系，实现了国内绿色债券市场在支持项目和领域上的统一，并在四级分类中删除了化石能源清洁利用的相关类别，有利于推动我国绿色债券标准统一并逐步与国际接轨。但由于各国国情及政策重点的不同，中外绿色债券定义不同的领域仍占现有分类标准的 30%~50%，国内外相关政策仍存在许多差异，加大了绿色债券投资和跨境发行的交易成本，如募集资金投向绿色项目等国内外标准的差异，导致部分国内发行的绿色债券无法被纳入国际绿色债券数据库，也阻碍了绿色资本在相关领域的跨境流动。

第二，绿色债券相关监管机制尚待完善。一是外部审核与评估机制有待完善。当前，中国绿色债券外部审核及认证尚未形成统一流程，亟须规范第三方评估机构的认证流程和认证标准以提高认证机构的公信力。二是信息披露机制尚不完备。比如，部分中国绿色债券在将募集资金用于补充流动资金时信息披露不足，加大了投资者对绿色资产的“搜索成本”，也降低了绿色债券投资的吸引力。

第三，从发行端看，绿色债券期限错配问题仍有待解决、产品创新仍有待加强。由于绿色产业和项目通常回报率偏低、投资期限长，因此从国际上看，许多清洁能源、固体废物处理等绿色项目均倾向吸纳长期资金，国际市场发行的绿色债券也多集中在5~10年期，与此相比，当前中国绿色债券的平均期限仍然较短，以1~5年期绿色债券为主。此外，绿色债券品种也有待进一步丰富，能够支持地方基础设施建设的绿色市政债仍有待发展，能够服务于“一带一路”沿线国家的相关绿色债券产品仍较为有限。

第四，从投资端看，政策支持力度仍有待进一步加大。一是跨境资本的流入仍然受到多因素制约，外资所持中国绿色债券比例远低于国际水平，绿色债券的投资者类型仍有待进一步丰富。二是财政补贴与免税等政策支持力度仍需加大，担保和增信支持等手段仍有待拓展。三是境内投资者对绿色投资的了解仍较为有限，ESG投资者仍有待培育，投资者教育仍有待加强。

14.3 绿色债券市场发展建议

14.3-1 继续推进国内绿色债券定义及标准与国际接轨

一方面，继续推进绿色债券定义统一。推进绿色金融标准的国际合作和互认，通过双边对话和协商，不断缩小中国和国际绿色债券定义之间的差异，积极参与国际标准和评定规则的制定，持续提升我国绿色金融市场与全球融合的广度和深度。另一方面，积极推动国内外标准接轨。一是持续提高对募集资金使用等绿色债券信息披露的要求。当前，国际绿色债券募集资金投向一般公司用途的比例至多为5%，而国内相关标准仍然较高，比如国家发改委和上交所规定的相关指标分别高达 50%、30%，后续应加强绿色债券募集资金用途管理，统一信息披露频率及披露内容的具体要求。二是规范第三方评估机构的认证流程和认证标准，提高认证机构的公信力。推动形成一致、透明的认证标准及认证流程，培养一批有国际视野的本土认证机构，推动国内外标准兼容，提升评估结果的权威性。

14.3-2 进一步优化发行端的政策支持，加强产品优化与创新

第一，加强绿色金融基础设施建设。推动排污权、水权的评估与交易等市场机制建设，对企业减排效果及金融机构环境风险的披露要求要逐步强化，加大环境部门与金融机构绿色金融基础信息数据共享，加强金融科技对绿色减排、绿色产业链、供应链金融的支持。

第二，增加绿色债券产品供给。借鉴近期德国发行主权绿色债券的经验，尝试发行绿色国债，推动国内绿色债券市场基准价格的建立；进一步优化绿色资产证券化产品、绿色地方政府债等各类产品的结构设置，通过优化项目收益分配机制等多种方式，扩大绿色债券产品的市场份额；做好服务于社会平等、减贫及促进就业等领域的社会效应债券和可持续发展债券发行的相关工作；以“东盟 +3 债券市场论坛（ABMF）”等政府间合作机制为依托，促进“一带一路”沿线的区域间合作及绿色债券标准一体化，推动金融机构赴海外发行绿色债券，满足“一带一路”沿线国家相关投资需求。

第三，解决好绿色债券期限错配问题。目前，绿色债券发行期限较短、多集中在 1~5 年期，但绿色项目期限普遍较长，应鼓励发行主体多发行长期限绿色债券，满足绿色项目实际建设融资需求。

第四，引入更多国际机构发行绿色熊猫债。向国际发行人提供实务操作指南及配套信息服务，降低其发行首单绿色债券的成本与难度，设置弹性规则及激励机制，鼓励更多国际机构进入我国市场发行绿色债券。

14.3-3 进一步加大投资端支持力度，优化投资者结构及风险补偿机制

第一，加强绿色投资者网络建设，持续优化投资者结构。一是针对商业银行等绿色债券配置主体实施优惠政策，提高绿色债券吸引力，激励更多商业银行进入绿色债券投资者行列；借鉴 OECD 国家养老金基金在债券投资中的主导地位，加大政策引导力度，在我国银行主导的市场中引导养老金基

金等更多机构投资者进入国内绿色债券市场投资。二是积极培育遵循“可持续发展目标”的 ESG 投资者，吸引保险公司等境外机构投资者进入绿色投资领域，进一步提高我国绿色债券的可见度。三是积极吸引个人投资者进入绿色投资者行列。比如，完善外汇衍生产品以满足发行人和投资者对冲外汇风险的需求，吸引个人投资者参与绿色债券交易。

第二，健全绿色债券的风险分担补偿机制。针对垃圾焚烧发电、固废处理等项目投资周期长、投资风险高的绿色项目，进一步完善其配套风险补偿政策；为较低评级的绿色债券新品种提供担保，通过外部增信提升绿色资产价值；加大财政补贴与免税等政策支持力度，将绿色债券与信用增进产品、环境责任险相挂钩，拓展对绿色债券的担保和增信等支持手段。

第三，推动绿色债券指数纳入国际指数，扩大国际影响力。未来，可优化并推动国内绿色债券指数纳入标准普尔绿色债券指数、巴克莱 - 明晟绿色债券指数等国际指数，扩大同国际交易所的合作与信息共享，吸引更多国际投资者了解并进入中国绿色债券市场，推动绿色债券市场的进一步开放。

第 15 章　超低利率的经济社会影响分析*

- 与负的实际利率不同，负名义利率直接改变了信用类产品未来现金流的流向，如现金流将从债权人流向债务人，形式上的改变对投资者的冲击更为严重，进而将改变其投资选择。

- 超低利率政策具有财富再分配效应，改变了居民的财富管理结构。面对超低利率，在收入不增加的情况下，居民的储蓄开始分流：居民会增加预防性储蓄，但减少投资性储蓄，寻求高收益、高风险投资如私募基金等；与此同时减少消费。长期来看，人口结构、预期、投资心理、投资环境等多重因素使居民更加个性化地配置金融资产。

- 超低利率尤其是负利率对商业银行的净利差有再分配效应，不同类型的银行受影响不同。商业银行如果能在净利差相对缩小的同时，不断提高贷款规模，或及时调整并开辟新的盈利来源，将可以保持利润持续稳定。事实上，为了防止商业银行因超低利率造成的利润损失，各央行也采取了若干措施。发达国家的商业银行将不会因其超低利率政策而受损。但是，如果商业银行的放贷行为没有被严格监管，其信贷风险或将进一步上升，一方面延长僵尸企业的存在时间，另一方面将自身拖入高风险领域。

- 固定收益产品收益率下降，原来以固定收益产品如政府债券等为主要资产进行配置的金融机构（如人寿保险公司、养老金、货币市场基金等非银行金融机构）的收益会受到负面影响，继而会逐步减持固定收益产品，寻求其他风险更高的资产增值之道，变得不那么稳健；长期来看，整个资本市场的投资结构会逐步改变，这种改变对金融市场的综合影响还难以确定。

- 对央行及财政部门的影响。短期来看，超低利率诱发政府债务过度扩张，将引发新的财政风险；长期来看，市场投资将共同推高主权债务的风险溢价，反过来约束政府债务的过度扩张。超低利率政策对政府部门总体无影响，但使部分央行的实际行为看起来更加“冒险”。

---

* 本章作者：周莉萍，国家金融与发展实验室中国债券论坛高级研究员，中国社会科学院金融研究所。

自全球疫情暴发以来，主要发达经济体持续调低利率或继续维持负利率政策，带领全球进入超低利率环境。这种短期的政策行为或许迎合了经济潜在增长率下降的基本趋势，但其是否顺利传导至实体经济，如何传导至实体经济，这种对经济金融的微观影响机制比政策想要达到的单一政策目标更为重要。与此同时，中国与全球发达经济体面临很多类似的总供给特征，如人口老龄化、科技进步缓慢等，中国未来或许也会被拖入超低利率政策环境，如何避免进入超低名义利率政策、一旦进入如何克服其产生的负面影响，这些问题对中国经济至关重要。因此，基于以上考虑，有必要深入了解超低利率的经济社会影响。

从施政央行的期望来看，中央银行对超低名义利率的期望值应该落在实体经济领域，如优质企业而非僵尸企业的信贷可得性、引导通货膨胀预期等。但是，目前的这种操作模式使超低利率政策的直接影响主要落在了货币市场，而且，由于央行购买资产具有局限性，其直接影响的是与这些资产相关的利率和金融机构，而不是更多品种和期限的利率或更广范围的金融机构。在有限的货币市场利率范围内，传导过程是否顺利，才直接决定其最终实际效果。

长期超低利率对经济的影响比较复杂。与负的实际利率不同，负名义利率直接改变了信用类产品未来现金流的流向，如现金流将从债权人流向债务人，形式上的改变对投资者的冲击更为严重，进而将改变其投资选择。有鉴于此，分析超低利率对居民部门、企业部门、金融中介、财政部门、中央银行、金融稳定的影响，更具有重要的现实和理论意义。

15.1　超低利率的经济效应

15.1-1　对居民储蓄的影响

传统理论认为，较高的实际存款利率有利于刺激储蓄，而储蓄对投资无论在短期和长期都有决定作用，较高的实际存款利率对投资的正面刺激超过了高借款利率对投资的弱化作用（McKinnon，1973；Shaw，1973）。真实例证就是 20 世纪 70 年代以来的部分发达国家和地区，以及部分新兴经济体如中国的高利率、高储蓄率、高潜在产出增长率，21 世纪初期以来的全球超低利率、超低潜在产出增长率。依此，超低利率政策在长期会降低实际存款利率，不利于一国的储蓄、投资和经济增长。

货币市场的超低利率是否会被传导至零售资金市场？答案是肯定的。货币市场的短期名义利率长期处于低位或负利率，对银行的征税将被转嫁给储蓄者，最终将导致零售市场的利率走低，存款利率或接近零。这种推测有历史数据支撑。据世界银行统计，在长期实行低利率政策的日本，从 20 世纪 80 年代至今，其银行存款利率平均水平为 0.4%，浮动范围为 0.04%~5.5%，2002 年出现最低存款利率 0.04%。

超低利率下，居民储蓄会持续分化。第一种情况是出现李嘉图效应，即超低利率导致人们延长工作时间和增加储蓄，以获得与高利率情形下相同的财务计划目标。第二种情况就是出现维克赛尔效应，即减少储蓄、增加消费，这种情形的前提条件之一是收入不变或增加，而目前这一条件在多数国家难以实现。现实中还存在第三种情况，即储蓄从商业银行流出，但不进入消费领域，而是进入收益更高的投资领域，如影子银行体系、私募基金体系。

从实践观察来看，由于实行超低利率的时间不同，各国情形差别较大。在欧央行实行负利率政策之际，荷兰国际集团（International Netherlands Groups，ING）围绕超低利率对储蓄的影响进行了数次涵盖全球 15 个国家的国际调查，主要结论是：面对超低利率，在短期，居民会减少储蓄，转而持有现金或其他高收益资产，鲜有增加支出；相对于低利率，居民对负利率的反应比较激烈，居民储蓄会在短期内骤降，且居民支出未必增加。当然，调研观点很难完全代表居民最后的决策行为。如果说上述多数国家实行超低利率的平均周期相对较短，难以有定论。那么，已实行 20 年超低利率政策的日本居民储蓄实践则能给出一些真实的规律性变化。在超低利率政策初期，日本居民减少了现金类和债务类金融产品的持有量，转向高风险资产如股票和信托投资产品，且主要分布在外汇投资领域，约占居民总资产的 80%。具体投资途径包括外汇利差账户、外汇信托投资、外国债券等。这些投资产品与当时的高利率货币有关，如澳元、英镑、南非兰特等。时至今日，日本的居民资产配置结构又出现了新变化。一是加密货币出现后，日本散户开始投资全球加密货币，有数据显示，日本的散户主导了比特币 1/3~1/2 的市场投资份额（Bloomberg，2017）；二是收益率之外的因素如年龄、适应性预期、通货紧缩预期、悲观投资心理等开始深刻影响个人资产配置，居民投资更加个性化。例如，传统理论一般认为老龄化会使投资偏好普遍保守，然而在 2018~2019 年，持有高风险资产如股票的日本居民中，60 岁以上的投资者占较大比例。年轻人越来越悲观、保守，而长寿导致的养老金缺口迫使部分老年人的资产配置更加冒险（Nomura Research Institute，2018）。

总之，超低利率政策具有财富再分配效应，改变了居民的财富管理结构。面对超低利率，在收入不增加的情况下，居民的储蓄开始分流：居民会增加预防性储蓄，但减少投资性储蓄，寻求高收益、高风险投资如私募基金等；与此同时减少消费。长期来看，人口结构、预期、投资心理、投资环境等多重因素会使居民更加个性化地配置金融资产。

15.1-2　对商业银行的冲击

超低利率政策对商业银行产生了怎样的影响？理论上而言，商业银行的负债期限通常短于资产期限，超低利率使得收益率曲线扁平化，假定商业银行不愿意将超低利率传导至存款客户，在其他因素不改变的情况下，商业银行净利差会缩小。因此，短期政策利率与商业银行的利差为正相关关系。

欧央行 2016 年的调研结果显示，大型商业银行受负利率政策影响较小。为什么？因为上述判断有重要前提，即商业银行的负债高度依赖零售市场的各类存款、净利差在商业银行利润中占据较大比例等。而在金融市场比较发达的国家，商业银行大多依靠批发市场融资，如商业票据等，来自金融市场的费用、非利息收入较高，影响较小。也就是说，依靠批发市场、大储户存款、外国存款的商业银行将不受低利率政策影响。

更进一步地，负利率政策对商业银行的实际影响须根据其资产负债结构而定。Arseneau（2017）调研分析表明，超低利率尤其是负利率政策对商业银行的净利差有再分配效应，不同类型的银行受影响不同：1/3 的商业银行认为负利率会压缩其净利差，1/3 的商业银行认为负利率会扩大其净利差，1/3 的商业银行认为负利率对净利差无太大影响，对商业银行的总体影响为中性。商业银行自身不同的经营策略决定不同的影响结果：那些高度依赖存款、积极为借款者提供流动性的商业银行，其资产久期较短，净利差受到了负面影响，最终会不断减少贷款；相反，那些致力于为存款者提供不同流动性产品的商业银行则因资金成本下降而获利更多。

因此，商业银行如果能在净利差相对缩小的同时，不断提高贷款规模，或及时调整并开辟新的盈利来源，将可以保持利润持续稳定。事实上，为了防止超低利率对商业银行造成利润损失，各央行也采取了若干措施。例如，2019 年 10 月，欧央行引入双层储备报酬体系（Two-Tier System for Reserve Remuneration）。所谓双层，主要是指设定两个超额存款准备金利率，一个利率水平与主要融资利率一致（当前为 0），另一个利率与存款便利利率一致（当前为 -0.5%），将负利率超额存款准备金的规模保持最低。其直接目的是提高央行负存款便利利率向商业银行贷款利率的传导效率，同时缓解负利率对商业银行利润的侵蚀压力。综上，我们推断，发达国家的商业银行将不会因其超低利率政策而受损。

但是，如果商业银行的放贷行为没有被严格监管，其信贷风险或将进一步增加，一方面延续了僵尸企业的存在时间，另一方面将自身拖入高风险领域。超低利率尤其是负利率使超额存款准备金回到商业银行，为降低机会成本，商业银行必须扩张信贷。在超低利率环境下，企业融资成本降低、融资环境得到改善，企业获得循环贷款、贷款展期的概率增加。但是，如果监管部门没有足够的识别能力，长期超低利率也将改变商业银行的信贷结构，滋生风险。如为了提高利润，商业银行可能为高风险、盈利能力很差的僵尸企业提供常青贷款（Evergreen Loans），即不要求特定期限内偿还本金的贷款。事实上，日本、欧洲地区等 14 个发达经济体在推行负利率政策之后均出现了僵尸企业数量增加的现象。向僵尸企业贷款无疑挤压了优质企业的贷款资源，扭曲了信贷资源配置结构，不利于中长期的经济复苏，可能会加剧负利率政策国家和地区的通货紧缩趋势。

15.1-3 对固定收益市场的影响

超低利率的基本背景是经济衰退，经济衰退时期人们对国债等安全资产的需求高于以往，因此，超低利率首先有利于固定收益市场繁荣发展。但是，从整个金融体系和机构视角来看，其对固定收益市场也将产生负面影响。

超低利率在高度市场化的债券市场传导非常顺畅，债券市场收益率也顺势下降。超低利率不仅改变了该市场的定价机制、长期收益预期，更是重创了以固定收益为主要资产配置的养老金、保险公司等金融中介，让这类原本稳健的机构变得更加冒险，对固定收益市场产生了负面影响。

（1）中央银行对基准利率更加直接的控制，削弱了固定收益产品的投资吸引力。负利率政策是一种直接的利率影响政策，基准利率被央行直接制定的超额存款准备金利率所驱动，打破了以往货币政策的利率工具规则，如泰勒规则，从而改变了市场的定价预期，超额存款准备金利率成为以往市场基准利率的新基准。以各国基准利率作为定价要素的各种公司债等固定收益产品，在负利率政策下，将直接承担利率风险，如果公司债本身的信用风险继续加剧，公司债收益率为负也是必然的结果。但是，从债券定价的核心理论——评估未来现金流现值的角度来看，名义利率为（-100%，0%）时，分母依然为正，并不影响估值理论，但会影响实际操作，如在债券到期之前需向债券持有人收取利息，无论如何解释，这一反常操作都会直接影响债券的吸引力。

（2）负利率政策间接改变了中长期基准利率，从而改变了固定收益资产的长期收益率。长期利率的高低并不容易用理论来解释，现代宏观经济学模型中的利率一般是短期利率，长期利率几乎没有得到任何讨论。这与宏观经济学鼻祖——凯恩斯的基本理念有关："在长期，我们都是死的。"在实践中，综合利率期限结构的预期理论和流动性升水理论，长期债券收益率等于当期短期利率和预期未来短期利率的几何平均数，加上因为承担信用风险等产生的流动性升水。当短期利率为负时，除了拉低长期债券收益率，长期债券收益率和短期利率之间的这种直接关系也消失了。当然，如果对经济的预期非常乐观，长期固定收益产品会因较高的通货膨胀预期而更受欢迎，短期利率为负不影响市场需求抬高长期债券的收益率。另一种结果是，短期负利率会通过预期（比如预期负利率政策将在很长一段时间内存续）传导至长期，长期固定收益产品的收益率也将逐步为负。比如，最近两年，德国、日本等实行负利率政策国家的十年期国债收益率已经低至 0.3% 左右，瑞士十年期国债收益率则已经为负。

（3）在固定收益产品收益率下降的情况下，原来以固定收益产品如政府债券等为主要资产进行配置的金融机构（如人寿保险公司、养老金、货币市场基金等非银行金融机构）的收益会受到负面影响，进而逐步减持固定收益产品，寻求其他风险更高的资产增值之道，变得不再那么稳健；长期而言，整个资本市场的投资结构会逐步改变，这种改变对金融市场的综合影响还难以确定。在货币市场、基金发挥重要作用的金融市场中，负利率的负面作用不可估量，这也许是美国暂时避开负利率政策的重要原因之一。

15.1-4 对央行及财政部门的影响

（1）短期而言，超低利率诱发政府债务过度扩张，将引发新的财政风险；长期而言，市场投资将共同推高主权债务的风险溢价，反过来约束政府债务的过度扩张。毫无疑问，超低利率在短期内直接降低政府债务利息和财政成本，政府能以更低利率举债，债务展期成本极低，几乎对税收不产生影响。但政府过度举债会产生社会福利成本，如减少社会资本的积累，改变资本 - 劳动比。如果理性的投资者意识到这一点，随着时间的推移，其对政府债券、主权债务的风险评价将会改变，市场投资将共同推高主权债务的风险溢价，反过来约束政府部门过度扩张债务。

（2）负利率政策可能引发金融市场过量的流动性，额外增加政府的宏观调控目标。负利率政策的初衷是稳定总需求，即通过刺激商业银行创造信用，刺激经济，减少失业，实现充分就业目标。但是，在就业指标尚未实现之前，经济中的债务很可能已经过度累积。因为负利率政策在实践中往往配合央行大规模资产购买，即基础货币投放。长期而言，如果实体经济没有出现新的增长点和可观的投资回报，如此大规模和廉价的新增流动性有可能脱实向虚，继续投向金融化的经济领域如房地产、大宗商品等，推高资产价格泡沫。此时，央行在获得利率下调空间、增加就业的同时，也必须增加新的调控目标——抑制资产价格泡沫。

（3）负利率政策弱化央行的货币政策传导效果。学者们大多认为负利率政策没有改变货币政策传导机制。欧央行学者 Amzallag，Calza，Georgarakos 和 Sousa（2019）调研了意大利的相关数据后认为，分析该问题的关键因素是商业银行融资结构。对于隔夜存款占总负债比例较高的商业银行，在政策利率进入负的区域之后，会调高固定利率抵押贷款的利率，但浮动利率贷款受影响较小。总体而言，负利率政策并没有从根本上改变货币政策传导机制，但是弱化了传导效果。

综上，超低利率政策对政府部门总体无影响，但使部分央行的实际行为看起来更加“冒险”。中央银行和财政部门都属于政府部门。对于整个政府部门而言，在零利率附近，中央银行购买财政部门发行的债券，不过是负债结构转换，政府债务转为货币，不产生额外的影响。对央行自身而言盈利水平下降，但投资亏损最终还将回到政府部门。等于央行和政府部门自己在获取负利率政策的收益时承担其成本，最终的政策效果可能会被抵消。但超低利率需要量化宽松、质化宽松等政策配合，这对中央银行产生了压力和影响。一是中央银行需要在降低政府债务负担与未来通货膨胀之间努力实现平衡。二是央行资产负债表风险暴露增加。量化宽松的标的不一定是政府债券，还包括风险资产（即流动性差、风险高的资产），美联储、日本央行等均是如此，风险资产比例在其资产负债表中不断上升。

15.1-5 对新兴经济体的影响

负利率政策通过汇率途径影响新兴经济体实体经济。发达国家央行的负利率政策会使本币贬值，尤其是本币兑美元贬值，美元相对升值，新兴经济体的货币相对贬值。因此，其对新兴经济体的真实影响并不确定。不同新兴经济体对负利率政策国家和地区的出口规模和结构不一，需要具体分析。例如，负利率政策下，新兴经济体债券等固定产品收益率相对保持为正，有利于国际资本流入。

总之，超低利率政策在改善融资环境的同时，也酝酿了新的风险。此时，央行继续实行负利率政策，其性质将从最初的逆周期货币政策转变为顺周期货币政策，将威胁金融稳定。但是，也有乐观的学者认为，原本就不应对负利率政策期望过高。负利率政策是零利率以下能够作为央行宽松货币政策、央行积极行动的一种有用信号，只要其对经济发挥了信号作用，提升了居民对央行调控经济的信心，其职责就已完成。

15.2 超低利率的实际效果评估

理论上的经济效应如前文所述，实践中，实现负利率政策的国家和地区（简称“负利率政策区”）经济目标进展如何?

15.2-1 负利率政策区的通货膨胀指数

以欧元区为例，2014 年 6 月实行负利率政策的核心目标是提升通胀预期。在最初两年，负利率政策提升通货膨胀预期的效果较弱：2014 年底通货膨胀率首次为 -0.2%，2015 年通货紧缩深化，最严重时为 -0.6%。2016 年 6 月通货膨胀率开始稳定在零以上并呈上升趋势。2017~2018 年，通货膨胀率数月超过目标值 2%，但并不稳定，2019~2020 年中，通货膨胀率呈下降趋势，当前的通货膨胀率为 0.3%，欧元区或再次陷入通货紧缩。从另一个宏观指标——失业率来看，负利率政策实施的前一年——2013 年，欧元区失业率达到近 10 年峰值，月失业率均值在 12% 以上。2014 年负利率政策实施以来，失业率略微下降，但直至 2016 年，其失业率依然在 10% 左右。2016 年至今，其失业率有所下降，但没有明显改善，徘徊在 7.5% 左右（见图 1）。总体来看，欧元区负利率政策提升通货膨胀预期、促进就业的效果有限。

图 1　欧元区调和消费者物价指数与失业率变化情况

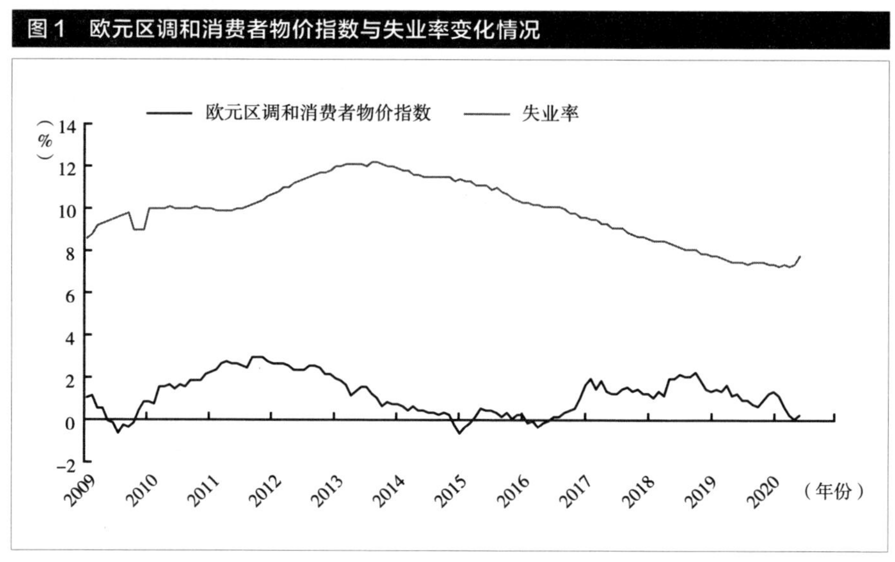

资料来源：欧盟统计局。

15.2-2　负利率政策区的汇率走势

除了欧元区和日本，瑞士、瑞典、丹麦、匈牙利等实施负利率政策之前都面临本币升值压力。从图 2 可以看出，自实施负利率政策至今，瑞典克朗的贬值幅度最大为 24%；其次是丹麦克朗，贬值幅度为 15%；瑞士法郎的贬值幅度为 8%，匈牙利福林的贬值幅度为 3%。但具体的短期贬值效果不一。瑞典克朗和丹麦克朗基本上逐年贬值，瑞士法郎有所贬值，但幅度非常小；匈牙利福林在负利率政策实施后的前两年内反而升值，但 2019 年至今，贬值速度加快。同时，欧元兑美元贬值 19%，日元兑美元保持稳定。总体来看，负利率政策对于推动本币贬值有一定作用，日本是例外，日元在超低利率期间处于升值过程，这与日美贸易摩擦紧密相关。瑞典在 2019 年底退出负利率政策，汇率目标已实现或是其退出原因之一。

图 2 负利率政策区的汇率（本币 / 美元）走势

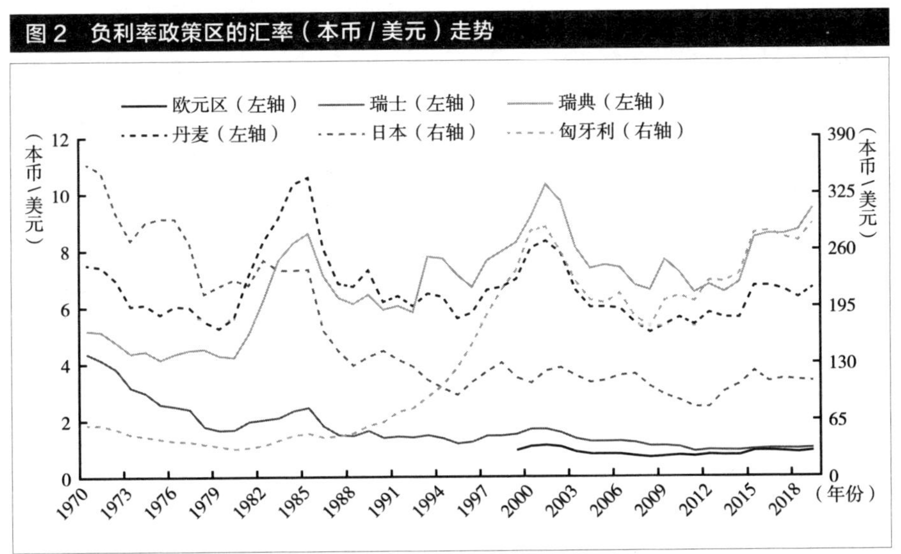

资料来源：世界银行。

15.2-3 负利率政策区的政府债务

前文已述，负利率政策会因低融资成本降低债务负担，但也会诱发债务扩张。实际效果是，负利率政策对不同国家和地区的政府债务影响总体不显著。主要原因是，政府债务也与税收、人口老龄化和巨灾风险等财政收入和支出情况紧密相关，负利率政策对其不起决定作用。从图 3 可以看出，瑞典、匈牙利政府债务增长明显，负利率政策期间政府债务率分别上升了 36%、12.5%。日本的政府债务率自负利率政策推行至今几乎没有变化，停留在 237% 左右；欧元区、瑞士、丹麦的政府债务率自负利率政策以来则分别下降了 9%、5.7%、23.7%。[1]

1　各国和地区的负利率政策时段如下：瑞典（2009 年 7 月 ~2010 年；2015 年 2 月 ~2019 年 12 月）、匈牙利（2016 年 3 月至今）、日本（2016 年 2 月至今）、欧元区（2014 年 6 月至今）、瑞士（2014 年 12 月至今）、丹麦（2012 年 7 月至今）。

图 3 负利率政策区政府债务率（1970~2019 年）

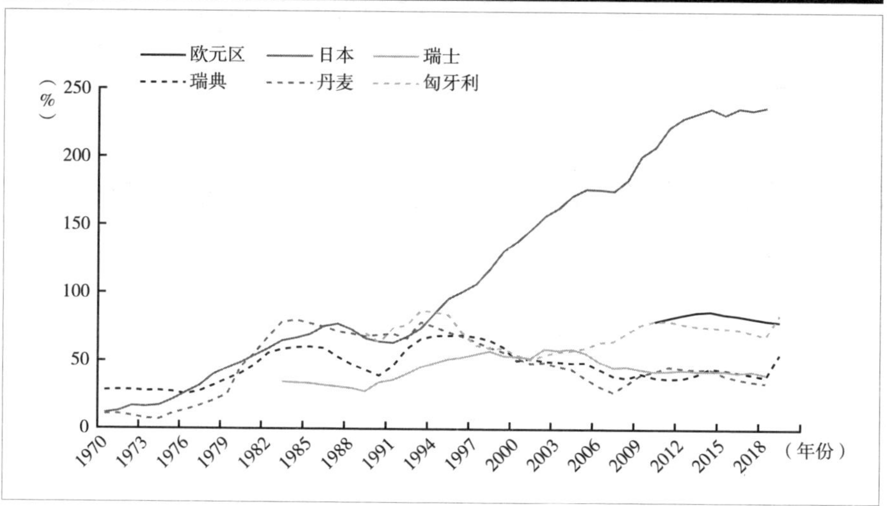

资料来源：IMF。

15.2-4 负利率政策区的债券市场

如何从技术角度理解负利率政策之后债券陷入负收益率？一种解释是关键利率如超额存款准备金利率为负，拉低了债券收益率的下限；同时央行量化宽松政策增加了市场对政府债券的需求，减少了总供给增量，导致政府债券收益率出现负值。政府债券作为货币市场融资的主要抵押品，负收益率意味着价格上升从而抵押价值上升，会进一步增加其市场需求、强化收益率的下降趋势。全球负收益率债务规模目前稳步增长。据 IMF 统计，目前全球有 15 万亿美元的负收益率债券在交易。与此同时，长期债务的期限溢价在不断降低。

15.2-5 负利率政策区的资产价格泡沫

超低利率下的廉价货币充斥市场，导致几乎所有的负利率国家和地区的股票市场都有出色的短期表现，瑞典和丹麦在负利率政策期间的股市涨幅甚至超过了日本在 20 世纪 80 年代末期的股票市场泡沫增长速度，滋生资产价格泡沫风险。这一点也符合经济学家的推测，长期时滞通常伴随资产价格泡沫（Summers，2013）。从图 4 可以看出，自负利率政策实施以来，欧元区国家的股票综合指数平均上涨了 21.4%，日本股市综合指数上涨了 23.8%，瑞士、瑞典、丹麦、匈牙利则分别上涨了 15.4%、127.3%、128.9%、44.0%。从长周期来看，负利率政策国家和地区的股市这一轮上涨的起点是 2008 年国际金融危机之后，危机后的救市政策已经开始刺激股市上涨，虽然 2011 年有所下跌，但不改整体上涨趋势。如果从 2008 年开始估算，负利率政策国家的股市分别上涨的幅度如下：欧元区上涨了 109.6%、日本上涨了 167.0%、瑞士上涨了 91.9%、瑞典上涨了 233.4%、丹麦上涨了 358.5%、匈牙利上涨了 276.4%；股票市场的价格 - 收益比不断攀升。

图 4　负利率政策区的股市指数

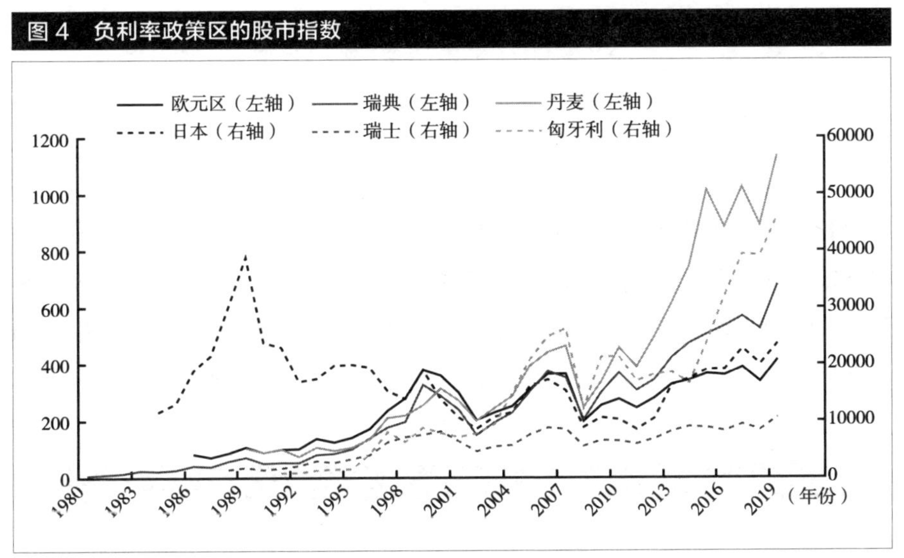

资料来源：Wind。

除了股票市场，负利率政策区的房地产市场也有过热的迹象。负利率政策实施以来，各国家和地区的住宅价格指数涨幅见图 5：欧元区为 16.0 个百分点、日本为 3.6 个百分点、瑞士为 8.5 个百分点、瑞典为 48.3 个百分点、丹麦为 26.4 个百分点、匈牙利为 29.6 个百分点。与此同时，住宅市场的价格 - 租金比不断上升。

15.2-6　负利率政策区的居民储蓄和消费

理论上而言，负利率政策目标之一是驱动居民减少储蓄、增加支出和银

图 5 负利率政策区的住宅价格指数（2010 年 =100）

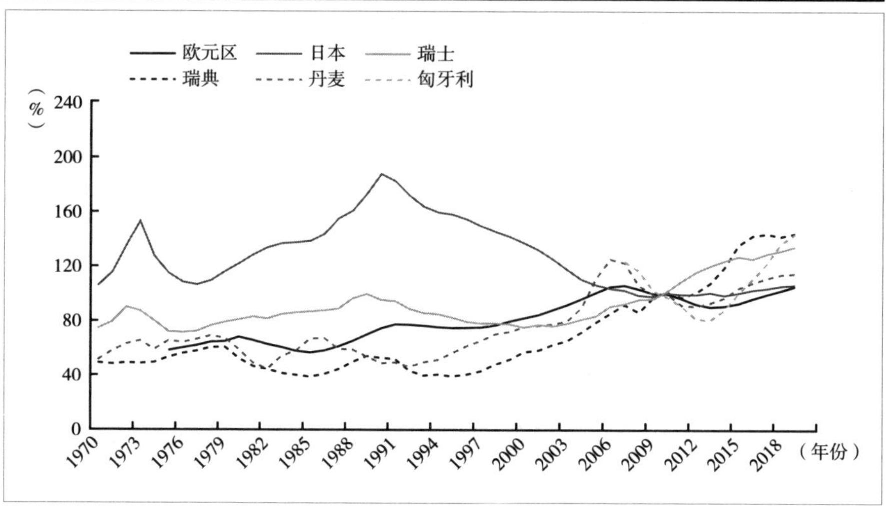

资料来源：世界银行。

行借款。现实结果是，即使在短期内，实施负利率政策国家的居民也没有大幅增加消费，部分国家居民储蓄率不降反增（见图 6）。主要原因是大多家庭存在预算约束，在现金流没有明显改善的情况下不会因为降息而大幅增加消费支出和新的银行借款。同时，经济、金融危机使家庭未来现金流充满不

图 6 负利率政策区居民储蓄率

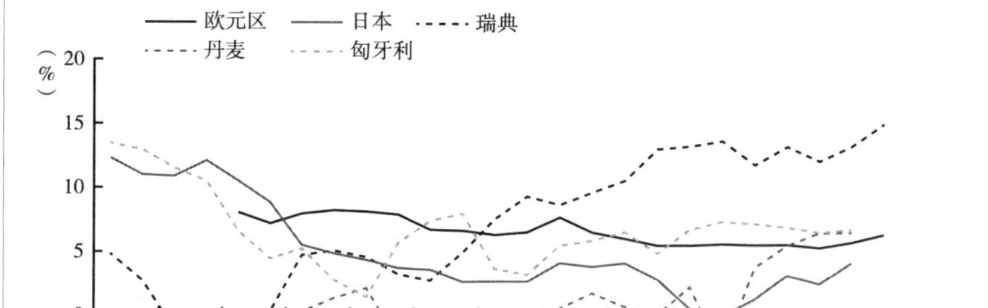

资料来源：OECD。

确定性，更不会随意增加消费和借款。也就是说，目前，全球负利率政策产生的李嘉图效应大多超过了维克赛尔效应，通过负利率政策刺激居民消费的目的，也被证明失败了。只要经济形势不稳定，收入不增加，超低利率下居民会增加预防性储蓄。

15.2-7 负利率政策区的商业银行盈利水平、信贷环境

负利率政策如何影响商业银行盈利水平？一个指标是商业银行资产收益率。由于欧元区等地区数据缺失较为严重，只能总体判断其演变趋势。从图7可以看出，总体来看，自负利率政策实施以来，这些国家和地区的商业银行资产收益率有所上升，从这个角度来看，商业银行的盈利水平有所改善。但是，瑞士和瑞典的商业银行的收益呈现边际递减趋势，波动较大。改善效果最为明显的匈牙利，其商业银行资产收益率自欧债危机暴发以来上涨了近320个百分点。

图7 负利率政策区商业银行盈利水平（资产收益率）

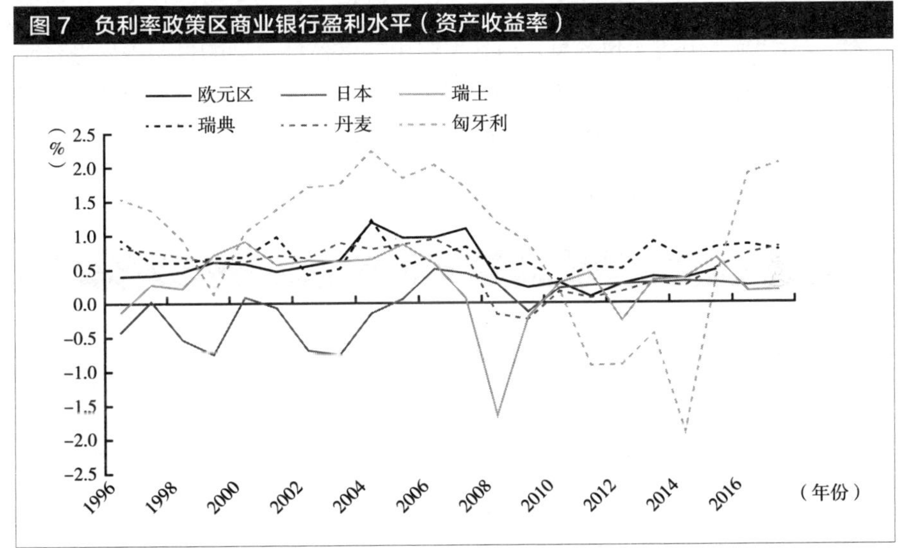

资料来源：世界银行。

另一个指标是商业银行存贷利差。从图8可以看出，不同地区的商业银行存贷利差受负利率政策影响不一。欧元区和日本的存贷利差呈下降趋势；瑞士、丹麦和匈牙利存贷利差呈上升趋势，上升幅度分别为38个百分点、12.8个百分点、41.3个百分点。

图 8　负利率政策区的商业银行存贷利差

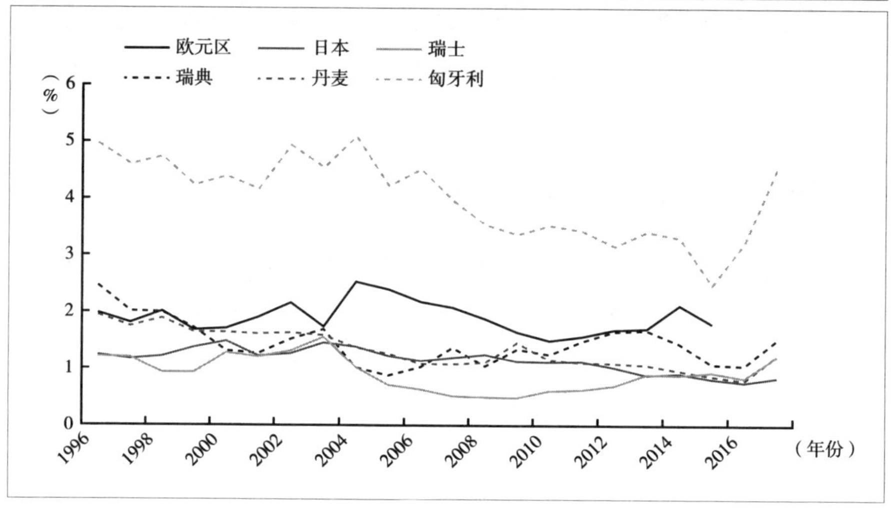

资料来源：IMF、美联储圣路易斯分行。

银行存款利率和贷款利率均呈现不断下降趋势。由于数据缺失，从数据较为完整的瑞士和匈牙利来看，负利率政策已经从批发性的货币市场传导至资金零售市场，银行存款利率不断下跌，大致波动范围为（0，0.5%），见图 9。瑞士的银行存款利率在 2015 年跌入负利率并不断深化，当前的银行存款利率平均为 -0.35%。

图 9　负利率政策区商业银行平均存款利率

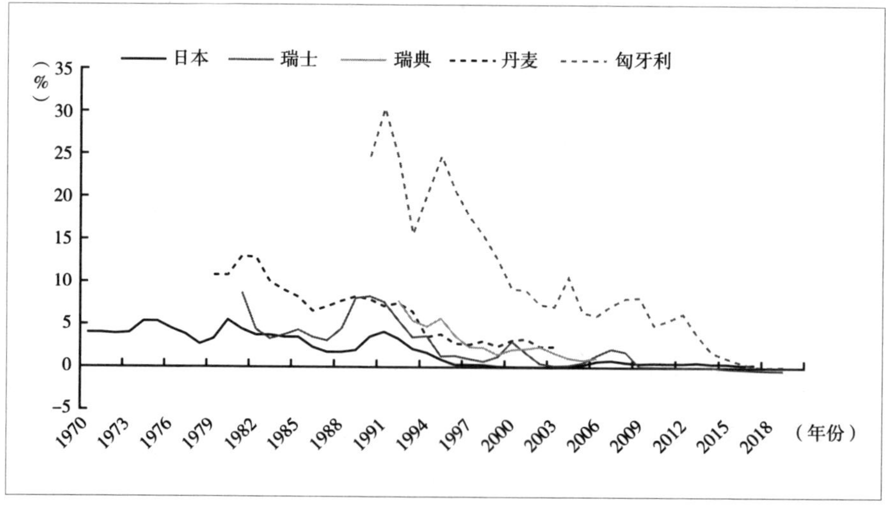

资料来源：IMF。

从贷款利率来看，负利率政策实施以来，各国家和地区商业银行的贷款利率不断下降，当前平均贷款利率低于 2.5%，有利于企业融资。平均贷款水平最低的是日本，其银行贷款利率自 2009 年以来就呈下降趋势，当前银行贷款利率低于 1%。其中，三井住友银行和东京三菱银行将其贷款利率和 10 年期固定住宅贷款最优利率分别调低至 0.9% 和 0.8%。从整体来看，日本商业银行长期贷款与贴现率在短期内出现明显下浮，从 2016 年 1 月的 0.93% 滑落到 2 月的 0.76%，并在后续逐渐稳定在 0.6%~0.7% 之间。其他国家和地区的银行贷款利率也在下降，但绝对值没有如此之低，总体下降幅度较低（见图 10）。

图 10　负利率政策区商业银行平均贷款利率

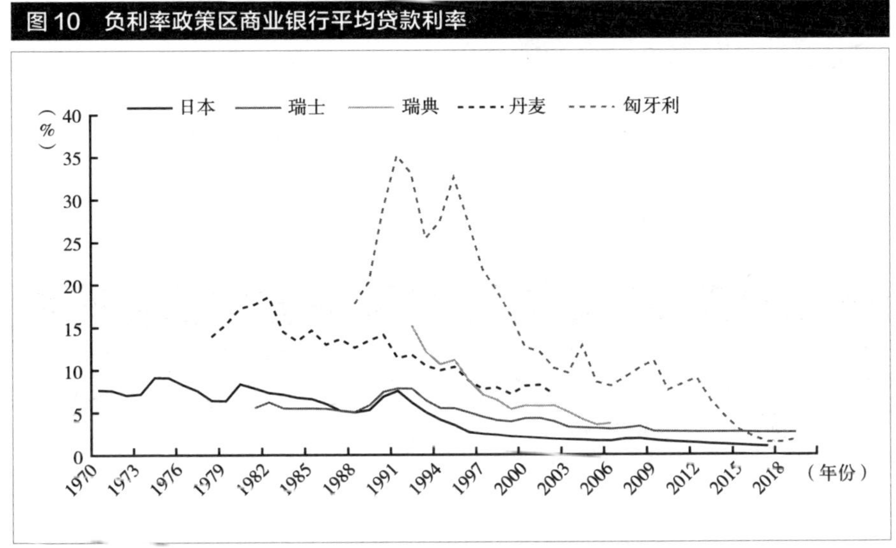

资料来源：IMF。

15.2-8　负利率政策对新兴经济体的影响

主要发达国家和地区的负利率政策是否推动国际资本流向新兴经济体？从图 11 可以看出，自 2008 年国际金融危机以来，发达国家流向新兴和发展中经济体的资金在不断增加。主要发达国家负利率政策实施之后，资金继续从发达国家流向新兴和发展中经济体。但是，具体流向不明，流向新兴经济体的资本如证券投资并没有大幅增加，甚至有所萎缩。

图 11　国际资本流向新兴和发展中经济体规模（2007~2018 年）

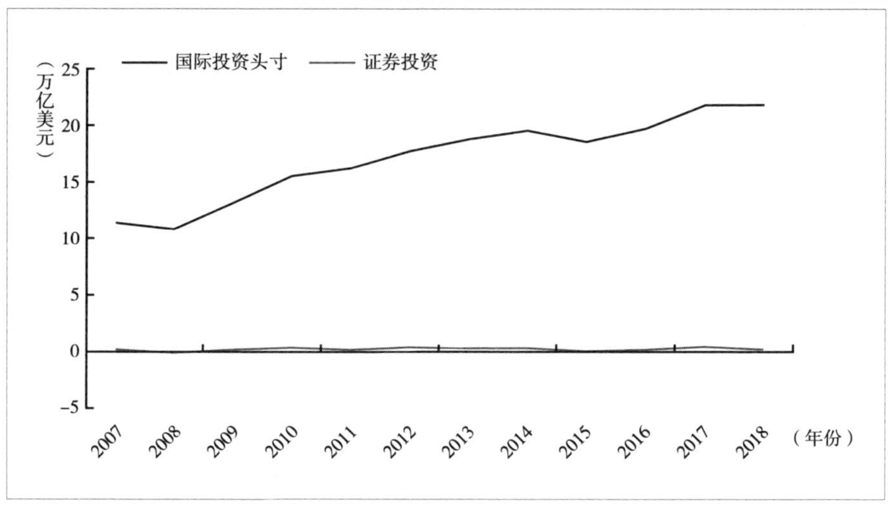

资料来源：IMF。

综上，全球部分发达国家和地区的负利率政策产生的经济、社会效果，总体评价见表 1 和表 2。

表 1　负利率政策对经济、社会的实际影响效果评价

评价指标或方向	效果评价			
	非常明显	一般	不明显	相反的影响
提升通胀预期——通货膨胀指数	瑞典、匈牙利、丹麦	瑞士	欧元区、日本	
推动本币贬值	欧元区、瑞典、丹麦	匈牙利、瑞士		日本
诱发政府债务扩张	瑞典、匈牙利		日本	欧元区、瑞士、丹麦
引发资产价格泡沫——股市	瑞典、丹麦	欧元区、日本、瑞士、匈牙利		
引发资产价格泡沫——房地产市场	瑞典、匈牙利、丹麦	欧元区	日本、瑞士	
刺激居民消费				所有地区
推动商业银行盈利——资产收益率	匈牙利		丹麦	欧元区、日本、瑞士、瑞典
推动商业银行盈利——净利差	瑞士、匈牙利	丹麦	瑞典	欧元区、日本
推动企业融资成本降低	所有地区			
推动国际资本流入新兴经济体	所有地区			

资料来源：作者估算编制。

表 2　超低利率政策的利与弊	
利	弊
有利于股市、房地产繁荣	不利于提高通胀预期
收入不增加时，有利于推高居民储蓄	不利于推动居民消费
有利于商业银行实现盈利	会增加中央银行资产负债表风险
有利于降低企业融资成本	不利于产业结构调整，会增加僵尸企业
有利于本币贬值（若政策目标如此）	不利于固定收益市场及其投资者
短期有利于政府债务展期	不利于金融稳定

资料来源：作者整理。

理论和历史事实证明，负利率政策产生了不同的宏观经济影响，绝大部分国家和地区都没有在短期内实现最初的宏观经济目标，如提高通胀预期、抑制本币升值、推动经济增长等。在宏观经济目标之外，超低利率对居民消费、商业银行、中央银行及财政部门均会产生影响：收入不增加时，居民预防性储蓄会增加，消费可能反而减少；超低利率确实能有效降低企业融资成本，但可能制造更多的僵尸企业；商业银行尤其是大型商业银行将因超低利率而获益；中央银行面临资产负债表风险等。

参考文献

Amzallag, A., A. Calza,D. Georgarakos and J.Sousa.2019. "Monetary Policy Transmission to Mortgages in A Negative Interest Rate Environment ." ECB Working Paper No.2243.

Arseneau, D. 2017. "How Would US Banks Fare in A Negative Interest Rate Environment? " *Finance and Economics Discussion Series* 2017-030.Washington: Board of Governors of the Federal Reserve System.

Bloomberg.2017.Deutsche Bank Says Japan's Retail Investors Are Behind Bitcoin's Surge, December.

McKinnon, R. 1973.*Money and Capital in Economic Development*. Washington, D.C: Brookings Institutions.

Nomura Research Institute. 2018.Japan's Asset Management Business 2018/2019, December 2018.

Shaw, E. 1973. *Financial Deepening in Economic Development*. New York: Oxford University Press.

Summers, L. 2013. "Why Stagnation Might Prove to be the New Normal." *Financial Times*, December 15. https://www.ft.com/content/87cb15ea-5d1a-11e3-a558-00144feabdc0.

图书在版编目(CIP)数据

中国债券市场. 2020 / 李扬，王芳主编. -- 北京：社会科学文献出版社，2020.12

ISBN 978-7-5201-7183-0

Ⅰ. ①中… Ⅱ. ①李… ②王… Ⅲ. ①债券市场－研究－中国 Ⅳ. ①F832.51

中国版本图书馆CIP数据核字（2020）第264568号

中国债券市场：2020

主　　编 / 李　扬　王　芳

出 版 人 / 王利民
组稿编辑 / 恽　薇
责任编辑 / 孔庆梅　田　康
文稿编辑 / 陈　荣　武广汉

出　　版 / 社会科学文献出版社 · 经济与管理分社（010）59367226
地址：北京市北三环中路甲29号院华龙大厦　邮编：100029
网址：www.ssap.com.cn
发　　行 / 市场营销中心（010）59367081　59367083
印　　装 / 三河市尚艺印装有限公司

规　　格 / 开　本：787mm×1092mm 1/16
印　张：25.75　字　数：430千字
版　　次 / 2020年12月第1版　2020年12月第1次印刷
书　　号 / ISBN 978-7-5201-7183-0
定　　价 / 128.00元